SOCIÉTÉ DE GÉOGRAPHIE DE LYON
6, Rue de l'Hôpital, 6.

CONGRÈS NATIONAL

DES

SOCIÉTÉS FRANÇAISES DE GÉOGRAPHIE

XVe SESSION — LYON 1894

Président : M. le Dr HAMY
MEMBRE DE L'INSTITUT

Compte rendu des travaux du Congrès

LYON
LIBRAIRIE ET IMPRIMERIE EMMANUEL VITTE
3, Place Bellecour et rue de la Quarantaine, 18.

1895

CONGRÈS NATIONAL

DES

SOCIÉTÉS FRANÇAISES DE GÉOGRAPHIE

LYON. — IMP. EMMANUEL VITTE, RUE DE LA QUARANTAINE, 18.

SOCIÉTÉ DE GÉOGRAPHIE DE LYON

6, Rue de l'Hôpital, 6.

CONGRÈS NATIONAL

DES

SOCIÉTÉS FRANÇAISES DE GÉOGRAPHIE

XVe SESSION — LYON 1894

Président : M. le Dr HAMY

MEMBRE DE L'INSTITUT

Compte rendu des travaux du Congrès

LYON

LIBRAIRIE ET IMPRIMERIE EMMANUEL VITTE

3, Place Bellecour, et rue de la Quarantaine, 18.

1895

CONGRÈS NATIONAL

DES

SOCIÉTÉS FRANÇAISES DE GÉOGRAPHIE

XVᵉ SESSION — LYON 1894

QUESTIONNAIRE DU CONGRÈS

SÉANCES DU MATIN — QUESTIONS SUJETTES A DISCUSSION

1° *De l'utilité d'une nouvelle carte de France à grande échelle.* Rapporteur : un membre du Club alpin lyonnais.

2° *De l'utilité de la création, par la collaboration commune des ministères, d'un atlas géographique de la France, d'une échelle uniforme et sur le modèle de l'atlas d'Autriche-Hongrie.* (Question proposée par la Société de géographie de l'Est. — M. J.-V. BARBIER, rapporteur.)

3° *Proposition de la notation du temps par le système décimal.* (Question proposée par la Société de géographie de Toulouse. — M. REY-PAILHADE, rapporteur.)

4° *Etude du programme de la Société de géographie de Paris au sujet de l'exécution d'une carte du monde au 1/1.000.000ᵉ.* (Question proposée par la Société de géographie de l'Est — M. J.-V. BARBIER, rapporteur ; et par la Société de géographie de Marseille. — M. LÉOTARD, rapporteur.)

5° *Etude d'un perfectionnement à apporter dans la graduation des longitudes et des latitudes géographiques, à l'occasion d'une proposition de la Société de géographie de Paris.* (Question proposée par la Société de géographie de Toulouse. — M. GUÉNOT, rapporteur.)

6° *De l'utilité de remédier aux irrégularités de l'orthographe des noms de communes françaises, diversement écrits suivant les administrations qui les publient, et de restituer à nombre d'entre ces noms qui ont le même vocable principal, les suffixes qui les distinguaient autrefois.* (Question proposée par la Société de géographie de l'Est. M. J.-V. BARBIER, rapporteur.)

7° *Etude sur la création, auprès de chaque préfecture, de renseignements officiels sur l'émigration aux colonies françaises.* (D'après un vœu émis au congrès de Tours.)

COMMUNICATIONS ET CONFÉRENCES

1° *Etude sur le déboisement des versants pyrénéens et les conséquences de la loi de 1882*, par M. GUENOT, de la Société de Toulouse.

2° *La colonisation française en Tunisie. — Ce qu'elle est, ce qu'elle pourrait être.*

3° *La question commerciale en Tunisie* (l'Institut de Carthage).

4° *La Cyrénaïque*, par M. RAINAUD.

5° *Participation des Lyonnais à la colonisation*, par M. CRESCENT, de la Société de Lyon.

6° *Annam et Tonkin*, par M. LEMIRE. — Exposition coloniale.

7° *Siam et les Siamois*, par M. Gaston ROUTIER.

8° *La Guyane française. — Sa situation actuelle. — Son avenir. — Du rôle de la transportation*, par M. de SAUMERY, Société du Havre.

9° *Les communications postales, télégraphiques et téléphoniques en France*, par M. MABYRE, Société de géographie commerciale de Paris.

10° *Genèse d'un lexique géographique*, par M. J.-V. BARBIER, Société de l'Est.

11° *Création d'une voie navigable de Nantes à Orléans*. (M. DOBY, Société de Nantes.)

12° *Le rôle de la femme dans la géographie. — Les voyageuses*, par M. J.-V. BARBIER, Société de l'Est.

13° *Les courants de migration intérieure en France*, par M. TURQUAN, Société de Paris.

14° *Atlantique nord. — Courants de surface de la mer*, par M. HAUTREUX, Société de Bordeaux.

15° *L'île de Loyalty, Nouvelle-Calédonie*, par M. BENET, Société de Valenciennes.

ORDRE DU JOUR DES SÉANCES [1]

JEUDI 2 AOUT

9 h. 1/2 du matin. — Ouverture du Congrès. — Allocution de M. J. CAMBEFORT, président de la Société de géographie de Lyon. — Discours de M. le Dr HAMY, président du Congrès : *les voyageurs lyonnais*. — Analyse, par M. L. GALLOIS, du volume *Lyon et la région lyonnaise*, offert aux membres du Congrès par la Société de géographie.

2 heures. — Visite à l'Exposition coloniale, sous la direction de MM. Ulysse PILA, SCHIRMER et LEMIRE.

VENDREDI 3 AOUT

9 h. 1/2. — *Rapports des délégués sur les travaux des Sociétés.*

— *De l'utilité de la création, par la collaboration commune des ministères, d'un atlas géographique de la France,*

---

(1) Les séances auront lieu à la Salle des Fêtes de l'Hôtel de Ville, place des Terreaux.

d'une échelle uniforme et sur le modèle de l'atlas d'Autriche-Hongrie. (Question proposée par la Société de géographie de l'Est. Rapporteur : M. J.-V. BARBIER.)

2 h. 1/2. — *La colonisation française et la question commerciale en Tunisie.* (Question proposée par l'Institut de Carthage.)

— *La Guyane française.* — *Sa situation actuelle.* — *Son avenir.* — *Du rôle de la transportation.* (Par M. de SAUMERY, Société de géographie du Havre.)

— *Création d'une voie navigable de Nantes à Orléans.* (Par M. DOBY, Société de Nantes.)

8 h. 1/2 du soir. — *Siam et les Siamois.* (Conférence avec projections, par M. Gaston ROUTIER, à l'amphithéâtre de la Faculté des Lettres, au Palais des Arts.

SAMEDI 4 AOUT

9 h. 1/2. — *Etude du programme de la Société de géographie de Paris au sujet de l'exécution d'une carte du monde au 1/1.000.000^e.* (Rapporteurs : MM. J. V. BARBIER, Société de l'Est; LÉOTARD, Société de Marseille.)

— *Etude d'un perfectionnement à apporter dans la graduation des longitudes et des latitudes géographiques.* (Question proposée par la Société de Toulouse. Rapporteur : M. GUÉNOT.)

2 h. 1/2. — *Les communications postales, télégraphiques et téléphoniques en France.* (Par M. MABYRE, Société de géographie commerciale de Paris.)

— *L'Atlantique nord.* — *Courants de surface de la mer.* (Par M. HAUTREUX, Société de Bordeaux.)

— *La Cyrénaïque.* (Par M. RAINAUD, Société de Lyon.)

DIMANCHE 5 AOUT

Excursion par la voie du Rhône. — *Visite aux antiquités de la ville de Vienne et aux vignobles de la Côte-Rôtie.* — *Déjeuner à Ampuis.*

LUNDI 6 AOUT

9 h. 1/2. — *De la notation du temps par le système décimal.* (Par M. Rey-Pailhade, Société de Toulouse.)

— *Etude sur la création, auprès de chaque préfecture, de renseignements officiels sur l'émigration aux colonies françaises.* (D'après un vœu émis au Congrès de Tours.)

2 h. 1/2. — *Le rôle de la femme en géographie. — Les voyageuses.* (Par M. J.-V. Barbier, Société de l'Est).

— *Etude sur le déboisement des versants pyrénéens et les conséquences de la loi de 1882.* (Par M. Guénot, Société de Toulouse.)

— *Les cartes topographiques et les cartes démographiques en France.* (Par M. Foucart, Société de géographie commerciale de Paris.)

MARDI 7 AOUT

8 h. 1/2. — Réunion des délégués pour l'étude des vœux.

9 h. 1/2. — *De l'utilité de remédier aux irrégularités de l'orthographe des noms de communes françaises, diversement écrits suivant les administrations qui les publient, et de restituer à nombre d'entre ces noms, qui ont le même vocable principal, les suffixes qui les distinguaient autrefois.* (Par M. J.-V. Barbier, Société de l'Est.)

2 h. 1/2. — *Note sur l'Egypte.* (Par M. le Dr Lortet, Société de Lyon.)

— *Participation des Lyonnais à la colonisation.* (Par M. Crescent, professeur au Lycée, Société de Lyon.)

— *Les courants de migration intérieure en France.* (Par M. Turquan, Société de géographie commerciale de Paris.)

— *L'île de Loyalty, Nouvelle-Calédonie.* (Par M. Benet, Société de Valenciennes.)

CLOTURE DU CONGRÈS

Le secrétaire général :   *Le Président :*
Lt-Colonel Debize.   J. Cambefort.

RÈGLEMENT
DES CONGRÈS NATIONAUX
DES SOCIÉTÉS FRANÇAISES DE GÉOGRAPHIE

I. — Tous les membres des Sociétés françaises de géographie sont admis à faire partie du Congrès national.

II. — Le Congrès tiendra sa session annuelle au siège de l'une des Sociétés, laquelle sera chargée de l'organisation.

III. — Chacune des Sociétés françaises de géographie déléguera spécialement, pour la représenter au comité du Congrès, un de ses membres muni de ses pouvoirs.

IV. — Les délégués des ministères et des Sociétés qui ont certaines études communes avec les Sociétés françaises de géographie pourront prendre part aux travaux du Congrès. Seuls, les mandataires des Sociétés de géographie précitées constitueront le comité du Congrès.

V. — La session du Congrès pourra durer de cinq à six jours consécutifs. Autant que possible, la Société organisatrice devra éviter de l'entrecouper par des excursions.

VI. — Lorsque la Société appelée à recevoir le Congrès aura organisé une exposition, un jury local sera formé par ses soins pour préparer les opérations du jury définitif.

VII. — Durant la session, les membres du Congrès, suivant leurs aptitudes, seront répartis dans les diverses sections pour constituer le jury définitif.

VIII. — Ne pourront faire partie du jury les membres du Congrès qui sont exposants personnels, s'ils ne sont mis hors concours, au moins dans la section dont ils font partie.

Toutes les expositions collectives seront, pour les récompenses accordées, mises hors concours.

Il est entendu, toutefois, que les membres isolés de ces collectivités auront droit à concourir aux récompenses à titre personnel.

IX. — La session s'ouvrira par une séance générale dans laquelle seront prononcés les discours de cérémonie.

Dans la séance générale suivante et dans l'ordre d'ancienneté des Sociétés françaises de géographie, le délégué de chacune d'elles fera l'exposé sommaire de ses travaux.

X. — Les comptes rendus des autres Sociétés se feront à la suite et dans l'ordre précité. La lecture des rapports ne devra pas durer plus d'un quart d'heure.

XI. — Une fois ouvert, le Congrès tiendra une séance le matin et une l'après-midi.

Les séances du matin seront exclusivement consacrées aux travaux sujets à discussions.

Celles de l'après-midi comprendront les communications diverses.

Il ne pourra être dérogé à cette disposition qu'en cas de force majeure, ou quand il y aura surcharge à l'une des séances au détriment de l'autre.

Il pourra être organisé, suivant les besoins, des séances du soir pour des conférences spéciales.

XII. — La Société organisatrice sera chargée de pourvoir aux services du secrétariat et de la publicité.

XIII. — Afin d'éviter les surcharges d'ordre du jour et de conserver aux délibérations du Congrès leur caractère absolument géographique, les personnes qui auront des communications à faire, devront en donner au préalable le titre et, au besoin, le caractère défini, à la Société organisatrice.

XIV. — Les ordres du jour seront préparés par le bureau de la Société organisatrice.

Si, dans le cours de la session, sous un titre géographique il est présenté un travail ayant un tout autre objet, la parole sera retirée à son auteur après consultation de l'assemblée par le président.

XV. — La présidence des séances du matin, comme de celles de l'après-midi, revient de droit aux délégués officiels des Sociétés de géographie et par ordre d'ancienneté de chacune d'elles. Il ne pourra être dérogé à cette règle que sur l'avis du comité du Congrès.

XVI. — Si des délégués du gouvernement, des membres des Sociétés étrangères de géographie sont présents, à titre officiel ou non, la présidence d'honneur de l'une ou l'autre séance pourra leur être offerte.

Le bureau de la Société pourra présenter comme vice-présidents ou assesseurs les représentants des Sociétés, académies, administrations ou institutions locales.

XVII. — L'ordre du jour et l'organisation du bureau des séances supplémentaires du soir sont réservés à la Société organisatrice.

XVIII. — Toute question admise au Congrès sera traitée en séance de discussion générale. Les vœux qui pourront être formulés seront tous renvoyés au Comité, composé uniquement des délégués spéciaux des Sociétés de géographie à raison de un par Société. La décision du Comité, pour l'acceptation ou le rejet des vœux sera souveraine.

En séance générale de clôture, le président du Congrès fera connaître les vœux que le Comité aura maintenus.

XIX. — A chaque session, le Congrès désignera la Société qui devra le recevoir à la session suivante. Cette désignation devra être faite, quand il sera possible, deux ans à l'avance.

XX. — Le président de chaque séance sera chargé d'assurer l'exécution du présent règlement, et de prendre toutes les mesures nécessaires pour maintenir la régularité de la marche des travaux.

XXI. — Un exemplaire du présent règlement sera distribué à chacun des membres du Congrès à la séance d'ouverture de chaque session et sera déposé en permanence, par les soins de la Société organisatrice, sur le bureau de l'assemblée.

Le présent règlement a été délibéré et arrêté par le Congrès réuni à Toulouse et dûment saisi, dans la séance du 9 août 1884.

Pour copie conforme :

Le Secrétaire général,   *Le Président,*

Lt-Colonel DEBIZE.   J. CAMBEFORT.

COMPOSITION DU CONGRÈS

PRÉSIDENTS D'HONNEUR

MM. le général Voisin, gouverneur militaire de Lyon.
Rivaud, préfet du Rhône.
Dr Gailleton, maire de Lyon.
E. Charles, recteur de l'académie.

PRÉSIDENT

M. Le Dr Hamy, de l'Institut.

MINISTÈRES REPRÉSENTÉS.

Ministère de l'Intérieur,	MM. Antoine, chef du service de la carte.
— *des Affaires étrangères,*	L. Delavaud, secrétaire d'ambassade.
— *de l'Instruction publique,*	Dr Hamy, de l'Institut.
— *de la Guerre,*	Lt-colonel Berthaut, du service géographique de l'armée.
— *des Travaux publics,*	Girardon, inspecteur général des ponts et chaussées.

Ministère de la Marine,	CASPARI, ingénieur hydrographe de 1re classe.
— du Commerce,	TURQUAN, chef du bureau de la statistique générale.
— des Colonies,	L. DELAVAUD, secrétaire d'ambassade.
Gouvernement de l'Algérie,	le capitaine DROGUE, chef de bureau arabe.
— de Tunisie,	SAURIN, professeur au lycée.

SOCIÉTÉS FRANÇAISES DE GÉOGRAPHIE REPRÉSENTÉES ET MEMBRES INSCRITS.

Société de géographie de l'Ain,	MM. G. LOISEAU, secrétaire général, délégué.
— —	CORCELLE.
— de Bordeaux,	CANU, secrétaire, délégué.
— —	TANDONNET, v.-président.
— —	SENÈS, secrétaire adjoint.
— —	NOYER.
— —	Louis IMBERT.
— du Havre,	de SAUMERY, délégué.
— —	P. LOISEAU, secrét^{re} général.

Société de géographie de Lille,   Merchier, secrétaire général, délégué.

—   —   Paul Crépy.

—   *de Lorient,*   A. Layec, secrétaire général, délégué.

—   *de Lyon,*   J. Cambefort, président.

—   —   E. Chambeyron, vice-président honoraire.

—   —   L^t-colonel Debize, secrét^{re} gén., délégué.

—   —   Pariset.

—   —   Rainaud.

—   —   Comm^t Rispaud, etc., etc.

—   *de Marseille,*   A. Breittmayer délégué.

—   —   J. Léotard, secrétaire.

—   —   E. Folsch de Fels.

—   —   Nœtinger.

—   *de Montpellier,*   L. Malavialle, délégué.

—   —   Cochet.

—   —   Bories.

—   *de Nancy,*   J.-V. Barbier, secrétaire général, délégué.

—   —   De Maillier.

—   —   C. de Varigny.

Société de géographie de Nantes,		Doby, secrétaire général, délégué.
—	*de Paris,*	Dr Hamy, délégué.
—	—	Caspari, ingén^r hydrographe.
—	*com. de Paris.*	C. Gauthiot, secrétaire général, délégué.
—	—	Castonnet des Fosses, vice-président.
—	—	Cheysson, ingénieur en chef des ponts et chaussées.
—	—	Foucart, explorateur, vice-président de section.
—	—	Mabyre, vice-président de section.
—	—	Empis, secrétaire de section.
—	—	de Brugière, secrét. de section.
—	—	Martin, secré^{re} de section.
—	—	de Beaumarchais, secrétaire de section.

Société de géographie com. de Paris.		CHARBONNET, secrétaire de section.
—	—	Léon FABERT, explorateur.
—	*de Rouen,*	Gaston ROUTIER, délégué.
—	—	G. RENAUD.
—	*de St-Nazaire,*	Ch. GAUTHIOT, délégué.
—	*de Toulouse,*	GUÉNOT, secrét^{re} gén^{al} délégué.
—	—	DE REY-PAILHADE.
—	*de Tours,*	le colonel BLANCHOT, président, délégué.
—	*de Valenciennes,*	DOUTRIAUX, prèsid^t, délégué.
—	—	BENET.
—	—	SAINT-QUENTIN.
—	—	LEFEBVRE.

AUTRES SOCIÉTÉS FRANÇAISES REPRÉSENTÉES

Société des études commerciales et maritimes :

MM. Jean DUPUIS.
Fernand BLUM.

Institut de Carthage :

MM. SAURIN.
DOLLIN DU FRESNEL.
DUVAL.
BERARD.
Dr BERTHOLON.

Club alpin lyonnais :

MM. l'abbé FOUILLIAND.
P. CHAPPET.

SOCIÉTÉS ÉTRANGÈRES INVITÉES.

Société de géographie de Genève,		MM. Arthur de CLAPARÈDE, président.
—	*de Neufchâtel,*	KNAPP, secrétaire.
—	—	Maurice BOREL.

PROCÈS-VERBAUX DES SÉANCES

SÉANCE D'OUVERTURE
Mardi 2 août 1894.

Présidence de M. le Dr HAMY, de l'Institut.

La séance d'ouverture a lieu à 10 heures du matin, dans la grande salle des fêtes de l'Hôtel de ville, devant une nombreuse assemblée.

M. le Dr Hamy déclare la XVe session du congrès national des sociétés françaises de géographie ouverte, et donne la parole à M. J. Cambefort, président de la Société de géographie de Lyon, qui prononce l'allocution suivante :

« Messieurs,

« Vous n'êtes point pour nous des étrangers, mais des amis que nous revoyons après une longue absence. En effet, une première fois déjà, en 1881, répondant à l'appel de mon prédécesseur, le regretté Louis Desgrand, fondateur de notre association, vous aviez tenu dans nos murs le congrès annuel des sociétés françaises de géographie.

« Permettez-moi, au nom de tous mes collègues, de vous exprimer notre reconnaissance de l'empressement que vous avez mis à vous rendre une seconde fois à notre invitation et de vous dire combien nous sommes heureux d'accueillir en ce moment, non seulement les représentants de la plupart de ces sociétés répandues aujourd'hui dans presque toutes les grandes villes de France, où elles ne comptent pas moins de 16.000 adhérents, mais aussi les délégués que nos émules de Neuchâtel et de Genève ont bien voulu envoyer pour s'associer à nos travaux. Votre présence, Messieurs, est un gage de l'intérêt que vous portez à une science qui avait besoin de s'acclimater et de se vulgariser parmi nous.

« De grands progrès ont été accomplis dans cette voie depuis quelques années, mais il reste encore beaucoup à faire par suite de l'exiguïté de nos budgets, et il serait fort à désirer que les pouvoirs publics puissent nous venir en aide d'une manière plus efficace ; car notre œuvre poursuit à la fois un but patriotique et pratique, à la réalisation duquel les encouragements venus d'en haut sont bien nécessaires. Aussi sommes-nous particulièrement sensibles aux marques de bienveillance que les ministères nous ont données en envoyant siéger parmi nous des délégués tels que :

« M. Hamy, pour l'instruction publique, avec le concours de M. Sevin Deplace ;

« MM. Delavaud, pour les affaires étrangères et les colonies ;

« Le colonel Berthaud, pour celui de la guerre,

« Caspari, pour le département de la marine.

« Clarard, pour les travaux publics;

« Turquan, pour le ministère du commerce.

« La présence de M. le capitaine Drogue, délégué par M. le gouverneur général d'Algérie et de M. le professeur Saurin, délégué par M. le Résident de Tunis, nous est également précieuse.

« M. le Préfet du Rhône, qui a bien voulu accepter la présidence d'honneur du congrès, aurait certainement assisté à la séance d'ouverture si une circonstance particulière et des devoirs impérieux ne l'en eussent empêché.

« Vous apprécierez sans doute, Messieurs, au même degré que nous la valeur de ces témoignages de sympathie ; cependant ils ne paraîtraient peut-être pas suffisants pour justifier l'ambition que nous avons eue de vous posséder de nouveau dans notre cité ; mais d'autre considérations nous ont suggéré l'an dernier au congrès de Tours, la pensée de vous adresser notre invitation. Tout d'abord, le désir de pouvoir célébrer avec vous, dans son lieu d'origine, la vingtième année d'existence de notre société, la plus ancienne, vous ne l'ignorez pas, des sociétés départementales, puisque sa fondation remonte à 1873.

« Un second motif nous a encouragés à vous proposer de choisir Lyon de préférence à toute autre localité, c'est qu'en venant parmi nous cet été, vous pourriez trouver dans notre exposition coloniale un attrait que les villes de province sont rarement à même d'offrir à leurs hôtes de passage. La visite que vous consacrerez dans le cours de la journée à ce pavillon sous la conduite de M. Ulysse Pila, vous fournira l'occasion d'apprécier les produits de l'Algérie, de la Tunisie, du Congo, du Dahomey, de la Côte d'Ivoire, de la Guadeloupe, de la Cochinchine et du Tonkin. C'est à l'esprit d'initiative et à l'activité persévérante de notre concitoyen, que nous devons d'avoir pu grouper en quelques mois les précieux spécimens des richesses artistiques, industrielles et agricoles de nos principales possessions d'Afrique et d'Asie.

« A une époque où les questions coloniales tiennent une si grande place dans les aspirations de notre pays et où les grandes nations européennes se préoccupent à juste titre de planter leur drapeau dans des contrées jusqu'ici fermées à la civilisation, en assurant ainsi de nouveaux débouchés à notre industrie, il est bon, il est utile d'entendre pour ainsi dire une leçon de choses, de la bouche même de l'un des rares Français qui aient fondé un comptoir dans l'extrême Orient.

« Ne soyez donc pas surpris, Messieurs, si notre société a cru devoir, dans cette circonstance déroger en quelque sorte aux usages traditionnels en s'abstenant d'organiser une exposition didactique, comme du reste elle l'avait fait en 1881. Au lieu de cartes, de portulans et de documents scientifiques, vous trouverez dans les bâtiments du parc de la Tête-d'Or, des collections d'un caractère exotique et d'une authenticité indiscutables, digne d'attirer vos investigations.

« Toutefois il nous a paru que nous ne devions pas nous borner à éveiller votre curiosité, mais qu'il convenait de laisser entre vos mains un souvenir durable de votre visite à la seconde ville de France, en vous faisant hommage d'une publication spéciale dans laquelle nous avons cherché à présenter sous une forme abrégée des notices élémentaires sur les ressources qu'elle possède, sur son sol et son climat ainsi que sur la grande industrie de la soierie, source de sa fortune et de sa gloire.

« Grâce au concours gracieux de M. Gallois, aujourd'hui maître de conférences à la Sorbonne après avoir occupé avec distinction la chaire de géographie à la faculté des lettres de Lyon, nous avons réuni dans un volume qui sera distribué à tous les membres du congrès, des notices dues à la plume de plusieurs collaborateurs choisis parmi les mieux qualifiés pour présenter des études sur Lyon et la région lyonnaise.

« L'avant-propos qui figure en tête de ce volume, résume à grands traits le but de l'ouvrage. Jusqu'à la dernière heure, M Gallois comptait venir vous présenter lui-même ce livre, qui contient une étude géographique des plus intéressantes due à sa plume.

« Mais retenu à Paris par les travaux de fin d'année, il a dû renoncer à faire le voyage de Lyon. Nous croyons être vos interprètes en lui faisant parvenir, avec l'expression de nos regrets de son absence, celle de notre sincère reconnaissance.

« Nous devons également des remercîments à M. le docteur Hamy, membre de l'Institut, conservateur du musée ethnographique de Paris, qui a bien voulu accepter la présidence de ce congrès et qui en dirigera les travaux.

« Enfin, nous n'avons garde d'omettre de remercier en votre nom la municipalité lyonnaise qui a mis gracieusement à notre disposition les salles dans lesquelles vos séances auront lieu, et qui nous permet de vous recevoir dans le plus beau monument de notre ville. »

M. le docteur Hamy, président du Congrès, prend ensuite la parole.

Messieurs,

Un Congrès, tel que celui qui nous réunit aujourd'hui, devrait, si je ne me trompe, avoir pour but principal de mettre en lumière aussi complètement que possible l'œuvre géographique propre à la région où il vient tenir ses assises. Les sociétés locales, représentées par des rapporteurs spéciaux, donneraient l'analyse des travaux qu'elles ont pu conduire à bon terme, exposeraient leur situation, leurs projets, leurs besoins. Et les hommes de science viendraient ensuite communiquer les résultats de leurs recherches et de leurs méditations personnelles sur les questions qui intéressent la géographie historique et descriptive, théorique et pratique du territoire qu'ils habitent ou dont ils ont fait le théâtre de leurs études.

Votre programme ainsi compris, vous auriez en fort peu de temps réuni, dans le recueil des actes publiés à la suite des assemblées annuelles, les éléments descriptifs les plus utiles pour une géographie complète de notre cher pays et vous seriez toujours en mesure de tenir au courant ce précieux répertoire.

L'entreprise n'irait point sans certaines difficultés, je ne me le dissimule point ; elle est toutefois assez intéressante pour solliciter l'initiative des patriotes laborieux et dévoués, auxquels on doit la fondation de ces réunions périodiques.

Ils trouveront, dans le volume préparé par le comité de

Lyon, plusieurs de ces monographies dont je voudrais voir se généraliser la publication dans vos recueils spéciaux.

A Lyon, plus qu'ailleurs, j'en conviens, la besogne était attrayante et facile. On a tant et si bien étudié, aux points de vue les plus variés, le sol de la région dont cette grande ville est le centre, les vestiges de toute nature qu'y ont laissés les habitants aux diverses époques ; on a écrit, avec tant de compétence, l'histoire de la ville, de ses institutions, de ses industries, de son commerce et de ses arts, que seul le choix pouvait embarrasser au milieu des rayons de cette vaste bibliothèque lyonnaise. Fournet, Jourdan, Fontannes, MM. Falsan, Depéret et bien d'autres représentent, dans ce vaste ensemble, les sciences géologiques ; le Dr Saint-Lager, l'abbé Boulu, le Dr Magnin, la flore locale ; MM. Arlouing, Cornevin, la zoologie théorique et pratique ; MM. Chantre, Arcelin, Testut, Lacassagne, les études si variées qui contribuent aux progrès de l'anthropologie.

Dans le vaste domaine des sciences historiques, la richesse est plus grande encore et une simple énumération des meilleurs écrits sur Lyon et sur les territoires voisins dépasserait bien vite les bornes que je dois m'imposer ici ; la géographie locale, en particulier, est largement représentée, depuis le vieux Nicolas de Nicolay. Sans parler des études géographiques générales qui comptent tant d'adeptes dans la région lyonnaise : Charnay, Dupuis, Lortet, Guimet; ils sont si nombreux chez vous, Messieurs, et si intéressants, les voyageurs de tout ordre que chaque année voit partir pour parcourir le monde, qu'il faudrait, à leur intention, ouvrir un chapitre spécial qui serait bientôt très rempli. Fidèle à ses vieilles traditions, religieuses et commerciales tout ensemble, Lyon est demeuré le centre d'une large propagande, utilitaire d'un côté, morale de l'autre, et ses voyageurs de toute sorte s'avancent sur les lointains chemins, comme jadis leurs ancêtres, missionnaires ou marchands, dont ils continuent les pratiques.

Et ce ne sont pas seulement l'idée religieuse ou le négoce qui sont représentés dans ces phalanges voyageuses ; l'amour désintéressé de la science qui animait un Poivre, un Fleurieu, est encore le stimulant qui pousse certains de vos concitoyens sur les routes de l'inconnu. N'est-ce point pour continuer des recherches de haute science sur la Haute-Asie que M. Dutreuil de Rhins, un Forézien, est engagé en ce moment dans une bien périlleuse expédition? N'est-ce pas pour découvrir les débris des vieilles civilisations de la Cappadoce que M. Ernest Chantre et sa vaillante jeune femme bravent le choléra et fouillent les *tépés* des environs de Césarée N'est-ce pas pour retrouver les vestiges de la métropole hétéenne, la célèbre Kadesh, qu'un autre Lyonnais, M. Etienne Gautier, s'est renfermé dans l'île de Tell-el-Tin, sur le lac de Homs (Haut-Oronte), où il fait d'heureuses trouvailles? N'est-ce pas enfin pour rendre utile aux sciences naturelles ce voyage d'exploration, que M. Buffard, un élève du Muséum de Lyon, associe ses efforts à ceux de M. Etienne Gautier ?

C'était aussi dans un but exclusivement scientifique que l'infortuné Joseph Martin avait entrepris cet immense voyage, qui de Pékin devait le ramener en Europe par la route de Marco-Polo. Pauvre Martin ! Il avait surmonté les difficultés les plus grandes de son long et douloureux itinéraire à travers les parties les moins connues du Céleste-Empire ; il avait dépassé la frontière russe ; il allait pouvoir mettre en sûreté les précieuses collections qu'il avait réunies sur sa route, lorsqu'il a été enlevé par une fièvre pernicieuse dont il avait subi en Chine les premières atteintes.

Joseph Martin était né à Vienne en 1849 ; il avait fait vaillamment son devoir à l'armée de la Loire en 1870-74, puis était passé en Russie, où nous le retrouvons sur le Danube, dans la campagne de 1877, organisant des ambulances avec MM. de Baranowsky. Remarqué par le grand duc Nicolas, il est, après la guerre, chargé de divers travaux, dont il sait si bien s'acquitter, qu'il reçoit, en 1879, du général Hall une mission spéciale en Sibérie, qu'il poursuit, avec quelques intermittences, pendant un peu moins de trois ans. C'est alors qu'il a exploré les gîtes aurifères de la Léna et les mines de l'Ossouri : on a pu voir, en 1882, les levés et les photographies de Martin, exposés dans une des salles de l'hôtel de la Société de géographie de Paris.

La même année, M. Basilewsky le prie de visiter ses mines dans ce bassin de la Léna qu'il a déjà parcouru, et c'est en poursuivant cette *prospection* minière, qu'il se décide à traverser le mystérieux *Taija*, où se dressent les monts Stanowoï, et que, seul, Krapotkine a vu en 1865, territoire mamelonné et aride que coupent les dangereuses fondrières de la *tundra* herbacée et marécageuse. Martin traversa deux fois ce terrible désert, et il nous revenait en 1889 avec d'admirables collections de toute sorte, patiemment recueillies au cours de ces fatigants itinéraires.

C'est alors que j'ai connu Joseph Martin. C'était une nature un peu fruste. Sept longues années de vie au contact des Yakoutes et des Toungouses, dans un climat inhospitalier, avaient altéré sa santé et aigri quelque peu son caractère. Il ne se retrouvait lui-même que lorsque, au milieu de son exposition au palais du Trocadéro, il commentait ses découvertes devant quelque visiteur capable de les comprendre et de les apprécier. Il devenait alors éloquent à sa manière, original et pittoresque, et l'on emportait de l'entrevue des souvenirs plutôt sympathiques. Il me souvient encore des longues explications qu'il me fournissait sur le chamanisme et sur les chamanes, dont il avait apporté un extraordinaire costume, ou sur les idoles curieusement sculptées, qu'il avait refusées à ses amis de Moscou, pour en assurer la possession à nos collections nationales. Son patriotisme local s'exaltait à certains moments d'une façon naïve et touchante ; il avait rapporté, par exemple, et montrait, avec une espèce d'orgueil, une balance grossière de peseur d'or, trouvée tout au fond de la Sibérie, et dont les plateaux, bien égaux, n'étaient autres que les couverts de deux boîtes de cirage Jacquand !

Tout ce qu'il avait ramassé fut généreusement offert à nos musées, et il repartait peu après, pour recommencer à peiner et à souffrir ! ! !

En 1889, il est à Pékin, et il part de la capitale pour l'immense voyage où il doit rencontrer la mort. Il pousse à travers le plateau chinois, au sud de la grande muraille, jusqu'à Long-Tchéou ; le mal qui l'emportera vient l'assaillir une première fois dans cette localité. Il repart au N.-O., vers Sa-Tchéou, qu'il atteint au milieu de 1890, ayant perdu la moitié des animaux de bât qu'il emmène à sa suite, mais ayant découvert un précieux gisement de néphrite et recueilli une flore tout à fait exceptionnelle.

Il est à Sou-Tchéou, à la fin de la même année, et annonce le 27 décembre, à la Société de géographie, qu'il vient de parcourir une chaîne élevée, dont les plus hauts sommets dépassent 7.500 mètres, et que coupent quelques rares passes à peu près inconnues ; la faune, la flore, les roches de cette contrée offrent le plus vif intérêt.

On a de ses nouvelles de Tcherchen en juin 1891, de Khôtan en juillet, de Kachgar en août.

Grâce à un modeste subside que la Société de géographie de Paris réussit à lui faire parvenir, Joseph Martin s'est remis un peu de ses fatigues, et, avec sa caravane à demi disloquée, il se traîne jusqu'à Darghilân, où son mal prend une nouvelle violence et l'emporte le 23 mai 1892 (?).

Il avait mis près de trois ans à traverser ainsi le monde asiatique !

La mort de Martin a été, dans ce petit chef-lieu du Ferghanah, l'occasion d'une imposante manifestation russe en l'honneur de l'héroïque explorateur français et de la patrie dont il s'était montré le digne fils, et l'on put voir amoncelées sur sa modeste tombe les couronnes déposées par toutes les classes de la population, notamment par l'armée, dont il avait naguère soigné les blessés au Danube, et par les ingénieurs militaires, aux travaux desquels il s'était intimement associé, en donnant au grand état-major russe ses cartes inédites des pays entre la Léna et l'Amour...

J'ai cru bon, Messieurs, de rappeler en quelques phrases, en ouvrant à Lyon un congrès de géographie, les services considérables rendus à notre science par un géographe, enfant de la région, qui a payé de sa vie son dévouement à la science.

Que cette trop courte carrière, si noblement remplie, soit admirée comme elle le mérite, dans le pays qui a vu naître Joseph Martin, et serve longtemps d'exemple aux générations nouvelles !...

Messieurs, au nom de M. le ministre de l'instruction publique, qui, par arrêté en date du 18 juin dernier, m'a délégué auprès de vous, je vous exprime toutes les sympathies de l'Administration et vous annonce que, dans le but de faciliter les publications de ce 15e congrès, réuni sous les auspices de la Société de géographie de Lyon, une subvention de 1.000 fr. a été mise à la disposition de cette compagnie.

La Société de géographie de Paris, que je représente également, avec mon collègue et ami, M. l'ingénieur Caspari, président de notre commission centrale, nous a tout spécialement chargés de présenter à la Société de Lyon l'expression de ses sentiments de sincère cordialité.

Deux mots enfin, en terminant, pour remercier, en mon nom personnel, le comité d'organisation de l'honneur inattendu qu'il a bien voulu me faire en m'appelant à présider cette assemblée. Je compte fermement sur l'assistance de votre cher et honoré président, M. Cambefort, pour m'aider à accomplir une tâche à laquelle mes travaux habituels ne m'ont que très insuffisamment préparé.

DEUXIÈME SÉANCE DU JEUDI 2 AOUT

VISITE A L'EXPOSITION COLONIALE

L'après-midi de cette première journée a été consacrée à une visite à l'exposition coloniale, au parc de la Tête-d'Or, sous la conduite de MM. Ulysse Pila, Schirmer et Charles Lemire.

Pour donner une idée à nos lecteurs des richesses de cette exposition, nous reproduisons le compte rendu fait à l'occasion de l'ouverture par notre collègue, M. E. Chambeyron.

Ouverture de l'Exposition coloniale de Lyon.

C'est le 27 mai qu'a été officiellement ouverte la section coloniale de cette Exposition lyonnaise, que notre dernier bulletin signalait d'avance à l'attention des membres du prochain congrès des Sociétés françaises de géographie. Les fêtes de l'inauguration ont été magnifiques, et dignes en tout point de la puissance coloniale de la France, de la haute et ancienne renommée de la Chambre de commerce de Lyon, qui a conçu le plan de cette exposition, et en a confié l'exécution à celui de ses membres qu'elle savait le plus compétent, le plus actif, le plus dévoué, M. Ulysse Pila, membre du Conseil supérieur des colonies, l'un des vice-présidents de la Société de géographie de Lyon.

MM. Cambon et de Lanessan, gouverneurs généraux de l'Algérie et de l'Indo-Chine, M. Rouvier, résident général du protectorat de Tunis, avaient accepté de rehausser de leur présence l'éclat et l'importance de cette solennité véritablement exceptionnelle. On voyait à leurs côtés les représentants les plus autorisés des populations parmi lesquelles la France accomplit sa mission civilisatrice ; c'étaient, au premier rang, S. A. Taïb-Bey, frère et héritier présomptif de S. A. le Bey régnant de Tunis, le général Valensi, son aide de camp, le ministre de la plume, général Mohamed-Djollouli, et le général Zacharias, avec son fils Saïd. Puis venaient les huit envoyés du royaume d'Annam, parmi lesquels trois ont un rang hiérarchique élevé, S. E. Nguyen-Trong-Hiep, troisième régent de l'Annam, S. E. Lé-Bang, ministre honoraire des rites, et le conseiller Thon-That-Thien; enfin trois chefs algériens avaient accompagné M. Cambon, Sidi-Hadj-Lakhdar-ben-Mohamed-ben-Taïb, agha des Larbaas du cercle de Laghouat, Sidi-El-Hadj-ben-Yanima, caïd du Bas-Chélif, à Orléansville, et Sidi-ben-Gana, caïd des Bibans de Biskra. Tout ce que Lyon compte de personnages éminents dans l'administration, le clergé, la magistrature, l'armée, la science, les arts et le commerce, avait pris place sur l'estrade dressée devant le palais de l'Algérie, et M. Aynard, député du Rhône, président de la Chambre de commerce, dans un discours fréquemment applaudi, après avoir souhaité la bienvenue à tous ces invités de si haute distinction, dit le but poursuivi et les efforts faits pour l'atteindre par la Chambre de commerce de Lyon, rendant justice au savoir et au dévouement de tous ceux qui y ont collaboré.

M. Gailleton, maire de la ville de Lyon, présidait la cérémonie, en l'absence d'un ministre des colonies dont on regrettait la démission inattendue. Le discours de M. le maire est tout un programme colonial, et, ne pouvant le citer *in extenso*, nous nous bornerons à quelques extraits.

« Dans l'état actuel de l'Europe, dit-il, chaque nation est menacée de devenir à elle-même son propre marché ; oublieuse des lois historiques les plus certaines, méconnaissant les règles de la répartition naturelle des forces de production et de la diversité des richesses du sol, la tendance générale des esprits est que chaque peuple doit se suffire à lui-même ; de là des ruptures d'équilibre que viennent attester éloquemment les malaises économiques dont aucune frontière ne défend les peuples.

« Il faut donc se préoccuper d'ouvrir à la puissance commerciale et industrielle de chaque pays un nouveau champ d'action, c'est le rôle des colonies.

« C'est pourquoi nous voyons chaque jour s'opérer dans les continents noirs, ou dans l'Extrême Orient, des partages de territoires qu'habitent des milliers d'hommes, et dont la possession sera plus tard l'honneur et la fortune de la métropole. Pour marcher sûrement dans cette voie, il importe que nos possessions d'outre-mer ne soient ni inconnues ni méconnues ; il faut que les produits de leur sol, de leur industrie, que ceux aussi qu'elles font venir de l'Europe soient indiqués à nos commerçants.

« L'Exposition de Lyon permettait une démonstration commerciale ainsi comprise, c'est ce que fit ressortir la Chambre de commerce. Nulle ville, d'ailleurs, ne se prêtait mieux que la nôtre à une expérience de ce genre ; les entreprises lointaines n'effraient ici ni les hommes ni les capitaux, ainsi que nos compatriotes le prouvent tous les jours en Algérie, en Tunisie et au Tonkin.

« C'est dans la voie féconde de la colonisation, en utilisant ses trésors de force et de richesse qu'il serait coupable de méconnaître, que la France reprendra une nouvelle vigueur, et qu'elle s'usera moins en luttes intestines et stériles. (Applaudissements répétés.)

« L'expansion coloniale augmentera la richesse publique, donnera un essor à l'industrie nationale, et atténuera les crises et les révoltes nées de la souffrance et de la misère.

« Au lieu d'un rêve chimérique et malfaisant, elle réalisera l'égalité qui honore, non pas en abaissant quelques individus, mais en relevant une nation tout entière à un degré supérieur de prospérité et de moralité. (Très bien ! très bien !)

« Les colonies sont indispensables aux peuples modernes ; les circonstances, plus fortes que la politique, ont fait la France admirablement partagée sous ce rapport, à la condition qu'elle veuille et sache se servir de ses colonies, qu'elle envoie ses commerçants et ses industriels porter dans ces vastes régions les bienfaits de la civilisation et de la paix. (Applaudissements unanimes.)

« Nous verrons alors grandir et prospérer dans nos possessions lointaines une nouvelle France, une France coloniale qui sera l'orgueil et la richesse de la mère patrie. (Double salve d'applaudissements.)

Dans toutes les grandes expositions, les organisateurs des sections coloniales s'étaient jusqu'ici attachés au côté pittoresque des pays exotiques, et les exhibitions de la rue des Nations, à Paris, en 1889, resteront comme un modèle du genre.

La Chambre de commerce de Lyon a compris autrement sa mission ; elle a eu en vue une œuvre utile, pratique, comportant un sérieux enseignement. La formule adoptée a été celle-ci : montrer à tous l'utilité réciproque que la métropole et la colonie peuvent et doivent retirer l'une de l'autre par l'échange de leurs produits respectifs. On décida donc qu'il fallait, dans un cadre approprié et digne des intérêts en jeu, réunir par masse les produits naturels de chaque colonie, et les échantillons des articles manufacturés importés par les étrangers, faire voir et toucher ce qu'on peut acheter et vendre, et offrir ainsi au public, aux industriels, aux négociants français une leçon de choses leur permettant d'apprécier les richesses, les ressources, et aussi les besoins des pays neufs. Aux intéressés de savoir ensuite s'ils peuvent supplanter leurs concurrents étrangers et fournir des objets manufacturés pareils ou meilleurs et à des prix équivalents.

Pour atteindre ce but, que seule elle était capable d'envisager sans le juger hors de portée, la Chambre de commerce de Lyon s'adressa aux hommes éminents qui gouvernent et dirigent nos grandes colonies, et leur exposa son programme et ses desiderata ; MM. Cambon, de Lanessan, Rouvier en comprirent toute la valeur et s'empressèrent, avec un zèle auquel on doit rendre un public hommage, de prendre en main la participation de leurs administrations à l'Exposition coloniale lyonnaise dans des palais spéciaux, tout en invitant les colons à exposer individuellement les produits de leurs industries sous la grande coupole, côte à côte avec les industriels de la métropole.

Le gouvernement algérien fournit les plans du célèbre palais Mustapha, sur le modèle duquel a été élevé le pavillon de l'Algérie, avec son jardin intérieur et sa superbe vasque en ciment, qu'on dirait en marbre blanc ; le protectorat tunisien recueillit les meilleurs types de l'architecture locale et s'inspira plus spécialement de la mosquée de Souk-el-Bey, pour le pavillon de la Tunisie ; enfin, le palais indo-chinois fut conçu d'après les spécimens les plus curieux de l'art de l'extrême Orient, et sa décoration extérieure fut assurée par une équipe de neuf artistes annamites envoyés par le gouvernement de l'Annam pour concourir à sa décoration.

Le grand Hall de cet édifice fut réservé à l'administration de l'Exposition permanente des Colonies, dont M. le sous-secrétaire d'Etat a bien voulu permettre de transporter à Lyon une partie des richesses ; là se rencontrent les produits du Sénégal, du Congo, du Gabon, du Soudan, du Dahomey, de la Guyane, de la Guadeloupe, de Madagascar, de la Réunion, de la Nouvelle-Calédonie et de Tahiti.

Mais, à Lyon, le commerce est, plus que partout ailleurs, intimement lié à l'art, et pour compléter l'ensemble des produits orientaux en les rehaussant par un cachet artistique, on a annexé à l'Algérie un petit édifice reproduisant l'intérieur de la mosquée de Cordoue, renfermant les spécimens de cet art arabe, si ornemental, si fin, et si apprécié par l'art décoratif lyonnais.

Après des discours officiels, M. le Maire déclare l'Exposition coloniale ouverte.

VISITE AUX PAVILLONS COLONIAUX

Les invités descendent de l'estrade d'honneur, se forment en cortège et se rendent au palais de l'Algérie, au seuil duquel des tirailleurs algériens et des spahis leur présentent les armes.

L'Algérie.

Les visiteurs, un peu pressés par le temps, ne peuvent regarder que très superficiellement l'exposition remarquable que contient ce pavillon.

Nous n'essaierons pas de donner de ce palais une description minutieuse, et nous nous bornerons à quelques notes très brèves. Les salles, comme la façade extérieure, sont d'une admirable blancheur ; depuis le dallage en ciment, très fin et très clair, jusqu'à la toiture, tout est d'une blancheur aveuglante et tout à fait couleur locale. La salle située à gauche de la cour d'honneur, qu'occupe un élégant jardin dessiné autour d'une superbe vasque de ciment, est visitée tout d'abord ; des spécimens des étoffes, satin, jaconas, andrinople, mousseline, et des articles d'une vente courante, fichus, souliers, gants, dés, tapis de table, peignes, colliers, etc., importés en Algérie, y sont disposés avec des indications faisant connaître le prix de revient, port et droit compris.

Aux murs sont appendus de larges panneaux de photographies, qui montrent aux visiteurs des vues de monuments d'art arabe ou des vestiges de la domination romaine, différents graphiques ou cartes, notamment une immense carte de l'Algérie au cent millième.

Le cortège visite ensuite une salle dont les mannequins de tirailleurs, de gendarmes indigènes et de spahis gardent l'entrée, et où sont groupés d'intéressants spécimens de l'industrie et de l'art algérien, puis la profonde et vaste galerie d'art oriental, riche en merveilles et en objets de haut mérite.

Il termine sa visite par la salle à droite de la cour d'honneur, qui contient les échantillons de la production agricole de notre colonie, laines, vins, graines, plantes, fruits, et une importante série de tableaux, de paysages, de graphiques et de cartes; la culture de la vigne fournit l'un des plus considérables éléments de cette section.

La Tunisie.

En quittant l'Algérie, le cortège se rend au pavillon de la Tunisie où, dans un espace restreint, sont rassemblés des milliers d'objets dont la réunion sera pour beaucoup une révélation. L'exposition du pavillon tunisien se propose un double but :

1° Faire connaître aux commerçants français les produits qu'ils peuvent tirer de la Tunisie, et aux émigrants les produits qu'ils peuvent aller y exploiter ;

2° Faire connaître aux industriels français les produits que leurs concurrents étrangers introduisent sur le marché tunisien, et qu'ils peuvent se proposer de fabriquer de leur côté.

Elle se divise donc naturellement en deux parties. La première est consacrée aux marchandises d'exportation. On y a rassemblé des échantillons de tous les produits, naturels ou fabriqués, propres à la Tunisie.

La seconde est consacrée aux marchandises d'importation.

La décoration des murs du pavillon a été faite en vue de représenter les progrès accomplis en Tunisie depuis l'établissement du protectorat français. Deux plans indiquent l'état de Tunis en 1881 et en 1894. Deux autres, l'état de Sousse en 1881 et en 1893. Un autre, l'état de Sfax en 1894, avec le port qui y est en construction. Un autre, l'état de

Bizerte en 1894, avec le port et la nouvelle ville en construction. Une carte de la région de Bizerte l'accompagne.

Une grande carte de la Tunisie porte marquées en rouge les propriétés achetées par des Français, et dont l'étendue s'élève actuellement à 412.200 hectares. Elle est accompagnée de petites cartes indiquant les plantations de vignes et d'oliviers qui existent actuellement dans la Régence.

Les plantations d'oliviers faites dans les environs de Sfax font l'objet d'une dernière carte plus développée.

Une grande toile panoramique représente la ville de Tunis et le paysage environnant. Trois peintures, obligeamment prêtées par la Compagnie du port, sont consacrées à la ville de Bizerte. Enfin, douze cents photographies, réunies par le service des antiquités et des arts, offrent la collection des vues de toutes les curiosités qui peuvent attirer en Tunisie les touristes, les artistes et les savants.

Annam, Tonkin, etc.

Au sortir de la Tunisie, le cortège visite le pavillon de l'Annam, orné extérieurement d'une décoration annamite, mais qui, à l'intérieur, est une exposition de toutes nos colonies.

Au dehors, des Annamites portent sur leurs épaules un immense dragon aux traits hideux et vêtu d'étoffes de couleurs voyantes. Ils semblent tout heureux de pouvoir montrer aux visiteurs leur formidable joujou national, tarasque d'extrême Orient.

La salle centrale contient les envois du Sénégal et de ses dépendances, du Congo, du Gabon, du Soudan, du Dahomey, de la Guyane, de la Martinique, de Mayotte, de Nossi-Bé, de la Réunion, de Saint-Pierre et Miquelon, de la Nouvelle-Calédonie, de Diego-Suarez, de l'Inde, de Tahiti, etc. Une quinzaine de mannequins mettent sous les yeux des types indigènes, guerriers d'Obock, des Nouvelles-Hébrides, du

Soudan, tahitiens, brahmes, coolies, bayadères, etc. Des explorateurs célèbres, le prince Henri d'Orléans, le colonel Archinard, le capitaine Binger, MM. Bonnel de Mézières, Froger, etc., ont bien voulu prêter leurs collections et leurs photographies. Au point de vue ethnographique, cette salle offre un intérêt vraiment considérable.

La salle de gauche est réservée au Cambodge et à la Cochinchine, celle de droite à l'Annam et au Tonkin.

Tel est l'ensemble de cette Exposition coloniale sans précédent jusqu'à ce jour, où le public curieux, le négociant, le savant et l'artiste trouveront ample matière à satisfaire leurs goûts et leurs études.

E. C.

DEUXIÈME SÉANCE

VENDREDI 3 AOUT 1894

La séance du matin est ouverte à 9 heures et demie dans le salon Rouge à l'hôtel de ville.

Le bureau provisoire et constitué par MM. le docteur Hamy, de l'Institut, président ; Cambefort, président de la Société de Lyon ; lieutenant-colonel Debize, secrétaire général.

Sont appelés à la présidence d'honneur : M. de Claparède, président de la Société de géographie de Genève ; à la présidence effective, M. Caspari, de la Société de géographie de Paris.

En prenant place au fauteuil présidentiel, M. de Claparède s'exprime ainsi :

Messieurs,

Je suis chargé par la Société de géographie de Genève de vous exprimer, avec sa reconnaissance pour l'amicale invitation qui lui a été adressée par la Société de Lyon d'une façon si sincère et si chaleureuse, le plaisir avec lequel elle a tenu à se faire représenter au XVe congrès des Sociétés de géographie.

Messieurs, c'est pour moi un grand honneur et un très grand plaisir de me trouver ici, honneur que je dois à ce fait que je suis investi, cette année, de la présidence annuelle de la Société de Genève, et à ce fait que le Comité du congrès de Lyon a bien voulu inviter une société étrangère à être représentée à votre Congrès national de géographie ; un plaisir, et un très grand; car c'est toujours un plaisir pour un Suisse, particulièrement pour un Suisse Roman et spécialement pour un Genevois, d'avoir l'occasion de venir dans le doux pays de France, auquel nous sommes liés depuis si longtemps les uns et les autres, et de diverses façons.

Messieurs, c'est un grand honneur que vous venez de faire à la Société de Genève, car ce n'est pas ma personne, mais la Société de géographie de Genève que vous avez appelé à la présidence d'honneur de votre Congrès. Cet honneur me rend confus et je ne puis que vous remercier sincèrement, en me souvenant que les discours les meilleurs sont les plus courts, surtout quand ils ne sont pas faits par des hommes comme M. Cambefort, comme M. Hamy, sachant joindre le talent à la qualité et à la quantité, jetant un lustre plus vif sur l'excellente Société de Lyon.

Messieurs, je vous remercie personnellement pour l'honneur que vous me faites à moi et à la société de Genève, qui forme les vœux les plus réels pour la réussite de votre Congrès. (Applaudissements.)

M. HAMY. — Je vous remercie au nom du Congrès de géographie, des bonnes paroles que vous venez de prononcer et je vous rappelle que les géographes genevois sont d'anciennes connaissances et d'anciens amis. Dans tous nos congrès, à Paris comme ici, nous avons toujours été heureux de recevoir les genevois au premier rang des étrangers. C'est la continuation d'une excellente tradition que nous appliquons en vous appelant, ce matin, à la présidence d'honneur de notre Congrès. (Applaudissements.)

L'ordre du jour appelle ensuite les rapports des délégués des Sociétés de géographie.

SOCIÉTÉ DE GÉOGRAPHIE DE PARIS

Rapport lu par M. CASPARI, ingénieur hydrographe.

La Société de Géographie a eu, cette année, la satisfaction de constater une augmentation sensible dans le nombre de ses membres. Ce mouvement d'expansion constitue un véritable progrès sur le recrutement des années précédentes.

Les séances de quinzaine, dans lesquelles voyageurs et savants rendent compte de leurs explorations ou de leurs recherches, ont été très suivies de novembre 1893 à juin 1894. A plusieurs de ces séances, les Ministres de l'Instruction publique, de la Marine, du Commerce, de l'Agriculture et des Colonies se sont fait représenter.

M. le capitaine Cupet a entretenu la Société des populations indo-chinoises, et notamment des Thaïs; M. le docteur Mirande, des grottes de Pung (Tonkin); M. Marcel Monnier, de son voyage dans le Far-West et le Nord-Ouest américain; le P. Guesdon, du Cambodge; M. Gaston Routier, de l'Andalousie; M. A. Delebecque, de ses études sur les lacs des Alpes, du Jura et du plateau central; M. A. Boutroue, de ses observations archéologiques en Palestine et en Syrie; le prince Constantin Wiazemski, de ses chevauchées à travers les différents Etats de l'Asie; M. J. Vallot, de ses ascensions et de son observatoire du Mont-Blanc; M. Maurice Barrat, d'une mission géologique au Congo français; M. de Barthélemy, du Mexique; M. Thoulet, du nouveau projet d'expédition anglaise au pôle sud; M. d'Albéca, du Dahomey au point de vue géographique.

La Société a reçu M. Edouard Foa, qui a décrit son itinéraire du Cap au lac Nyassa; M. Fernand Foureau, chargé d'une nouvelle mission chez les Touareg Azdjer; M. Dybowski, revenu de son voyage scientifique au Congo français ; M. Bernard d'Attanoux, dont l'exploration chez les Touareg de l'est eut pour résultat d'établir des relations entre la France et le Sahara.

Des cartes murales, spécialement dressées par M. J. Hansen, et des projections à la lumière oxhydrique, exécutées par M. Molteni, ont ajouté à l'agrément comme à l'intérêt de ces brillantes réunions.

Justement soucieuse d'honorer la mémoire des grands navigateurs français, la Société de Géographie a célébré, cette année, en séance solennelle, le centenaire de Bruni d'Entrecasteaux, comme elle l'avait fait en 1888 pour le centenaire de Lapérouse. M. le baron Hulot, qui avait été chargé l'année précédente de rédiger une notice biographique sur Dumont d'Urville, a retracé la vie de d'Entrecasteaux, d'après des documents inédits. D'autre part, M. Henri Cordier s'est spécialement attaché à conter la mission diplomatique de ce navigateur à Canton, en s'appuyant sur les documents réunis aux Archives du Ministère des Affaires étrangères.

Les groupes d'étude, fondés en 1891, ont continué leurs travaux. On sait qu'ils sont au nombre de trois. Le premier s'occupe de géographie physique et mathématique, géologie et océanographie ; le deuxième, d'ethnographie, anthropologie, zoologie et botanique ; le troisième, de géographie historique et de géographie économique et scientifique.

Parmi les sujets traités dans les groupes, il nous faut signaler : « le bilan ornithologique de l'année 1893 au point de vue industriel », par M. Forest ; le « canal de Manchester », par M. D. Bellet ; « l'historique des relations de la France avec le Dahomey », par le baron Hulot ; « l'emplacement de la Troie homérique », par M. Normand.

On sait que la Société de Géographie décerne des prix aux lauréats des Lycées de Paris et des Ecoles militaires de la Flèche et de Saint-Maixent. En outre, elle se réserve de récompenser les personnes qui, dans le cours de l'année, se sont surtout distinguées par leurs opérations ou leurs travaux d'ordre géographique. Onze médailles ou prix ont été distribués en 1894. Citons la médaille d'or de la Société, offerte à M. Casimir Maistre pour son exploration du Congo au Niger; le prix Herbet-Fournet, à M. P. Savorgnan de Brazza, pour ses explorations scientifiques et ses travaux d'expansion coloniale dans le Congo français; le prix Henri Duveyrier, à M. Henri Schirmer, pour sa monographie du Sahara. — Ces deux derniers prix, fondés l'un par M. Maunoir, secrétaire général de la Société, l'autre par Mme Herbet-Fournet, étaient décernés pour la première fois.

L'année prochaine un nouveau prix s'ajoutera à ceux que la Société distribue déjà. Il provient d'un legs de 1.500 francs de rentes, fait par un des membres, M. Ducros-Aubert, ancien ministre plénipotentiaire, et destiné à récompenser les découvertes, les explorations ou les travaux d'un voyageur français.

De son côté le marquis de Turenne a légué à la Société dix obligations de l'emprunt qu'elle avait émis pour la construction de son hôtel. Cette donation sans affectation spéciale, a le mérite d'augmenter les ressources disponibles, devenues aujourd'hui trop insuffisantes pour assurer le développement des services intérieurs de la Société.

Le 29 juin 1894, une délégation de la Société de Géographie rendait les derniers devoirs à M. Renoust des Orgeries, inspecteur général des ponts et chaussées en retraite. Le défunt avait institué notre association sa légataire universelle, à charge pour elle de consacrer cette donation au développement des entreprises françaises en Afrique.

De généreux anonymes ont également ajouté aux libéralités que nous venons de signaler.

Les publications de la Société de Geographie sont résumées dans les *Comptes rendus* des séances et dans le *Bulletin*.

Nous n'entreprendrons pas d'énumérer les lettres, faits géographiques et indications bibliographiques des Comptes rendus. — Dans le Bulletin, il convient de noter, à côté du rapport annuel régulier présenté par le secrétaire général, sur les travaux de la société et sur les progrès des sciences géographiques, les observations relatives à Madagascar de MM. Henri Douliot et le docteur Besson, auxquelles s'ajouteront bientôt les levers de M. Gabriel Ferrand. Les différents itinéraires des explorateurs de cette grande île ont été réunis et ont donné lieu à la publication dans le Bulletin, d'une série de cartes dressées par M. Grandidier, de l'Institut, avec la haute compétence et le grand savoir qu'il apporte dans l'étude de ces matières.

Le projet pour remédier aux inondations dans le nord de la Chine, par le baron G. de Contenson, le voyage de San-Janvier aux chutes du Mocana (Haut Uruguay) par M. Juan Queirel, l'habitat de l'autruche en Afrique par M. Jules Forest, les itinéraires au Sahara en 1890, 1892 et 1893, par M. F. Foureau, et le récit de sa mission de 1893 chez les Touareg sont encore à signaler.

Ajoutons enfin que, grâce aux soins de la Société, une carte générale de l'Afrique, à l'échelle de 1/10.000.000°, comprenant les plus récents itinéraires et les limites des différents Etats, sera bientôt livrée au public dans les conditions de prix les plus favorables.

La Société s'est fait représenter à l'exposition de Chicago et au congrès africain tenu dans cette ville, aux fêtes du centenaire de Henri le Navigateur, à l'exposition de Lyon, brusquement interrompue par l'odieux attentat qui a mis la France en deuil, au Congrès de l'Association française pour l'avancement des sciences. La présence de son délégué au Congrès national de géographie est une preuve du désir qu'à la Société de géographie de Paris de participer aux importants travaux qui s'élaborent ici.

La bibliothèque de la Société s'est enrichie d'environ 200 ouvrages et cartes, abstraction faite des publications périodiques. Entre autres ouvrages considérables, il y a lieu de nommer le volume sur la Chine du comte Széhenyi, les publications du Dépôt de la guerre, des services de la marine de France, d'Angleterre, des Etats-Unis etc... les publications de la maison Hachette, de Firmin Didot, de Plon et Cie, de Mendel etc.

La Société de Géographie ouvre sa bibliothèque non seulement à ses membres, qui seuls ont le droit d'emprunter des livres, mais encore à tous ceux qui ont recours à elle pour un renseignement scientifique.

C'est ainsi que des officiers, des professeurs, des publicistes etc., peuvent y travailler chaque jour. Les élèves de la Sorbonne sont munis, sur leur demande, d'une carte d'entrée qui leur évite les formalités d'une démarche.

L'intérêt que la Société de géographie de Paris porte aux explorateurs français, s'est manifesté notamment par l'achat d'instruments destinés à faciliter aux voyageurs l'étude des régions qu'ils parcourent. C'est ainsi que le docteur Herr, de la mission Clozel, dans l'Afrique équatoriale, a reçu un théodolite. D'autre part la « Réunion des voyageurs français » d'accord avec la Société, a jeté les bases d'une association amicale ayant pour but de fournir des instruments aux explorateurs, de recueillir et de publier les résultats scientifiques de leurs voyages, enfin de leur assurer quelques subsides à leur retour si la nécessité s'en fait sentir.

Ce rapide aperçu des travaux de la Société de géographie de Paris pendant cette période d'un an, suffira sans doute à prouver qu'elle a souci de se maintenir constamment à la hauteur des Sociétés de Géographie des autres capitales d'Europe, et de concourir, dans la mesure de ses moyens d'action, à la diffusion comme au progrès des sciences géographiques.

SOCIÉTÉ DE GÉOGRAPHIE COMMERCIALE (Paris)

Bref rapport sur l'année 1893, par M. GAUTHIOT, secrétaire général

La 21ᵉ année de la société a été une année normale.

I. Au point de vue intérieur, le nombre des membres, accru de 250 environ, parmi lesquels se trouvent 23 fondateurs, a atteint 2.000.

Six mille francs ont été ajoutés au capital inaliénable, porté actuellement à plus de 50.000 francs.

Le budget est en équilibre. Une souscription ouverte parmi les membres fera face aux dépenses exceptionnelles occasionnées par le déménagement de la Société qui s'installera rue de Tournon, 8, dans un local plus confortable et plus digne de la société.

II Au point de vue extérieur, en ce qui concerne l'action de la Société, les faits principaux ont été les suivants :

A. La célébration par un banquet, auquel se sont trouvés réunis en très grand nombre les amis de la société, de l'entrée de celle-ci dans sa 21ᵉ année. Cette très belle soirée a été une vraie fête, rehaussée par la présence des femmes distinguées qui font partie de l'association, pour tous les partisans du développement et de la vulgarisation de la géographie économique, à laquelle le régime douanier actuel semble devoir donner un renouveau de faveur.

B. La création d'une nouvelle section, la 6ᵉ, sous la direction de M. Harmand, ministre plénipotentiaire, ancien commissaire général de France au Tonkin. Cette section, qui a, comme les cinq autres, son organisation propre, s'occupe principalement de l'Indo-Chine ; elle a obtenu immédiatement grand succès et entendu plusieurs des hommes qui travaillent à la prospérité de nos grandes possessions d'Asie, que l'Exposition de Lyon va contribuer beaucoup à faire connaître.

C. L'intervention de la Société dans les affaires de nos colonies, plus particulièrement dans celles de l'Indo-Chine et de Madagascar. Le résultat, dû pour bonne part à ceux des membres de la Société qui, soit au parlement, soit dans les milieux compétents, se sont fait les porte-parole de l'association, n'a été satisfaisant qu'en ce qui concerne l'Indo-Chine. Mais la prise de possession du Mékong ne fera oublier ni Madagascar ni les Nouvelles-Hébrides, et les efforts seront renouvelés.

D. L'allocation de la bourse de voyage Fournier ; la participation de la Société à tous les congrès, nationaux ou autres, où elle juge utile de se faire représenter ; le rapport que lui ont fait ses délégués, MM. Levasseur et Lourdelet, notamment à l'Exposition de Chicago ; les prix qu'elle continue à distribuer dans les écoles de commerce et les établissements d'instruction primaire supérieure, filles et garçons, de la ville de Paris ; l'augmentation de sa bibliothèque et de ses collections, et le prêt de ses livres ; la remise de nos médailles annuelles aux hommes dont les travaux font honneur à la science et au pays, ont continué à répandre dans le monde économique le nom et l'influence de la Société. Le Bureau et le Conseil sont fiers des résultats obtenus et désireux d'en obtenir de nouveaux. Ils leur sont garantis par la présence, tous les mois, soit aux séances générales, soit aux séances des six sections, de plus de sept cent cinquante personnes, attirées par la parole des explorateurs, des savants et des hommes d'expérience et d'étude, à quelque parti et à quelque école qu'ils appartiennent.

En somme, la Société de géographie commerciale, soutenue par la faveur publique, a continué à travailler efficacement à l'étude et à la vulgarisation de la géographie économique, à l'extension commerciale, industrielle et agricole de la France, et à l'extension et à l'affermissement de son action sur tous les points du globe. C'est pour cela qu'elle a été créée ; c'est pour cela qu'elle vivra.

Ch. GAUTHIOT.

SOCIÉTÉ DE GÉOGRAPHIE COMMERCIALE DE BORDEAUX

Rapport par M. CANU, secrétaire

MESSIEURS,

Deux faits principaux méritent d'être mentionnés dans l'existence de la Société de géographie de Bordeaux depuis notre dernière réunion, au congrès de Tours, en 1893.

Le premier, par ordre de date, est la fusion de la Société d'anthropologie et d'ethnographie du Sud-Ouest, avec notre Société de géographie commerciale. Cette fusion, étudiée longuement et sérieusement par les bureaux, a eu lieu après un vote unanime des deux sociétés réunies en séance plénière. Depuis le mois de juin dernier, les deux associations n'en font qu'une.

Une section spéciale d'anthropologie et d'ethnographie sera constituée — section dont les travaux auront une place à part dans le Bulletin bi-mensuel de la Société —, et lorsque des conférences seront faites sur un sujet plus spécialement ethnographique, les mots (section d'ethnographie) seront mis sur les affiches au-dessous du titre de la Société.

Cette fusion, qui donne une plus grande importance à la Société de géographie commerciale de Bordeaux, permettra d'élargir le cercle des sujets traités. Il ne fait doute pour personne que les sciences d'un intérêt primordial, comme l'anthropologie et l'ethnographie, ne trouvent parmi nos membres de fervents adeptes. Il est certain que les conférences et les séances spéciales de la section d'ethnographie et d'anthropologie seront assidûment suivies.

Le deuxième fait important dont j'ai à vous parler, c'est l'adoption en séance plénière, dans la séance de clôture du 22 juillet dernier, du travail préparé par le bureau pour obtenir que la Société de géographie commerciale et d'ethnographie soit reconnue comme institution d'utilité publique, afin qu'elle puisse avoir la personnalité civile, et, par conséquent, recevoir des legs, etc., etc.

Cette reconnaissance donnera à notre Société une consécration officielle et, sitôt notre session de 1894-1895 ouverte, nous devrons élaborer un nouveau règlement intérieur, en concordance avec les prescriptions de la loi sur ce sujet.

Je vais maintenant vous dire, aussi brièvement que possible, ce que nous faisons, et vous parler d'abord de ce qui résume nos travaux :

NOTRE BULLETIN. — Cette publication est bimensuelle ; vous voyez que nos moyens de vulgarisation sont considérables. Notre Bulletin réalise, au dire d'une des personnalités les plus éminentes du ministère de l'instruction publique, une véritable spécialité. « C'est là qu'on trouve, en effet, les renseignements les plus inédits sur l'Afrique occidentale, ce qui se conçoit, quand on songe aux intérêts considérables du commerce bordelais dans cette partie du globe. Cette manière de se localiser a d'excellents résultats. » (Sévin-Desplaces, délégué du ministère de l'instruction publique au congrès de Lyon.)

En effet, ainsi que le dit si bien M. Sévin-Desplaces, l'Afrique occidentale, et surtout le Sénégal, ont été et sont encore à présent le sujet d'études le plus sérieux que nous ayons. Le commerce bordelais a des intérêts si grands dans cette colonie, que nous ne pouvons trop nous en préoccuper. Aussi, permettez-moi de citer, depuis l'étude de M. le docteur Rançon sur la pénétration au Soudan, étude de longue haleine, aussi consciencieuse qu'originale, le travail d'un de nos compatriotes, M. de Béhagle, sur le bassin du Tchad, et, à la date du 18 juin dernier, la lettre de M. Marc-Maurel, notre président, à M. A. de Fontenay, sur les meilleurs moyens d'occuper avantageusement, au point de vue national et commercial, notre nouvelle possession du Soudan.

J'aurai encore à citer, dans notre Bulletin, relativement à l'Afrique, les travaux de M. Paul Camboué sur Madagascar, de M. Imbert sur le Congo français, de M. Foullonneau sur Tamatave, de M. Jogan sur le Maroc et la politique européenne, du docteur A. Léon sur Nossi-Bé, et, enfin, les études si intéressantes et présentées d'une façon si originale de M. d'Hugues sur les mœurs arabes actuelles, études intitulées : « Sous la tente ».

En Asie, c'est surtout le chemin de fer transsibérien, cette œuvre colossale, qui nous a préoccupés. Nous avons par bonheur parmi nous M. Venceslas Bronilawski, qui, dans une conférence d'abord, puis dans notre Bulletin, nous a décrit la Sibérie, qu'il a vue par lui-même ; il nous en a énuméré les inépuisables ressources et nous a fait entrevoir l'avenir immense de ce pays lorsqu'il sera pourvu de voies de communication.

En Amérique, nous avons eu les études de M. Pérès Henrique sur le Chili, le Mexique, le Guatemala et le Nicaragua, de M. de Brettes sur la Colombie, et de M. de Cisneros sur le Pérou.

Enfin, comme articles divers, je citerai les travaux de M. Hautreux sur les courants de l'Atlantique, de M. Lestrade sur la géographie et l'histoire des départements de la région Sud-Ouest, de M. Imbart de la Tour sur Samuel Champlain, de M. Girard sur le défilé du bas Danube ; et je termine en vous disant : « J'en passe et des meilleurs. »

En somme, notre Bulletin forme, à la fin de l'année, un

volume de près de 700 pages, avec plusieurs cartes hors texte, et contenant, outre les articles géographiques, les actes de la société et tous les renseignements statistiques, météorologiques et commerciaux.

C'est un véritable travail de bénédictin que la coordination et la mise au point de toutes ces œuvres diverses, pour en faire un travail d'ensemble aussi attrayant qu'utile. Aussi devons-nous rapporter à notre rédacteur en chef, M. Gébelin, tout le mérite de cette publication, sans parler de ses travaux personnels, qu'il insère trop rarement au gré de tous.

Nos Conférences. — Nous avons eu pendant la session de 1893-1894, à peu près deux conférences par mois, conférences accompagnées en général de projections.

Ces conférences ont toujours lieu dans le grand amphithéâtre de l'Athénée, qui peut contenir plus de 1,500 auditeurs, et est admirablement disposé pour l'orateur et pour le public. Nous l'avons vu souvent trop petit, notamment pour la conférence de M. Mizon. C'est vous dire que nos réunions sont très suivies et très appréciées du public.

Nous avons eu en novembre la conférence de M. de Béhagle sur le bassin du Tchad, en décembre celle de M. Ly-Chao-Pée, sur les progrès de la Chine depuis 1850 ; ensuite celle de M. Hess, intitulée : du Dahomey au Niger; celle de M. Angelvy sur la côte orientale d'Afrique, de M. Gaston Routier sur l'Andalousie, de Mgr de Rocquancourt sur les moyens de développer l'influence française en Afrique, de Mme Lilly Grove sur le Chili, de M. Rançon sur la France en Gambie, de M. Mizon sur ses trois années au Soudan central, et enfin de M. Diamanti sur la situation actuelle des Français en Egypte.

Plusieurs de nos conférenciers ont en même temps parcouru nos sections, et ils ont trouvé dans les villes d'Agen, de la Rochelle, de Périgueux et de Bergerac, un auditoire aussi nombreux et aussi bienveillant qu'éclairé.

Il me reste un mot à dire de nos séances mensuelles. Ces

séances, tenues le premier lundi de chaque mois dans une des salles de l'Athénée, présentent, pour les membres assez nombreux de la société qui les suivent assidûment, un attrait sérieux. Outre les résolutions à prendre qui y sont discutées et votées, les nouvelles géographiques résumées par les secrétaires offrent généralement une lecture pleine d'intérêt. Des communications géographiques y sont faites, soit par des membres de la Société, soit par des explorateurs. Aussi pouvons-nous citer parmi les travaux communiqués le compte rendu de M. Imbert sur le congrès de Tours en 1893, l'étude de M. Bronilawski sur le chemin de fer transsibérien, etc.

Notre groupe géographique du Sud-Ouest comprend, en plus de la section centrale à Bordeaux, 7 sections : à Bergerac, Périgueux, Mont-de-Marsan, Agen, la Rochelle, Blaye et Tarbes. La plupart de ces sections sont en pleine voie de prospérité et, comme la section centrale, elles ont des réunions mensuelles et des conférences. Je ne doute pas un instant que si, comme j'aurai l'honneur de vous le demander, le congrès géographique de 1895 tient ses assises à Bordeaux, nous n'entrions dans une voie d'accroissement et de prospérité plus accusée encore que maintenant.

En dehors de M. Gébelin que j'ai déjà cité, deux membres de la société méritent particulièrement notre reconnaissance : M. Manès, notre secrétaire général, qui pour ainsi dire en est l'âme, et M. Bella, qui en a géré les finances depuis 13 ans. Ce dernier, en nous quittant, emporte nos regrets unanimes.

Nous avons malheureusement perdu notre chef du secrétariat, M. Balguerie ; c'était un homme aussi remarquable par son instruction et son dévouement à notre société que par sa modestie. M. Manès a retracé ses grandes qualités en lui disant un dernier adieu.

Notre président, M. Marc-Maurel, et M. Hautreux, l'un de nos vice-présidents, méritent aussi tous nos remercîments pour les communications qu'ils ont faites à notre Bulletin, l'un sur le Sénégal qu'il connaît si bien, l'autre sur la science si peu connue de l'océanographie.

Si nous sommes, Messieurs, dans des conditions sérieuses comme vitalité et comme prospérité, il ne faut pas oublier que tout ce qui ne progresse pas périclite et meurt. J'espère, ainsi que je l'ai dit déjà, que le congrès de Bordeaux amènera un mouvement géographique dans toute notre région du Sud-Ouest. Je crois pouvoir annoncer que les séances du congrès seront assidûment suivies, et que nous ferons beaucoup pour l'avancement et la vulgarisation des sciences géographiques.

L. CANU,
Secrétaire de la Société de géographie commerciale de Bordeaux, délégué au Congrès de Lyon.

SOCIÉTÉ DE GÉOGRAPHIE DE MARSEILLE

Rapport sur les travaux de la Société de géographie de Marseille pendant l'année 1894, présenté au Congrès par M. Paul ARMAND, secrétaire général de la Société, lu au Congrès par M. A. BREITTMAYER, délégué de cette Société.

Messieurs,

La Société de géographie de Marseille va bientôt avoir dix-neuf ans d'existence. Malgré les vides causés par la mort, les démissions, les départs, etc., elle a su maintenir le chiffre de son effectif normal, en recrutant sans cesse de nouveaux adhérents, et elle compte actuellement dans ses rangs 459 membres, dont 272 membres actifs. Les encouragements des corps élus, de la Chambre de commerce, des principales sociétés maritimes ou industrielles, de la presse locale, ne lui ont jamais fait défaut. Aussi peut-elle, sans préoccupation du lendemain, continuer l'œuvre de vulgarisation scientifique qu'elle a entreprise.

C'est par ses conférences, son cours populaire, son Bulletin trimestriel, les prix qu'elle distribue aux diverses écoles, sa bibliothèque, qu'elle exerce son action, non seulement dans Marseille même, mais encore dans tout le département.

Cette année, les conférences ont été plus nombreuses que de coutume. Nous avons été assez heureux pour entendre successivement le commandant Monteil nous raconter son beau voyage du Sénégal à Tripoli par le lac Tchad, M. Le Myre de Vilers nous exposer les ressources de nos possessions asiatiques, et M. Martineau nous décrire la situation politique de Madagascar; M. Emile Guimet, dans une suggestive leçon, nous a fait connaître la Chine historique et pittoresque. A deux reprises, le R. P. Lemenant des Chesnais a ému nos cœurs de patriotes, en nous parlant, avec l'éloquence qui lui est familière, de notre situation dans la vallée du Nil; M. Gaston Routier nous a promenés à travers l'Espagne, d'Irun à Huelva; M. Jacques Léotard nous a initiés aux projets du norwégien Nansen pour atteindre le pôle nord; enfin, notre excellent collègue, M. Albert Breittmayer, avec la compétence qu'on lui connaît, nous a décrit les premiers essais de bateaux à vapeur sur nos voies fluviales.

Ces neuf conférences, qui ont toutes attiré un nombreux public, n'ont fait tort en aucune façon au cours populaire de géographie que nous avons créé il y a dix-huit ans. Dans ses leçons hebdomadaires, notre collègue, M. Masson, chargé du cours, a décrit cette année les ports de la Méditerranée. C'est de Port-Saïd qu'il est parti pour faire son périple, et c'est à Gibraltar qu'il a terminé son voyage. Le sommaire de ces leçons, que nous publions régulièrement dans notre Bulletin, vous a dit dans quel esprit véritablement pratique ce cours était fait. Comme nous l'avons souvent répété, la création de ce cours est une des œuvres dont nous sommes le plus fiers ; car tous les jours nous constatons les services qu'il rend à notre population industrielle, commerciale et maritime.

Notre Bulletin paraît régulièrement tous les trimestres. Outre sa chronique géographique, qu'on s'efforce de rendre aussi complète, aussi exacte, aussi méthodique que possible, on y trouvera, cette année, un voyage dans la Guinée portugaise de M. Max Astrié, une étude sur Obock et ses dépendances de M. W. Pilatte, un mémoire sur l'île de Samos du capitaine Etienne Maigre de la compagnie Fraissinet. Un autre capitaine de la marine marchande, M. Georges Bourge, des Messageries maritimes, a entrepris une monographie des ports d'Australie. Adélaïde, Albany ont déjà paru ; Melbourne, Sydney, Brisbane auront leur tour.

La géographie historique a eu aussi sa place dans notre recueil avec « la Connaissance géographique de la Russie en France, du XVIe au XIXe siècle », par G. Saint-Yves, et la traduction par Henri Barré d'une savante étude sur Pythéas et sa découverte de la Grande-Bretagne par Cléments R. Markham, l'éminent président de la Société royale de Londres.

En fait d'étude régionale, nous n'avons publié que le « Commerce des fleurs dans les Alpes-Maritimes », par E. Deschamps ; mais, conformément au vœu exprimé par le dernier congrès de géographie, nous nous proposons de porter sur la géographie locale tous nos efforts, et d'entreprendre, comme nos sociétés sœurs de Bourg et de Montpellier, une étude complète, sinon de la Provence entière, du moins du département des Bouches-du-Rhône.

Indépendamment des mémoires publiés dans notre Bulletin, plusieurs membres de notre société ont fait paraître ailleurs des ouvrages d'une véritable importance. C'est ainsi que notre président, M. Jules-Charles Roux, toujours sur la brèche quand il s'agit de lutter en faveur des intérêts de notre grand port, a publié une série de brochures sur le canal du Rhône à Marseille et sur les droits de douane, qui, grâce aux protectionnistes, paralysent la marche en avant du premier port méditerranéen. D'un autre côté, pendant que notre collègue, M. Emile Petitot, faisait paraître son « Exploration du grand lac des Ours dans les régions arctiques », un des membres de notre commission administrative, M. Aimé Olivier de Sanderval, publiait, sous le titre de « Soudan français », son dernier voyage au Foutah-Djallon, et un de nos collègues, le général Frey, continuait ses études sur « l'Annamite mère des langues », dans un ouvrage dont le fond peut être discuté, mais qui n'en dénote pas moins des travaux linguistiques des plus sérieux.

Comme les années précédentes, la société (et elle ne peut que se féliciter de ses libéralités) a multiplié ses prix (atlas ou livres de voyages) dans les établissements d'instruction supérieure, secondaire et primaire, tant de la ville que du département. Les jeunes filles comme les garçons prennent part à ces concours, et chaque année les autorités universitaires constatent dans leurs rapports les heureux effets de ces créations.

Notre bibliothèque, déjà très riche (plus de 5.000 volumes, sans compter les atlas et un millier de cartes diverses), est ouverte généreusement à tous les travailleurs qui, trois heures par jour, peuvent y trouver les renseignements sur les pays qui les intéressent. On s'est habitué, à Marseille, à considérer notre société comme un centre d'informations géographiques, et il n'est pas de jour où on ne fasse appel à notre expérience et à nos collections, pour avoir des notions précises sur tel ou tel point de notre globe.

Tels sont, Messieurs, les services de vulgarisation que nous rendons à la géographie ; nous laissons aux grandes sociétés de Paris et de l'étranger le soin et l'honneur de faire avancer la science qui nous est chère. Ce que nous cherchons avant tout, c'est de faire pénétrer dans le grand public les connaissances déjà acquises, heureux si nos efforts trouvent leur récompense dans l'approbation du congrès.

Marseille, le 16 juillet 1894.

Le secrétaire général,
Paul Armand.

SOCIÉTÉ LANGUEDOCIENNE DE GÉOGRAPHIE DE MONTPELLIER

Rapport de M. Malavialle, secrétaire général.

Messieurs,

La Société languedocienne de géographie de Montpellier, que j'ai l'honneur de représenter, n'a fait, depuis le dernier congrès, que suivre paisiblement le cours d'une tradition déjà longue.

Sans se désintéresser en rien de la vulgarisation géographique générale, qui est représentée dans ses séances mensuelles et dans son bulletin trimestriel par des conférences, des communications, des chroniques et variétés, des analyses et comptes rendus, tenant nos lecteurs au courant des principaux faits accomplis et des principaux ouvrages parus, et entre lesquels je me contenterai de citer cette année la grande conférence de M. Casimir Maistre, ce jeune explorateur déjà illustre, que nous sommes fiers de compter parmi nos compatriotes et nos collègues, notre société s'est spécialement attachée aux études et aux publications de géographie locale, suivant en cela ou plutôt devançant le sage conseil que nous donnait hier avec tant d'autorité notre éminent président,

M. le docteur HAMY, ainsi que le vœu présenté et voté l'année dernière au congrès de Tours, sur l'initiative de la société de Saint-Quentin et de son délégué, M. SOUCHON. Elle a surtout à cœur de connaître et de faire connaître son petit domaine, par des travaux modestes, mais originaux. Elle prendrait volontiers pour devise :

> Mon verre n'est pas grand, mais je bois dans mon verre.

Voici, depuis le dernier congrès, les contributions qu'elle a apportées à l'étude du Languedoc :

Dr BOURGUET : *Le Liron. Essai de monographie d'un chaînon des basses Cévennes.* 3me trimestre 1893. Tome XVI, pages 217-236.

Dr COSTE : *Les transformations de Montpellier depuis la fin du XVIIe siècle jusqu'à nos jours* (suite et fin). 4me trimestre 1893. Tome XVI, pages 341-353.

FLAHAUT et COMBRES : *Observations sur la part qui revient au cordon littoral dans l'exhaussement actuel du delta du Rhône.* 1er trimestre 1894. Tome XVII, pages 5-23, avec 2 planches.

MALAVIALLE : *Le littoral du bas Languedoc.* 2me trimestre 1894. Tome XVII, pages 187-266.

MIQUEL : *Essai sur l'arrondissement de Saint-Pons.* Article 1, *Saint-Pons préhistorique et gallo-romain.* 2me trimestre 1894. Tome XVII, pages 113-131, avec carte.

Notre société a également continué la publication de l'œuvre qu'elle a commencée en 1890, la *Géographie générale du département de l'Hérault*. Elle a terminé le premier volume consacré à la géographie physique, en publiant le fascicule *Météorologie*, dû à M. CROVA, professeur à la Faculté des sciences, et à M. DUPONCHEL, notre président. Elle a inauguré le second par le fascicule *Flore*, dû à M. FLAHAUT, professeur à la Faculté des sciences. Elle prépare actuellement la publication du deuxième fascicule de ce second volume, *la Faune*, qui a été confié à MM. SABATIER, doyen de la Faculté des sciences, Soulier, professeur de la même Faculté, et Valery-Mayet, professeur à l'Ecole d'agriculture de Montpellier. Le troisième volume sera consacré à la *Géographie historique*; le quatrième à la *Géographie administrative et statistique*. Chaque partie est illustrée de cartes, de plans, de gravures, de tableaux, de diagrammes. J'ai l'honneur de déposer sur le bureau du congrès ce qui a paru de cet ouvrage, et de lui en faire hommage au nom de notre société.

En entrant résolument et en nous enfermant de plus en plus dans cette voie d'études et de recherches locales, nous croyons rendre à la science qui nous est chère des services modestes, mais durables. Nous apportons notre pierre à la construction de l'édifice d'une géographie générale de la France, dans laquelle viendront plus tard se fondre tous ces travaux particuliers, et qui ne peut d'ailleurs résulter que de cette préparation préalable et de cette fusion. Nous sommes d'ailleurs bien récompensés par l'encouragement et les subventions qui nous viennent de toutes parts pour l'accomplissement de cette œuvre utile : de la part du gouvernement, grâce à la protection éclairée de MM. le colonel de la Noë et Sevin-Desplaces ; de la part du conseil général de l'Hérault et de la municipalité de Montpellier ; de la part du *Bulletin de géographie historique et descriptive*, de la revue *les Annales de géographie* et de beaucoup d'autres revues françaises ou étrangères, qui ont bien voulu remarquer nos efforts et les approuver. Qu'ils en soient tous remerciés ici, dans cette circonstance solennelle.

L. Malavialle.

SOCIÉTÉ DE GÉOGRAPHIE DE L'EST

Rapport de M. J.-V. Barbier, secrétaire général.

MESSIEURS,

Nous sommes exposés à nous répéter dans chacun de nos rapports annuels, car notre œuvre — je parle pour nous seuls bien entendu — se poursuit avec une régularité quasi mathématique, autant que le comporte du moins un recrutement de conférenciers très variés, un ensemble de travaux très divers dans la grande unité du progrès géographique. Pourtant nous pouvons dire, avec une certaine satisfaction, que jamais « campagne » ne fut, sinon plus brillante, au moins si bien remplie. Nous n'éprouvons nul besoin de vous entretenir — ce qui serait une répétition pour vous la plupart du temps — de nos conférences. Si notre *Bulletin* est digne de votre attention, point n'est besoin de vous le faire valoir, et, en dehors, nous n'avons nul travail particulier à vous signaler cette année. Pourtant nous devons dire que, prenant à tâche de réaliser les résolutions de nos congrès, nous avons tenté de donner une sanction à celles d'entre elles qui rentraient dans notre sphère d'action.

En ce qui concerne la création de bureaux de renseignements coloniaux à la préfecture de Nancy, nous avons recueilli une fin de non recevoir que nous prévoyions d'ailleurs en faisant, à Tours, toutes réserves sur cette création dans notre département. L'administration préfectorale s'est montrée non seulement indifférente, mais absolument réfractaire à ce projet, et cela s'explique quand on songe que c'est à peine s'il se produit, par année, chez nous, une seule demande de renseignements pour aller aux colonies.

Au sujet du vœu par lequel le congrès de Tours a souhaité que la lumière fût faite sur une grande entreprise dans laquelle on faisait valoir des considérations géographiques, le rapporteur ici présent a tenté, en ce qui le concerne, et à la satisfaction de notre société, d'éclairer bien des obscurités. Sans doute, cela n'a pas été sans lui attirer de vertes ripostes où se sont révélées plus de mauvaise humeur et d'acrimonie que d'arguments sérieux ; mais, ou le vœu de Tours ne signifiait rien, ou il fallait faire pénétrer un peu de lumière dans la masse, qui ignorait les conditions les plus élémentaires de la question.

Délégué de la Société de géographie de l'Est au congrès de Tours, l'écrivain s'est considéré comme chargé par celui-ci, pour sa part, de réaliser son vœu. Il n'a pas été le seul et il a trouvé un écho dans plusieurs des sociétés sœurs ; c'est un devoir qu'il a d'ailleurs rempli en évitant, avec le scrupule le plus jaloux, toute question de personnalité.

Enfin, notre société s'est considérée comme dûment saisie de la proposition de la Société de géographie de Paris concernant le projet présenté au congrès de Berne par le professeur Penck en 1891. Nous aurons à vous en entretenir au cours de cette session.

Nous ne saurions oublier non plus que l'activité déployée par nos sections d'Epinal et de Bar-le-Duc contribue pour une bonne part à la prospérité soutenue de notre société.

SOCIÉTÉ DE GÉOGRAPHIE DE VALENCIENNES

Rapport de M. Doutriaux, président et délégué de la Société.

Messieurs et chers Collègues,

Notre société n'est pas née d'hier; elle doit sa fondation, comme toutes celles de la région du nord de la France, à M. Foncin, qui a marqué son passage comme recteur à Douai en fondant, dans les cinq départements formant l'académie qu'il dirigeait, de nombreuses Sociétés de géographie qui sont aujourd'hui encore toutes prospères, et qui ont puissamment contribué à répandre le goût et l'étude de la géographie dans tous les établissements d'instruction et dans toutes les classes de la société.

M. Foncin a ainsi rendu un service inappréciable, en implantant une science si négligée jusqu'alors, dans la région la plus riche et la plus populeuse de la France.

Je suis heureux de lui rendre un public hommage dans une réunion solennelle de géographes venus de toutes les parties de la France, et présidée par un homme éminent.

Notre société est modeste, elle n'a que 300 membres; aussi ne peut-elle jouer qu'un rôle modeste, elle ne peut chercher qu'à amener autour d'elle la diffusion des connaissances géographiques. Nous faisons tous nos efforts pour arriver à ce but par les conférences, par les prix distribués aux écoles de l'arrondissement, et par le bulletin; et sans fausse modestie, nous croyons pouvoir dire que nous atteignons le but proposé.

Nous avons donné cette année, comme les précédentes, une série de conférences qui ont toujours été suivies par un public nombreux et sympathique. Vous n'en serez d'ailleurs pas étonnés quand vous saurez que, parmi nos conférenciers, nous avons eu M. Lourdelet, vice-président de la chambre de commerce de Paris ; MM. Merchier, secrétaire général de la Société de Lille, et Guillot, directeur de la Société commerciale de Paris ; ces deux derniers toujours prêts à nous donner l'appui de leur talent quand nous y faisons appel.

M. Merchier nous a parlé du domaine colonial de la France en Afrique.

M. Lourdelet nous a raconté ses souvenirs de l'exposition de Chicago.

M. Guillot a traité la question du Siam.

Nous avons distribué seize prix d'une certaine valeur aux enfants des deux sexes de notre arrondissement ; c'est un moyen efficace d'éveiller chez les enfants le goût de la géographie.

Le meilleur moyen de propagande dans le public, c'est le Bulletin ; nos ressources de toute nature ne nous permettaient pas d'en créer un qui pût remplir le but. Aussi, depuis le jour déjà loin où nous nous sommes séparés de l'Union géographique du Nord de la France, nous avons eu recours à notre puissante voisine, la Société de Lille, et grâce au bienveillant concours de son sympathique président, M. Paul Crépy, j'ai pu obtenir que le Bulletin de la Société de Lille, qui paraît tous les mois, qui est l'un des plus complets et des plus intéressants des sociétés de province, fût servi à tous nos sociétaires ; et nous pouvons, quand nous le désirons, y faire insérer les communications qui intéressent spécialement notre société.

Excusez-moi de vous parler si longuement d'une modeste société comme la nôtre. Vous me pardonnerez quand vous saurez que depuis qu'elle existe, j'y ai consacré tous les loisirs que me laisse une vie très occupée.

J'ai voulu seulement vous montrer que tous, petits et grands, à Valenciennes comme dans toutes les parties de la

France, chacun fait son devoir et cherche dans les limites de ses forces à rendre service à la science et à la patrie.

Lyon, 3 août 1894.

DOUTRIAUX.

SOCIÉTÉ DE GÉOGRAPHIE DE LILLE

Rapport de M. Merchier, secrétaire général.

MESSIEURS,

La Société de géographie de Lille, avec ses deux annexes de Roubaix et de Tourcoing, comptait, au 1er janvier 1894, le chiffre de 1717 membres payant cotisation (15 francs au minimum), ce chiffre est actuellement dépassé.

Le but poursuivi par la société est avant tout la *vulgarisation* de la science géographique.

Elle cherche à y parvenir par deux moyens : des conférences et la publication d'un bulletin.

Notre seule section de Lille n'a pas donné moins de 29 conférences depuis le mois d'octobre dernier. Rassurez-vous, je n'ai pas l'intention de vous en infliger l'énumération ; il en est deux toutefois que je dois mentionner, puisque leurs auteurs vont parler devant le congrès : M. Gaston Routier nous a fait faire avec lui un charmant voyage des Pyrénées à Gibraltar, et M. Charles Lemire nous a fait une magistrale conférence sur notre domaine indo-chinois. Je n'aurai garde non plus d'oublier l'incomparable causerie sur le rôle de la France en matière de colonisation, et vous devinerez tout le plaisir qu'elle nous a procuré quand vous saurez qu'elle était faite par ce charmeur qui a nom de Varigny. Permettez-moi maintenant de dire que, sur ce total respectable de 29 séances, 11 ont été fournies par nos sociétaires lillois. — Notre section de Roubaix a donné de son côté 16 conférences, celle de Tourcoing, 14. — Toutes ces conférences ont lieu dans de vastes salles qui nous appartiennent et où le public se presse ; j'en appelle aux souvenirs des conférenciers qui vont parler devant le congrès. Nous pensons avoir perdu notre journée si nous n'avons pas attiré un *minimum* de 500 auditeurs.

Nous tirons notre bulletin à 2300 exemplaires. Il est mensuel. Nous le servons à la Société de géographie de Valenciennes, qui d'ailleurs, pour tout le reste, est indépendante de nous, comme vous l'a expliqué tout à l'heure son président, M. Doutriaux. Du bulletin je ne veux rien dire. Le mieux est de déposer sur le bureau du congrès la collection des 12 fascicules parus depuis le congrès de Tours. Vous verrez par vous-mêmes ce qu'il a de bon et de mauvais.

Nous organisons chaque année un concours de géographie pour les écoles, collèges et lycées de l'arrondissement de Lille. Cette année, 130 garçons et 96 filles ont affronté les épreuves.

Quand les premiers rayons du soleil printanier nous forcent à fermer la salle des séances, nous remplaçons l'enseignement oral par la leçon de choses, c'est-à-dire par des excursions. Sept de ces excursions ont déjà eu lieu depuis mars dernier ; une d'elles a poussé jusqu'à Dresde, une autre jusqu'à Londres. Deux restent à faire ; permettez-moi de transcrire textuellement le programme de la prochaine :

« Dijon, Nantua, Bellegarde, vallée de Chezery, ascension de la Faucille, Divonne, Genève, Saint-Gervais, Chamounix, mont Blanc, Annecy, Aix-les-Bains, le Bourget, *Lyon et son exposition.* »

Nos amis, qui sont au nombre d'une trentaine, seront ici vers le 20 août, et le meilleur souhait que je puisse faire est qu'ils trouvent un guide aussi savant et aussi sympathique que M. Pila, pour leur expliquer les merveilles de votre exposition coloniale, c'est-à-dire pour leur donner une leçon de géographie pratique ; c'est de la vraie vulgarisation !

SOCIÉTÉ DE GÉOGRAPHIE DE L'AIN

Rapport de M. Loiseau, secrétaire général.

La Société de géographie de l'Ain poursuit avec persévérance la tâche patriotique qu'elle a entreprise au jour même de sa formation. Elle s'est proposé 1° de faire connaître le département de l'Ain ; 2° de faire connaître aussi, dans le département placé pour ainsi dire sous sa juridiction, le mouvement géographique.

I. — *La Géographie du département de l'Ain,* dont elle a entrepris la publication et dont deux volumes ont déjà paru, sera bientôt achevée.

Les dernières notices de géographie administrative, description individuelle des communes, vont paraître. L'arrondissement de Gex est rédigé, faisant suite à ceux de Bourg, Belley, Trévoux, Nantua. Le bulletin a donné comme complément à la géographie physique, précédemment étudiée, une notice sur les 16 lacs du département. Cette géographie régionale est le vrai titre de gloire de notre société, qui a été une des premières à bien étudier la « petite patrie ». Lorsque nous posséderons une série complète de ces monographies départementales, il se trouvera un ouvrier à la main puissante pour réunir tous ces documents précis, et pour élever à la France un solide monument.

A côté de la géographie locale, notre société a su faire une place importante aux questions générales. C'est aux colonies qu'elle a donné sa plus grande attention, comme le prouvent les études parues dans son bulletin et dont voici les titres : de la Colonisation en Tunisie ; les Touaregs, d'après René Caillé ; Revue de géographie où sont résumés les principaux problèmes dont l'opinion publique se préoccupe à si juste titre.

Enfin nous avons organisé des conférences qui ont été fort suivies. Je cite celle de M. Maistre. Grâce à ces efforts variés, nous avons vu grandir le nombre de nos adhérents, les sympathies sont plus nombreuses, notre action est plus vive. Cela nous permet de dire que la Société de géographie de l'Ain peut se rendre cette justice, qu'elle a concuru dans la mesure de ses forces à la diffusion des sciences géographiques.

J. LOISEAU.

J. CORCELLE.

SOCIÉTÉ BRETONNE DE GÉOGRAPHIE DE LORIENT

Rapport de M. Layec, secrétaire général.

La Société Bretonne a été comme naturellement appelée à s'occuper de deux sortes de questions : les questions coloniales et les questions de pêche.

Depuis sa fondation, qui remonte à 1882, elle a, aux différents congrès auxquels elle a été représentée, émis des vœux et fourni des rapports sur l'organisation administrative des colonies et sur les procédés de colonisation. On ne pourra nier que le premier président de la Société bretonne, M. de la Richerie, voyait juste, quand, au congrès de Douai, en 1883, il considérait l'établissement du système du protectorat en Tunisie comme « l'acte le plus considérable que le gouvernement de la République ait accompli dans l'intérêt du développement de notre possession africaine ». Nos bulletins contiennent des études inédites et nombreuses sur les pays d'outre-mer. Ces articles sont généralement dus à des officiers de marine qui, appelés par leur service dans nos colonies, n'oublient pas la Société Bretonne et savent associer les intérêts de la science et les intérêts de la patrie. Au retour de leurs campagnes, ils reviennent prendre leur place au milieu de nous et nous font profiter de leurs impressions et de leur expérience. C'est ainsi que nous avons vu revenir, pleins de souvenirs — pour ne citer que quelques noms —, le docteur Néïs, après un voyage d'exploration dans le haut Mékong, le regretté Paul Deloncle au retour de ses campagnes d'Islande ou de Madagascar, le lieutenant de vaisseau Caron, le premier Français qui ait descendu le Niger sur une canonnière jusqu'à Tombouctou ; M. Lallemand, encore un officier de marine, qui a signalé, à la suite de l'exploration de l'*Ardent*, la richesse en poissons de la côte du Sahara ; le capitaine de vaisseau Marquer, notre président d'aujourd'hui, qui naguère encore commandait les troupes de mer pendant l'expédition du Dahomey.

C'est parmi eux que nous trouvons nos conférenciers habituels ; je ne voudrais cependant pas ne pas rappeler que nous avons eu le plaisir d'entendre, cette année, une conférence de M. Claine sur le Mexique et les Antilles, et une conférence de M. Routier sur un voyage en Espagne ; M. le capitaine de frégate Courcelle-Seneuil, de la Société de géographie de Rochefort, un marin en même temps qu'un archéologue, nous a entretenus des monuments des diverses civilisations qui se sont développées sur les bords de la Méditerranée.

Ainsi, les pays d'outre-mer nous deviennent familiers ; un Lorientais, M. Jules Simon, disait jadis que Lorient était plus près du Sénégal que de Paris ; c'est encore vrai ; les chemins de fer n'ont pas rapproché de nous la capitale, tandis que les milliers de lieues qui nous séparent de notre colonie la plus lointaine sont tous les jours franchies par de nombreux compatriotes.

Vous nous trouverez donc, Messieurs, prêts à vous suivre dans toutes les questions de colonisation et d'émigration que vous voudrez mettre à l'étude.

Nous avons été aussi amenés à nous occuper d'une question qui devient une question vitale pour nos populations maritimes. La pêche au large doit inévitablement succéder à la pêche côtière, les fonds voisins de la côte étant de plus en plus ravagés. Mais, pour arriver à entraîner nos pêcheurs vers le large, il faudra développer chez eux les idées d'assurance, de mutualité et d'association ; il faudra même exiger d'eux quelques connaissances théoriques qui leur permettent de faire au moins le point en mer et de manier avec intelligence le thermomètre. C'est à cela que s'applique depuis quelques années, avec l'appui de la Société, M. Victor Guillard, un de nos sociétaires les plus laborieux. Ses études ont été assez remarquées pour qu'il ait été gratifié de nombreuses récompenses de la part du département de la marine ; dernièrement encore, au congrès de sauvetage tenu à Saint-Malo, il a obtenu le premier prix pour ses travaux sur la pêche au large et ses expériences d'ancre de cape avec bouée à réservoir d'huile. Nous pensons toutefois que rien n'aura été fait tant qu'on se contentera de laisser le pêcheur à ses vieilles traditions ; or, il ne fera rien de lui-même : il accepte avec une espèce de fatalisme le triste sort qui pèse sur lui. Déjà, en 1890, sur la proposition de notre Société, vous avez émis des vœux demandant : que la pêche au large soit encouragée le plus possible ; que des comices de pêche soient fondés sur nos côtes, et que, dans ces comices, conformément à ce qui se passe dans les comices agricoles, il soit décerné des récompenses aux pêcheurs dont les embarcations présenteront l'outillage, la tenue, l'installation et la forme les meilleurs ; qu'il soit institué un brevet de pêche.

Nous espérons voir un jour ces vœux aboutir. Nous continuerons à mettre à l'ordre du jour de nos séances ces importantes questions. Là se sont bornés nos principaux travaux.

Nous avons compris l'appel fait à toutes les sociétés en vue d'entreprendre la géographie locale de la région ; les ouvriers ne manquent pas, mais l'œuvre n'est qu'ébauchée ; nous pourrons peut-être l'année prochaine vous présenter une partie de ce travail.

A. LAYEC.

SOCIÉTÉ DE GÉOGRAPHIE COMMERCIALE DE NANTES

Rapport de M. Doby, secrétaire général.

MESSIEURS,

La Société de géographie commerciale de Nantes, qui m'a fait l'honneur de me déléguer à ce congrès, a accompli le mois dernier sa douzième année d'existence. Pas plus cette année que les précédentes elle n'a oublié le but qu'elle s'est proposé : encourager l'étude des questions de géographie économique, suivre avec intérêt le mouvement de notre expansion coloniale, applaudir aux courageux efforts de nos explorateurs, et prendre enfin tous les moyens dont elle dispose pour faire connaître au public les résultats obtenus par le concours de tous.

Cette année, nos réunions mensuelles ont eu surtout pour but l'étude d'une question qui nous tient au cœur, parce qu'outre son caractère d'intérêt général, elle touche plus particulièrement notre région : l'étude et l'amélioration du régime de la Loire. La société d'étude et d'initiative qui s'est constituée à ce sujet, compte beaucoup de nos membres parmi ses fondateurs, et, grâce à eux, beaucoup de renseignements ont été recueillis, qui font bien augurer du succès de cette entreprise.

Répondant à un vœu exprimé dans notre dernier congrès, à Tours, un de nos membres les plus érudits, M. Orieux, met en ce moment la dernière main à une géographie de la Loire-Inférieure, qui sera bientôt publiée sous nos auspices.

Mais la géographie locale et le relèvement sensible de la prospérité ancienne de notre port n'ont pas seulement accaparé notre attention.

Plusieurs grandes conférences dont les comptes rendus ont été publiés dans notre bulletin ont été faites. Nous avons successivement fait entendre à notre public ordinaire, d'abord M. de Mahy, qui, avec la haute compétence que vous lui connaissez, nous a entretenus de l'état actuel de Madagascar et des moyens les plus propres à employer pour tirer de ce beau pays les profits que nous sommes en droit d'en attendre.

Un voyageur distingué, M. Claine, a fait à notre société une conférence sur les Antilles espagnoles. A noter encore les conférences de MM. de Varigny et Desfontaines sur l'archipel d'Hawaï, qui ont eu le plus vif succès, et celle de M. Gaston Routier, sur l'Andalousie, qui n'a pas été entendue avec moins d'intérêt.

Rien enfin, Messieurs, n'a été épargné pour nous tenir à la hauteur de notre tâche. Notre rôle, à nous, sociétés de province, est nécessairement borné, et nos ressources sont faibles, si notre bonne volonté est grande ; cependant, nous croyons que nos efforts n'ont pas été inutiles, et que les renseignements, qu'un public de plus en plus curieux de venir s'instruire des choses de la géographie coloniale et commerciale vient prendre auprès de nous, portent leurs fruits et contribuent au développement de notre influence dans le monde et à la prospérité de notre chère patrie.

Lyon, le 2 août 1894.

V. DOBY.

SOCIÉTÉ DE GÉOGRAPHIE DE TOULOUSE

Rapport sur les travaux et la sphère d'action de la Société, par M. GUÉNOT, secrétaire général.

Dans des critiques dont je n'ai pas à juger la valeur ici, un de mes meilleurs amis, M. Sevin-Desplaces, exprimait au moins une idée juste en demandant à nos congrès de connaître le bilan des initiatives, des efforts et des projets de chaque Société et de s'enquérir de l'état actuel de ce qu'il appelait « les intérêts géographiques nationaux ».

C'est en me plaçant sous le couvert de cette autorité et pour répondre à cette pensée, que je vais avoir l'honneur de vous présenter mon rapport.

La Société que je représente a indiqué le but qu'elle poursuit en deux lignes : « Elle s'est constituée, disent nos statuts, pour contribuer aux progrès des sciences géographiques et à leur vulgarisation. »

Puis elle a ajouté « qu'elle s'appliquerait plus particulièrement à servir les intérêts de la région dont Toulouse est le centre ».

Ce but si simple ou si complexe, suivant le point de vue auquel l'on se place, elle n'a cessé de le poursuivre, sinon avec succès, ce dont je ne suis pas juge, au moins avec bonne foi, indépendance et dévouement.

La géographie telle que l'ont comprise jusqu'ici la plupart de nos associations présente un champ d'action aussi vaste que varié. Notre Société se meut à l'aise dans cet immense domaine, et il est peu de questions qu'elle n'ait osé aborder, ainsi que vous pourrez en juger par l'énumération qui va suivre.

Il y aurait une certaine témérité, une véritable outrecuidance à s'attribuer la souplesse d'esprit, la variété d'aptitudes et de connaissances que suppose ce fait, si l'on ne savait que les géographes jouissent, à cet égard, d'une véritable grâce d'Etat. Mais n'est-ce pas là un phénomène particulier à la terre ? L'*Alma parens* est prodigue pour tous ceux qui l'aiment.

Les géants autrefois décuplaient leur force en la touchant du pied. Panurge, en la consultant, sentit son âme emplie de toute vérité, de tout savoir et philosophie ; saisi d'enthousiasme, il se mit à rimer comme un vrai poète, au grand ébahissement de Pantagruel.

Voilà bien, n'est-ce pas ? de quoi désarmer la critique.

Suivant une doctrine pédagogique fort en vogue, nous avons procédé du connu à l'inconnu en donnant la primauté aux études de géographie locale, ce qui nous a permis, en outre, de donner satisfaction à un précepte patriotique, savoir : que pour connaître et aimer la grande patrie, il faut commencer par connaître et aimer la petite.

Ces études de géographie locale nous ont valu les travaux suivants :

Description des gîtes minéraux du haut bassin de la Garonne (départements de l'Ariège et de la Haute-Garonne) par M. Mettrier, ingénieur au corps des mines. Important mémoire sur un sujet inédit où l'érudition le dispute à la science de l'observation) ;

Les glaciers des Pyrénées, leur mode de formation, de groupement, de migration et de dislocation, par M. Régnault ;

Les eaux de Tramesaygues. Le Rioumajou et le lac d'Orédon, par M. Fontès, ingénieur des ponts et chaussées ;

Les opérations géodésiques, au siècle dernier, en pays toulousain, par M. de Rey-Pailhade, ingénieur des mines ;

La formation du district de Grenade, étude d'histoire locale, par M. Rumeau ;

L'homme préhistorique et la faune contemporaine dans les Pyrénées, par M. Régnault ;

Les Pyrénées pittoresques, par M. Trutat, conservateur du musée d'histoire naturelle ;

De Limoges à Brives, par M. Fontès.

Pour répondre à la même pensée, nous organisons des excursions régionales ayant pour objet l'étude sur place des curiosités naturelles, des sites pittoresques, des phénomènes physiques ou des lieux historiques les plus remarquables.

Ces excursions, très en vogue et très suivies, sont, au retour, l'occasion de monographies qui sont accueillies avec quelque faveur.

C'est ainsi que nous avons publié les études de géographie locale historique et descriptive suivantes :

« Saint-Lizier-en-Couserans et la haute vallée du Salat » (Saint-Lizier, l'antique Lugdunum Consoranorum, fut autrefois la capitale d'un Etat transpyrénéen détruit une première fois par les Romains, puis achevé par les Arabes et les Wisigoths. Jusqu'en 1789 cette ville fut le siège d'un évêché ;

« La grotte de Gargas, Barbazan-les-Eaux et Saint-Bertrand-de-Comminges » (Saint-Bertrand-de-Comminges fut, lui aussi, un important chef-lieu de province sous le nom de Lugdunum Convenorum. Il fut complètement détruit par la première invasion des Francs du Nord dans le Midi, invasion qui préluda dignement à la seconde, « la guerre des Albigeois »);

« De Pamiers à Saint-Girons par la grotte du Mas-d'Azil et le Plantaurel » (cette grotte est un des monuments naturels les plus grandioses de la région du Sud-Ouest, qui cependant en compte un si grand nombre de remarquables);

« La grotte de l'Herm et la ville de Foix (vallée de l'Ariège) ». La grotte de l'Herm, un des plus riches dépôts paléontologiques de l'Europe, a fourni des exemplaires de sa précieuse faune à tous les musées du monde. Le site pittoresque de la ville de Foix est universellement connu.

Et enfin, « le Sidobre de Castres », description d'une région des plus singulières et d'un des plus curieux phénomènes d'érosion qui se puissent rencontrer.

Nous rapportons, en outre, de ces excursions, de nombreuses photographies qui nous servent à illustrer notre bulletin, à orner nos salles et à enrichir nos collections.

Après les études de géographie locale, le sujet qui attire le plus notre attention est le mouvement colonial.

Pour lui donner satisfaction, nous avons produit et publié les travaux originaux suivants, écrits sur les lieux par nos collègues des colonies :

Mœurs et coutumes des Matmata et des indigènes du Djerid, savantes études sur la Tunisie dues à M. le comte du Paty de Clam, correspondant du ministère de l'instruction publique;

Ethnographie de l'Indo-Chine, par M. le Dr Maurel, médecin principal de la marine.

Récit de la brillante et fructueuse exploration d'un jeune et sympathique ingénieur toulousain, M. Maurice Barrat, dans les bassins du Como et de l'Ogoué.

Une excursion en Camasance. Description des rivières du Sud, par M. Huchard, colon de Rouakry;

Le présent et l'avenir du Dahomey, par M. le commandant Thébé, chef d'escadron d'artillerie;

Distribution et origine géographique des plantes alimentaires dans nos colonies africaines, par M. le Dr Bræmer, professeur à l'Ecole de médecine;

Madagascar, d'après les notes du P. Collin, directeur de l'observatoire de Tananarive, par M. Salinier;

Biographie d'un chercheur d'or guyanais originaire du pays toulousain, M. Jalbaud, par M. le Dr Maurel;

Les Transafricains, par M. Laromiguière, ingénieur des mines.

La géographie mathématique, nous a valu les deux communications suivantes :

Unification internationale de l'heure;

Unification de l'heure dans les colonies, par M. de Rey-Pailhade. Questions importantes dont mon cher collègue, ici présent, développera devant vous les conclusions, conclusions auxquelles un certain nombre d'entre vous ont bien voulu se rallier, témoignage de solidarité scientifique, dont nous les remercions ici très vivement.

Nos collègues de l'extérieur, car la société compte des membres dans toutes les parties du monde, nous ont adressé un certain nombre de mémoires sur quelques-unes des questions intéressantes et actuelles ayant trait aux pays où ils résident.

C'est ainsi que M. Fouques, professeur à l'école des nobles à Tokio, ancien officier français attaché au service du Japon depuis de longues années, nous a entretenus du régime parlementaire, de l'instruction publique, de la situation des Français, du mouvement du commerce en ce pays, et des noces d'argent du mikado.

M. Damien Coymat, qui habite la Grèce depuis de longues années, nous a envoyé des mémoires sur les tombeaux et autres monuments funéraires de l'Attique, sur la découverte du temple d'Apollon et sur d'autres heureux résultats de fouilles récentes faites dans le Laurium.

A la suite du Dr Mellier, orateur à la glose rabelaisienne, nous avons fait un humouristique voyage de Marseille à Constantinople.

Enfin, la Corse a donné lieu à un spirituel récit de M. Salinier, et le mont Blanc, et la construction de ses observatoires, à une émouvante conférence de M. Vallot.

Un de nos présidents, M. Deloume, professeur à la faculté de droit, émettait, dans son discours d'installation, le vœu qu'il ne se produisît pour ainsi dire pas d'événements de quelque importance, intéressant soit la géographie, soit le pays, sans que le bulletin de la société n'en rendît au moins un écho.

Nous avons cherché à réaliser ce vœu dans la mesure du possible, en publiant des chroniques sur les questions d'Egypte, d'Indo-Chine et du Maroc, sur le partage de l'Afrique, sur le rôle de l'Arabe en pays noir, sur la traite des nègres et autres sujets analogues.

Des comptes rendus, faits en séance publique ont mis en relief les travaux de M. Martel, sur les explorations souterraines ; ceux de M. Malavialle, sur les Cévennes et les Causses, et le port de Cette ; ceux de M. Barbier, sur l'orthographe des noms géographiques, ces deux derniers auteurs, membres du congrès et ici présents, et ceux de bien d'autres géographes encore.

Certains sujets historiques se rattachant plus particulièrement au sentiment national ont également trouvé bon accueil dans nos hospitalières réunions. Je citerai seulement l'épopée de Jeanne d'Arc, par M. Lemire ; l'héroïque combat de Sidi-Brahim, point d'histoire sur lequel les heureuses investigations de la société d'Oran ont apporté une précieuse lumière ; les curieux mémoires de M. Vienne, publiés par la société de Dijon.

Cette énumération deviendrait fastidieuse s'il me fallait seulement nommer tous les sujets d'histoire et de géographie qui ont appelé notre attention dans nos réunions de quinzaine.

Ces réunions sont toujours très suivies. L'affluence est parfois si considérable que, même à nos séances ordinaires, nous manquons souvent de places pour recevoir les auditeurs qui répondent à nos invitations.

J'ajouterai maintenant quelques mots sur les mœurs intimes de la société.

En 1890, M. Paget, doyen de la faculté de droit, alors notre président, formulait le désir de voir les dames prendre une large part à nos travaux et même occuper une place dans nos conseils. « Où pourrions-nous mieux trouver, ajoutait-il, cette finesse d'observation, cette délicatesse d'analyse et cette chaleur de parole qui sont leurs dons naturels ? Les femmes se plaignent volontiers que nous les délaissons pour nos réunions scientifiques... ou autres. Elles nous suivront et rien ne sera changé, ni pour elles ni pour nous... Nos soirées dès lors auront tous les attraits et défieront toute critique. »

Aujourd'hui ce vœu a reçu pleine satisfaction. Les dames forment une partie notable de nos sociétaires et de nos auditoires d'élite, de même qu'elles suivent nombreuses et empressées les excursions organisées par la société.

Il semblerait qu'un de nos précurseurs ait eu l'intuition de ce goût prochain des dames françaises pour la géographie et ait voulu leur en permettre la satisfaction quand il a tracé le portrait si aimable, si charmant, aux grâces si féminines, de cette science attrayante.

« Si l'ingénieuse mythologie avait imaginé une muse de la géographie, a dit Cortambert, il me semble qu'elle l'aurait accompagnée d'attributs délicieux. Elle ne l'aurait pas ornée, comme Clio, de la couronne de laurier et de la trompette, signes de la victoire et de la bruyante renommée; on ne lui aurait pas donné, comme à Uranie, une couronne d'étoiles et des instruments mathématiques, qui rappellent seulement les travaux savants et admirables, mais ardus, de l'étude du ciel. Je me la serais volontiers représentée comme une jeune déesse d'une beauté douce et un peu sévère cependant, la tête parée d'une guirlande élégamment formée de fleurs, de plumes délicates et de pierres variées, symbole des trois règnes de la nature; jetant un coup d'œil intelligent et profond sur l'espace, peignant d'une main habile les paysages et les contrées qu'elle découvre au loin; assise sur une hauteur lumineuse du voisinage de la mer, d'où elle peut contempler à la fois les deux principaux éléments qui font l'objet de ses descriptions, ayant autour d'elle plusieurs des fruits de ses nobles travaux, des cartes, des livres, un globe, des images de races humaines, quelques-uns des instruments qu'elle emploie pour ses exactes déterminations, enfin divers produits de l'agriculture, du commerce et de l'industrie. »

Aussi peu sévère, aussi éclectique que le Maître, nous accueillons au milieu de nous, sans humiliation et sans remords, nos femmes, nos enfants, estimant qu'ils ne sauraient être à meilleure école qu'à celle du patriotisme, et que, plus vaste sera notre champ, plus abondante sera la moisson.

Certains détracteurs de nos sociétés nous qualifient volontiers de société mondaine, de société à la mode, et prophétisent doctement que l'engouement du public pour l'objet de nos études passera.

Malheureusement pour cette savante prophétie, cette mode dure depuis bien des années, sans que rien n'indique qu'elle soit sur le point de prendre fin. Le nombre de nos adhérents augmente de jour en jour et, cette année même, la Société de géographie de Toulouse a recueilli plus de cent nouvelles adhésions.

Il ne nous suffit pas de nous livrer à l'étude de la géographie dans nos réunions, nous l'encourageons encore en nous intéressant aux efforts qui sont faits dans le même sens, dans les établissements scolaires et autres de la région.

C'est ainsi que nous distribuons des prix aux meilleurs élèves de Saint-Cyr, de l'Athénée de langue espagnole, et aux étudiants étrangers des facultés.

Deux de ces œuvres méritent quelques mots d'explication. L'Athénée de langue espagnole, institution due à l'initiative privée, est destinée non seulement à enseigner l'idiome de notre sœur latine, mais encore à en faire connaître la géographie, et plus spécialement les ressources commerciales et industrielles. A cet effet, des cours spéciaux lui sont donnés par nos soins. L'Athénée est, en outre, le lieu de réunion de Français et d'Espagnols qui s'appliquent à entretenir les rapports d'affaires et de bonne harmonie qui doivent exister entre les deux peuples frères.

Le comité de patronage des étudiants étrangers a pour objet de ramener en France, dans nos Facultés, la clientèle de jeunes gens qu'en ont éloignée nos malheurs de 1870. Ce comité s'est constitué en dehors de toute considération d'intérêt mercantile, uniquement pour inciter la jeunesse studieuse de l'étranger, particulièrement celle de l'Orient, à venir voir ce qui se passe en France, à apprendre à nous mieux connaître, à nous mieux juger, à apprécier ce que valent les dénigrements systématiques et persistants de concurrents déloyaux, de rivaux peu scrupuleux. S'il est utile d'aller à l'étranger, il ne l'est pas moins, pensons-nous, d'attirer l'étranger en France.

Il me reste à jeter un coup d'œil sur les vœux concernant les Sociétés de géographie, exprimés par le congrès de l'année dernière, pour vous dire dans quelle mesure nous avons pu leur donner satisfaction.

Je ne vous parlerai que de ceux qui nous imposaient des obligations. Dans cet ordre d'idées, je relève les suivants :

« 1° Le congrès national invite les Sociétés françaises de géographie, qui ne l'ont pas encore entrepris, à réunir les matériaux d'une géographie régionale; 2° à considérer comme un devoir d'éclairer le public sur les résultats à obtenir par les grandes entreprises ayant pour bases des considérations géographiques.

Le congrès appelait encore l'attention des sociétés sur deux entreprises qui ressortent essentiellement du domaine de la région dont Toulouse est le centre : le canal des Deux-Mers et le chemin de fer transpyrénéen.

Nous venons de voir, par l'exposé qui précède, que la Société de Toulouse, bien que ne se désintéressant pas, loin de là, de la géographie locale, n'a pas fait de cette science l'objet exclusif de ses préoccupations. Ce n'est pas qu'elle n'apprécie les avantages d'une méthode et d'un plan, mais elle ne se reconnaît ni la faculté ni le droit d'imposer à ses adhérents un labeur de longue haleine, pour lequel ils n'auraient ni goût, ni dispositions, ni éléments.

En ce qui concerne la rédaction d'une géographie locale, nous nous en tenons donc, pour l'instant, à recueillir les documents épars et à appeler de nos vœux l'ouvrier habile et dévoué qui voudra bien les coordonner, les mettre en œuvre.

Quant à ce qui a trait au devoir d'éclairer le public sur les grands travaux s'appuyant sur les bases géographiques, bien que la société ait formulé par mon organe des réserves, l'année dernière, sur l'opportunité et la convenance de donner un avis sur des entreprises industrielles commanditées par des sociétés financières, elle ne s'en est pas moins prononcée sur les deux importantes questions précitées, et a produit des mémoires qui resteront.

A la suite d'un rapport très documenté, elle s'est prononcée résolument contre le projet d'un canal maritime à grande section, et en faveur d'un canal à moyenne section destiné au grand cabotage.

Les rapporteurs étaient M. Darquier, directeur de la manufacture des tabacs, et M. Thomassy, capitaine de frégate, ancien commandant du port de Cette.

M. Decomble a étudié, à tous les points de vue, les tracés de chemin de fer transpyrénéen, et, appuyé par la société, a conclu en faveur du tracé par les vallées du Salat et de la Noguera Pallaresa, celui-là même qui a obtenu les suffrages du congrès l'année dernière.

De savants fonctionnaires de l'administration forestière sont venus en outre nous entretenir des désordres occasionnés par la rupture d'équilibre produite par les déboisements et le comblement incessant des lits des cours d'eau dans la région pyrénéenne et des moyens qu'ils ont tenté d'employer pour prévenir de menaçants désastres.

Et enfin, Messieurs, j'aurai terminé l'énumération des efforts faits par la société pour répondre aux vœux formulés par le congrès, en rappelant, pour mémoire, que ce sont quatre membres de notre société : MM. de Malafosse, Trutat, Cartailhac et Régnault, qui ont été les découvreurs des Causses et des gorges du Tarn, les initiateurs du courant d'excursions qui se dirige actuellement sur ces points, courant dont l'amplitude s'accroît d'année en année, au grand profit de ces régions déshéritées.

Je voudrais arrêter ici ce rapport déjà trop long, mais il me semble qu'il me reste encore quelque chose à ajouter pour dissiper certaines équivoques, et pour déterminer exactement la sphère d'action dans laquelle se meuvent, peut-être à notre insu, nos associations. Il ne me paraît pas inutile que nous sachions avec précision ce que nous faisons, où nous allons, quels sont nos programmes. Notre marche ne peut qu'en être plus assurée, plus ferme, mieux concertée. Et sans ces précisions, il en est beaucoup qui ne comprendraient rien à l'orientation de certains de nos travaux.

Il est évident qu'au début, nos sociétés ont surtout visé l'étude *d'une science*, de la géographie, qui, d'après les idées d'un certain milieu, devait tendre à rapprocher les hommes, à l'exclusion rigoureuse de la politique et de la religion qui les divisent. Ce but nous semble avoir été singulièrement dépassé sans que la politique ni la religion aient eu à se plaindre du contact de la géographie.

Et, bien que la multiplication des termes soit une singulière manière de remédier à la confusion, je vous proposerai d'ajouter aux désignations déjà si nombreuses de la géographie, géographie politique, physique, économique, etc..., celle de géographie nationale, de géographie patriotique, indiquée par M. Sevin-Desplaces. C'est, à mon avis, cette qualification qui caractérise le mieux, à l'heure actuelle, ce qui est devenu le principal objet de nos travaux.

C'est cette géographie-là qui, bien que non inscrite dans nos statuts, n'a pas tardé à s'imposer à notre action. Et, si je ne me méprends pas sur le mouvement qui anime le plus grand nombre des sociétés de géographie, je ne crois pas me tromper en affirmant que toutes ont subi plus ou moins ce que j'appellerai cette heureuse influence.

La Société de Toulouse a été de bonne heure engagée dans cette voie, frappée à cette marque ; ce qui n'a rien que de naturel : elle est née et a grandi au milieu de l'armée.

C'est un militaire, le colonel Blanchot, mon sympathique prédécesseur, qui a présidé à ses premiers pas, et la tradition veut que chaque année, à notre tête, un président militaire alterne avec un président civil.

C'est ainsi que MM. les généraux d'Elloy et Grillon, le capitaine de vaisseau Lemozy d'Orel, et l'intendant Bellecour, ont donné à la société, qu'ils ont présidée tour à tour, une physionomie très particulière.

Dans notre conseil d'administration, comme sur nos listes de sociétaires, les officiers de la région sont représentés dans une large proportion.

Comme conséquence, toutes les associations nées d'une pensée patriotique, telle que l'Alliance française, le Comité de l'Afrique française, s'adressent spontanément à nous, sûres de recevoir un appui confraternel.

Nos fondateurs semblaient avoir prévu cette orientation spéciale quand ils composaient nos armes d'un globe terrestre portant au cimier, d'un drapeau, accoté d'un caducée et d'une ancre.

La Société de Toulouse n'est pas seule à présenter ce caractère, et il n'est pas nécessaire d'aller bien loin pour en trouver la preuve ; l'hospitalière société qui nous reçoit cette année a, elle aussi, pour secrétaire général, un officier supérieur.

Aussi est-ce spécialement pour répondre à une pensée patriotique que nous invitons tous les explorateurs français à venir devant nous exposer le résultat de leurs travaux et recevoir pour récompense nos acclamations.

Vous savez quels beaux exemples ils donnent à notre génération, montrant que, même à notre époque de civilisation raffinée, il est encore possible, facile même, de se frayer une voie glorieuse tout à la fois à la science et à la patrie.

Au-dessus des résultats scientifiques et d'extension territoriale, nous acclamons surtout, en eux, les résultats moraux obtenus : Un grand et noble pays comme notre chère France ne vit pas seulement de pain, mais encore de gloire, d'honneur et de quiétude. Or la générosité, la vaillance, le courage et aussi le bonheur avec lequel cette phalange de jeunes héros ont accompli leurs merveilleuses odyssées, auraient suffi, s'il en eût été besoin, pour rendre à la France, après ses malheurs, cette résolution, cette foi, cette confiance en elle même, qui font seules les nations vraiment grandes et respectées.

C'est dans ces sentiments que nous avons fêté successivement : MM. Dybowski, Mizon, Maistre, Bonvalot, M. Monnier et d'autres encore, qui sont venus nous raconter ces glorieux voyages qui conserveront dans l'histoire ces titres impérissables : *A la recherche de Crampel, De la Bénoué à la Sangha, A travers l'Asie centrale, Du Congo au Niger, Des Andes au Para*, etc., etc.

Pour perpétuer leur nom et le souvenir de leurs actions, la Société fait frapper une médaille d'or en leur nom, qu'elle leur décerne solennellement.

Et nous avons réussi si bien à intéresser le sentiment public à ces manifestations patriotiques et élevées que nous ne trouvons plus de salles, ni d'amphithéâtres, ni de cirques assez vastes pour contenir les foules avides de répondre à notre appel, bien que nous limitions strictement nos invitations à nos seuls adhérents.

Un fait bien caractéristique vous donnera une idée de la

faveur dont jouissent ces manifestations patriotiques. Il nous est arrivé, au théâtre du Capitole, d'être envahis au point, qu'au moment d'entrer en séance, le bureau, le conférencier et le conseil, voyaient leurs sièges mêmes occupés par des auditeurs qui n'avaient pu trouver place ailleurs. Des comtesses et des marquises se pressaient aux troisièmes galeries et au poulailler étonné, qui n'avaient jamais vu de pareils hôtes.

Nos congrès, qui sont en quelque sorte une synthèse des sociétés de géographie, paraissent présenter le même caractère, le même esprit.

De même que pour les sociétés, il peut y avoir intérêt à fixer ce point, afin d'apprécier la valeur d'objections voulant limiter nos travaux à ce que l'on appelle la science, sans préciser d'ailleurs autrement quelles sont les questions qui seraient de notre ressort et quelles sont celles-là qui lui seraient étrangères.

En jetant un coup d'œil rétrospectif sur les précédents congrès, j'y vois que, comme à Toulouse, les questions que j'appellerai nationales, c'est-à-dire celles qui touchent à l'honneur du pays, à ses intérêts économiques à la politique coloniale, au rayonnement civilisateur de la France à l'extérieur, y ont tenu la première place.

Au milieu des nombreuses preuves que je pourrais en citer, il me suffira de rappeler que les congrès ont souvent, d'instinct, mis à leur tête des hommes dont le caractère patriotique primait le caractère scientifique, tels que MM. les généraux Faidherbe, Perrier, Bressonnet, l'amiral Juin, de Maby, prince d'Aremberg, etc., et que leurs vœux impartiaux et désintéressés ont eu au moins autant pour objet la grandeur de la France que le progrès scientifique.

Serait-ce pour la science seulement, si belle qu'elle soit, que chaque année, sur un point quelconque du territoire, les pouvoirs publics et les municipalités nous invitent et nous fêtent, que les populations pavoisent leurs demeures, ainsi qu'il nous a été donné de le constater plus d'une fois, et qu'un grand mouvement d'opinion se produit.

Les détracteurs de nos sociétés diront sans doute que c'est là besogne facile, aussi brillante et déclamatoire que vaine.

Messieurs, c'est là une manière de voir qui peut être au moins discutée.

Devant les blasphèmes des sans-patrie, devant le flot montant de l'anarchie et du désordre moral, en présence du relâchement général des mœurs, attesté par les statistiques géographiques, en présence de l'inertie des honnêtes gens et de l'audace des autres, quand on constate l'indifférence des masses en ce qui concerne les affaires publiques et surtout les affaires extérieures, quand on connaît les dénigrements systématiques et intéressés de nations rivales aussi déloyales qu'âpres à la curée, on la juge, au contraire, cette besogne, aussi ingrate peut-être qu'elle est sûrement utile et nécessaire.

Et, à cet égard, Messieurs, ne sommes-nous pas autorisés, dans une certaine mesure, à nous réclamer du passé?

Depuis que la plupart de nos sociétés sont nées, que de chemin parcouru par l'œuvre de vulgarisation et de propagande à laquelle nous nous sommes tous associés !

Alors qu'à cette époque, qui n'est pas bien éloignée, les actes les plus naturels et les plus nécessaires de notre action extérieure étaient sans cesse entravés, discutés, tenus en échec, en suspens, par l'esprit de parti ou par des considérations étroites et d'ordre subalterne, nous les voyons aujourd'hui acceptés par tous, quand ils ne sont pas par tous revendiqués. Et nous voyons encore l'expansion extérieure, avec les problèmes si ardus, si complexes, si passionnants qui s'y rattachent, devenir la pensée favorite de tous ceux qui s'intéressent à l'harmonie et à la grandeur du pays.

Dans des temps funestes, alors que la France, repliée sur elle-même, semblait chercher sa voie au milieu des ténèbres et des orages soulevés par les passions déchaînées, n'avons-nous pas vu des compétiteurs peu scrupuleux et toujours aux aguets profiter de ces moments de trouble et d'incertitude pour s'efforcer de restreindre, de diminuer sans cesse, de détruire si possible son influence bienfaisante chez les peuples amis, chez nos clients séculaires !

Et d'où sont venues ces défaillances de l'opinion qui ont amené l'abandon de situations privilégiées en Egypte, où tout était français; en Orient, où depuis des siècles la France avait le pas sur les autres nations; en Asie, en Afrique, dans la mer des Indes et ailleurs, sinon de l'ignorance et de la valeur de nos droits, et de l'importance de nos intérêts, et des moyens de les soutenir dans ces régions ?

Et si enfin l'opinion plus consciente, mieux instruite, mieux éclairée, s'est enfin ressaisie, ne pensez-vous pas que cet heureux revirement ne s'est pas accompli spontanément, et que les sociétés de géographie, par leur propagande incessante au milieu d'un public d'élite, par leurs démonstrations sans cesse renouvelées sur les conséquences et les effets d'une politique de renoncement et d'abandon, ont contribué, dans une certaine mesure, à l'œuvre de relèvement?

Cette supposition, qui de prime abord, semble téméraire et déplacée, nous paraît d'autant plus autorisée que c'est du sein des sociétés de géographie que sont sorties les vocations, les individualités, les organes et les associations de toute nature, qui sont aujourd'hui à la tête du mouvement de l'expansion française; et que, si, par accident, quelques-uns n'y sont pas nés, ils y reviennent, comme à leur source, comme l'eau revient à la mer.

Aussi dussions-nous être taxé de chauvinisme, de donquichottisme, nous estimons que le but principal visé aujourd'hui par nos associations consiste surtout à exalter le patriotisme, à mettre sans cesse en parallèle la vanité des compétitions stériles et égoïstes du jour qui passe avec les intérêts séculaires de la France qui demeure; à hausser toujours les regards de nos concitoyens au-delà de l'horizon étroit et borné des intérêts et des individualités de clocher, pour les porter au-delà des frontières, là où une humanité nouvelle s'agite et se transforme; là, où des peuples nouveaux naissent et grandissent; là, où une histoire nouvelle se prépare, histoire dans laquelle, si nous n'y prenons garde, le rôle de la France, de prépondérant qu'il était dans le passé, s'en ira s'effaçant de jour en jour dans l'avenir.

Dans ces questions suprêmes, les circonstances ont amené nos sociétés à prendre résolument parti pour l'action et pour la vie et non pour le renoncement et pour la mort. Ce serait, je crois, leur honneur d'accepter résolument ce rôle, d'en faire le mobile de leur pensée, le pivot de leur activité.

SOCIÉTÉ DE GÉOGRAPHIE DU HAVRE

Rapport de M. de SAUMERY, délégué.

Notre Société, qui vient d'accomplir sa dixième année d'existence, voit sa prospérité s'affirmer de jour en jour. Si le nombre de ses adhérents, qui dépasse 800, reste à peu près stationnaire, ses ressources, grâce à une sage administration et à un esprit de rigoureuse économie, augmentent chaque année, et le fonds de réserve qu'elle a constitué atteindra bientôt un chiffre respectable. Malgré cela, la Société ne cesse de développer les diverses branches où s'exerce son activité. Son bulletin, tiré à 1.100 exemplaires, paraît très régulièrement et se distingue des autres par l'originalité des travaux qu'il renferme et qui sont dus principalement à la collaboration des capitaines au long cours, si précieuse pour une Société comme la nôtre. Ses conférences sont très suivies; le concours annuel de géographie qu'elle a institué attire un grand nombre de concurrents et permet à la Société de suivre le progrès des études géographiques dans notre région. Enfin, elle s'efforce de tenir le grand public, et particulièrement le public commercial si nombreux et si important dans notre ville, au courant des faits géographiques les plus importants et des explorations les plus récentes par l'affichage de cartes dans la grande salle de la Bourse du Havre. Nous ne saurions trop recommander aux autres sociétés ce moyen de propagande et de vulgarisation.

Mais là où se porte surtout l'effort de la Société, c'est sur sa bibliothèque, qui a pris une extension considérable et qui est très fréquentée. Notre bibliothèque est essentiellement une bibliothèque de circulation, et son organisation répond parfaitement au but de notre Société, qui est avant tout une œuvre de vulgarisation. La bibliothèque est ouverte tous les jours, et les facilités les plus grandes sont offertes aux lecteurs qui la fréquentent. Un catalogue dont une édition paraît chaque année est mis à leur disposition ; un employé spécial y est en permanence, et la Société achète tous les ouvrages nouveaux qui paraissent. Les sacrifices qu'elle s'impose pour le développement de cette bibliothèque ne sont pas restés inutiles ; on en jugera par ce fait que, de 300 qu'il était en 1886, le nombre des emprunts faits à la bibliothèque est monté l'année dernière à 1.200.

En résumé, notre Société est arrivée en dix ans à un degré de prospérité remarquable, et son avenir est maintenant assuré. Elle se propose d'obtenir du gouvernement la reconnaissance d'utilité publique qui sera pour elle une consécration de ses efforts et un nouvel encouragement pour l'avenir.

SOCIÉTÉ DE GÉOGRAPHIE COMMERCIALE DE SAINT-NAZAIRE

Rapport du Secrétaire général de la Société de géographie de Saint-Nazaire, représentée par M. GAUTHIOT, secrétaire général de la Société de géographie commerciale de Paris.

MONSIEUR LE PRÉSIDENT,
MESSIEURS,

Si ce n'était pour obéir à l'un des articles de votre règlement, je ne viendrais pas vous entretenir de faits et gestes de la Société de géographie de Saint-Nazaire depuis le congrès tenu à Tours au mois d'août 1893, car elle n'a rien fait et ne peut rien faire qui mérite de vous être rapporté. Avec le petit nombre de ses adhérents et les ressources plus que modestes dont elle dispose, elle ne peut que chercher à faire naître et à propager dans son arrondissement le goût des études géographiques, et elle s'efforce d'atteindre ce résultat tant au moyen de conférences que par la publication de son Bulletin et par des récompenses offertes aux meilleurs travaux.

Quelque modeste que soit son œuvre, elle n'est peut-être pas sans utilité, et son but sera atteint si elle peut contribuer dans son humble sphère au développement du grand mouvement géographique dû à votre puissante initiative.

Je n'insisterai pas sur l'attrait de nos conférences; ainsi que dans la plupart des villes, elles sont suivies avec empressement, surtout par l'élément féminin. Il me suffira, du reste, de vous nommer nos conférenciers pour vous fixer sur leur valeur, car ils ont une grande notoriété, et la plupart d'entre vous les ont certainement entendus et applaudis.

C'est d'abord M. de Behagle, un des compagnons de M. Maistre dans ce beau et long voyage à travers l'Afrique qui l'a mis au premier rang parmi les explorateurs.

C'est M. Jules Claine, qui nous a fait visiter le Mexique et les deux grandes colonies espagnoles des Antilles, Porto-Rico et Cuba.

C'est M. Gaston Routier qui nous a fait assister aux fêtes du centenaire de Christophe Colomb, célébrées en grande pompe à Huelva, et nous a promenés à travers l'Espagne non plus en explorateur, mais en touriste et en archéologue.

C'est enfin M. de Varigny, l'éminent publiciste, dont la chaude parole nous a tenus sous le charme, tandis qu'il nous racontait les diverses phases de son séjour aux îles Hawaï, où il a rempli pendant plusieurs années les hautes fonctions de président du conseil des ministres.

La modicité de nos ressources ne nous permet de publier annuellement qu'un seul Bulletin d'environ 90 pages. Celui paru à la fin de 1893 porte le n° 10 ; outre le compte rendu ordinaire de nos travaux et le rapport du délégué au congrès de Tours, il contient la première partie d'un voyage à travers la Savoie, la Suisse et l'Italie par M. René Kerviler, dont le nom seul est un garant de la valeur de l'œuvre. En coordonnant ses souvenirs, l'auteur a su faire une œuvre personnelle et attrayante, n'ayant rien de commun avec les guides sur la Suisse et l'Italie que tout le monde a lus. C'est avec le plus grand regret que nous avons été obligés de renvoyer la suite au prochain numéro, comme s'il se fût agi d'un simple feuilleton.

Conformément à l'article 2 de nos statuts, nous mettons chaque année à la disposition de M. le principal du collège deux volumes richement reliés pour être décernés comme prix de géographie. Nous avons offert cette année *la Terre à vol d'oiseau*, d'Onésime Reclus, et la collection de nos Bulletins.

En outre, suivant l'exemple donné par plusieurs sociétés,

nous avons ouvert un concours pour la formation des monographies des communes de l'arrondissement de Saint-Nazaire, d'après le programme adopté par la Société de géographie de l'Aisne et recommandé par le congrès de Tours. Les meilleures monographies seront récompensées au moyen de médailles de vermeil, d'argent et de bronze décernées par une commission chargée de classer les travaux présentés.

Dès le moment de sa fondation, notre Société avait inscrit en tête de son programme la création d'un musée commercial à Saint-Nazaire. Elle était encouragée dans cette entreprise par la chambre de commerce, qui lui avait promis de larges subventions et le local nécessaire pour l'installation de ses collections.

Divers industriels, répondant à notre appel, nous ont envoyé des échantillons de leurs produits, qui ont été déposés provisoirement dans un local prêté par l'administration des ponts et chaussées. De son côté, M. le ministre du commerce avait bien voulu nous allouer une somme de 1.000 francs pour aider nos débuts.

Après de longs tâtonnements, la chambre de commerce a fini par déclarer que le projet lui paraissait irréalisable et qu'en conséquence il devait être purement et simplement abandonné. En effet, Saint-Nazaire étant surtout un port de transit et la contrée ne produisant aucune matière d'exportation, les éléments d'un musée commercial nous font complètement défaut. De plus, la mise en marche de ce musée nécessiterait des frais considérables auxquels il est impossible, pour le moment du moins, de faire face.

Dans ces conditions, comme il n'est jamais trop tard pour reconnaître la vérité du proverbe : « Qui trop embrasse mal étreint », nous renonçons provisoirement à l'idée du musée commercial, sauf à la reprendre dès que les circonstances le permettront. Saint-Nazaire est un port de grand avenir, et ce qui est irréalisable aujourd'hui peut devenir facile dans un avenir prochain.
E. GALLET.

SOCIÉTÉ DE GÉOGRAPHIE DE LYON

Rapport de M. le Lt-colonel DEBIZE, secrétaire général.

Messieurs,

Je ne veux pas vous présenter un long rapport pour ne pas retarder l'ouverture de vos travaux. Ainsi que vous le verrez par le volume que la société de géographie de Lyon va vous offrir, nous sommes entrés dans la voie du progrès depuis longtemps et nous avons suivi une marche constamment ascendante. Nous avons eu également une série de conférences, faites par des explorateurs, conférences très écoutées par un auditoire nombreux : la salle de nos réunions étant trop petite, nous avons dû souvent chercher ailleurs des locaux de dimensions plus grandes.

Notre volume contient d'intéressantes études géographiques, des rapports savamment développés par des hommes éminents par leur savoir, et auxquels j'ai le devoir de rendre hommage ici. (Applaudissements.)

Je ne veux pas terminer sans vous dire que c'est un honneur pour nous de vous avoir reçus, d'avoir préparé et organisé ce grand congrès des sociétés françaises de géographie, réunissant l'élite des savants de ce pays, et destiné à donner un essor plus vif et à faire progresser cette science géographique que nous propageons de tout notre pouvoir et au soutien de laquelle nous nous sommes attachés. (Applaudissements prolongés.)

M. le Président. — Quelqu'un demande-t-il la parole à l'occasion de ces rapports ?

M. de Varigny. — Je demande la parole, afin de soumettre une idée qui me semble devoir être utile pour les études des autres congrès. Je ne parle pas ici comme délégué : je ne suis le délégué de personne, et ma présence au milieu de vous n'est justifiée que par mon amour pour les questions géographiques. Je vois ici quelques amis, mais pas de collègues en tant que représentants de société.

J'ai entendu avec le plus grand intérêt la lecture des rapports des travaux des sociétés de géographie dans le cours des années 93-94. Vous allez maintenant discuter les questions sérieuses de vitalité de vos sociétés et de diffusion de la science géographique, en vous appuyant d'une part sur l'opinion publique et de l'autre, dans la mesure de vos droits, sur les pouvoirs publics. Or, est-ce qu'il ne serait pas utile, pour atteindre plus sûrement le but que vous poursuivez, de frapper l'opinion et les pouvoirs publics d'une façon plus tangible que ces rapports divers, excessivement bien faits dans leurs détails, mais qui, peut-être en raison de leur longueur, pourraient échapper à l'attention, en un mot, de les condenser en un ensemble? Je m'explique. Vous êtes ici, Messieurs, un ensemble d'hommes, l'élite de la science géographique française, et représentant d'une façon parfaite toutes les sociétés géographiques de France, avec leurs discussions, leurs tendances, leurs travaux, leurs désirs, les aspirations de chacun de leurs membres : n'y aurait-il pas intérêt à ce que chacun des rapporteurs, dont vous avez applaudi les brillants exposés, remît à M. le secrétaire général du congrès qui aurait mission de les totaliser, le rapport numérique des adhérents et des membres qui composent la société, de manière à ce qu'on puisse arriver, par un simple calcul d'addition, à pouvoir dire que les vingt ou vingt-cinq délégués présents au congrès de Lyon représentaient un total de bonnes volontés, de membres dévoués, évalué au chiffre de tant...?

On pourrait alors dire : Dans la ville de Lyon, en l'année 1894, au congrès, il y avait tant de membres représentés.

Vous représentez ici des milliers de bonnes volontés qui se sont offertes volontairement et spontanément à vous, qui sont une force, qui ne demandent rien à personne et trouvent leur satisfaction et la récompense de leurs efforts, dans le plaisir d'avoir travaillé pour une œuvre qu'ils estiment utile à leur patrie : pourquoi ne pas exprimer cela d'une manière tangible, par un chiffre, un total fait par votre secrétaire général sur vos données et qui fera comprendre votre importance, votre puissance et votre valeur à l'opinion publique?

M. le Président. — Vous venez d'entendre la proposition de M. de Varigny. Je ne crois pas qu'elle trouve d'objections au sein du congrès, ni auprès de M. le secrétaire général.

Si personne n'a rien à ajouter, je la mets aux voix.

Un délégué. — Il appartient au secrétaire du congrès d'établir les rapports avec les secrétaires des différentes sociétés.

Lieutenant-colonel Debize. — Ils n'auront qu'à me les faire parvenir.

Un délégué. — De cette façon, aux prochains congrès, avec les rapports des secrétaires généraux, nous pourrons établir des points de comparaison pour la marche de nos sociétés.

M. de Varigny. — Il me semble que le vœu que j'exprime répond bien à l'impression que nous avons tous de voir s'étendre notre influence morale. Ce résumé de faits, un peu brutal, mais exact, montrera bien au public la force, la vitalité et le développement des associations de la nature des nôtres.

M. Hamy. — Si j'ai bien compris, M. de Varigny fait une motion d'ordre. Il demande, afin de constater la réussite de nos efforts, de faire indiquer le nombre des membres représentés à notre congrès.

M. de Varigny. — Ce n'est pas un vœu, c'est une motion dans le but d'apporter, pour le public, une sanction morale plus tangible à nos décisions.

Au lieu de vingt ou vingt-cinq membres, ce seront quinze ou seize mille adhérents qui prendront part, sinon effectivement, du moins moralement, aux votes que nous émettrons, aux décisions auxquelles nous prendrons part.

C'est une simple motion d'ordre qui vient bien à sa place au début de la discussion des questions très intéressantes qui vont être traitées dans ce congrès, des résolutions sérieuses qui ne peuvent manquer d'être prises. Mon idée est fort simple et portera sur le gros public.

Je demande donc à MM. les secrétaires généraux d'indiquer à M. le secrétaire général, qui le totalisera, le chiffre des membres adhérents à leurs sociétés.

MM. les secrétaires généraux peuvent donner immédiatement les chiffres, il sera vite fait. M. le secrétaire général du congrès en fera le total. On peut faire cette opération sans interrompre nos travaux.

Lieutenant-colonel Debize. — On peut le faire dès aujourd'hui.

M. le Président. — Ce sera un précédent pour les autres congrès où on renouvellera la même opération.

M. de Varigny. — On pourra établir ainsi tout de suite les progrès qui auront été faits.

Je suis certain, Messieurs, qu'il y aura progrès et que, au prochain congrès, le nombre des membres sera encore plus important qu'à celui-ci.

La proposition de M. de Varigny, mise aux voix est adoptée à l'unanimité.

Lieutenant-colonel Debize. — Je prie, à la suite de ce vœu, MM. les secrétaires généraux de vouloir bien me donner le chiffre de leurs adhérents, et le total que je ferai sera publié.

M. le Président. — Il serait peut-être pratique de prier MM. les secrétaires généraux de vouloir bien se préoccuper de dresser un graphique du mouvement de leurs sociétaires depuis l'origine de la société de façon à avoir un tableau montrant par état la marche des sociétés de géographie, il y a cinq ans, il y a dix ans. Ils apporteraient ce travail au prochain congrès, et ce serait à la fois une mesure très utile à adopter et très facile à remplir.

Ce vœu est renvoyé à la commission compétente.

Permettez-moi de faire une diversion aux travaux du congrès pour exprimer à MM. les délégués, à MM. les secrétaires généraux qui viennent de nous apporter des rapports si précis, si documentés, si intéressants sur les progrès de la géographie dans leurs régions respectives, toute notre reconnaissance pour ces travaux si utiles et si complets dans le fond comme dans la forme.

Au nom du congrès, en mon nom personnel, je remercie MM. les délégués, MM. les secrétaires généraux. (Applaudissements.)

*
* *

On passe à l'ordre du jour.

M. Barbier a la parole pour développer cette question :

« De l'utilité de la création, par la collaboration commune des ministères, d'un atlas géographique de la France, d'une échelle uniforme et sur le modèle de l'atlas d'Autriche-Hongrie. »

M. Barbier. — Messieurs, il y a 11 ans à pareille époque, j'assistais au congrès de géographie donné, comme celui-ci, à l'occasion d'une exposition, à l'occasion de l'Exposition universelle où figuraient les cartes des différents ministères de la guerre, de l'intérieur, des colonies. En parcourant ces travaux, je fus frappé d'une chose : c'est que, dans tout cela, il n'y avait aucun ordre, aucun classement, aucun plan général de confection.

Quelques-unes de ces cartes étaient faites d'une façon, les autres d'une autre, de telle sorte qu'il était impossible de se livrer à une étude comparative entre les différentes publications. Un chercheur désireux de se renseigner sur les questions de statistique renfermées dans ces volumes y aurait renoncé. Et cependant, il y avait là, dans ces cartons, des documents fort bien faits, très exacts, très complets, de chaque ministère ; mais le tout était divisé, épars et formant un réseau inextricable dans lequel on eût, avec peine, cherché à se reconnaître. C'est là un fait fâcheux : la statistique, la cartographie sont employées dans tous les ministères, depuis celui des affaires étrangères jusqu'à celui de la justice, comme dans bien d'autres.

Le ministère de l'intérieur dresse de très nombreuses cartes statistiques sur le mouvement de la population ; le ministère de la justice sur la criminalité, les pénalités. Tous les ministères en font d'appropriées à leur administration, mais chacun les établit sur un mode différent. Il n'y a pas de plan général, d'échelle uniforme, et c'est ainsi que l'on arrive à un amas de plans disparates, restant inutilisés par ceux qui auraient intérêt à les consulter parce qu'ils restent dispersés dans les différentes sections des ministères et ne présentent entre eux que des rapports très éloignés. Je crois que, sans grever autrement un budget déjà lourd, il serait possible d'établir sur un plan commun un atlas géographique et statistique général de la France. Il suffirait de dire aux chefs des services intéressés que leurs plans ou leurs cartes devraient être établis à la même échelle, d'après le même mode et sur un même schema fondamental. Dans l'une de nos sessions, on avait bien émis cette idée, tout le monde paraissait d'accord sur l'utilité d'une publication renfermant les travaux dont je parle et permettant de s'en rendre compte d'un seul coup d'œil. On devait faire l'essai ; mais, le congrès fini, l'idée en est restée là. Cependant, il y avait, à mon sens, un intérêt économique qui aurait milité en faveur de la réunion des services cartographiques des différents ministères.

En réunissant les cartes dans une publication unique, sur un plan établi une première fois, et modifiable au fur et à mesure de la concentration des renseignements, on arriverait à n'avoir que les frais d'établissement d'un seul ouvrage, au lieu de payer, comme à présent, les frais d'une série de publications indépendantes. Il n'en était plus question quand un membre de notre comité, M. Auerbach, professeur à la faculté des lettres de Nancy, appela mon attention sur ce point et en fit l'objet d'une proposition nouvelle à notre comité qui l'a adoptée à l'unanimité et m'a chargé d'en être le rapporteur au congrès de Lyon. C'est cette mission que je remplis, en m'efforçant à mon tour d'attirer votre attention sur ce sujet : Création d'un atlas général de la France, atlas géographique et statistique établi sur une échelle uniforme et renfermant les renseignements disséminés dans les documents des différents ministères. Cet atlas pourrait être établi à l'échelle du 1/2.500.000 et serait un document utile et consulté avec fruit par tout le monde. Pas de dépenses inutiles, pas de publications multiples : il y aurait des planches fondamentales faites une fois pour toutes et des planches additionnelles auxquelles, chaque année, on apporterait les modifications nécessaires. Pour leur donner plus de clarté, on varierait les couleurs, on graduerait les teintes, de telle sorte que, du premier coup, on aurait le renseignement demandé et l'on verrait en même temps les chiffres comparatifs soit pour une région soit pour la France entière.

Des Etats étrangers ont déjà compris l'importance de cette question, ont tenté cette réforme ou sont en train de l'appliquer. J'appelle votre attention particulièrement sur l'atlas d'Autriche-Hongrie. Il est établi à l'échelle uniforme du 1/2.500.000. Cet ouvrage, publié en 1882, renferme tous les documents géographiques et statistiques des ministères ; il est établi sur le mode que j'ai indiqué ; il a rendu et il rend encore de grands services. On y trouve réuni tout ce qui a trait à la géographie physique, à l'orographie et à l'hydrographie, à la géologie, à la climatologie comme à la démographie, la statistique, les religions, l'instruction publique, l'agriculture, etc. Il est en quelque sorte indispensable dans toutes les classes de la société, et sa vente a dû compenser dans une large mesure les dépenses de son établissement.

Je me hâte de dire que l'Angleterre marche sur les traces

de l'Autriche-Hongrie dans cette voie et a créé un atlas du même genre à l'échelle approximative du 1/1.250.000ᵉ.

La société de géographie de l'Est a pensé que la France ne pouvait pas, ne devait pas rester en arrière, et après m'avoir donné son adhésion complète, m'a chargé de présenter au congrès de Lyon, afin de lui donner un appui plus puissant, le vœu suivant dont vous pouvez modifier les termes comme vous le jugerez à propos : l'important est que le principe soit admis.

« Le Congrès des Sociétés françaises de géographie émet
« le vœu que les ministères français s'entendent pour réunir
« en une seule publication et à une même échelle, dans le
« genre des atlas édités en Autriche et en Angleterre, tout ce
« qui concerne la géographie physique et la statistique de la
« France : soit en chargeant l'un d'eux de centraliser les
« documents réunis par les autres, soit en s'arrangeant avec
« un éditeur français pour assurer l'exécution de cette publi-
« cation. »

Tel est le vœu que j'ai l'honneur de déposer sur le bureau du congrès et que je demande à M. le président de vouloir bien soumettre à la discussion.

M. le Président. — Je remercie, au nom du congrès, M. Barbier de l'intéressant exposé qu'il vient de nous faire. Je vais donner une fois encore lecture du vœu et j'ouvrirai la discussion.

Un délégué. — Je crois que la proposition de M. Barbier est excellente, parce que souvent on peut avoir à faire des travaux différents ; par exemple sur la carte de la population on peut avoir à trouver des documents sur les ressources du pays, sur le climat, sans être obligé, comme à l'heure actuelle, de changer d'échelle à chaque carte. L'homogénéité dans toutes les cartes rendrait des services considérables à tout le monde.

M. Barbier. — J'ajoute, pour compléter la pensée de mon collègue, que je ne demande pas ici l'émission d'un vœu platonique, mais que j'espère le voir entrer en discussion et soumis à une étude pratique et complète. Il est certain que ce qui a été fait n'est pas exempt de critiques : il est certain que l'atlas dont je vous ai parlé ne présente pas un ordre excessivement méthodique, et je pense que ce serait une erreur de calquer exactement notre atlas sur celui-ci ; mais il y a quelque chose de fait : c'est un point de départ.

On pourrait émettre le vœu et nommer une commission pour étudier sous quelle forme, suivant quelle méthode doit être établie cette publication.

M. de Varigny. — Je n'ajoute qu'un mot sur le vœu dont M. Barbier vient de nous donner lecture. Tout le monde est d'accord sur le fond de la question : la confection d'un atlas de ce genre s'impose, mais comment l'exécuter ? Je connais les ministères pour les avoir pratiqués, et je crois que, lorsqu'on leur demande quelque chose, il est de bonne politique de ne pas imposer de condition pour l'exécution.

Emettons le vœu qu'un atlas soit fait centralisant les cartes statistiques ou géographiques des différents ministères, dans le genre de l'atlas exécuté en Autriche-Hongrie ; mais n'allons pas plus loin.

Le société de l'Est formule un vœu intéressant, stipulant l'exécution au 1/2.500.000 des cartes à faire. Ça n'est peut-être pas le moment de l'indiquer. Mieux vaut attendre qu'on nous consulte pour parler. Demandons seulement que les différents ministères centralisent les travaux qu'on trouve épars sur toutes ces questions et en forment un ensemble complet.

Un délégué. — En effet, ce serait une erreur d'agir autrement. Il s'agit en somme d'une question qui intéresse tous les ministères à la fois. Il n'y a pas de crédits pour un bureau de centralisation.

En poussant plus loin la question, il faudrait savoir qui serait chargé de cette publication. Les ministères ne sont pas faits pour s'occuper de l'impression de ces sortes de livres.

Ils s'occupent respectivement de leurs ressorts et dressent les cartes nécessaires pour leurs services.

M. Barbier. — Laissez-moi répondre un mot. Je crois avoir assez développé ma pensée au sujet du rôle des ministères dans une publication de ce genre. Personne en France, à moins de se livrer à des démarches coûteuses de temps et d'argent, ne peut se livrer à l'examen des documents des différents ministères, agriculture, commerce, industrie, guerre, marine, justice. Tous établissent des graphiques, des cartes statistiques qui sont faites chacune suivant les tendances, les idées de chaque ministère.

Ce sont autant de morceaux disparates qui échappent aux chercheurs et aux personnes ayant besoin de consulter ces divers documents. Nous voulons qu'on fasse pour la France ce que l'on a fait en Autriche-Hongrie et en Angleterre. Il est nécessaire, si l'on veut que ces études soient profitables, qu'elles soient réunies et dressées sur un plan général. La voie à suivre est facile : elle a été indiquée par la société de l'Est. Que chaque ministère travaille sur le modèle donné et transmet ensuite les documents à qui de droit. Actuellement nous perdons le fruit et le bénéfice de ces importants travaux : nous désirons qu'on les utilise.

Voilà notre idée. Nous laissons à qui de droit le soin de la mettre à exécution, mais il faut auparavant que le vœu soit adopté.

Un délégué. — Je me rallie à la proposition de la centralisation des travaux et à leur publication en un volume unique; mais je ne pense pas que nous devions d'ores et déjà fixer le gabarit des cartes.

Quant à l'économie pour les différents services, je ne crois pas qu'elle existera, car chaque ministère aura toujours besoin, pour ses agents, de ses documents personnels.

Si nous voulons que notre proposition aboutisse, bornons-nous à cela.

M. Barbier. — Je n'y vois pas d'empêchement. Invitons

d'abord le gouvernement à centraliser les cartes publiées par les différents ministères.

Fatalement il faudra bien que ces cartes arrivent à être établies sur un plan déterminé.

Un délégué.— Je crois inutile également, une fois l'échelle adoptée pour toutes ces cartes, de donner un point de comparaison en citant les pays étrangers.

Signalons la chose, demandons-la, réclamons une centralisation sur un plan général, sans parler de ce qui a été fait ailleurs.

Un délégué.— Quoique vous puissiez me qualifier de pessimiste, j'ai peur qu'il advienne de ce vœu comme de ceux de beaucoup d'autres congrès, et qu'il reste lettre morte.

Vous allez demander aux ministères un changement dans leur existence, dans leur façon de procéder; sans vous en douter, vous allez vous faire autant d'ennemis ! Prenez garde ! Malgré les bonnes intentions du ministre, vous risquez fort de vous heurter au mauvais vouloir d'un personnel que vous sortirez d'habitudes prises de longue date.

Un délégué. — Il s'agit de démontrer que votre projet ne grèvera en rien le budget de l'Etat. C'est une œuvre immense que vous entreprenez là.

M. Barbier. — La question budgétaire ne doit pas être difficile à résoudre, en ce sens que nous demanderons seulement aux ministères d'établir leurs cartes et leurs statistiques sur un plan unique.

M. de Varigny.— Avec quel crédit? Il faut des fonds pour cette centralisation. C'est un travail nouveau, une création nouvelle, une organisation nouvelle.

Un délégué.— Transmettons le vœu au ministère, et attendons sa réponse.

M. Barbier. — La question n'est pas si ardue à résoudre. L'Angleterre, l'Autriche-Hongrie, l'ont bien résolue et ont publié des atlas tenus à jour tous les deux ans.

Eh bien, puisque l'Angleterre, puisque l'Autriche-Hongrie

ont pu centraliser tous les documents géographiques et statistiques des différents ministères, et cela d'une façon économique, pourquoi n'arriverons-nous pas au même résultat en France ? C'est une question d'étude, d'organisation, mais je ne crois pas que cette œuvre puisse donner lieu à des dépenses considérables.

Nous savons quels sont les prix de l'établissement d'un atlas.

La première dépense d'établissement faite, le reste est minime, surtout lorsqu'on considère l'utilité de cette création pour toutes les branches de la vie commerciale, industrielle ou agricole de notre pays.

Nous demandons quoi ?... Une centralisation de tous les documents statistiques ou géographiques des différents ministères. Voilà tout. Une partie des crédits consacrés pour le service cartographique à chaque ministère serait affectée à cette œuvre commune, destinée à remplacer les documents épars disséminés précédemment. Il suffira d'un peu de bonne volonté pour obtenir la réussite.

Il ne s'agit pas d'obtenir du premier coup une œuvre parfaite, complète dans toutes ses parties.

Commençons, demandons la centralisation, que nous obtiendrons grâce à l'appui et à l'autorité du Congrès de Lyon.

Plus tard, peu à peu, on modifiera en le perfectionnant le plan primitif ; soutenus par les différents ministères, nous arriverons à une publication présentant, sous une forme claire, nette, précise, toutes les données géographiques et statistiques de la France.

Un délégué. — La question n'est pas si simple. En supposant qu'un ministère veuille bien s'adonner à cette besogne, vous en trouverez d'autres qui vous feront une opposition systématique.

M. Barbier. — Je répondrai à cela que si l'on avait toujours raisonné ainsi, il serait inutile d'avoir des congrès et d'émettre des vœux. D'ailleurs, pour les faire aboutir, tous, dans la limite de nos pouvoirs, nous nous adresserons à nos intermédiaires très naturels qui appuieront nos réclamations auprès des ministres et des ministères.

Un délégué. — Nous n'avons jamais rien obtenu.

M. Barbier. — La chose n'est pas tout à fait exacte. Vous n'avez qu'à prendre le *Bulletin de la Société de l'Est :* vous verrez, à côté des questions réservées par le Congrès, que nombre de vœux émis dans nos sessions ont eu un certain succès et que plusieurs ont été réalisés.

Prenez notre *Bulletin* d'il y a six ou sept ans : vous suivrez les vœux et vous constaterez que, si quelques-uns n'ont pas reçu une solution immédiate, ils ont fini par recevoir un beau jour la suite qu'ils comportaient.

Pour en revenir au vœu en discussion, je crois qu'il ne restera pas à l'état de vœu platonique, grâce à la réunion de nos efforts et de vos dévouements.

M. le Président. — Si personne ne demande plus la parole, la discussion est close.

Un délégué. — Il y a un vœu à formuler.

M. Barbier. — Il faut d'abord voter sur le premier vœu, s'il n'y a pas d'amendement.

M. le Président. — Je vais le relire.

M. de Varigny. — Je demande la permission de présenter un amendement. Le voici :

« Le Congrès national des Sociétés françaises de géographie, dans sa dernière séance, émet le vœu que les ministères compétents centralisent en une publication spéciale, comme cela se fait dans les pays voisins, tout ce qui concerne la géographie physique et statistique de la France. »

(A M. Barbier). — Acceptez-vous cette modification ?

M. Barbier. — Absolument.

M. Gauthiot. — Ainsi que je l'ai dit, on pourrait supprimer « comme cela se fait dans tel ou tel pays. »

Nous n'avons pas l'habitude, en France, d'aller demander conseil aux étrangers. Je demande la suppression de cette phrase incidente.

M. Barbier. — Je me rallie à la proposition de M. Gauthiot.

M. de Varigny. — Je l'accepte.

M. le Président. — Voici le vœu sans la phrase incidente. (Lecture du vœu modifié.)

Le vœu mis aux voix est adopté à l'unanimité.

M. le Président. — Nous sommes arrivés à la fin de cette séance. Ce soir troisième séance du Congrès de géographie.

TROISIÈME SÉANCE

VENDREDI 2 AOUT, A 2 HEURES

Président : M. CASTONNET DES FOSSES
Vice-président de la Société de géographie commerciale de Paris.

Assesseurs : MM. LE COLONEL BERTHAUD.
ULYSSE PILA.

M. V. Turquan, chef du bureau de statistique générale au ministère du commerce, lit une intéressante étude sur les courants de migration intérieure en France.

(Voir ce mémoire à la deuxième partie du présent volume.)

M. le Président. — La parole est à M. de Saumery, de la Société de géographie du Havre, pour travail sur la Guyane française.

M. de Saumery. — Il s'agit d'une simple considération au sujet de la Guyane française, du mode d'administration qui existe là-bas et qui constitue une véritable anomalie.

Il y a, en effet, une anomalie étrange dans nos colonies de transportation, où l'action de nos colons est entravée, parce que l'administration ne fait pas rendre aux transportés les services qu'on pourrait obtenir d'eux en leur faisant suppléer à la main-d'œuvre qui manque. C'est un simple aperçu que je viens vous présenter.

J'espère que le congrès participera, pour sa part, à faire disparaître cette anomalie tout à fait inexplicable. Comme je vous le disais, ce qui manque à la Guyane pour exploiter ses productions, c'est la main-d'œuvre, main-d'œuvre abondante pourtant à trouver, si l'administration le permettait. C'est là l'idée de M. Guénot; c'est la mienne que je soutiens également. Parmi nos colonies, il en est quelques-unes où l'on va par goût, mais il en est d'autres où l'on ne va que forcé pour y rester le moins de temps possible.

Je fais allusion aux rares colons et aux administrateurs qui sont envoyés à la Guyane.

De tous les Français qui émigrent et vont au dehors créer des industries, un petit nombre sont allés vers la Guyane, et chez la plupart de nos compatriotes, on constate une véritable indifférence en ce qui concerne cette colonie.

Pour rechercher les causes de cet abandon, l'Administration devra tenir compte des faits qui lui sont signalés par le Congrès, et s'occuper de faire un choix parmi les administrateurs que l'on envoie à la Guyane française, et qui s'occupent trop de la question pénitentiaire sans s'inquiéter des colons.

Il y a là, cependant, des gens qu'il est nécessaire d'encourager, et je ne pense pas qu'on leur reproche d'être allés à la Guyane sans avoir été condamnés par les tribunaux. A côté des gens tarés qu'on laisse inoccupés, on voit nos nationaux ne pouvoir donner leur effort, parce que la main-d'œuvre indigène est insuffisante ou trop chère, de telle façon que les propriétaires laissent leurs champs infertiles, parce qu'ils n'ont pas d'ouvriers pour les faire travailler.

Il y a, en Guyane, des milliers d'hectares qui sont abandonnés pour le moment par leurs possesseurs.

La raison, je vous l'ai dite : on manque de bras.

Il semble tout simple qu'en présence de cette situation l'administration pénitentiaire intervienne et qu'elle autorise à louer les hommes dont elle peut disposer, à louer contre salaire, bien entendu.

Ces hommes seraient employés à différents travaux utiles, rémunérateurs pour l'Administration, alors qu'ils ne sont maintenant qu'une source de dépenses.

Tenez, il est une petite histoire bien typique que je veux vous raconter ; elle est l'exemple de l'incurie, du mauvais vouloir de l'Administration, et je vous la cite, parce que je crois qu'elle ne peut manquer de faire effet sur vos esprits.

Les hommes que l'on trouve pour la main-d'œuvre dans le pays sont uniquement employés aux transports au déchargement des marchandises, mais ne font pas autre chose.

Les transportés s'occupent de travaux publics et font peu de travail.

Or, il existe à Cayenne un égout qu'il n'était pas possible, avec les éléments dont on disposait, de faire nettoyer. On demanda à l'Administration pénitentiaire de consentir à prêter quatre condamnés pour le nettoyage de cet égout.

On offrait de les payer 3 fr. 50 par jour.

Combien d'ouvriers en France travaillent toute la journée et ne gagnent pas 3 fr. 50 par jour !...

A cette demande de quatre condamnés, l'Administration refusa net.

Notez que ces condamnés étaient employés à la fabrication de chaussons qui reviennent à l'Administration à 32 sous et qu'elle vend... 14 sous !...

Les quatre condamnés refusés, on fut obligé de faire opérer le nettoiement de l'égout par les soldats de l'infanterie, remplaçant les gens tarés qu'on avait demandés.

La morale de cette histoire est facile à tirer. Il est temps, au lieu de soumettre à un travail qui n'est pas le leur, nos braves soldats, l'élite de la nation, de penser aux transportés, aux gens tarés qu'on envoie en Guyane.

On ne saurait crier à l'exploitation, parce que ces gens-là seraient payés très largement. Au lieu de dépenser pour eux comme nous le faisons, pourquoi ne pas les employer aux travaux publics ?

Il y va de l'intérêt du budget de la France, comme du succès de nos colons.

On vous a dit, Messieurs, qu'il fallait faire appel à l'Etat : vous savez aussi que la transportation des émigrants d'Etat pour notre colonie de la Réunion a été autorisée depuis très peu de temps par l'Administration des Indes anglaises.

C'est une chose excellente pour la Guyane.

Il faut agir dans le sens que je viens de vous indiquer : donner aux relégués une situation tolérable pour eux et utile à nos colons.

Voilà pourquoi je viens demander au Congrès de joindre ses efforts aux miens, pour amener le Gouvernement à prêter, à louer les relégués dont il dispose aux hommes qui en ont besoin pour leur industrie ou leur commerce, en attendant qu'on obtienne de l'Angleterre le rétablissement de l'émigration d'Etat pour toutes nos colonies.

M. le Président. — M. Gauthiot pourrait formuler un vœu.

M. Gauthiot. — Nous voulons que l'opinion publique s'émeuve de la question et fasse pression à son tour sur le Gouvernement.

Votre appui viendrait augmenter le succès de nos démarches et hâter la solution que nous demandons.

Nous sommes en présence, ici, non seulement d'une question commerciale et industrielle, mais d'une question morale. On vous a raconté l'histoire de l'Administration pénitenciaire et son attitude dans la question de l'égout de Cayenne. Il n'est pas admissible qu'on laisse un tel travail à des marins, à des soldats qui servent la France avec une si complète abnégation, alors qu'à côté on laisse inoccupés des hommes tarés et dont les premiers actes ont été d'attenter à la vie de leur semblables !...

M. le Président. — Je crois que le vœu formulé par M. Gauthiot, à propos de nos soldats, a une portée un peu restreinte.

Présenté ainsi, il ne résumera pas notre idée, Il faudrait l'élargir et lui donner tout le développement qu'il comporte.

M. de Varigny. — Je vais beaucoup plus loin que M. Gauthiot, et j'estime que le vœu que vous allez émettre doit viser un but plus élevé et plus complet.

Il est absolument temps de faire cesser cette anomalie bizarre, étrange, qui existe entre cette sorte de souci exagéré du bien-être des condamnés et des obligations qui incombent à nos fonctionnaires et à nos soldats.

Vous aurez à vous demander si ce souci de bien-être pour le bon relégué est raisonnable et admissible.

L'étude de cette question est inhérente à celle que nous discutons à l'heure actuelle.

Je crois, Messieurs, qu'on obéit trop à cet entraînement irréfléchi, inexplicable, en ce qui touche les condamnés soumis à la relégation.

Je crois aussi que, dans les hautes sphères gouvernementales, on commence à se lasser d'écouter les imaginations vagues des rêveurs, qui pensent à envoyer les relégués par delà les mers, pour les entretenir dans la paresse et dans une inactivité désastreuse pour nos resources budgétaires.

On leur assure l'avenir, on les marie même, on ne les soumet à aucun travail effectif, alors que nos pauvres diables de soldats, qui ont risqué vingt fois leur vie pour la défense de la France, vont encore risquer des fièvres pour nettoyer les égouts de Cayenne.

Je ne parle pas des fonctionnaires qui gardent ces relégués oisifs et qui émargent.

Eh bien, je trouve que, sous ce rapport-là, nous sommes absurdes!

Je crois aussi que l'opinion, comme le Gouvernement, se lasse.

Nous dépensons 1500 francs pour chaque relégué : c'est trop pour un sacripant qui coûte plus cher qu'un brave homme.

Combien de braves ouvriers auraient travaillé pour ces 1.500 francs et combien de salaires pourrions-nous donner à d'honnêtes gens avec l'argent que coûtent ces criminels !...

Je crois qu'il y a lieu de formuler un vœu énergique, très énergique, invitant les pouvoirs publics, les fonctionnaires, les ministères intéressés à examiner très sérieusement la question, et à se préoccuper très sérieusement d'utiliser dans nos colonies de transportation la main-d'œuvre des relégués, en donnant leurs services aux colons.

M. de Saumery. — Je voulais dire ce que M. de Varigny vient de si bien développer.

M. le Président. — M. de Varigny pourrait rédiger un vœu résumant son idée et nous le soumettre.

M. Gauthiot. — Pour ma part, je me rallie au vœu de M. de Varigny.

M. de Varigny se retire pour rédiger le texte du vœu.

M. le lieutenant-colonel Debize fait connaître au Congrès que le nombre des sociétaires représentés au congrès de géographie est de 16.000.

M. le Président remercie MM. les délégués des sociétés de géographie qui ont bien voulu coopérer à ce travail.

A chacune de nos réunions annuelles et de nos congrès, ce travail de statistique permettra de suivre la marche des sociétés de géographie, en même temps que leur développement et leur influence dans le public.

M. de Varigny. — Je me rallie à cette idée. Il serait désirable que les organisateurs du prochain congrès inscrivent cette mesure en tête de l'ordre du jour du prochain congrès. MM. les délégués feraient un travail de statistique complet, renfermant les renseignements utiles : nombre d'adhérents, nombre et opinion de la Société, etc... que M. le secrétaire général rassemblerait ensuite. Ce serait un monument documenté élevé à la gloire de la science géographique et des hommes qui contribuent à sa diffusion.

Cette idée reçoit l'approbation du Congrès.

M. de Varigny donne lecture de son vœu.

Un délégué. — Permettez-moi d'ajouter un mot. Je suis d'accord avec M. de Varigny, et je viens compléter son appréciation sur la question.

Il est certain que les transportés doivent être occupés au profit de l'Etat et des colons. Ces hommes doivent être employés au défrichement dans l'intérieur du pays, à la construction des routes et à tous les travaux d'intérêt public.

Ils seront en outre loués à l'industrie privée, qui pourra retirer un grand avantage de l'utilisation des forces pénitentiaires.

M. de Varigny. — Je suis parfaitement d'accord.

Le Délégué. — C'est justement cela que je voudrais voir développer dans le texte du vœu. Il faut que notre pensée se dégage nettement.

M. de Varigny. — Sur tous les points, je suis d'accord.

Le principe est adopté. A la Commission d'étudier la rédaction, de la discuter et de la modifier. Quant au principe de la colonie pénitentiaire, je comprends que ce n'est pas flatteur, et cependant je pourrais vous rappeler des colonies, l'Australie, par exemple, qui reposent sur ce principe : les déportés en Australie ont été, dans le principe, les blocs de pierre que l'on jette dans les fondements des édifices, et sur lesquelles se sont élevées ces grandes belles villes : Sydney, Singapour, etc.

Ce sont ces existences humaines, écrasées là, qui ont fait les assises de l'Australie. Ces colonies étaient autrefois des colonies de déportation, et on ne s'en douterait pas en les voyant maintenant si puissantes et si riches.

M. de Saumery. — Je ne serai pas tout à fait de l'avis de M. Gauthiot au sujet de la rédaction visant la main-d'œuvre au point de vue de l'Etat, car, m'inspirant des faits que je connais, je crains que l'Administration pénitentiaire ne s'empare de ce mot pour faire main basse complète sur toute cette main-d'œuvre.

Elle vous dira, cette bonne Administration : « Nous n'en avons pas pour nous, nous ne pouvons pas en donner aux particuliers. »

On vous fera cette réponse.

Voulez-vous un exemple ?

Je me trouvais dernièrement à la Guyane où j'ai vu des faits caractéristiques.

Un particulier avait demandé une cession de main-d'œuvre, et l'Administration a allégué qu'il lui était tout à fait impossible de pouvoir répondre favorablement, parce qu'elle avait besoin ou pourrait avoir besoin de détenus pour des travaux à Saint-Jean-du-Maroni, où on avait à bâtir des habitations pour les relégués. Or, ce prétexte était faux, parce que les maisons étaient édifiées par les détenus de cette région qui se trouvaient là-bas, et que, par conséquent, on n'avait pas à transporter ceux de Cayenne. Donc, rien à faire dans cet ordre d'idées.

L'Administration paraît si peu désireuse de donner son concours aux particuliers que, comme je le disais en 1891 dans une brochure, le prix de la main-d'œuvre, qui était de 1 fr. 15, a été portée par M. Grodet à 2 fr. 10, prix inabordable pour les particuliers, obligés de se passer de cette main-d'œuvre.

Voilà pourquoi ce mot « de l'Etat » amènera un effet absolument contraire à celui que nous attendons.

Un délégué. — Il faut que le tassement se fasse, nous sommes d'accord sur le principe.

Votons sur le principe que tout le monde accepte, en laissant, pour la rédaction de détail, toute latitude à la Commission.

Plusieurs voix. — Votons sur la question de principe.

M. le Président. — Nous voulons viser toutes les colonies où a lieu la transportation, et voilà pourquoi nous ne citons pas la Guyane.

Nous votons sur le principe.

Après une nouvelle lecture, le vœu suivant est mis aux voix et adopté :

« Le Congrès émet le vœu que le Ministre des colonies
« s'applique à utiliser, au mieux des intérêts de la France et
« de ses colonies, la main-d'œuvre pénitentiaire. »

La parole est à M. Doby, de la Société de Nantes, pour un

rapport sur la création d'une voie navigable de Nantes à Orléans.

M. Doby. — Je viens vous dire deux mots au sujet du canal latéral à la Loire, de Nantes à Orléans.

Vous savez tous, Messieurs, quelle a été la décroissance de la navigation sur nos fleuves et sur nos canaux depuis 1866, c'est-à-dire depuis la venue des chemins de fer. Je ne viens pas ici me faire ni l'adversaire ni le critique des chemins de fer.

Il est évident qu'ils sont un progrès réel, au point de vue de la régularité du trafic et de sa rapidité ; mais, pourtant, il faut dire que les chemins de fer ne sont pas encore le moyen absolument parfait et économique pour les transports.

Cette vérité est absolue, et ce qui se passe dans toute la France, nous le voyons également se produire pour la Loire. La navigation tend de plus en plus à s'amoindrir.

Nous avons les chemins de fer du Midi qui ont coupé la voie de transport du Rhône, et la navigation de la Loire a été presque complètement délaissée depuis les chemins de fer en 1866.

Il en a été de même pour toutes les rivières et les transports par eau, et cependant la navigation par eau présente des avantages appréciables d'économie et de main-d'œuvre. Devant les pétitions et les demandes réitérées qui lui étaient adressées par le commerce nantais, désolé de voir disparaître la batellerie, l'Administration finit par s'émouvoir, et on a dépensé 35 millions pour améliorer les conditions de la navigation.

Des digues transversales et longitudinales ont été construites dans la Loire pour en rétrécir le lit et ramener un débit d'eau plus considérable.

L'expérience n'a pas été concluante, et le trafic des marchandises n'a pu s'opérer que d'une manière tout à fait irrégulière entre Nantes et Orléans.

C'est alors que l'idée fut émise de la création d'un canal

entre Nantes et Orléans. Nous nous sommes adressés aux pouvoirs publics, nous leur avons démontré le manque de navigabilité de la Loire et la nécessité de la création d'un canal.

La Loire, en effet, n'est pas comme le Rhône. Cette dépense de 35 millions avait été inutile, et le lit du fleuve s'était rapidement comblé.

Le Rhône lui, a un courant rapide, un débit presque torrentiel ; tandis que, dans la Loire, il n'y a pas de débit, pas de pente qui permette d'avoir un courant rapide : cela provient des courbes qu'elle décrit et qui brisent son courant.

Nantes, vous le savez, Messieurs, occupe une situation exceptionnelle : elle est la clé du bassin le plus riche et le plus vaste de la France. C'est un de nos premiers ports de mer, où arrivent les denrées coloniales de tous les points du globe. Il est placé en communication rapprochée avec le Centre, Paris, Lyon et Marseille, et son commerce se développe de plus en plus.

La construction du canal que nous demandons relierait Nantes, par le système des eaux, à tous les points de la France.

Il rendrait à la navigation une partie de son importance et permettrait l'extension du commerce et de l'industrie.

Ce qu'il faut pour réussir, c'est l'obtention d'un débit normal.

Vous, sur le Rhône, vous aviez autrefois plus de 125 jours de chômage par an, et voilà sept à huit ans que vous n'avez que 3 jours au plus, votre étiage restant toujours de 1^m50.

A Nantes, nous obtiendrons cela, et c'est dans ces conditions que nous vous demandons d'appuyer ce vœu, qui, s'il aboutit, et nous l'espérons, nous permettra de lutter avec succès contre les chemins de fer, et de faire des économies sur les frais énormes de transport.

Nous voulons rétablir la navigation complète de la Loire.

Elle est à peu près navigable entre la Maine et Nantes. Les gabares ne circulent pas entre le Cher et Nantes pendant les trois quarts de l'année. Un canal remplirait le but d'une façon complète.

On pourrait, pour commencer, l'entreprendre partiellement, en commençant par celui de Tours au confluent de la Loire et de la Maine.

Le Cher, à Noyer, rencontre le canal du Berri et, de la sorte, l'Ouest serait relié avec l'Est, avec Lyon et même avec Paris.

Qu'ajouter, Messieurs, sinon que, la voie navigable complètement établie, Nantes correspondrait, sur Digoin, au canal du Centre la reliant au Rhône; par Decize, au canal du Nivernais aboutissant à la Seine ; à Paris, aux régions du Rhône et aux bassins du Rhône et de la Saône ; par Briare, au canal de Briare ; par Combleux, au canal d'Orléans se dirigeant sur Paris ; par Nantes, au canal de Nantes à Brest et la Bretagne ?

Je vous propose, en conséquence, d'adopter le vœu suivant :

« Le Congrès, reconnaissant l'utilité de la création d'une
« voie navigable de Nantes à Orléans, émet le vœu qu'il soit
« procédé à une étude définitive et complète de ce projet déjà
« reconnu d'utilité publique par la loi du 5 août 1879. »

Le délégué de Bordeaux. — Messieurs, au nom de Bordeaux, je m'associe au vœu de mon collègue de Nantes.

Nous recherchons toujours les moyens de transport à bon marché, et lorsqu'on me propose une voie nouvelle en ce sens, j'y adhère complètement.

C'est là mon mandat, c'est là l'esprit de ma Société.

Le canal de la Loire doit amener une amélioration dans les transports, je m'associe complètement au vœu émis en faveur de sa construction.

Le vœu, mis aux voix, est adopté.

TROISIÈME JOURNÉE

SÉANCE DU MATIN

La troisième journée du congrès a été ouverte sous la présidence de M. Tandonnet, de Bordeaux, assisté de M. Delavaud, délégué du ministère des affaires étrangères, et de M. de Prandières, de la Société de Lyon.

M. Breittmayer annonce la mort de M. Armand, secrétaire de la Société de géographie de Marseille. Cette nouvelle a causé une douloureuse émotion parmi les membres présents. M. Paul Armand était connu par de nombreux écrits et travaux géographiques.

M. le président dit qu'il croit être l'interprète de tous en exprimant les profonds regrets que cause cette perte aux amis de la géographie.

M. Barbier, de la Société de l'Est, lit une étude très sérieuse et très substantielle des programmes de la Société de géographie de Paris, au sujet de l'exécution d'une carte du monde au 1/1,000,000e.

LE PROJET DE CARTE DE LA TERRE

à l'échelle du 1/1.000.000e.

Rapport présenté par M. J.-V. Barbier, secrétaire général de la Société de l'Est et approuvé par la Société.

AVANT-PROPOS

En 1891, M. le professeur Penck, de Vienne, présentait au congrès international des sciences géographiques de Berne, le projet de création d'une carte de la terre à l'échelle de 1/1.000.000e. Une commission internationale a été nommée pour examiner le projet, et pour étudier dans quelle mesure chaque pays concourrait à l'exécution scientifique et matérielle de cette entreprise dont le principe avait été voté par le congrès. Pour la France, les membres de cette commission sont : MM. Maunoir, secrétaire général de la Société de géographie de Paris, et Schrader, membre de la commission centrale de cette société.

Sur l'initiative de M. Maunoir, la Société de géographie de Paris a saisi les sociétés françaises de géographie de la question par une lettre-circulaire en date du 5 avril dernier, circulaire accompagnée d'un programme d'études très judicieusement et très complètement élaboré.

Le comité de la Société de géographie de l'Est, que l'on ne trouve jamais indifférent aux œuvres de progrès ou de vulgarisation scientifiques, se réunit dans le courant du même mois et nomma une commission technique chargée d'examiner le projet Penck sur la base de ce programme d'études. En outre, il décida que le résultat de ses recherches serait communiqué au congrès national des sociétés françaises de géographie qui se tient cette année à Lyon, et au congrès de l'avancement des sciences, afin d'en faire l'objet d'un échange d'idées, préliminaire utile, sinon indispensable, à ses yeux, tant pour recueillir les impressions, les propositions même qui pourraient résulter de cet échange, que pour faire pénétrer dans les esprits à la fois l'importance et l'utilité du projet, les conditions dans laquelle sa réalisation paraît désirable.

Cette commission est composée de M. C. Millot, ancien officier de marine, vice-président honoraire de notre société, chargé d'un cours de météorologie à la faculté des sciences, *président;* de MM. Auerbach, professeur de géographie à la faculté des lettres ; G. Floquet, professeur de mathématiques à la Faculté des sciences ; *membres;* enfin, de M. J. V. Barbier, géographe, secrétaire général de la société, *secrétaire-rapporteur*, délégué spécial au congrès de Lyon.

Elle s'est mise immédiatement à l'œuvre, et c'est le résultat de ses travaux que j'ai mission de vous exposer.

Entre temps, M. le commandant — aujourd'hui lieutenant-colonel — du génie, de Lannoy de Bissy, auteur de la carte d'Afrique au 1/2,000,000^e, publiée par le service géographique de l'armée, dont l'autorité a été invoquée par M. Penck et dont le nom a été mêlé aux discussions engagées par certain géographe d'outre-Rhin, M. de Lannoy, dis-je, fut invité, par notre vénéré et sympathique collègue, M. le lieutenant-colonel d'état-major Debize, à présenter au congrès de Lyon un rapport sur l'état de la question. Empêché, pour des raisons de service, de déférer au désir de notre collègue, M. de Lannoy de Bissy a entretenu votre rapporteur de ces pourparlers. Mis au courant des travaux alors à peu près terminés de notre commission, il déclara être en accord absolu sur les points essentiels, et pria votre rapporteur de se mettre en son lieu et place dans le rôle que lui avait dévolu notre ami commun, M. Debize.

C'est donc, en quelque sorte, revêtu d'un double mandat que votre rapporteur se présente aujourd'hui. Mais c'est, avant tout, au nom de la commission technique de la Société de géographie de l'Est qu'il doit vous parler. A ce titre, on ne saurait s'étonner que la plus grande place soit faite ici aux travaux de notre dite commission. Du reste, dans la forme où elle a été saisie de la question, — ce dont elle se félicite pleinement — elle l'a considérée comme entière et telle que l'a présentée le programme d'études. Pour rester libre dans ses appréciations, elle n'a pas voulu connaître, *a priori*, la joute qui s'était engagée, au-delà du Rhin, entre Vienne, Gotha et Stuttgart. Mais elle a d'autant mieux répondu à la pensée de MM. Debize et de Lannoy de Bissy, qu'elle a jugé utile de faire précéder ce rapport d'un exposé très sommaire de l'état de la question.

ETAT DE LA QUESTION

Dès le 25 juin 1891, M. Penck exposait au congrès national de géographie qui se tenait à Vienne, son projet de carte de la terre au 1/1.000.000°, projet dont il avait exposé le thème dans l'*Allgemeine Zeitung* du 20 du même mois; c'est ce projet que son auteur a soumis à l'approbation du congrès de Berne.

Si l'on admet, en principe, l'utilité, généralement reconnue d'ailleurs, — et sur laquelle nous reviendrons tout à l'heure, — de la création d'une carte du monde, on peut dire que l'économie générale de ce projet résulte directement de ce postulat.

En voici les termes principaux :

1° Division de la surface terrestre en un certain nombre de feuilles à une même échelle et, vraisemblablement, suivant un même système de projection, de sorte que toutes ces feuilles puissent recouvrir une sphère un million de fois plus petite que notre globe;

2° Réduction, à un minimun négligeable dans la pratique, des déformations subies par toute surface sphérique projetée ou développée sur un plan, minimum résultant de la grandeur même de l'échelle proposée ;

3° Calculs d'ordre technique concernant la construction de la carte; calculs d'ordre économique concernant les frais probables de premier établissement et de tirage, d'une part; de rémunération éventuelle, d'autre part.

Telles sont les bases essentielles du projet présenté aux congrès de Vienne et de Berne, ou développé dans ses écrits par M. Penck.

Dès le 27 juillet, — c'est-à-dire à la veille même de ce dernier congrès —, l'*Ausland* publiait un article de M. Fœrster, de Stuttgard. Après examen du projet dans ses grandes lignes, le signataire de l'article approuvait entièrement la création de la carte sur les bases posées par M. Penck. Les avantages lui en apparaissaient tels que, — dût-il en coûter les 2,500,000 fr. de déficit éventuel envisagé par l'auteur du projet, déficit résultant des évaluations de premier établissement mises en balance avec le produit de la vente d'un tirage à 1,000 exemplaires — il n'y avait pas à hésiter un instant à en poursuivre la réalisation.

Mais, à la date du 16 novembre de la même année (1891), le même *Ausland* renfermait un long article de M. Lüddecke, géographe attaché à l'Institut géographique de Gotha. En lisant le long réquisitoire de ce savant, on se demande si le projet Penck ne porte pas ombrage aux géographes de Gotha et atteinte à la prépondérance, légitimement acquise d'ailleurs, de l'institut fondé par Justus Perthes. Nous l'ignorons; mais la manière dont M. Lüddecke apprécie les propositions de M. de Lannoy de Bissy, concernant l'indication des méridiens sur les cartes, révèle l'état d'esprit d'un mécontent plutôt que celui d'un critique impartial.

Le mois suivant, M. Penck répondit, dans le même journal, en s'attachant moins à réfuter les critiques de son contradicteur qu'à développer davantage son projet.

On en trouve l'examen approfondi dans un long article publié en français dans le *Bulletin de la Société de géographie de Berne* de l'exercice 1891-1892.

L'*Ausland* du 2 janvier 1892 publia un article de M. Habenicht, intitulé : *Conseils pour l'exécution pratique et pour l'élargissement du projet de carte universelle*. En sa qualité d'ancien cartographe attaché à l'Institut même de Gotha, son appréciation a son prix.

Tantôt il fait ressortir les inconvénients de la trop grande multiplicité des échelles et des mesures des cartes actuelles; tantôt il déplore la dispersion des efforts et des dépenses consacrés à des travaux sans cohésion. Ailleurs, il recommande la figuration du relief par courbes de niveau, et il conclut : « Il faut espérer, dit-il, que l'impulsion donnée par M. le professeur Penck, en vue de la coopération uniforme internationale de tous les savants cartographes, ne restera pas sans résultat ; mais, au contraire, qu'elle portera des fruits excellents, dans un sens ou dans l'autre ; elle mérite de l'intérêt, une sérieuse considération et l'appui de tous les intéressés de la partie.

En mars 1892, réplique de M. Lüddecke, qui écrit ce qui suit : « Si les cartographes se sont gardés jusqu'ici de faire quelque chose de semblable à la carte terrestre au 1/1.000.000ᵉ projetée, *voici pourquoi ils se sont imposé cette restriction (?) : parce que le matériel stable de la plus grande partie de la terre ferme ne mérite pas la préparation d'un aussi grand ouvrage cartographique;* parce que la tenue à jour n'est pas seulement difficultueuse, mais aussi très aléatoire et très coûteuse, et parce que la durée de la période d'exécution façonnerait encore toujours quelque chose autrement que M. Penck semble l'admettre. » Puis il ajoute : *Pour des motifs facilement compréhensibles (?), je dois me refuser à donner ici, à M. Penck, des éclaircissements sur cette dernière question.* »

Et M. Penck ayant signalé la difficulté, même pour un géographe d'une grande ville d'Europe, de trouver une carte, cherchée longuement, attendue vainement des mois entiers, pour apprendre finalement qu'elle est épuisée, M. Lüddecke riposte : « Je puis répondre à M. Penck qu'ici, à Gotha, il nous est aussi demandé très souvent des renseignements sur les cartes, par le public et par les autorités. *Nous avons certainement l'avantage sur le géographe de la grande ville d'Europe à laquelle il manque une collection de cartes, d'être d'avance en état de pouvoir, au moyen de nos riches trésors cartographiques, donner vite et facilement la plupart des renseignements désirés.* Mais la question principale est que *personne ici ne s'est encore avisé* de reconnaître la nécessité d'une carte qui serait réclamée par le grand public, et de trouver qu'un ouvrage cartographique d'une pareille étendue réponde à un besoin profondément senti. »

Que dira donc de nous M. Lüddecke, quand il saura que notre commission ne demande pas seulement l'exécution des feuilles terrestres indiquées par M. Penck, mais encore celle de toutes les feuilles nécessaires pour couvrir la terre entière, et à la même échelle?

A quelque chose cependant une critique, fût-elle de parti pris, a du bon, et il convient de retenir de celle du géographe de Gotha la nécessité d'adapter la carte du monde à la fois aux besoins scientifiques et aux usages courants. Il faut que le public puisse se procurer une carte du monde par fragments déterminés, numérotés, comme il achète les feuilles de la carte de France, au 1/80.000°, avec les indications répondant aux besoins les plus généraux.

Dans l'*Ausland* du 6 mai 1892, nouvelle réponse de M. Penck, dans laquelle il dit ceci : « Mais celui qui considère plus exactement (les choses)... partagera l'opinion que la manière d'écrire de M. Lüddecke égale celle d'un général en chef qui publie les nouvelles de grandes victoires, sans s'occuper si l'adversaire a été repoussé de ses positions. Une telle sorte de polémique ne s'accorde ni avec mes besoins ni avec mes goûts, et M. Lüddecke me permettra de ne pas lui répondre sur le même ton. »

Dans le dernier numéro du même journal, nouvel article de M. Habenicht, qui, en réponse à M. Lüddecke, accentue encore son approbation : « La carte terrestre uniforme, écrit-il, contribuera réellement à l'admission générale de l'uniformité des mesures, du méridien initial et des conséquences au sujet de l'orthographe (des noms de lieux). La carte ne s'appropriera pas seulement aux calculs de longueurs et de surfaces, mais, en général, elle sera excellente pour le service de la géographie comparée. Ce serait bien le désir ardent de beaucoup de géographes de posséder des cartes de nombreuses contrées de la terre, du style des cartes des Etats européens faites en 4 feuilles par Vogel dans l'Atlas-Manuel de Stieler. Je pense que, spécialement, les géographes et les cartographes de l'Université, s'ils se placent sur le terrain des réalités, doivent se passionner les premiers pour l'exécution du plan de Penck. Si le plan échouait malgré cela, ils auraient au moins fait leur devoir. »

Nous aurons, plus loin, à citer encore M. Habenicht, qui termine son article en envisageant précisément le déficit prévu par Penck et Fœrster sur la vente de la carte, et le compare à la dépense énorme et sans rémunération appréciable que font tous les Etats pour l'établissement de la carte du ciel : « Pourquoi, dit-il, un ouvrage sur notre planète serait-il moins digne de sacrifices en argent et en peines, que celui sur le firmament, qui — tout le monde le sait — est en préparation depuis un certain nombre d'années et ne sera certes pas terminé avant encore des dizaines d'années ? »

Enfin l'*Ausland* du 1er octobre 1892 renferme un article très important et très substantiel d'un autre géographe, M. Hammer, de Stuttgard, article d'un caractère autrement scientifique que ceux des auteurs précédents, et d'autant plus accessible aux esprits que M. Hammer n'y est point sorti des données de la trigonométrie élémentaire. A peu près exclusivement consacré à la technique, c'est-à-dire à la construction mathématique de la carte, il est, dans l'ensemble, très favorable au projet. Nous aurons à signaler plus loin l'originalité de la solution préconisée par l'auteur de l'article en vue du parfait assemblage des cartes ; mais nous donnons ici sa conclusion finale : « Sans méconnaître les difficultés extraordinaires d'une exécution rapide de la partie à faire maintenant, et en particulier de sa continuation suffisamment accélérée, l'auteur croit cependant pouvoir émettre l'opinion que l'idée de la carte terrestre au 1/1.000.000^e ne peut plus être retranchée de l'ordre du jour géographique. »

La question en est restée là ; du moins il n'est, pas à notre connaissance que des éléments nouveaux aient été apportés à sa solution. D'ailleurs, toutes les critiques n'ont point ébranlé le projet du professeur viennois. Approuvé en principe par le congrès international de Berne, toute la polémique qui a suivi n'a fait qu'en provoquer une étude plus approfondie.

C'est ce que votre commission a tenté pour sa part, sans se préoccuper, non seulement de ce qui s'était écrit sur le projet Penck, mais encore de son argumentation personnelle. Aussi la justice qu'elle peut rendre, en somme, à notre confrère du Danube est d'autant plus grande que, sans avoir en rien subi l'influence de sa dialectique, elle s'est trouvée, d'accord avec lui dans la plupart des cas.

Examen du projet conformément au plan d'études proposé.

I

QUESTIONS GÉNÉRALES

Ce premier paragraphe se divise en deux sections : 1° *Utilité générale d'une carte d'ensemble du globe*, et 2° *Utilité de la carte au point de vue français*.

Nous serons très bref sur cette double question. Le sentiment de notre commission a été si unanime que tout d'abord il n'est venu à l'idée de personne qu'elle pût être scindée; aucune discussion ne s'est engagée sur l'un ou l'autre point, tant ils ont paru étroitement liés et tant chacun de nous, si diverses que fussent nos compétences ou nos aptitudes, comprenait l'utilité du projet. On ne conçoit pas, en effet, son utilité pour les autres pays si elle n'existe pas pour la France, et *vice versa* : on peut, au contraire, affirmer que la carte sera surtout utile à la France, grand pays de colonies ; un des centres de l'activité humaine, de la vie industrielle et commerciale, centre ramifié vers tous les points de la terre; un des plus grands foyers scientifiques qui rayonnent sur le globe.

Voici comment s'exprime à ce sujet un des membres de notre commission, M. Auerbach. :

« Cette carte sera l'image du monde, non du monde brut,

tel que la nature l'a façonné, mais du monde transformé par l'homme. A la vérité, toutes les manifestations de l'activité humaine ne sauraient y figurer, quoique les feuilles de cet atlas universel puissent se prêter à l'expression de données statistiques, — mais celles surtout que les circonstances physiques ont, en quelque sorte, provoquées : ainsi les voies de communication, qui se modèlent sur le relief et qui ne le violentent en apparence que pour satisfaire à d'autres lois naturelles; les câbles jetés sur les fonds marins; les centres industriels qui sollicitent les forces motrices des torrents et qui peu à peu pénètrent la montagne. C'est ainsi que se justifie encore le mot du vieux maître Strabon : « La terre et la mer que nous habitons sont le lieu des actions humaines (χωρὰ γὰρ τῶν πράξεων ἐστὶ γῆ καὶ θαλάττα ἣν οἰκοῦμεν). »

Elle sera, dirons-nous, un merveilleux instrument de travail pour les géophycisiens et les cartographes; de repère pour les explorateurs; d'études pour qui apprend ou enseigne la géographie, pour qui veut connaître une région et y voyager utilement; de renseignements pour quiconque, commerçant ou simple curieux, y cherchera et y trouvera ce qu'il cherche souvent et ne trouve pas toujours sur des cartes trop petites et insuffisantes, ou trop vastes et dispendieuses. On peut se faire une idée de ce qu'elle peut contenir sans surcharge et des avantages qu'elle présentera dans la pratique, quand on saura que, par exemple, la France y sera représentée linéairement dans la proportion de 3 à 2 par rapport à la carte de France de l'atlas Schrader, Prudent et Anthoine, ou du *Stierler's Hand-Atlas*, et superficiellement de 9 à 4. Et cependant si la division des cartes par 5° de Penck était adoptée, il ne faudra pas plus de 7 feuilles pour la France; 9 seulement si l'on admet la division par zone de 3° sur 5° (dans ces latitudes), format plus pratique, comme on le verra plus loin.

La Suisse y sera à peu près la même que dans le *Stierler's Hand-Atlas*, où elle est à l'échelle de 1/925.000ᵉ au lieu de

1/1.000.000ᵉ (superficiellement dans le rapport de 850 à 1.000).

« En résumé, ajoute de son côté et en terminant M. Auerbach, cette carte, exécutée avec la perfection technique et la probité qu'impose une entreprise de si haute portée, non seulement servira la cause de la science, mais encore celle de la paix et du progrès. A la science, qui étudie la distribution des phénomènes et des êtres sur le globe, elle fournira un cadre aux contours précis et peut-être immuables, où se fixeront à leur place les types et les individus géographiques; à la paix, elle apportera un gage qui sera la communion de tous les peuples dans cette œuvre d'intérêt universel : — grâce à cette collaboration même, les litiges territoriaux seront réglés, les conflits prévenus peut-être, et en tous cas circonscrits; au progrès, enfin, elle donnera une impulsion nouvelle, car elle racontera les efforts accomplis à la fin du xixᵉ siècle; elle dirigera, elle éclairera les efforts qui restent à tenter à l'humanité pour se rendre maîtresse de la terre qui lui est dévolue. »

Toutes ces considérations nous dispensent d'entrer en plus de détails; elles répondent suffisamment aux questions subsidiaires qui se rattachent à ce paragraphe. Si grandes difficultés que présentent l'exécution et la tenue à jour de la carte, elles ne sauraient être mises en balance avec sa grande utilité; mais l'on ne saurait trop faire pour les atténuer, sinon pour les supprimer : notre commission l'a essayé en conscience, sinon avec succès.

Il est certains points de ce paragraphe du programme dont nous n'avons pas encore parlé, parce qu'ils nous paraissent mieux en leur place dans le paragraphe suivant; tels sont l'adoption du système métrique pour les mesures de distance et des altitudes; point zéro ou point de départ des altitudes.

Ce report d'une question d'un paragraphe à l'autre, voire même la fusion de questions appartenant à plusieurs paragraphes, se présentera plus d'une fois. On ne saurait s'en étonner, tant la connexité, la solidarité même qui relie les divers éléments du problème est étroite, inévitable.

II

QUESTIONS SCIENTIFIQUES

Ce paragraphe comprend : *système de projection, méridien initial, unité de mesure* et *choix de l'échelle*.

Le choix du système de projection a une importance considérable, et l'on peut dire que l'économie de l'entreprise s'y résume tout entière. Mais ce système dépend beaucoup, à son tour, des dimensions des feuilles de la carte, en ce sens que de ces dimensions dépend elle-même l'ampleur ou la nature des déformations de la surface sphérique. D'autre part, si elles sont grandes, ces feuilles seront d'un maniement difficile ; si elles sont petites, elles seront d'un emploi plus commode, moins coûteuses d'achat, mais alors tellement nombreuses que tous ces avantages en seraient atténués par l'augmentation des frais de premier établissement, de papier et de tirage. Cependant, les cartes de faible dimension offrent cette supériorité, quel que soit le système de projection adopté, que les déformations seront moins considérables et, par conséquent, les contours comme les surfaces d'autant plus près de l'exactitude mathématique. Il y a donc là un choix judicieux à faire.

La sphère ou ellipsoïde terrestre, dont il s'agit de développer la surface, a une circonférence de 40 mètres et un diamètre moyen de 12^m735. C'est une sphère de la grandeur de celle qui a figuré à l'exposition universelle de 1889. Sur cette sphère, des sections restreintes, inférieures à 10° par exemple, paraissaient relativement plates, et les feuilles de l'atlas Schrader, Prudent et Anthoine, ou de celui de Stieler, pouvaient s'y appliquer sans déchirure, sans plissement sensible.

Cette constatation a son prix. Il en résulte, en effet, que le partage de la surface terrestre en sections ou facettes, se rapproche beaucoup plus d'un *développement* que d'une *projection* proprement dite. Et comme il ne peut y avoir identité absolue entre un segment sphérique et la surface de développement correspondante, il s'agit simplement de donner à celle-ci un tel degré d'approximation que, selon l'expression adoptée par notre commission, *cette approximation reste en deçà de la limite des erreurs de mensurations eu égard à l'échelle adoptée*, voire, surtout, en deçà des variations bien connues de la dilatation du papier suivant son degré d'hygrométrie et le sens dans lequel il a été laminé.

Tant pour la rectitude des configurations que pour la corrélation à maintenir avec les feuilles latérales, il importe que les sections de méridien soient des lignes droites, et que les courbes de développement des parallèles soient, en leur point de rencontre avec les méridiens, normales à ces derniers. Cette considération majeure a amené notre commission à écarter *a priori* la projection polyédrique, azimutale ou centrale. Dans cette projection les méridiens restent rectilignes à la vérité, mais les parallèles prennent une forme ellipsoïdale et divergente qui s'accuse davantage vers les extrémités de la carte et fait cesser tout parallélisme. Sans doute, ces déformations sont peu sensibles sur des segments n'excédant pas 5°, division proposée par Penck; mais comme ce système présente plus qu'aucun autre des écarts dans l'assemblage de plusieurs feuilles, notre commission lui préfère le système *polyconique* ou *tronconique*, qui maintient la rectitude des méridiens et le parallélisme des cercles de latitude.

Ce dernier système a été préconisé auprès de notre commission par son rapporteur même. En l'adoptant, elle a tenu à ce que la priorité en soit d'autant plus acquise à ce dernier qu'elle remonte à seize ans et plus. Il n'est que juste de rappeler ici, en effet, que, bien avant M. le professeur Penck, l'auteur de ces lignes prenait date — par une communication faite à la Société de géographie de Paris en 1878 — pour un *système de développement de la surface terrestre par zones coniques à une même échelle* (1). L'expérience des années suivantes l'amena, en 1883, à présenter, sans rien changer au fond, des perfectionnements au tracé primitif. C'est ce qui a fait l'objet d'un travail refondu, publié dans le *Bulletin de la Société de géographie de l'Est* de la même année (pages 396 et 661). Il s'agissait là, spécialement, d'un plan d'atlas universel qui ne devait guère dépasser en importance, celui de Stieler, et dont l'échelle était cinq fois plus petite que celle dont il est question aujourd'hui. La sphère y était divisée par zones coniques de 20° au lieu de 5° comme dans le projet Penck ; les déformations devaient naturellement y être plus grandes, et les calculs faits, il y a onze ans aujourd'hui, par l'auteur, les avaient réduites à leur minimum, en donnant aux sections méridiennes leur longueur réelle, et en faisant les segments représentés par chaque feuille équivalents en superficie aux segments correspondants de la sphère.

C'était la première fois, pensons-nous, qu'il s'agissait de ce procédé d'adaptation de la projection conique au développement de la surface terrestre entière ; on peut donc s'étonner que les géographes allemands ne l'aient aucunement rappelé.

M. le professeur Penck, les détracteurs comme les enthousiastes de son projet, — les uns pour les exagérer, les autres pour les atténuer — se sont très étendus sur les difficultés d'assemblage des cartes appartenant à un même fuseau sphérique, difficultés plus grandes encore quand il s'agira de grouper des cartes appartenant à des fuseaux différents, et cela en raison de ce que ce système de développement établit une différence de courbure pour un même parallèle situé à la limite de deux zones contiguës. Il n'est pas besoin de nous livrer ici à des séries de calculs — que M. Penck a

(1) Il a fait l'objet d'une communication au congrès de Lyon en 1881, dans la salle même où étaient exposés les travaux cartographiques de M. J.-V. Barbier.

faits d'ailleurs, que M. Hammer a complétés, et cela nous paraît suffire une fois pour toutes — pour démontrer qu'en adoptant la division de la surface terrestre par feuilles de 5° en longitude et en latitude, même dans les zones voisines de l'équateur, la différence de courbure d'un même parallèle commun à deux zones est absolument insensible à l'œil. La juxtaposition des feuilles d'un même fuseau, en leur méridien central, présenterait à peine un écart d'un demi-millimètre à l'extrémité de chaque carte, écart inférieur à l'extension possible du papier sous l'influence de la plus légère humidité.

L'auteur, comme ses critiques, n'ont point songé qu'en dehors de la nécessité — qui se présente assez rarement d'ailleurs, comme nous le ferons ressortir dans un instant — d'assembler deux ou quatre feuilles, le cas le plus fréquent est celui qui consiste à se rendre compte de la position respective de deux lieux, voire de mesurer la distance qui les sépare, ou de raccorder deux sections d'un même cours d'eau, d'une même voie de communication. Dans l'hypothèse même d'un écart beaucoup plus grand entre les feuilles d'un même fuseau, on peut avoir la distance de deux lieux à une approximation infinitésimale, en juxtaposant ces feuilles au méridien dont le point d'intersection avec le parallèle commun est en ligne droite avec les deux lieux dont il s'agit. Et comme, dans l'universalité des cas, on ne découpera pas les feuilles pour procéder à une juxtaposition accidentelle et passagère, mieux vaut déterminer ce point empiriquement (1), puisqu'il ne saurait jamais s'agir, à une échelle relativement si petite, d'une mensuration comportant la rigueur d'une opération géodésique.

(1) Du premier lieu A, situé sur la zone supérieure, mener une ligne parallèle au méridien du second lieu B, situé sur la zone inférieure ; partager la distance qui sépare le point d'intersection de cette ligne avec le parallèle commun, du point d'intersection du méridien du lieu B avec ce même parallèle commun, en proportion des distances des deux lieux A et B audit parallèle commun : le point qui en résulte peut être, dans la pratique, considéré comme situé sur l'arc du grand cercle sur lequel se trouvent A et B.

Il est bon d'ouvrir ici une parenthèse pour signaler la disposition proposée par M. Hammer. Celui-ci, se basant précisément sur la très faible différence de courbure des parallèles communs à deux zones, développe ce parallèle dans l'une et l'autre zone contiguës, en prenant pour rayon la tangente de l'angle complémentaire. La conséquence est qu'il reporte, entre les parallèles extrêmes d'une même feuille, l'écart qu'il y a, dans le système Penck, entre deux feuilles d'un même fuseau. Il lui faut, en outre, incurver en dehors, à peu près d'une même quantité, les deux méridiens extrêmes de chaque feuille et reproduire, en une certaine mesure, entre deux feuilles d'une même zone, les écarts que nous constations tout à l'heure entre les feuilles d'un même fuseau. Nous ne voyons pas trop ce que l'on gagnerait à ce système et nous voyons bien ce que l'on y perdrait : nous fermons donc la parenthèse.

On ne s'explique pas du tout, du reste, l'importance attachée par M. Lüddecke à ce détail d'assemblage des cartes, encore moins l'âpreté de sa controverse sur ce point. Déjà M. Habenicht avait fait justice des objections de son ancien collègue de l'Institut de Gotha : « Pendant 33 années d'activité comme dessinateur de cartes à l'Institut de Perthes, — dit-il — dont 20 années sous la direction de Petermann, il ne m'est pas arrivé une seule fois que quatre sections, au plus, d'une carte de l'échelle et du style du projet de Penck, aient été assemblées pour l'usage ; je me rappelle que cela est arrivé seulement dans un but d'exposition. »

L'expérience du cartographe allemand est probante ; mais nous n'avions nul besoin de la connaître pour fixer nos idées sur ce point. Alors même qu'il est indiscutable que les différences signalées plus haut ne sont point de nature à gêner un entoileur de cartes — l'extension très fantaisiste du papier mouillé lui créant bien d'autres difficultés — on aura d'autant moins le besoin et le désir de découper le cadre d'une carte et d'autant plus de facilité de passer de l'une à l'autre qu'on adoptera le moyen recommandé vivement par notre commission. Il consiste à reproduire, sur le pourtour de chaque carte, une étroite bande de toutes les cartes voisines; nous disons « étroite » pour qu'il en soit donné juste ce qu'il en faut pour aider le lecteur à se repérer, sans augmenter sensiblement le prix de revient de chaque feuille.

C'est ce qui constitue une supériorité relative aux feuilles de la carte de France de l'atlas publié chez Hachette sur celles de la carte de France de l'atlas publié à Gotha. Coupées systématiquement à la ligne de raccordement, toutes les feuilles susceptibles d'assemblage de ce dernier atlas présentent au lecteur une très grande difficulté, surtout dans les parties un peu chargées, pour se repérer de l'une à l'autre. Nous estimons indispensable qu'une bande de $0^m 01$ sur le pourtour des feuilles de la carte du monde au $1/1.000.000^e$ reproduise la partie correspondante des feuilles voisines; le lecteur aurait sous les yeux, de ce chef, une partie de 20 kilomètres de largeur commune à toutes les feuilles. Cela coûtera peut-être quelques frais supplémentaires de gravure; mais cela fait disparaître tant d'autres inconvénients et objections qu'il n'y a pas d'hésitation possible sur ce point.

Nous n'avons rien dit jusqu'ici de la construction même de la carte, c'est-à-dire de la technique de l'établissement des zones coniques, plus exactement des surfaces de troncs de cônes correspondantes à chaque zone.

Il y a, pour chaque *zone sphérique*, deux *zones coniques* correspondantes : la *zone inscrite*, qui a pour génératrice le double sinus de 2° 30' si les zones sont de 5° degrés en latitude, de 1° 30' si les zones ne sont que de 3°, comme dans le projet primitif de Penck dont nous aurons à reparler; puis la *zone circonscrite*, ou tangente, qui a pour génératrice la double tangente des mêmes angles respectifs pour chaque zone. Dans la *zone inscrite*, les sections de méridien sont plus petites que les sections correspondantes sur la sphère; les deux parallèles extrêmes sont identiques à ceux de la sphère. Dans la *zone circonscrite*, les sections de méridien sont plus grandes que sur la sphère, ainsi que les parallèles, sauf le seul parallèle moyen commun à la zone conique et à la zone sphérique. De sorte que la *zone inscrite* a une *superficie inférieure*, la *zone circonscrite* une *superficie supérieure* à celle de la zone sphérique correspondante. M. Penck, qui n'a pas hésité à choisir la *zone inscrite*, a fait des calculs d'où il résulte que la différence serait de 635 millionièmes dans la division par 5° sur 5°, de 228 millionièmes seulement dans la division par zones de 3° de latitude (1). Si faible qu'elle soit, il nous semble qu'il y a autant d'intérêt que peu de difficulté à la réduire, sinon même à la faire disparaître complètement. Entre la *zone inscrite* (avec *méridien trop petit*) et la *zone circonscrite* trop grande (avec *méridien trop grand*), il y a place pour une *zone sécante de même superficie que la zone sphérique*, avec *deux parallèles communs équidistants des deux extrêmes* et des sections de méridien n'ayant avec celles de la sphère qu'une différence infinitésimale.

De tous les problèmes soulevés par le projet du professeur Penck, celui du choix du méridien initial est, à la fois, l'un des plus importants, et des plus délicats, sinon des plus irritants. Il va de soi qu'il faudra bien se mettre d'accord une fois pour toutes sur ce point, au sujet d'un atlas universel par son contenu, par les nombreuses collaborations auxquelles il devra l'existence, et par l'universalité même de ses lecteurs.

Ainsi qu'il est rappelé dans le rapport de M. Floquet sur *l'unification internationale de l'heure*, lors du congrès de Washington en 1884, la France, par l'organe de son repré-

(1) Nous n'avons point vérifié les calculs de M. Penck, qui ne les détaille pas suffisamment pour qu'on puisse les suivre ; mais nous les croyons, *a priori*, un peu au-dessous de la vérité. Un calcul provisoire nous donne pour une feuille de 3° sur 4° à l'équateur, une différence d'environ 20 millimètres carrés de moins que la surface sphérique correspondante, soit 1/600,000ᵉ (sauf erreur). En tous cas, il n'y a pas lieu de s'y arrêter, du moment que nous proposons plus loin de calculer la zone conique de manière qu'elle ait une équivalence absolue en superficie.

sentant attitré, défendit la proposition d'un méridien neutre. Notre commission estime que, neutre ou non, ce méridien doit être aussi maritime que possible. Il y aurait un avantage incontestable, en effet, sinon à supprimer complètement la notation de longitude E. ou de longitude O., qui d'ailleurs ne correspond à rien dans la nature, à tout le moins à faire en sorte qu'un même continent soit, autant que possible, tout entier à l'E. ou tout entier à l'O. du méridien initial. L'idée d'établir l'observatoire initial en un point continental quelconque, sous prétexte d'en assurer la stabilité et d'en faire le point de convergence de toutes les observations, n'a aucune valeur scientifique, tous les observatoires nationaux, dûment repérés, pouvant conserver leur autonomie et leur indépendance. S'ils devaient être exposés à les perdre, ce serait justement dans le cas où cet observatoire continental appartiendrait à une puissance capable d'une absorption telle que toute émulation, tout contrôle et, partant, tous progrès journaliers dans les sciences géographiques et connexes en seraient gravement compromis. Point n'est besoin d'ailleurs d'établir un observatoire initial : c'est l'ensemble des distances du méridien initial aux grands observatoires du globe qui définira rigoureusement ce méridien.

D'ailleurs, notre commission estime que la France ne saurait, par un sentiment de patriotisme qui ne lui paraît pas de mise ici, se tenir à l'écart du concert à peu près unanime aujourd'hui des autres pays, et vraiment, si nous devions rester les seuls à nous refuser à accepter le méridien de Greenwich, il faudrait renoncer à tout jamais à participer aux grands travaux de météorologie nautique — pour ne parler que de ceux-là — et à contribuer aux grands progrès géographiques dont la carte au 1/1.000.000° n'est probablement que l'introduction.

Mais entendons bien que cela n'exclut pas le méridien maritime; cela implique seulement que ce méridien pourrait être placé au milieu d'un océan à un multiple exact de 5° à l'O. de

Greenwich, car c'est par secteur, de 5° en 5° à compter de Greenwich, que sont centralisées les observations nautiques des marines européennes autres que la France, et de la marine des Etats-Unis. On a beaucoup recommandé le méridien du détroit de Béring ; mais il sera inapplicable tant qu'on n'adoptera pas la notation des degrés 0° jusqu'à 360° en supprimant les expressions conventionnelles de longitude orientale et de longitude occidentale. Son prolongement coupe en effet l'Europe en deux. Du reste, pour correspondre à un multiple de 5° à l'O. de Greenwich, il faudrait le reporter sur le continent asiatitique, à une petite distance en deçà du cap Oriental.

Reste le méridien atlantique. Le plus convenable paraît être le 25° à l'O. de Greenwich, lequel effleure les Açores et l'Irlande à l'O., et ne coupe qu'une partie du Groënland. Son prolongement coupe, d'autre part, l'extrémité occidentale de la Sibérie et, passant par le détroit d'Amphitrite, vers l'extrémité orientale des Kouriles, il traverse le Pacifique, partage en deux l'île de Bougainville et laisse l'Australie à l'O., la Nouvelle-Calédonie et la Nouvelle-Zélande à l'E.

Dans son même rapport, M. Floquet a fait ressortir que les Anglais, si jaloux de la préférence en faveur de leur méridien, ne se soucient guère de réaliser l'unité chez eux-mêmes : l'Irlande se règle sur l'heure du Dublin. Bien plus, tous les vœux et toutes les incitations les plus pressantes des congrès, la promesse même de leurs délégués en faveur de l'adoption du système métrique par la Grande-Bretagne, sont restés lettre morte. Et tandis que tous les pays européens qui ont consenti à l'adoption du méridien de Greenwich se sont empressés de tenir leurs engagements, les Anglais, sous des prétextes dérisoires, pitoyables, se sont dérobés quand il s'est agi de mettre les leurs à exécution.

Dans ces conditions, notre commission est d'avis que la France adhère au projet Penck ; mais elle n'accepte, à titre transactionnel, un méridien maritime dérivé d'un multiple de

5° à l'O. de celui de Greewich qu'après avoir reçu l'assurance formelle que, sur toutes les feuilles de la carte et particulièrement sur celles dont l'exécution incombera à la Grande-Bretagne, les notations de distance, d'altitude et de profondeur, de même que les courbes de niveau figurant les reliefs ou les fonds seront établies suivant le système métrique décimal.

La commission aussi, sans en faire une stipulation de rigueur, souhaiterait que l'on figurât, dans toutes les cartes du monde, la notation d'après le méridien de Paris sur le cadre même de chacune d'elles, et que, dans toutes celles afférentes à la France et à toutes ses colonies (protectorat, zones d'influence, etc.), on traçât les méridiens d'après celui de Paris en une couleur spéciale, — de préférence en une des couleurs qui entreront dans le tirage, — et en tant que l'harmonie générale n'aurait pas à en souffrir.

La commission a complètement réservé une question connexe à celle-là, dont le programme d'études ne fait pas mention : nous voulons parler de la division décimale appliquée à la circonférence terrestre. Elle a approuvé d'ailleurs les conclusions du rapport de M. Floquet sur la division décimale du temps (voir *Bulletin de la Société de géographie de l'Est*, 1er et 2e trimestres 1894, p. 109) et ne peut que les rappeler ici. En l'état actuel, la division en 360° paraît devoir, bien longtemps encore, servir de canevas à toutes les publications géographiques d'un caractère essentiel d'universalité.

Nous avons rattaché à ce paragraphe du programme la fixations du *point zéro* ou point de départ des cotes d'altitude et de profondeur. La commission a été d'avis que le zéro de Marseille, établi à la suite du nivellement de M. l'ingénieur Lallemand, paraissant être admis aujourd'hui par tous les étrangers, doit être adopté de préférence. Toutefois, elle émet le vœu qu'étant données les conditions précaires dans lesquelles ce zéro est installé, il soit relié à d'autres points situés à proximité et présentant toute la stabilité requise. On sait que le zéro d'Amsterdam est mis à l'abri des plus hautes marées.

La dernière partie du second paragraphe du programme est ainsi conçue : *Choix de l'échelle ; échelle unique ou variable.*

Nous n'avions pas bien compris, tout d'abord, la dernière partie de cet énoncé. Du moment que l'on avait à étudier les conditions d'exécution d'une *carte de la terre au* 1/1.000.000^e, il nous paraissait y avoir là une certaine contradiction. MM. Maunoir et le général Derrécagaix, consultés, nous expliquèrent, que, en raison des critiques de M. Lüddecke sur l'inutilité, à son avis, de donner à la même échelle que toutes les autres cartes celles des régions les moins connues, on avait jugé bon de poser la question aux sociétés.

Malgré notre propos délibéré de nous tenir à l'écart de la polémique engagée au delà du Rhin, il nous fallait, bon gré mal gré, discuter sur ce point les critiques du géographe de Gotha.

Notre commission a été unanime pour conserver l'unité absolue d'échelle. Admettre, en effet, la variété d'échelle, c'est remettre en question le projet tout entier. Sans doute, c'est bien à quoi tend M. Lüddecke et nous savons quel acharnement il y apporte. Mais la considération que nous avons fait valoir au premier paragraphe, celle aussi concernant la notion toujours imparfaite que nous avons — même les gens du métier et M. Lüddecke comme les autres — des étendues figurées à diverses échelles et de l'état de nos connaissances sur des pays représentés en des cadres disparates; les difficultés, pour ne pas dire les impossibilités, qui s'opposent au rapprochement de cartes construites à des échelles et, forcément, avec des systèmes de projection différents; toutes ces considérations ont été absolument décisives aux yeux de notre commission, pour demander le maintien intégral de l'échelle du 1/1.000.000^e, même — encore un peu nous dirions surtout — pour les cartes des océans. Sans doute il n'y aura que peu de chose sur ces cartes : en tous cas, il ne s'en trouvera aucune de blanche, car il n'existe aucun espace des mers de

5° carrés où la géographie maritime, l'océanographie, la météorologie nautique n'aient quelques indications à porter. Sans doute aussi, pour le grand nombre, ces indications seront réduites à quelques points de repère ; mais ces points de repère constituent les jalons sur lesquels viendront se greffer peu à peu les observations quotidiennes de nos marins. Ces feuilles quasi blanches seront les pages à remplir du grand livre de la nature ; elles seront dispersées sur les navires de toutes les nations, qui y consigneront, *dans un même formulaire*, le résultat de leurs sondages, de leurs recherches océanographiques, leurs relevés sur les courants marins et aériens, les phénomènes incessants de la météorologie.

Il en va de même, *a fortiori*, des feuilles quasi blanches de certaines parties des continents; cependant M. de Lannoy de Bissy — dont M. Penck invoque l'exemple et l'autorité, tandis que le géographe de Gotha n'en paraît faire qu'un cas très secondaire — M. de Lannoy de Bissy, disons-nous, a démontré qu'une carte d'Afrique au 1/2.000.000ᵉ est devenue insuffisante, tant sont serrés, par endroits, les itinéraires des voyageurs et les points relevés par eux. Est-ce que justement tous ces itinéraires, ramenés à une échelle unique et suffisante pour guider ceux qui les utiliseront, ne présenteront pas un avantage sérieux, positif, aux voyageurs et aux colons de tous pays ?

III

QUESTIONS CARTOGRAPHIQUES

Ce paragraphe comprend : 1° *Nombre et divisions des feuilles* ; 2° *Contenu des feuilles* ; 3° *Orthographe des noms* ; 4° *Lettres de la carte* ; 5° *Rédaction du plan de construction de la carte* avec toute la question subsidiaire. De ce thème, les parties 1° et 5° au moins sont étroitement connexes et seront naturellement traitées ensemble, le nombre et la division des feuilles se rattachant au plan de la carte.

De quelle étendue seront les zones et les cartes qui la composeront? Notre commission prenant pour type le plus pratique, le format des deux atlas français et allemand précités, — qui est aussi celui de la carte du ministère de l'intérieur — s'était primitivement arrêtée à la division par zones de 3° en latitude avec sectionnement et par feuilles, de 4° en longitude à l'équateur, sauf dans les zones qui s'en éloignent, à prendre successivement 5°, 6°, 10° (c'est-à-dire des diviseurs exacts de 360°) en largeur, à mesure que le rapprochement des longitudes permettait d'englober un plus grand nombre de degrés dans le cadre des cartes de la zone équatoriale. Cela avait pour inconvénient de ne pouvoir faire correspondre les cartes d'un même fuseau, encore qu'un point de repère apparent correspondant aux méridiens extrêmes des feuilles voisines suffise pour pallier la difficulté, justice était faite, d'ailleurs, de la prétendue nécessité de grouper symétriquement des feuilles ensemble. Par contre, cela avait pour avantage *de donner des feuilles plus également remplies* et de diminuer le nombre des feuilles qu'entraînait un sectionnement par zones de 3°. Bien plus, avec ce format, les déformations ou écarts, — peu importants, comme nous l'avons vu, par la division en zones de 5° — disparaissent ici absolument. Enfin, dans l'hypothèse, sinon dans la conviction que la carte sera tirée en plusieurs couleurs, il y a nécessité absolue, *en vue de la précision des repérages des diverses planches*, de faire les feuilles du plus petit format possible.

Ces considérations, qui paraissent décisives pour les feuilles continentales, étaient-elles applicables aux feuilles océaniques ? Il s'agit moins ici d'avoir une carte d'un format pratique, maniable, portative, peu dispendieuse relativement, que de confectionner un instrument s'adaptant à des besoins et à des travaux spéciaux, pouvant atteindre sans difficulté le format de nos cartes marines, et qui, naturellement, tiré en très petit nombre de couleurs, ne présente pas, comme les feuilles continentales, les mêmes aléas de repérage. Et si un autre format s'impose, celui de 5° sur 5° en particulier, ce n'est point pour les raisons, assez peu décisives à notre avis, qu'en a données M. Penck.

Celui-ci, en effet, pour expliquer son évolution — car il avait, lui aussi, au début, préconisé la division par feuille de 3° en latitude sur 5° degrés en longitude — dit ceci : « Si l'on adopte les zones de 3° de hauteur sur 4° de largeur, les feuilles atteindront, dans les latitudes moyenne, le format du folio (ceci résulte de ce que, dans son projet, M. Penck maintient la juxtaposition des feuilles dans le sens des fuseaux et se contente de prendre des sections de 10° et de 20° à partir de 60° et de 80° N. et S.) : elles seraient donc trop petites comme cartes générales. Si, par contre, on choisit comme hauteur de la zone et comme largeur de la colonne (fuseau) 5°, on obtient aussi, pour les latitudes moyennes, des feuilles qui ne sont pas trop petites et qui correspondraient, quant au format, à la carte de l'Europe centrale de l'Institut militaire de Vienne et à celle, en feuilles d'un degré, de l'Amérique du Nord. Il faut ajouter que la division de la carte en trapèzes de 5° degrés permet un groupement qui donnera de bonnes vues d'ensemble, qu'elle s'adapte facilement au système décimal(?) ; qu'en outre elle réduit considérablement le nombre des feuilles en comparaison de la division en zones de 3° (sur 4°). Ces considérations ont engagé l'auteur a recommander, à Berne déjà, en opposition avec son premier projet, l'adoption de ce trapèze de 5° degré. »

Eh bien, nonobstant ces « considérations », la première idée de M. Penck était la bonne, d'autant plus que les feuilles océaniques n'entrent pas dans son projet. *La division par 5° s'adapte facilement*, selon lui, *au système décimal*. S'il s'agissait d'établir des zones de 4° 30' selon la division par 360°, nous le comprendrions, parce que cette hauteur de 4° 30' correspondrait à celle de la zone de 5 grades. Le jour où l'on déciderait d'adopter la division de la circonférence terrestre en 400 grades, à titre transitoire, on pourrait figurer — nous souhaiterions, pour notre part, que ce fût *dès maintenant* — cette division centésimale dans le cadre des cartes. Autrement, nous avouons ne pas saisir la portée de cet argument.

Quant aux vues d'ensemble plus grandes, nous croyons sincèrement qu'une division de la terre où la Suisse tout entière tiendra dans une feuille, est déjà quelque chose. En outre, M. Penck perd de vue que les difficultés d'assemblage de plusieurs feuilles, qui ont fourni tant d'arguments à ses critiques, sont d'autant moindres que le format est plus petit. Enfin, il nous paraît lui-même s'être trop préoccupé de l'assemblage dans le sens d'un fuseau. S'il craint que le défaut de symétrie dans la disposition des cartes soit un obstacle à la vente en vue de l'assemblage, on peut lui opposer l'argument de Habenicht, à savoir : qu'on n'aura pas souvent l'occasion de le faire. Mais, en admettant qu'il y ait un besoin réel de réunir les cartes d'un même pays, la division que nous avons proposée plus haut n'exclut pas la création de cartes fragmentaires, par voie de report, des parties nécessaires pour compléter symétriquement les feuilles d'assemblage d'un même pays, ou, si l'on préfère, de diviser les feuilles, sans sortir du cadre maximum indiqué, de façon à donner satisfaction aux desiderata nationaux.

D'ailleurs, en ces matières complexes, il faut se garer des systèmes absolus. Aussi, admettant quelque tempérament dans le mode de division que nous avons préconisé — sans préoccupation d'assemblage en fuseaux, nous proposons une disposition intermédiaire qui comporte un peu d'élasticité dans le cadre, sur deux zones seulement, et qui permettra de se rapprocher, pour nombre de pays, de l'assemblage en fuseaux et par zones tout à la fois.

De 0° à 30°, 10 zones de feuilles de 4° en longitude ;
De 30° à 60°, 10 — de 5° — ;
De 60° à 69°, 3 — de 8° — ;
De 69° à 72°, 72° à 75°, 75° 78°, 78° à 81°, 81° à 84°, de 84° à 87° et de 87° à 90° une zone pour chaque, respective-

ment de 10°, 12°, 15°, 20°, 24° 40° et 90° en longitude. Or, entre le 30° et le 60° (1), sont compris la Méditerranée, tous les pays de l'Europe méridionale, tous ceux de l'Europe orientale et centrale et les Etats-Unis : voilà les pays où il nous semble que, s'il y a des chances de vendre des feuilles en vue d'assemblages par Etats, c'est dans ceux-là qu'on les trouvera. En ce qui concerne la France, ses grandes colonies africaines, l'Algérie et la Tunisie, font partie de cet ensemble ; le Maroc lui-même y est presque compris en entier.

Donc, en sa partie essentielle, — *mais par zones de 3°* — ce plan respecte le projet Penck ; il en a tous les avantages, sauf celui du nombre de feuilles qui est plus grand (nous verrons tout à l'heure dans quelles limites), et les feuilles restent établies dans les conditions que nous avons exposées plus haut.

Mais, encore une fois, il ne s'agit ici — comme dans le projet Penck — que de cartes continentales, y compris, bien entendu, les mers intérieures. Dans la division par 5° en tous sens, sauf à doubler le nombre des méridiens à partir de 60°, comme le fait le géographe viennois, il arrive à un total de 880 feuilles ; mettons 900 en chiffres ronds. Si toutes les feuilles de notre plan, par 3° sur 4° à l'équateur, suivaient la même gradation, c'est-à-dire n'augmentaient le nombre de degrés de longitude qu'à partir de 60°, il nous faudrait environ 1.875 feuilles, le rapport des superficies étant de 12 à 25. Mais comme nous diminuons le nombre des feuilles à mesure que celui des longitudes augmente dans chacune d'elles — comme nous venons de l'expliquer sans nous livrer à un calcul de détail comme l'a fait M. Penck —, nous pouvons, par une évaluation approximative, faire suffisamment ressortir les avantages de notre répartition.

Si nous devions couvrir toute la sphère avec nos feuilles de

---

(1) Du 30° au 33°, les feuilles auront exceptionnellement $0^m,480$ au lieu de $0^m,445$ de largeur.

3° sur 4° à l'équateur, et d'après l'accroissement susindiqué, il faudrait environ 3,800 feuilles (exactement 3,782) contre 2,000, (exactement 2,006), d'après la répartition de Penck. Dans cette proportion et si l'on tient compte que nous aurons, avec des zones de 3°, moins de place perdue qu'avec des zones de 5°, les 1,875 feuilles de tout à l'heure sont ramenées à 1,600 environ. Eu égard aux avantages que nous avons signalés plus haut en faveur de notre répartition, nous croyons qu'il y a pas à hésiter à l'adopter pour les continents.

Et les feuilles océaniques? — Les feuilles océaniques doivent être faites par zones de 5° de latitude, sectionnées par 5°, par 10° et 20°, etc., de longitude, à partir de 60° latitude, — comme Penck l'a dit pour les autres feuilles — non point pour les raisons qu'il a données, puisqu'il ne se préoccupait pas des océans; mais — nous le répétons — parce que tous les travaux océanographiques, toutes les observations de la météorologie nautique : en un mot, tous les documents concernant l'hydrographie et la climatologie des océans sont en majeure partie centralisés dans des secteurs de 5° en 5°.

Mais alors, comment concilier les deux systèmes? On aura donc deux formats pour l'atlas de la terre? Comment se rapporteront entre elles les zones littorales?

Nous n'imaginons pas que jamais on ait la fantaisie de faire relier en un seul volume les 2,006 feuilles qu'il faudrait pour couvrir le monde suivant le système Penck, ni même les 880 feuilles qu'il lui faut pour les continents. D'ailleurs les cartes marines répondent à d'autres besoins, sont destinées à d'autres travaux et, vraisemblablement, à une autre clientèle. En tous cas, dans l'hypothèse même où l'on voudrait faire un atlas des 1,600 feuilles continentales suivant notre système et des 1,300 feuilles océaniques suivant le système Penck, il n'y a nul inconvénient à ce que celui-ci soit un peu plus grand que celui-là.

Nous disons 1,300 feuilles, au lieu de 1,120 environ d'après le calcul Penck, parce que l'on sera dans l'obligation de reproduire, sur les feuilles océaniques littorales, la bordure terrestre qui y confine, soit que l'on procède à la reproduction de ces parties par voie de report, soit que l'on se contente de dessiner les contours de la côte en couvrant la partie terrestre d'une grisaille, comme dans les cartes marines. La dépense pour les feuilles océaniques sera si faible par rapport à celles des feuilles continentales, qu'il n'y pas lieu de s'arrêter à cet obstacle.

Sous la réserve de donner plus tard, en temps opportun, quand nos grandes lignes seront adoptées — si elles doivent l'être —, un travail de répartition par le menu de toutes les feuilles de cette vaste carte, nous voulons citer un exemple. Supposons admis, comme méridien initial, le 25° (méridien atlantique) ou le 170° (méridien du pacifique, cap Oriental) à l'O. de Greenwich. Le 10° à l'O. de Greenwich sera devenu le 15° à l'E. du méridien atlantique ou le 160° en longitude (notation de la division du cercle en 360°); mais peu importe. A ce 15° E. du méridien atlantique viennent aboutir les feuilles océaniques du fuseau de 10° à 15° et les feuilles continentales s'étendant du 30° au 60° (Maroc, Espagne, France, Grande-Bretagne), les premières aboutissant successivement au 35°, 40°, 45°, 50°, 55° et 60° latitude; les secondes, aux 33°, 36°, 39°, 42°, 45°, 48°, 51°, 54°, 57° et 60°, avec concordance absolue au 45°. Notez que, dans ces zones du 30° au 60°, les feuilles continentales sont également par fuseaux de 5° de longitude. Là, il suffira de faire *4 feuilles océaniques supplémentaires de 5° de latitude,* pour le golfe de Gascogne et la mer du Nord, avec le profil et la partie continentale simplement teintée en grisaille des régions littorales du N. de l'Espagne, de l'extrémité O. de la France et des parties de la Grande-Bretagne (on en couvrirait la totalité avec une feuille de plus). Cela est très facile, peu coûteux par voie de report : quiconque est du métier le reconnaîtra sans peine.

De toutes façons, on se trouve en présence d'un très grand nombre de feuilles, et M. Lüddecke a fait une objection redoutable — l'une des plus sérieuses de son attaque virulente au projet Penck — sur la difficulté que présente et sur la dépense qu'entraînera la tenue à jour, en temps utile, d'un si formidable contingent. Seulement, notre critique a indiqué — sans le vouloir probablement — le moyen qui se présente, à tout cartographe expérimenté, pour pallier ce double inconvénient.

Ce moyen consiste à faire deux parts dans la confection de la carte des pays encore mal et insuffisamment connus. Le cadre de la carte, tout canevas littoral, fluvial ou autre exactement relevé, doit être gravé et tiré dans la couleur afférente à sa nature. Par contre, tout ce qui est incertain, sujet à caution, non rattaché encore à un ensemble d'observations contradictoires, ferait l'objet d'une planche spéciale, simplement autographiée ou lithographiée, que l'on tirerait en demi-teinte, en gris de plomb, par exemple, suffisamment apparente pour être lisible, mais très distincte du reste, de manière que le voyageur et le géographe sauront toujours à quoi s'en tenir. Cette planche, facilement remplaçable, permettra de renouveler *rapidement* et *à peu de frais* la mise à jour. Et tandis que, pour toutes les planches représentant ce qui est désormais acquis, on peut faire le tirage d'une édition complète, on aura toute latitude de restreindre à la moitié, à un tiers des exemplaires, le tirage de la planche spéciale dont nous venons de parler, si tant est qu'il y ait réelle économie. Sans doute, l'autographie ou la lithographie ne présentent point la même rigueur d'exactitude que la gravure sur une planche d'ensemble ; mais on y suppléera facilement en indiquant en regard des points les plus importants la position en longitude et en latitude d'après les explorateurs. On n'a pas d'ailleurs à renouveler tous les jours des cartes de 350 kilomètres sur 450 environ d'étendue, et il n'est pas prouvé que les quelques cartes restées en magasin portant des indications provisoires, et sur lesquelles on ajoutera une planche de rectification, ne seront pas doublement recherchées par nombre de ceux qui s'intéressent au progrès ou à l'histoire de la géographie.

La suite du 3ᵉ paragraphe appelle la question du *contenu des feuilles* (hydrographie et figuré du terrain, éléments divers que doit contenir la carte).

Notre commission est d'avis d'indiquer *aussi bien le relief terrestre que les profondeurs sous-marines, par des courbes de niveau*, sauf à compléter l'expression du relief par un *estompage bistre* en lumière zénithale dans les régions de plaines ou plateaux ondulés, en lumière oblique dans les pays de montagnes où l'ombré, suivant l'éclairage perpendiculaire, serait une cause d'obscurité pour le texte aussi bien que pour les détails topographiques. A ce sujet, les feuilles de la carte de France au 1/200.000ᵉ du service géographique de l'armée et la carte de Suisse de Dufour sont des modèles dont il y aurait lieu de s'inspirer.

M. Lüddecke, qui critique tout dans le projet, n'a pas laissé de battre en brèche aussi se système de figuration du relief. Comme nous avons mieux à faire qu'à prendre son argumentation par le menu, nous dirons seulement qu'il ne tient pas compte de diverses choses qu'il sait sans doute aussi bien que nous :

1° Le mode de figuration du relief par courbes de niveau est le moins coûteux pour la gravure, et par conséquent le plus avantageux comme prix de revient ;

2° En cas de rectification, cas assez rare, puisque le relief ne sera exprimé par courbes qu'autant qu'il sera suffisamment bien relevé, ce mode se prête mieux aux remaniements que la hachure ;

3° Quand on ne possède pas d'éléments suffisants pour exprimer le relief en courbes hypsométriques, on n'est pas mieux outillé pour le figurer à l'aide des hachures;

4° Enfin, le simple estompé suffit là où l'on ne peut figurer le relief par courbes, dût-on donner plus de vigueur à l'expression du relief, là où il est besoin, avec quelques traits de force. Cet estompé, établi sur une planche à part, est la chose la plus facile du monde à modifier ou à remplacer dans les régions où le relief est encore vaguement connu (1).

Quelle sera l'échelle des profondeurs et des altitudes ?

Il convient de distinguer, d'autant plus que le mode de figuration sera très différent et d'une autre couleur.

Pour les profondeurs, notre commission est d'avis de les figurer, comme il est assez d'usage maintenant, par des teintes plates bleues, graduées conformément à la gamme suivante, gamme applicable au plateau continental (200 mètres de profondeur maximum) : l'intensité des teintes croîtra de 40 mètres en 40 mètres avec courbes tracées de 20 mètres en 20 mètres ; les grands fonds seront figurés par une teinte uniforme, plus foncée, avec courbes tracées de 500 mètres en 500 mètres, et notation par points, rigoureusement cotés, de tous les sondages intermédiaires.

Pour le relief du sol, notre commission estime qu'il conviendrait de tracer les courbes de niveau de 100 mètres en 100 mètres, avec trait de force à chaque courbe de 500 mètres. On pourra, dans l'un et l'autre cas, dédoubler les courbes — supprimer même les courbes intermédiaires —, quand le relief étant très accusé, elles seraient trop rapprochées et produiraient des empâtements. Ce procédé de dédoublement est bien connu des cartographes et ne nuit en rien à la fidélité du rendu.

La multiplicité des besoins auxquels une telle carte est appelée à répondre implique — alors même que la facilité de lecture ne l'imposerait pas — la nécessité d'établir la carte en plusieurs couleurs, partant, en plusieurs tirages. La carte de 200.000ᵉ du Dépôt de la guerre, qui est par courbes équidistantes de 20 mètres et ombrée au crayon, est véritablement, à cet égard, le meilleur modèle à suivre. *Ce pro-*

---

(1) Le cartographe Habenicht recommande lui-même tout particulièrement le système de figuration par courbes et estompé.

cédé n'a pas seulement des avantages de clarté et d'expression, mais encore il permettra de faire des éditions différentes de la carte sans qu'il en coûte rien, au contraire. Sur l'une, destinée aux géographes de profession, aux géophysiciens, à tous savants, praticiens ou amateurs particuliers, on ne tirerait que les planches relatives à la géographie physique ; elle serait sinon muette, du moins très sobre de texte (1). Sur l'autre, qui ne serait que la première complétée, on ajouterait la ou les planches donnant les localités, tout le reste du texte, et les indications de la géographie économique.

Notre commission, unanime pour demander cette double édition, estime : 1° que même l'édition complète ne doit pas être trop chargée de texte, et que ce texte même doit être modelé de manière à tenir le moins de place possible, à ne nuire ni à l'effet du relief, ni à la netteté des détails topographiques ; 2° qu'il y a lieu de faire une sélection judicieuse des localités et d'en limiter le choix, d'une part, en fixant un minimum de population (celui de Penck, par exemple, qui propose 3,000 habitants); d'autre part, en signalant celles qui offrent un intérêt commercial, industriel ou économique (2), ou encore qui rappellent un grand fait historique. Il convient également d'adopter des signes bien différenciés pour permettre de distinguer facilement les diverses sortes de localités et un texte approprié à leur importance.

Au sujet des autres éléments à faire figurer sur la carte, M. Auerbach exprimait ainsi la pensée de notre commission : « Nous estimons que les frontières des Etats, des provinces doivent être marquées ; car ces Etats, ces provinces, peuplés de nations ou de groupes ethniques qui se sont adaptés à leurs milieux, sont devenus des individualités géographiques au-

---

(1) Le texte de l'hydrographie peut être fait de la couleur des eaux ; celui du relief, de celle des courbes de niveau, rouge ou brun.

(2) Nous nous demandons s'il serait possible, sans surcharge, d'y faire figurer, comme le demande Penck, les bureaux de poste et de télégraphe.

tant qu'historiques. Certaines divisions administratives méritent, à coup sûr, d'être représentées. La France se conçoit-elle, se reconnaît-elle sans ses départements qui ont acquis la personnalité morale et traduisent aux yeux l'œuvre territoriale de la Révolution ? Nous ne sommes point qualifiés pour parler au nom des pays étrangers ; mais, là encore, on déformerait l'image en ne dessinant pas les traits d'une physionomie que le passé a consacrée.

Il y a lieu aussi de traiter avec soin les limites des *zones d'influence* ou *sphères d'intérêts*, quoiqu'elles oscillent étrangement ; mais un instrument cartographique paraîtra souvent plus clair et moins contestable qu'un instrument diplomatique. » Nous insisterons d'autant moins sur ce dernier argument qu'en plus d'un cas déjà on s'est trouvé dans l'obligation d'adjoindre le premier au second.

De toutes les questions soulevées par le paragraphe III, celle de l'orthographe des noms géographiques est des plus épineuses, encore que, depuis plusieurs années, elle se soit beaucoup simplifiée. Votre rapporteur sera très bref à ce propos, car, d'une part, il est d'accord avec la commission sur les points essentiels et, d'autre part, à plusieurs reprises, il a publié nombre d'études sur cette question.

Sans prendre position sur tous les points qui appellent une solution, la commission préconise l'adoption de l'orthographe officielle ou accréditée dans les pays où l'alphabet latin est usité, aussi bien pour la métropole que pour les colonies, pays de protectorat ou sphère d'influence (1) qui en relèvent, cette orthographe fût-elle incorrecte au sens étymologique ou original des mots. Pour les pays qui emploient d'autres écritures, elle préconise la transcription littérale de préférence à la transcription phonétique ; elle s'est partagée sur la

---

(1) Il est à remarquer que la plupart des pays qui n'ont point d'écriture sont enclavés dans les autres ou englobés dans les sphères d'influence.

question de l'accent tonique. Son rapporteur s'est trouvé du côté de l'affirmative, c'est-à-dire pour le maintien ou l'adoption de l'accent, bien qu'il ait démontré combien est chimérique la tentative de transcription phonétique ou toute indication insuffisante de prononciation.

Il est d'ailleurs d'accord avec M. le professeur Penck, sauf pourtant sur cette question de prononciation. Avant le géographe viennois, il a recommandé et appliqué la transcription des noms slaves du Sud à l'aide du même alphabet que les slaves du Nord. Il a recommandé jusqu'ici la transcription suivant les règles de la Société de géographie de Paris, — très rapprochées de celles de la Société de géographie de Londres — mais en les amendant sur quelques points de détail. Toutefois, il reconnaît volontiers que, dans l'exécution d'une carte à la confection de laquelle chaque pays participera, on ne saurait se passer ni de l'avis, ni de l'assentiment des pays intéressés. Laissant donc de côté des règles sur lesquelles on ne s'est point mis universellement d'accord, votre rapporteur appuie ici — certain d'être l'interprète de ses collègues — la proposition de M. Penck, de « transcrire les noms *littéralement* d'après les règles qui seront posées, soit par le pays dont il s'agit, soit après entente préalable ». C'est principalement le cas pour la Russie, la Turquie, la Grèce, l'Egypte, la Perse et la Chine. Quant au Japon, c'est aujourd'hui chose faite; il a adopté la transcription de la Société de Londres : les consonnes comme en anglais, les voyelles comme en italien. M. Penck ajoute fort justement que, pour les éditions spécialement destinées aux nationaux, au texte conventionnel peut être substitué le texte original, le texte devant faire, selon toute probabilité, l'objet d'une planche spéciale. Plus justement encore, M. de Lannoy de Bissy a fait adopter au congrès de Berne une proposition tendant à ce que les deux textes fussent simultanément portés; mais il est fort à craindre que la surcharge qui en résulterait ne soit un obstacle : pour la Grèce, par exemple, à cette échelle, cela nous paraît impossible. Ce n'en est pas moins à examiner de plus près.

Le répertoire alphabétique des noms semble l'annexe obligée de ce gigantesque atlas. M. Penck demande qu'il renferme :

1° Les noms employés sur la carte, rangés en ordre alphabétique et leurs positions géographiques ;

2° Leur prononciation ;

3° Leur orthographe originale.

Sur le premier et le troisième point, la commission est absolument d'accord, le troisième donnant la seule satisfaction possible peut-être à la proposition de M. Lannoy de Bissy. Quant au deuxième, on vient de voir quelles restrictions étroites nous faisons sur l'indication de prononciation. Il nous suffira de rappeler au savant viennois : 1° les tentatives infructueuses et l'alphabet phénoménal, fantastique, de Lepsius ; 2° les difficultés que rencontrent les mandarins annamites eux-mêmes pour s'entendre sur certains noms géographiques et l'obligation où ils se trouvent de recourir à l'écriture chinoise pour les traduire fidèlement ; 3° enfin, les divergences extrêmes, insaisissables de prononciation, voire d'appellation, de quantité de noms recueillis des indigènes eux-mêmes. Nous ajouterons qu'à se contenter d'à-peu-près, on arriverait plus sûrement au grotesque qu'à l'utile, et que le « rigoureusement phonétique » est une illusion que ne partage aucun orientaliste.

Nous n'avons rien à dire sur les notices qui doivent accompagner les cartes ; leur utilité dépend de ce que l'on entend y mettre. En tous cas, elles ne paraissent pas pouvoir trouver place sur les feuilles mêmes. Du moment qu'elles feront l'objet d'un imprimé à part, elles peuvent n'être utiles — surtout si elles ne contiennent que l'indication des sources et des renseignements sur l'établissement de la carte — qu'à une certaine catégorie de personnes ; c'est quelque chose en dehors de la carte et qui ne s'y rattache que très indirectement.

IV

QUESTION COMMERCIALE

Reste la question commerciale. — Sur ce point notre commission s'est réservée; non qu'elle y soit indifférente ou qu'elle se croie incompétente; mais, plus encore que certaines parties du programme, celle-ci dépend tellement de la solution des propositions précédentes, qu'elle ne croit pas avoir assez d'éléments d'appréciation. Elle a, d'ailleurs, laissé à son rapporteur le soin de l'examiner sans présenter de solution de nature à engager sa responsabilité collective. Elle se borne actuellement à exprimer un vœu formel, que voici :

« Il y aura un instrument diplomatique stipulant que toutes les feuilles de la carte pourront toujours être mises à la disposition de tout acheteur, à un prix déterminé. »

Le libellé de ce vœu dispense d'un long commentaire : il ne faut pas, en effet, que quand un acheteur ou libraire de France demandera une carte anglaise ou allemande, par exemple, il lui soit répondu, à tort ou à raison, par une fin de non-recevoir. Il importe d'assurer l'existence d'un stock déterminé.

Usant de la faculté qui lui est laissée, votre rapporteur croit bon, sans entrer dans des calculs dont l'exactitude serait des plus contestables, de jeter un coup d'œil sur les probabilités de dépenses d'exécution, d'après les *desiderata* de la commission. M. Penck fait lui-même des évaluations, restreintes naturellement aux feuilles continentales, d'après son plan.

Le vœu de notre commission au sujet de l'exécution des cartes océaniques modifie — pas autant peut-être qu'on peut se le figurer à première vue — la dépense de premier établissement et de tirage. La surface de la terre au $1/1.000.000^e$, c'est-à-dire celle d'une sphère de 40 mètres de tour et de $12^m,735$ de diamètre (moyen), est de près de 510 mètres carrés, sur lesquels, suivant les calculs de Penck, les feuilles continentales couvrent environ 191 mètres carrés. Mettons 200 mètres carrés, en raison de l'étroite bande de repérage que ces feuilles continentales seules nécessitent. Cela posé, Penck évalue à un maximum de 2 fr. 50 le centimètre carré, le dessin, la gravure, et l'impression de 1,000 exemplaires, et le chiffre de 4.800.000 fr. auquel il arrive, atteint suivant notre programme 5.000.000 de francs (1).

Toutefois, il n'hésite pas à tenir son évaluation pour très élevée, trop élevée peut-être. Elle nous le paraît d'autant plus, qu'il raisonne — autant que nous avons pu le comprendre — *d'après la figuration du relief en hachures*, et il saute aux yeux que les courbes de niveau avec l'estompage, dans les parties suffisamment connues, et l'estompage seul dans les parties qui le sont moins, doivent considérablement réduire cette première estimation. Si l'on songe qu'il n'y a guère qu'un quart des feuilles qui soient dans le premier cas (courbes de niveau avec estompage), contre 3/4 dans le second (estompage seul, avec ou sans trait de force), on est amené à croire *qu'on réalisera peut-être, de ce chef, le coût de la gravure des cartes des mers*. Les plus remplies de celles-ci ne seront, en somme, qu'un enfantillage, et *un cent ne coûtera probablement pas, pour le dessin et la gravure, le prix d'une carte continentale de la première série*.

A ce propos, et pour ce qui est notamment des feuilles continentales où il y a beaucoup de blancs, votre rapporteur se demande — contrairement à l'avis de M. Habenicht et de la plupart des critiques de M. Penck, peut-être même à celui de M. Penck — *si ce n'est pas précisément par celles-là qu'il faudrait commencer* l'exécution de la carte du monde, afin de mettre au plus vite nos voyageurs et nos colons, aussi bien que nos marins et nos hydrographes, en possession de

---

(1) Qu'est-ce que cela, quand même on n'en retirerait rien, près du nombre d'Etats qui auraient à participer à la dépense ?

l'instrument de travail qui leur est nécessaire. Au moins, pendant la période — la plus longue de toutes peut-être — consacrée à l'établissement des cartes continentales les plus chargées, ils auront le loisir de remplir une partie des régions blanches, à tout le moins de donner à tous les points encore douteux qui émaillent ces cartes la précision qui leur manque. On ne ferait qu'une édition restreinte de ces feuilles, avec les parties douteuses indiquées comme il est dit plus haut.

Il serait bon de connaître la répartition des feuilles continentales pour chaque pays intéressé. M. Penck a fait un calcul à ce propos, suivant son dernier système de 5° en 5°. Mais ce calcul ne dit rien sur la superficie réelle que chaque Etat aura à couvrir, et il ne peut servir de base d'appréciation pour la dépense incombant à chacun d'eux. Une fois de plus, *nous nous réservons de donner en temps opportun la répartition de ces feuilles sur les bases indiquées par nous, ainsi que celle des feuilles océaniques.*

Mais comment répartir ces dernières entre les divers Etats ? L'équité voudrait qu'elles fussent partagées en proportion du produit de la quantité de feuilles continentales incombant à chaque Etat par le tonnage de sa marine marchande. Toutefois, cela diviserait en parties trop infimes un ensemble où l'unité semble le plus de rigueur. On peut donc se demander si, en raison même de la faible dépense relative occasionnée par l'établissement et le tirage de ces feuilles, les grandes puissances maritimes seules n'auraient pas intérêt à se partager les cartes océaniques par grandes sections, les autres Etats pouvant se procurer ces feuilles à un prix modérément rémunérateur, uniforme et facile à établir.

Le prix de revient des cartes continentales ne saurait guère être calculé tant que l'on n'aura pas arrêté le mode de division, le nombre des feuilles et celui des couleurs ; tant que, non plus, on n'aura pas fait, sur le thème indiqué, quelques feuilles d'essai, dans chaque pays, sur divers types : pays de montagnes, pays de plaines, régions populeuses et régions peu habitées, bien connues et mal connues. C'est une expérience qui coûterait à chaque Etat quelques billets de 1,000 fr., mais sur ces types on pourrait faire des calculs, en dehors desquels on est condamné à des évaluations très aléatoires.

Il n'est pas même indispensable que les Etats interviennent autrement que par l'organisation de concours entre les cartographes et les éditeurs, par la rédaction d'un cahier des charges, en prenant toutes mesures ou garanties pour en assurer l'exécution. Un arrangement comme celui qui préside à l'édition de la carte de France du ministère de l'intérieur serait peut-être ce qu'il y aurait encore de plus pratique. C'est à voir ; mais les moyens ne manquent pas pour assurer la bonne exécution de la carte, et cela dans des conditions avantageuses pour le public, sinon rémunératrices, du moins peu onéreuses, au début, pour les Etats intéressés. Le prix de vente et l'importance du tirage dépendent naturellement de ces prémisses, et les appréciations que l'on pourrait faire dès maintenant seraient prématurées.

Au surplus, pour réduire les aléas à leur minimum, étant donnée l'immense variété des besoins auxquels la carte du monde doit répondre, ne serait-il pas logique et simple aussi d'établir des catégories dans le sens que voici, par exemple : les feuilles océaniques, 0 fr. 50 c. ou 0 fr. 75 c. ; feuilles continentales (1) dans lesquelles le relief est simplement estompé, 1 fr. ou 1 fr. 25 c. ; feuilles de plaine assez fournies de texte, 1 fr. 50 c. ou 1 fr. 75 c. ; feuilles de plateaux montueux, 2 fr. ou 2 fr. 25 c. ; feuilles de montagnes, 2 fr. 50 c. ou 2 fr. 75 c. Une fois la répartition des feuilles établie, l'un des prochains congrès internationaux arrêterait le classement des feuilles dans les diverses catégories, et indiquerait le tant pour cent de réduction pour les feuilles qui ne contiendraient que la géographie physique.

(1) Il s'agit de notre projet et non de celui de Penck.

Dans ces conditions de prix, on éviterait probablement la nécessité de publier, comme notre commission le demande, — surtout si le projet de division Penck est adopté — des sections de chacune des feuilles.

Quant à la tenue à jour des cartes, nous en avons dit assez à l'article cartographique pour n'avoir plus à nous en occuper ici. *L'essentiel est que la date de la mise à jour figure sur toutes les feuilles.*

CONCLUSIONS

Après ce très long exposé, il ne nous reste qu'à résumer les *desiderata* de notre commission.

1° *Approbation du projet de carte du monde à l'échelle uniforme et invariable du* 1/1.000.000°, *son utilité étant absolument reconnue, tant au point de vue français qu'au point de vue international;*

2° *Engagement formel de toutes les puissances d'appliquer le système métrique sur les feuilles dont l'exécution leur incombera, tant pour les distances planimétriques que pour les cotes d'altitude, l'équidistance des courbes de niveau et les profondeurs;*

3° *Adoption d'un méridien initial océanique dans les conditions indiquées à la page 23 du présent rapport. Concession concernant le repérage de ce méridien à un multiple de 5° à l'O. de Greenwich, à la condition expresse que toutes les puissances, notamment la Grande-Bretagne, prendront l'engagement stipulé à l'article 2;*

4° *Adoption de la projection polyconique ou tronconique préconisée déjà, dès 1878, par M. J.-V. Barbier, en divisant la sphère suivant le système Penck pour les feuilles océaniques, suivant le système de la commission pour les feuilles continentales, en tenant compte des dispositions transactionnelles indiquées au cours du présent rapport. Dans tous les cas, les feuilles seront limitées par des méridiens et des parallèles et divisées en degrés et demi-degrés, le tracé respectif de ceux-ci établi de façon que la surface du secteur conique qu'elles représentent soit équivalente à celle du secteur sphérique correspondant. Elles reproduiront, sur une bande d'un centimètre et sur leur pourtour, les parties correspondantes des cartes voisines;*

5° Adoption du zéro de Marseille comme point de départ des altitudes et des cotes bathymétriques, avec vœu exprès qu'il soit procédé au rattachement de ce zéro à des repères qui en assurent la fixité;

6° Indication du relief terrestre par courbes de niveau de 100 mètres en 100 mètres, avec trait de force tous les 500 mètres, sauf à les dédoubler dans les parties où elles risquent de se superposer; addition d'un estompage bistre dans les conditions expliquées dans le présent rapport. Indications des profondeurs par teintes graduées de 40 mètres en 40 mètres, pour le plateau continental, avec courbes de 20 mètres en 20 mètres; teinte plus foncée pour les autres parties de la mer, avec courbes de 500 mètres en 500 mètres; indication de tous les points de sondage, avec cote placée en regard;

7° Etablissement de deux éditions en cartes physiques et cartes complètes. Celles-ci porteront toutes les indications stipulées au présent rapport, les lignes télégraphiques sous-marines et les lignes de grande navigation étant implicitement comprises dans les voies de communication;

8° Maintien de l'orthographe officielle ou accréditée des noms de lieux de tous les pays employant l'alphabet latin, modifié ou non par des accents ou signes diacritiques; transcription littérale des autres à l'aide de cet alphabet suivant les adaptations qu'une même origine indique (1), *et suivant un mode établi par les Etats intéressés ou d'un commun accord avec eux;*

---

(1) Pays slaves par exemple. C'est fait déjà pour la Serbie, la Bosnie et l'Herzégovine.

9° *Rédaction facultative des notices ; établissement d'un répertoire alphabétique, avec adjonction, lorsqu'il y a lieu, de l'orthographe nationale. Indication de la prononciation absolument restreinte aux cas où cette indication est suffisamment exacte pour éviter toute équivoque. Si l'on croit devoir la tenter ailleurs, la transcription devra être suivie d'un point d'interrogation spécifiant qu'elle n'est qu'approximative ;*

10° *En tant que le prix des feuilles serait suffisamment élevé pour qu'il y ait intérêt pour l'acheteur à demander des fragments des feuilles continentales obtenus par voie de report, — notamment en cas d'adoption du projet Penck pour ces feuilles — décider qu'il sera fait des fragments homologues par moitié, quart ou autre division pratique. Rédaction d'un instrument diplomatique stipulant que toutes les planches pourront être toujours mises à la disposition de tout acheteur à un prix donné établi par série. Le même instrument stipulera le type de papier et d'impression qui devra servir à l'édition des cartes, ainsi que la création de gabarits métalliques pour le tracé d'ensemble des parallèles et méridiens de chaque zone, gabarits dont le dessin pourrait être confié à la commission internationale actuellement nommée, et l'exécution placée sous sa surveillance.*

Pour tous les *desiderata* subsidiaires, nous ne pouvons que renvoyer à notre rapport même.

Nous voici à la fin de notre tâche.

En terminant, nous remercions la Société de géographie de Paris de nous avoir conviés à collaborer à l'étude — nous voudrions pouvoir dire au succès — de cette entreprise, dont l'honneur reviendra au savant professeur viennois. Elle a donné à ses jeunes sœurs, les sociétés françaises de géographie, une marque de l'estime en laquelle elle les tient, et de la solidarité qui les unit toutes dans leur marche vers le progrès.

M. Léotard, de Marseille, présente le rapport suivant sur le même sujet :

Rapport sur le projet de carte de la Terre à 1/1.000.000 présenté par MM. Louis Fabry et Jacques Léotard à la Société de géographie de Marseille, dans la séance du 5 juillet 1894, et adopté par la Société.

Les connaissances nécessaires pour étudier toutes les questions posées dans la circulaire de la Société de Paris (1) sont trop étendues pour que nous puissions répondre à tout en détail ; nous nous bornerons donc à donner un avis général sur celles de ces questions qui ont paru présenter un intérêt spécial et admettre plusieurs solutions.

Unités de mesure. — Nous commencerons par parler des unités de mesure, parce que nous voulons les prendre pour base de la division des feuilles. Il va sans dire que nous demandons l'emploi exclusif du système métrique ; on adopterait pour unité de distance le kilomètre ou le myriamètre ; les altitudes seraient comptées à partir du niveau de la mer (zéro de Marseille) et inscrites sur la carte en mètres ou en décamètres.

Pour les longitudes et latitudes, nous demandons l'emploi de la division centésimale de l'angle droit. Ce système, qui est depuis longtemps adopté par le Service géographique de l'armée, présente de grands avantages ; il simplifie l'écriture et facilite beaucoup les calculs numériques ; en outre, chaque minute centésimale en latitude ou en longitude près de l'équateur vaut un kilomètre. Quant aux objections, elles sont faciles à écarter. D'abord, on pourrait objecter que la division centésimale ne correspond pas au système des heures pour les longitudes, système qui est trop universellement répandu dans la vie civile pour qu'on puisse espérer le modi-

---

(1) Projet A. Penck, voir le *Bulletin* de la Société de géographie de Berne, 1892.

fier prochainement; mais on peut répondre que la relation entre les heures et les degrés sexagésimaux est aussi assez compliquée et qu'il suffit d'une petite table de conversion pour réduire les heures en grades (nous désignons, suivant l'usage, par grade la centième partie de l'angle droit.) On pourrait dire aussi que le système centésimal n'est pas suffisamment répandu; mais, puisqu'il présente de sérieux avantages, ce serait un important résultat obtenu par les congrès de géographie, s'ils arrivaient à le faire universellement adopter. D'ailleurs, nous proposons de tracer sur la carte les méridiens et les parallèles uniquement d'après le système centésimal, mais d'indiquer aussi en marge les divisions sexagésimales, comme cela est fait sur les cartes de l'Etat-major.

Nous croyons qu'il serait bon de compter les longitudes de 0 à 400 grades dans le sens ouest-est à partir du méridien initial.

Au point de vue français, nous souhaiterions que le méridien initial fût celui de Paris, et si l'on considère que c'est à la France qu'on doit le système des unités métriques qui tend de plus en plus à se répandre universellement et rend d'importants services à toutes les sciences et à la géographie en particulier, on trouvera peut-être que les diverses nations qui profitent de cette invention pourraient, en retour, adopter le méridien de Paris comme point de départ des longitudes. En tout cas, on publierait une courte table de réduction permettant de passer facilement de l'un à l'autre des méridiens initiaux les plus habituellement employés, ainsi que des grades centésimaux aux degrés sexagésimaux. Il serait bon aussi de publier une table de conversion des principales mesures itinéraires les unes aux autres.

Notices. — A propos de publications jointes à la carte, nous pensons qu'il faudrait se borner à un volume renfermant les tables numériques dont nous venons de parler, des statistiques diverses, des renseignements généraux, et l'indication des sources où les diverses données inscrites sur la carte ont été puisées ; cette indication serait indispensable pour savoir sur lequel degré de précision on pourrait compter dans chaque pays.

Il nous paraît inutile de rédiger des notices géographiques sur les différentes régions; de telles notices feraient double emploi avec les dictionnaires et autres ouvrages géographiques, et absorberaient un travail et une dépense qui seraient plus utilement employés à la confection de la carte.

Division et numérotage des feuilles. — La division centésimale de l'angle droit étant adoptée, nous proposerions de tracer sur le globe terrestre un réseau de méridiens espacés de dix grades en longitude, soit 1.000 kilomètres à l'équateur, et de parallèles espacés aussi de dix grades en latitude. La surface terrestre se trouverait ainsi divisée en 800 trapèzes limités par des arcs de cercle; chacun d'eux constituerait une feuille de la carte et porterait un numéro. Cette méthode est celle employée pour la carte de la France publiée par le Ministère de l'Intérieur.

A l'échelle de 1 1.000.000, les feuilles auraient ainsi un mètre carré, plus les marges, à l'équateur ; cette dimension ne nous paraît pas exagérée. A mesure qu'on s'éloigne de l'équateur, la largeur des trapèzes va en diminuant; on maintiendrait toutes les feuilles à une même dimension, en élargissant les marges.

A partir de 70 grades, la largeur des trapèzes est réduite à 45 centimètres; on pourrait donc en réunir deux sur la même feuille; dans le voisinage du pôle, de 90 à 100 grades, on obtient des triangles dont la base a 16 centimètres seulement, et on pourrait donc en réunir plusieurs.

Mais on considérerait toujours chacun des trapèzes comme portant un numéro, et près du pôle, au lieu de numéroter les feuilles de papier une à une, on inscrirait sur chacune d'elles les numéros des divers trapèzes qu'elle renfermerait.

Les feuilles ainsi formées ne seront pas exactement rectangulaires, même près de l'équateur; il n'y a pas là d'inconvénient. Si cependant on voulait que les cadres soient rectangulaires, il suffirait de faire un peu empiéter les feuilles les unes sur les autres, de façon à comprendre toujours un trapèze entier dans le rectangle formant le cadre de chaque feuille.

Pour les numéros, on pourrait se servir du procédé suivant :
On donnerait le numéro 1 à la feuille comprenant les longitudes 0 à 10 grades et les latitudes 0 + 10 grades ; marchant ensuite de l'ouest à l'est, on donnerait les numéros 2, 3, etc., jusqu'à 40, aux feuilles de la zone 0 à 10 grades de latitude boréale. On passerait ensuite à la zone 10 + 20 grades de latitude boréale ; la feuille comprise entre 0 et 10 grades de longitude porterait le numéro 41, et ainsi de suite jusqu'à 80 ; de 20 à 30 grades de latitude boréale, on aurait les numéros 81 à 120 ; on continuerait ainsi jusqu'au pôle nord, ce qui donnerait 400 numéros pour l'hémisphère boréal. Cela fait, on passerait à l'hémisphère austral pour lequel on se servirait du même procédé, mais en partant du numéro 401 au lieu de 1, de sorte que deux feuilles ayant même longitude et des latitudes, l'une boréale, l'autre australe, égales, auraient des numéros différents de 400.

Le procédé de division et de numérotage de feuilles que nous proposons est fort simple, et permet de connaître le numéro de la feuille dans laquelle se trouve un lieu de position connue. On voit, en effet, facilement qu'il suffit de multiplier les dizaines de grades de la latitude par 40 et d'ajouter ensuite les dizaines de grades de la longitude plus une unité ; pour les latitudes australes, on devra ajouter, en outre, 400. Inversement, on trouvera très facilement les limites d'une feuille en connaissant son numéro.

On voit que nous proposons d'étendre la carte à la Terre entière, sans en excepter les mers. Dans les régions uniquement maritimes, on mentionnerait les profondeurs connues, les câbles sous-marins, les courants, les vents et même les routes régulièrement suivies par les navires. On serait ainsi assuré dans l'avenir qu'il n'y avait aucune terre émergée et on pourrait reconnaître tout changement survenu dans ces régions. S'il existait des feuilles sur lesquelles il n'y aurait aucun renseignement intéressant à indiquer, il faudrait publier la liste des numéros de ces feuilles.

Système de projection. — Le meilleur système de projection nous paraît celui qui donne le moins de déformation dans la représentation de la surface terrestre; nous proposons donc de représenter chaque feuille isolément, au moyen, soit d'une projection orthogonale sur un plan tangent à la surface terrestre mené par son milieu, soit de tout autre système, mais sans s'inquiéter de la jonction possible de la feuille avec les voisines. Ce procédé présente deux avantages sur celui qui consisterait à représenter sur une surface plane une grande portion de la Terre et à découper ensuite.

D'abord les déformations sont toujours petites; ensuite le canevas de toutes les feuilles situées dans chaque zone de latitude est le même, ce qui facilite l'exécution de la carte.

Quant à l'inconvénient qu'on ne peut pas réunir un grand nombre de feuilles ensemble, il n'est pas grand, car avec les dimensions que nous proposons pour chaque feuille, on n'aura jamais à faire cette réunion.

Hydrographie. Figuré du terrain. — Nous souhaiterions que la carte soit imprimée en plusieurs couleurs; on emploierait, par exemple, le bleu pour les eaux, le rouge pour les voies de communication, etc. Ce procédé nous paraît supérieur à l'emploi uniforme du noir.

Il est nécessaire que le relief du terrain soit indiqué. Le meilleur moyen consisterait à le marquer exactement par des hachures ou des courbes de niveau. Si, toutefois, cela compliquait trop l'exécution de la carte, il serait suffisant de figurer le relief du terrain approximativement par des teintes estompées, à la condition toutefois d'inscrire le plus possible de cotes d'altitude.

Orthographe des noms. — En règle générale, nous désirerions que les noms portés sur la carte soient indiqués, autant que possible, d'après la langue locale ramenée à l'alphabet latin. Dans les cas où ce système ne pourrait être employé, on se servirait d'un genre d'écriture (forme et dimension des caractères) autre que celui en usage sur la carte pour les langues locales, et sur lequel il y aurait lieu de s'entendre.

Il serait bon de se servir en général de petits caractères pour pouvoir marquer le plus possible de données géographiques, tant au point de vue physique que politique et économique, en proportionnant la dimension et le genre de caractères à l'importance et à la catégorie des points désignés.

Moyens d'exécution. — Pour l'exécution de la carte, il nous semble qu'il serait nécessaire de réunir une commission internationale, avec le concours scientifique et pécuniaire des principales nations, en se guidant sur l'entente réalisée à l'occasion de la carte photographique du ciel. Dans ces conditions, la subvention à accorder par chaque pays serait assez minime pour qu'on puisse espérer la réalisation prochaine de ce projet, qui, devant fixer l'état de la Terre à la fin du XIXe siècle, sera un monument scientifique important et mérite de rallier l'assentiment unanime des géographes.

M. Léotard ajoute : Nous ne sommes pas entrés dans le détail de l'exécution ; c'est un rapport sommaire, et qui vient peut-être ajouter quelques idées sur différents points du rapport très intéressant de M. Barbier.

Un délégué. — C'est un travail qui doit se représenter et qui servira de base d'opération à la Société de géographie de Paris au Congrès des sociétés géographiques à Londres, en 1895.

Un délégué. — Il me semble que ce que l'on nous demande, c'est la sanction d'un vœu sur lequel s'appuiera la société de géographie de Paris.

Notre adhésion donnera plus de force à M. Barbier pour défendre son projet devant la commission internationale.

M. Barbier. — C'est une proposition de vœu qui ne modifie en rien le programme de la société de Paris, et, par conséquent, je crois que ce que nous avons de mieux à faire, c'est d'envoyer ce rapport à la Société de géographie de Paris, afin que tout le monde puisse en prendre connaissance et que les membres de la commission internationale qui sont français puissent s'entendre entre eux avant d'arriver à Londres.

Avec mes collègues français de la commission internationale, nous devons nous réunir et étudier plus complètement le projet.

Ce programme dont la Société de géographie de Paris a pris l'initiative présente un vif intérêt.

Nous le discuterons, nous nous mettrons d'accord, et lorsque nous nous présenterons à la commission internationale, nous unirons nos efforts pour le faire triompher.

Un délégué. — Messieurs, je me suis préoccupé de l'appel adressé par la Société de géographie de Paris aux sociétés de géographie de France pour les engager à étudier la question. C'est une étude très ardue, très compliquée, et il me semble difficile d'adhérer *ex abrupto* au rapport si documenté qu'on vient de vous lire.

Si nous entrons dans une discussion de détail, j'aurai pour ma part quelques objections à faire sur cette question, mais je ne veux pas m'engager dans cette voie. J'ai écouté avec une attention soutenue M. Barbier, qui nous a lu un rapport très documenté.

Je regrette que nous n'ayons pas connu auparavant ce document; nous aurions peut-être pu le discuter.

Il me semble donc, dans ces conditions, qu'il ne nous est pas permis de prendre une décision en faveur d'un projet que nous ne connaissons pas suffisamment.

Il sera prudent d'attendre tous les rapports, ceux de toutes les sociétés de géographie, et alors, à ce moment seulement, nous pourrons prendre une décision qui traduira d'une façon parfaite l'opinion de tous les géographes français.

Nous demandons donc au représentant de la société de Paris de faire envoyer le rapport avant que le prochain congrès s'ouvre, afin que nous puissions l'étudier et nous entendre avant l'ouverture du congrès de Londres.

Cette proposition est approuvée. La parole est à *M. de Rey-Pailhade*, de la société de Toulouse, qui lit un rapport sur l'utilité de la notation du temps par le système décimal.

Ce travail est accompagné de démonstrations au tableau. (Voir à la 2⁰ partie du volume.)

M. Merchier. — Je vous demanderai la parole en m'engageant dès le début, à ne pas la garder.

Hier, je n'ai pas assisté au congrès ; j'avoue ma faute, mais j'étais charmé par votre magnifique exposition, qui m'a retenu plus longtemps que je ne le pensais.

Je n'aurai tout au moins pas perdu mon temps, si je puis vous faire part de quelques découvertes que j'y ai faites et qui intéressent la science géographique.

Il existe derrière la Coupole (porte de la métallurgie) un petit bâtiment renfermant le plan en relief des Alpes, œuvre de M. Daresis, capitaine en retraite. Ce plan est admirablement fait et constitue un véritable chef-d'œuvre géographique.

Je suis heureux de rendre hommage à son auteur.

J'ai découvert aussi à l'intérieur de la Coupole, près de la soierie, un plan panoramique du Dauphiné, œuvre de M. Jean Buis, professeur de dessin, de géométrie descriptive et de perspective.

J'ai vu M. Buis, et je lui ai dit que je vous signalerais ce travail, digne de fixer votre attention.

J'ajoute que les deux plans ont été faits par deux de vos compatriotes lyonnais. C'est tout ce que j'avais à dire. Je vous prie de m'excuser d'avoir abusé de votre patience.

M. le Président. — Je remercie M. Merchier de sa communication, mais je dois lui dire que nous connaissions ces travaux.

Avant d'aller à l'exposition, le plan en relief des Alpes a été exposé une fois à l'Hôtel de ville, où tous les Lyonnais, et nous les premiers, l'ont visité...

M. Merchier. — J'ai découvert la Méditerranée, voilà tout. C'était en faveur des Lyonnais que je disais ça.

SÉANCE DU SAMEDI 4 AOUT

A DEUX HEURES ET DEMIE

Président : M. A. Breittmayer, *délégué de la Société de géographie de Marseille.*
Assesseurs : MM. Sevin-Desplaces, *délégué du Ministère de l'instruction publique ;*
E. Chambeyron, *vice-président honoraire de la Société de géographie de Lyon.*

La parole est à M. Guénot, de la Société de Toulouse, qui présente une étude sur un perfectionnement à apporter dans la graduation des longitudes et des latitudes géographiques :

SUR LA DÉCIMALISATION DES MESURES ANGULAIRES

Le service géographique de l'armée française vient d'adopter définitivement, pour la mesure des angles et des méridiens, le système décimal, en prenant pour unité le grade, centième partie de l'angle droit.

La science, en général, n'ayant pas encore accepté cette réforme, sur laquelle elle ne s'est pas prononcée, il convient d'en examiner sérieusement les avantages et les inconvénients.

L'emploi du système décimal est un des avantages de cette réforme. Les calculs sont rendus plus faciles et prêtent moins à des erreurs, précisément en raison de la simplification du système et de l'habitude que nous avons du maniement du calcul décimal. Tous ceux qui s'en servent sont unanimes à le reconnaître.

Passons aux inconvénients. L'astronomie, la cosmographie et la géographie tendent, de plus en plus, à remplacer les longitudes, degrés, minutes et secondes d'arc, par des longitudes en heures, minutes et secondes de temps.

Cette manière de faire, qui diminue d'une façon sensible le travail cérébral, est absolument logique et rationnelle.

Si on modifie la division actuelle des angles et des méridiens en 90°, pour la remplacer par la division du cercle en 400 grades, les degrés et les grades ne concorderont pas davantage entre eux que précédemment et le but poursuivi ne sera pas atteint. On retombera ainsi dans une nouvelle complication.

On arrive ainsi à reconnaître que si on applique le système décimal à la division du cercle, ainsi que le tente le service géographique de l'armée française, il faut aussi l'appliquer simultanément et parallèlement à la division du temps.

C'est pour ces raisons que nous vous proposons, Messieurs, d'émettre un vœu sur les questions suivantes : « *Faut-il appliquer la division décimale au cercle entier, ou seulement au quart de cercle.*

Personnellement nous sommes pour le cercle entier.

Les divisions du temps et les divisions correspondantes du cercle doivent être exprimées par les mêmes nombres. Or, comme l'unité de temps a été, depuis l'époque historique, la grandeur qui nous a été donnée par la nature elle-même, c'est-à-dire par le retour successif du soleil au méridien inférieur du lieu d'habitation, il en résulte que l'unité angulaire doit être le cercle entier ou quatre angles droits, c'est-à-dire la figure apparente décrite par l'astre du jour dans sa révolution quotidienne ou diurne.

Voici maintenant les moyens d'application que nous vous proposons : On prendrait pour subdivision la centième partie du cercle, que nous appellerons, pour la facilité du discours, du mot « cir » abréviatif du mot latin « circulus ».

Le cercle entier aurait 100 cirs et le quart de cercle 25 cirs.

En multipliant les cirs par 36 on obtient les degrés, et inversement en divisant les degrés par 3, 6 on trouve les cirs.

25 cirs, comme 25 centimètres, comme 25 centimes et

25 grammes indiquent le quart de la grandeur de l'unité initiale, ou d'un multiple par cent, qu'il se nomme cercle, mètre, franc ou gramme.

L'esprit s'y reconnaît immédiatement sans effort.

Une des objections les plus sérieuses, et peut-être la seule qu'on puisse opposer à notre système, en dehors de sa nouveauté, est qu'il faudrait faire table rase de toute la cartographie actuelle, pour réimprimer les documents géographiques en concordance avec la nouvelle mesure des angles, des longitudes et des méridiens.

Cette objection n'est pas bien sérieuse, car rien n'est plus facile, pour y obvier, que de marquer les cirs sur une carte quelconque sans y apporter aucune confusion.

1re *Solution*. — On n'aura qu'à inscrire parallèlement sur les lignes exprimant les méridiens et les parallèles, à l'intérieur du cadre, la correspondance décimale entre deux parenthèses.

Par exemple, à 8° correspondent $2^x 222^m$, la lettre x signifiant cir, et la lettre m indiquant des millicirs.

Un millicir équivaut à 12" 96 d'arc, ou à 0^s 864 de temps.

2e *Solution*. — A l'intérieur du cadre on tracera de petits traits indiquant la place exacte des cirs en nombre entier, et on inscrira leur numéro à côté, toujours entre parenthèses.

Ainsi au point de 43° 12', notation actuelle du cercle, ou 43°,2, on tracera un petit trait et on inscrira 12^x.

Rien n'est plus facile que d'appliquer à une carte quelconque la division décimale du cercle entier, surtout avec les tableaux tout calculés que nous donnerons à la fin de ce mémoire.

Examinons les avantages de ce système. Grace à lui, tous les calculs relatifs aux angles, aux longitudes, aux latitudes et au temps s'effectueront *en une fois*, sans être obligés de transformer, en l'une d'elle, les autres grandeurs contenues dans les valeurs exprimées à l'heure actuelle par des expressions comme celles-ci 192° 19' 27" ou bien 2 jours, 19 heures 57 minutes, 7 secondes.

Rien de plus facile que d'établir le rapport de temps entre un méridien quelconque et son méridien d'origine.

Exemple, la longitude, en cirs, de la ville de Tomsk, située à 22^{x}8 est de Paris, indique qu'en temps décimal les heures de Tomsk et de Paris diffèrent de 22^{c}8.

En ajoutant donc la longitude de Tomsk exprimée en nombre décimal à l'heure de France, on obtient l'heure datée de Tomsk.

Un événement s'est accompli hier soir 1er juillet à 82^{c}7, je désire savoir quel jour et quelle heure il était à Tomsk au même moment.

Il me suffit d'additionner 182^{c}7, date et heure de Paris, avec 22^{x}8, longitude de Tomsk, pour obtenir juillet 205^c, date et heure de cette dernière ville.

On voit par là quels services inappréciables l'adoption d'un pareil système peut rendre à la géographie et aux sciences annexes — temps décimal et graduation décimale du cercle entier.

L'objection qu'on pourrait nous faire de demander une nouvelle décimalisation du cercle, après celle du service géographique de l'armée, n'est pas bien sérieuse.

Nous répondrons que le grade étant encore peu employé, il est du devoir de tous d'examiner s'il répond aux exigences de nos besoins modernes.

D'ailleurs les travaux exécutés pour le grade seront, au contraire, très utiles.

Par exemple le logarithme sin. 10 g. 7296" 4 deviendra le logarithme sinus de ce nombre divisé par 4, soit 2^{x}682^{m}41.

La transformation des tables se fera donc très aisément.

Pendant la période de transition, on opérera avec les tables des cirs ou des grades et on transformera le résultat obtenu soit par une multiplication, soit par une division par 4.

En résumé, la question de la décimalisation simultanée du temps et du cercle est presque entière. C'est, croyons-nous, un sujet digne des préoccupations de la science française et tout particulièrement des sociétés de géographie.

Nous avons donné des raisons qui nous paraissent prouver péremptoirement que le centième du jour et le centième du cercle entier sont les unités les plus simples et les plus pratiques à choisir pour répondre aux besoins nouveaux créés par la rapidité des communications, la fréquence des relations et des contrats s'étendant aujourd'hui à toutes les parties du monde. Nous n'avons contre nous que des habitudes mauvaises et l'esprit de routine ; si on avait tenu compte de semblables facteurs, jamais la science n'aurait progressé.

A des besoins nouveaux il faut des institutions et des usages nouveaux, ainsi le veut le progrès.

M. Caspari, ingénieur hydrographe. — La question qui vient d'être soulevée ce matin est très intéressante, et je vous demande la permission de vous donner quelques détails qui pourront peut-être vous aider à former votre jugement, parce qu'il s'agit d'une question qui a déjà donné lieu à quelques études.

Cette question, messieurs, n'est pas nouvelle : j'ai eu l'honneur en 1885 d'être appelé à faire partie d'une commission supérieure instituée par le ministère de l'instruction publique pour étudier l'application du système décimal à la mesure des angles et du temps. Il s'agissait en somme de compléter l'œuvre commencée il y a un siècle et sanctionnée par l'autorité de Laplace et du service géographique français.

Il y eut une discussion assez longue de la question à la suite de laquelle j'ai eu l'honneur de faire un rapport, puis un vœu a été formulé.

Entre un certain nombre de délégués qui se trouvaient là, français ou étrangers, on échangea ses idées.

Le ministre avait refusé tout changement : les délégués étrangers, eux, avaient adopté le méridien de Greenwich.

Le vote n'eut d'ailleurs pas de conséquence, le changement n'eut pas lieu.

Nous, les Français, nous avions traité la question à son véritable point de vue. Il était question du système métrique, et nous voulions faire prévaloir cette idée que le système métrique devait être appliqué, non seulement à la mesure des angles, mais aussi à la mesure du temps. Un vœu, dans ce sens, fut émis : il en fut rendu compte au ministère de l'instruction publique qui l'accueillit favorablement.

Comme cela se fait ordinairement, une commission d'étude fut nommée au ministère de l'instruction publique.

Cette commission, dont je fais partie, ne s'est pas réunie depuis dix ans.

Je ne peux donc pas vous dire son opinion, puisque nous n'avons pas eu l'occasion de nous consulter.

En tous cas et bien que l'étude de la question n'ait pas été avancée, vous pouvez tenir pour certain que ses membres sont partisans en principe de la décimalisation de l'heure et du temps.

Espérons que cette commission finira par se réunir et par nommer un rapporteur chargé de soutenir son opinion.

M. de Rey-Pailhade. — Je crois, messieurs, pour ma part, que la décimalisation donnera d'excellents résultats à tous les points de vue. La question, telle qu'elle se pose à l'heure actuelle, présente un intérêt puissant, d'une part, pour la simplification des calculs, de l'autre pour l'exactitude de la notation du temps. Là-dessus, je crois qu'il ne peut pas y avoir de discussion possible et que vous serez d'un avis unanime.

On avait proposé cette réforme il y a 75 ans et l'on avait déjà pensé à ramener les calculs au système métrique.

Il y a cent ans que le système métrique est employé en France, et combien cependant, tant la routine est grande, rencontrez-vous de gens qui disent trente sous au lieu de 1 fr. 50 ?

Il en est de même pour les mesures où l'on parle encore de setiers, de demi-setiers, de bicheraies, de journaux, etc... Comme nous sommes loin du système décimal et comme l'habitude reste prédominante !

Je crois que le Congrès pourrait émettre un vœu dans le sens que je vais indiquer.

Puisque la question existe, qu'une commission a été nommée pour l'étudier, on pourrait rappeler à M. le ministre de l'instruction publique quel intérêt il y aurait à continuer et à reprendre cette étude.

Il faudrait prier le ministre de charger la commission nommée à cet effet de hâter ses travaux.

Je crois que nous aurions tout avantage à agir ainsi, si nous voulons que la réforme soit obtenue ; il est temps de dire si nous voulons voir diviser le temps en fractions décimales de 10 heures, 20 heures, 40 heures, ou en grades.

On va dire que cette question n'est pas mûre, qu'elle a été débattue entre les astronomes, qui ont beaucoup de peine à se mettre d'accord.

Le système de 10 heures a pour lui l'autorité du plus grand nombre et, outre Laplace, des autorités de premier ordre. Il a contre lui des savants aussi distingués que laborieux.

Le système de 400 grades a en sa faveur son existence légale.

Il existe légalement, il est employé : l'armée compte le temps en grades; dans le service de l'armée, les tables de raccordement sont faites par grades.

Or la question de grades a droit de cité et beaucoup de gens s'en servent, non seulement en France, mais à l'étranger : au Mexique, les Mexicains comptent en grades.

On pourra donc alléguer que ce système, pour se défendre, a pour lui son passé.

La question est discutable.

Je crois que, dans notre vœu, nous aurions plus grand avantage à parler seulement du principe, sans nous prononcer pour telle ou telle chose, à ne pas trop insister sur le détail de l'application.

M. Barbier. — Je dois prendre la parole après M. Caspari pour vous dire ce qui a été fait, en ce sens, à la Société de l'Est.

Cette question de l'heure ne nous a pas laissés indifférents, et nous l'avons longuement étudiée.

Un de nos collègues, M. Floquet, l'a traitée particulièrement.

Mes collègues ont bien voulu reconnaître qu'il y avait là une étude consciencieuse et réfléchie, et je vous demande la permission de vous lire quelques passages de l'intéressant rapport de M. Floquet.

M. Guénot. — La discussion qui vient d'avoir lieu est des plus intéressantes, et pour notre part nous sommes heureux d'avoir entendu M. Caspari parler avec sa haute compétence de cette division par 10 heures.

Nous serions heureux si ce débat avait pu faire avancer d'un pas cette question, dans laquelle nous ne devons pas rester en arrière ni piétiner sur place.

Vous avez entendu également la lecture du rapport de M. Floquet qui, en rappelant l'œuvre de M. Cohn, occupé à faire le relevé d'une partie des côtes de Madagascar, nous disait : « Moi-même j'emploie le système décimal, et surtout les grades rendent des services énormes. »

Cela est incontestable.

Les marins, les services de l'armée comptent le temps par grades, et nous donnent raison.

On peut voir que Toulouse avait des motifs sérieux pour soutenir sa manière de voir. Nous sommes donc heureux de vous avoir apporté quelque chose, bien que je reconnaisse que dans cette question nous sommes peut-être allés un peu loin. Il y a des années que nous nous occupons de cela ; il a des années que nos voisins s'en occupent. Il ne faut pas rester en retard.

Que chaque société se mette à l'œuvre, qu'un travail d'ensemble s'opère : peut-être pourra-t-il se produire un autre système, je n'en sais rien ; mais je serais profondément étonné si ce débat entre sociétés n'amenait pas un résultat heureux.

M. Barbier. — Il vaudrait mieux que Toulouse, qui a pris l'initiative de la chose, rédige un vœu dans le sens qui a été indiqué par M. Caspari. J'ajoute qu'on pourrait inviter ces messieurs de Paris à se mettre d'accord avec toutes les sociétés.

Nous sommes suffisamment éclairés.

Le Congrès, désertant la question du détail et de mise à exécution immédiate, accepte à l'unanimité le vœu suivant :

« Le Congrès de géographie de Lyon, reconnaissant les grands avantages qu'il y aurait à compléter l'œuvre commencée, il y a un siècle, par la commission du système métrique, sanctionnée par l'autorité de Laplace et du service géographique français; considérant qu'en 1885 une commission a été instituée au ministère de l'instruction publique pour étudier l'application du système décimal à la mesure des angles et du temps, émet le vœu que cette question soit reprise, afin d'arriver à une solution donnant satisfaction à tous les intérêts scientifiques, invite en particulier les Sociétés de géographie à mettre cette étude à l'ordre du jour de leurs travaux.

M. *Mabyre*, de la Société de géographie commerciale de Paris, n'ayant pu venir à Lyon présenter son travail sur les communications postales, télégraphiques et téléphoniques, fait déposer sur le bureau le manuscrit de sa communication qui sera inséré au bulletin du congrès.

M. *Canu* lit une étude de M. Hautreux sur les courants de surface de mer.

(Voir ces deux communications à la deuxième partie du présent volume.)

M. *Cambefort* donne quelques dernières instructions à MM. les congressistes sur le voyage du lendemain, dimanche, à Vienne et à Ampuis.

M. Cambefort annonce également qu'à partir de lundi, les séances du congrès auront lieu dans un autre local de la mairie : le salon Rouge.

Cette année, dit M. le président, il y a beaucoup de congrès à Lyon, et c'est pour cela que la place est chaudement disputée.

Nous sommes ici à l'hôtel de ville, un monument très intéressant qui renferme des parties fort curieuses, notamment la salle des Echevins, à côté d'ici, que vous avez pu visiter. Je ne dispose pas des clés, mais les portes sont ouvertes, et vous pourrez tout visiter. Ces salles ont été restaurées en 1855 et 1856 par l'architecte lyonnais Desjardins et renferment des souvenirs intéressants non seulement pour les Lyonnais, mais aussi pour les étrangers. Le monument dans lequel nous sommes a été élevé sous le règne de Louis XIV.

M. Raynaud, de la société de Lyon, communique une étude sur la Pentapole cyrénéenne, sur ses produits, sur sa valeur au point de vue de sa colonisation.

(Voir cette étude à la deuxième partie du volume).

M. Caspari donne lecture d'une lettre de la Société de géographie de Paris, demandant au congrès de vouloir bien donner l'autorité de son vote au vœu approuvant la fondation d'une société de géographie à Caracas.

M. de Varigny. — Je ne proteste pas contre l'adoption d'un vœu auquel je suis sympathique, mais je me place à un autre point de vue. Je crois qu'il y a un grand danger pour un congrès à émettre des vœux quand on est certain d'avance qu'on ne pourra tenir des engagements financiers ou autres.

M. Caspari. — C'est un vœu de sympathie, voilà tout. Du reste, rassurez-vous si vous avez des craintes : ce vœu comme tous les autres sera passé au crible de la commission et discuté définitivement mardi matin.

Un délégué. — C'est une question de sympathie que nous envoyons pour le succès de collègues de l'Amérique centrale, et nous devons encourager la création du plus grand nombre de sociétés. La chose est toute naturelle, c'est de la bonne confraternité.

M. de Varigny. — Du moment qu'il n'est pas question d'argent, je n'insiste pas.

Je donne toute ma sympathie.

Le vœu est adopté.

La parole est à M. Gauthiot.

M. Gauthiot. — Je demande deux minutes seulement pour attirer l'attention du congrès sur la situation des Nouvelles-Hébrides.

Messieurs, je viens vous demander de vouloir bien, par l'émission d'un vœu, soutenir la campagne que nous avons commencée pour obtenir, en faveur des Nouvelles-Hébrides, un traitement autre que celui auquel elles sont soumises actuellement.

Les trois quarts des habitants de cette île sont Français, et leur situation n'est rien moins qu'agréable. Ils y résident en vertu d'un arrangement conclu avec l'Angleterre, mais la France n'y a pas de représentant officiel; les Français ne peuvent y faire prévaloir leur opinion, et toutes les fois qu'ils ont quelque chose à faire pour les différents actes de l'état-civil, ils ne le peuvent. Or parmi ces Français il y en a qui sont mariés, d'autres qui sont pères de famille, d'autres qui voudraient se marier.

Vous croyez que c'est si facile que cela. Que nenni : Personne ne veut les marier ni baptiser leurs enfants. Pour se marier, il faut qu'il y ait quelqu'un qui ait pouvoir de vous marier, de telle sorte que ces malheureux Français sont obligés de se transporter devant le pasteur protestant ou les autorités de Nouméa et de s'y faire marier.

Devant un pareil état de choses on doit se demander : Est-ce qu'il n'y a rien à faire? C'est la question que s'est posée M. le docteur Davillé, qui a tenté de la résoudre.

M. le docteur Davillé me charge de vous présenter ces desirata en vous priant d'émettre un vœu à porter devant les ministres des colonies et des affaires étrangères pour que les Français résidant aux îles Hébrides soient mis à même de contracter tous les actes de l'état-civil. C'est votre appui qu'il sollicite pour cette modeste demande.

Tandis que les Anglais ont là-bas toutes les facilités pour remplir les actes de l'état-civil, les Français, eux, en sont privés. Eh bien, nous demandons aux ministres des colonies et des affaires étrangères de faire déléguer un agent consulaire, soit par la Nouvelle-Calédonie soit directement de France, qui permette à nos nationaux de faire aux Nouvelles-Hébrides ce que tous les Anglais peuvent y faire sans aucune difficulté.

Nous demandons, le docteur Davillé demande, que tous les Français des Nouvelles-Hébrides aient un agent consulaire devant lequel ils puissent se marier, faire baptiser leurs enfants, se faire enterrer, en un mot accomplir tous les actes de l'état-civil.

Un délégué. — Je crois que personne ne s'opposera à l'émission d'un pareil vœu.

M. Gauthiot. — Du reste, si quelqu'un a besoin encore de nouvelles explications, je me réserve de les donner lundi matin ; mais je crois que, devant une situation comme celle-là, il n'y aura personne pour s'opposer à ma demande.

La suite de la discussion est renvoyée à la prochaine séance.

M. Gauthiot. — A lundi matin.

La séance est levée.

QUATRIÈME JOURNÉE

Les congressistes à Vienne et Ampuis.

La journée du dimanche avait été consacrée à une excursion sur le Rhône par le bateau à vapeur.

Le point terminus de cette promenade sur eau était Ampuis, village situé au pied de la côte Rôtie, et là, sur la terrasse du château de Cibens, mis généreusement à leur disposition, un succulent repas attendait les voyageurs.

Vienne, se trouvant sur la route, a reçu la visite de l'illustre caravane. Ce qualificatif d'illustre n'a rien d'exagéré quand on apprendra qu'au nombre des membres présents, mis en belle humeur par les beautés du site et l'aspect pittoresque des rives, se trouvaient M. le docteur Hamy, de l'Institut; M. Jules Cambefort, président de la Société de géographie de Lyon; M. Chambeyron, vice-président honoraire; le colonel Debize, secrétaire général; M. Louis Isaac; M. Caspari, délégué de la société de géographie de Paris; M. de Varigny; M. Gauthiot, secrétaire général de la Société de géographie commerciale de Paris; M. E. Guimet, l'orientaliste si connu; M. Dupuis, l'ancien compagnon de l'infortuné lieutenant Garnier, mort au Tonkin; M. de Claparède, de Genève; M. Malavialle, délégué de Montpellier; M. Delavaud, délégué par le ministre des affaires étrangères; M. Verny, directeur des houillères de Firminy, etc, etc.

Partis à huit heures de Lyon, à bord du *Gladiateur* n° 5 de la Compagnie lyonnaise de navigation, la cloche du vapeur annonçait l'arrivée des voyageurs à Vienne, à neuf heures et demie. Des dames et des demoiselles avaient pris place à bord.

Au débarcadère les attendaient M. l'adjoint Barnier qui était accompagné de M. Bizot, architecte; de M. Firmin Allemand, inspecteur des travaux aux monuments historiques; de M. Cornillon, conservateur du Musée, et de M. Edwin, secrétaire général de la mairie.

M. Barnier, au nom de la municipalité et du maire indisposé, exprime le plaisir et l'honneur que ressent la ville de Vienne de cette aimable visite, qui sera bien hâtive, mais qui les engagera à revenir voir les merveilles entassées dans les musées. Il termine avec à-propos en revendiquant pour Vienne l'honneur d'être le pays natal du regretté explorateur Joseph Martin, décédé en Russie l'an dernier.

Après une réponse cordiale et spirituelle de M. le docteur Hamy, les présentations étant terminées, la visite aux curiosités principales s'effectue au pas de course, sous la conduite de MM. Bizot, Allemand et Cornillon, qui se font un plaisir de fournir des explications aux questions posées par les voyageurs.

M. Barnier a réponse à tous et à tout. Le musée lapidaire, l'église Saint-Pierre, le temple d'Auguste et de Livie, la cathédrale de Saint-Maurice, les débris du Forum, quoique traversés en trombe par les membres du congrès, leur laisseront un souvenir durable.

A 11 h. 1/2 s'effectuait l'embarquement des voyageurs, qui enlèvent avec eux M. Bizot, l'un de leurs aimables cicerones, et de suite le *Gladiateur*, tirant ses amarres, file à toute vapeur vers le but du voyage.

La plus franche cordialité n'a cessé de régner pendant cette excursion. Au retour, M. de Leymarie a pris la photographie d'un groupe de membres du congrès; nous en offrons ci-joint la reproduction.

Phototypie Sédard, Lyon.

GROUPE DE MEMBRES DU CONGRÈS

SUR LE BATEAU A VAPEUR *Le Gladiateur*

(CLICHÉ DE M. LEYMARIE).

CINQUIÈME JOURNÉE

LUNDI 6 AOUT — SÉANCE DU MATIN

La séance est ouverte sous la présidence de M. Mallaviale, délégué de la Société languedocienne de géographie.

M. Froideveaux lit un rapport sur les travaux exécutés à l'Institut géographique de la Sorbonne par M. Marcel Dubois.

Messieurs,

Pour la troisième fois je viens cette année, en l'absence de mon maître, M. Marcel Dubois, professeur de géographie coloniale à la Sorbonne, retenu loin de vous par les examens du baccalauréat, parler au Congrès des sociétés françaises de géographie de l'Institut géographique de la Sorbonne ; mon dessein est de vous présenter un bref aperçu des travaux qui y ont été exécutés depuis notre réunion à Tours. Dans ce laboratoire d'études spéciales, fondé (vous le savez) à la fin de 1891, ont déjà été commencés et menés à bonne fin, par le professeur et par ses disciples anciens et nouveaux, un certain nombre de travaux relatifs aux différentes branches des sciences géographiques, et ayant pour but de faire progresser la géographie pédagogique et la géographie scientifique. Telle est, dans le premier de ces ordres d'idées, une collection de huit volumes de manuels de géographie à l'usage des classes des lycées et collèges (1), collection qui va bientôt s'enrichir d'un nouveau volume, beaucoup plus considérable que les précédents, à l'usage des candidats à Saint-Cyr, volume rédigé par M. Marcel Dubois et par son élève M. Camille Guy,

(1) Paris, Masson, 8 vol. in-12.

professeur agrégé de géographie et d'histoire à l'école Monge (1). — Tel est, dans le second, un livre comme celui de M. Henri Schirmer, professeur de géographie à la faculté des lettres de Lyon, sur *le Sahara* (2), livre que vous avez tous lu et apprécié, auquel la Société de géographie de Paris vient de décerner le prix Henri Duveyrier, et dont je n'ai pas, par conséquent, à faire ici l'éloge.

Au cours de la dernière année scolaire, M. Marcel Dubois a inauguré la chaire de *géographie coloniale* en étudiant en cours public les causes géographiques du développement colonial de la France; il a mené l'examen de ce beau sujet jusqu'à la Révolution française, et continuera à le mener l'an prochain avec cette méthode rigoureusement scientifique qu'il tient d'un maître justement vénéré de la science historique française, M. Fustel de Coulanges (3). En même temps, dans ses conférences faites aux seuls étudiants, il passait succinctement en revue les empires coloniaux étrangers et examinait leur développement géographique et historique depuis l'ère des découvertes jusqu'à notre époque. M. Marcel Dubois a achevé d'autre part, sur *l'Hydrographie des eaux douces*, une série d'articles (4) dont les conclusions ont été signalées comme tout à fait neuves et intéressantes par les revues géographiques allemandes, anglaises et américaines. Allant en même temps semer la bonne parole dans plusieurs villes de province, à Reims par exemple, il a traité plusieurs questions coloniales d'un intérêt absolument contemporain, celle de Madagascar en particulier.

Tandis que quelques-uns de ses élèves entreprenaient, sous

(1) *Précis de géographie*. Paris. Masson. 1 vol. in-8, avec cartes, croquis et figures.
(2) Paris, Hachette, 1893, in-8.
(3) V. la *Leçon d'ouverture du cours de géographie coloniale* (*Ann. de géog.*, 15 janvier 1894, p. 121-137.
(4) *Ann. de géog.*, 15 octobre 1892, p. 1-10; 15 avril 1893, p. 296-305; 15 janvier 1894, p. 138-149.

la direction de M. Marcel Dubois et avec des indications multiples fournies par lui, des travaux d'utilité pédagogique tels que le cours de Saint-Cyr dont il était question tout à l'heure, un *Album géographique* (1) et une collection de *Cartes d'étude* (2) d'autres se livraient à des travaux bibliographiques (3), d'autres exécutaient des études de science pure. Au premier rang d'entre eux, il faut citer un des membres de notre congrès, M. A. Rainaud, à qui ses deux thèses sur la Cyrénaïque et le continent austral (4) ont valu le grade de docteur ès lettres. Mon ami M. Rainaud m'en voudrait d'insister sur le mérite de ses deux beaux volumes; vous avez pu du reste, samedi dernier, apprécier la valeur et l'étendue de ses connaissances sur la Cyrénaïque; notre président, M. le Dr Hamy, vous dirait bien mieux que moi, et avec bien plus d'autorité, ce qu'on trouvera dans la thèse française de M. Rainaud sur le continent austral, ce qu'elle contient de neuf et combien vif est son intérêt.

A côté de M. Raynaud, permettez-moi de vous citer, comme travaillant avec ardeur et continuité les sciences qui vous sont chères, d'autres élèves de M. Marcel Dubois : M. Augustin Bernard, un des collaborateurs de l'*Atlas de géographie historique* publié par la maison Hachette (5); M. H. Dehérain, qui a fait dans la *Revue générale des sciences* une excellente

---

(1) Marcel Dubois et Camille Guy : *Album géographique* (Paris, Colin, 1894, in-4°).

(2) Marcel Dubois et E. Sieurin : *Cartes d'étude pour servir à l'enseignement de la géographie. France* (Paris, Masson, 1894, un album in-4°).

(3) MM. Rainaud, Aug. Bernard, Schirmer dans les *Annales de géographie* ; M. Kergomart dans les *Nouvelles géographiques* du *Tour du monde*.

(4) *Quid de naturâ et fructibus Cyrenaicæ Pentapolis antiqua monumenta cum recentioribus collata nobis tradiderint* (Paris, Colin, 1894, in-8, carte). — *Le Continent austral.* Hypothèses et découvertes (Paris, Colin, 1893, in-8).

(5) M. Aug. Bernard a rédigé les notices qui accompagnent les cartes n° 30 (*le Monde à l'époque des grandes découvertes*) et n° 52 (*Expansion coloniale de la France et de l'Angleterre*, 1815-1890.)

Revue annuelle de géographie et d'exploration (1), et de qui la *Revue des Deux-Mondes* a publié, sur les pays équatoriaux des grands lacs africains, leur découverte et les difficultés diplomatiques actuellement pendantes une étude (2) que le géographe belge bien connu M. A. Wauters, a déclarée être une page d'histoire (3); M. Rouvier (4). Chacun d'eux s'occupe des questions qui lui sont propres et qu'il connaît bien, et se trouve ainsi à même d'écrire des travaux véritablement sérieux et utiles, qui voient peu à peu le jour. C'est ainsi que la série de monographies inaugurée par les livres de MM. Schirmer et Rainaud va bientôt s'enrichir d'un nouveau volume; M. Augustin Bernard, en effet, ne tardera pas maintenant à publier, en même temps qu'un travail sur la géographie dans Adam de Brême, une étude sur la Nouvelle-Calédonie dont l'impression est presque complètement achevée. D'autres ouvrages sur le Cotentin, sur l'Oubangui, sur les pêcheries de Terre-Neuve (5), etc, suivront ceux de M. Bernard.

Ainsi, Messieurs, vous le voyez, la France, les colonies françaises, les pays intéressant notre patrie, les parties de l'histoire de la géographie susceptibles de mettre en relief quelque ancien explorateur français, voilà surtout ce dont s'occupe le petit groupe de travailleurs que M. Marcel Dubois a réunis autour de lui. Ce petit groupe, qui s'augmente d'année

---

(1) N° du 30 mai 1894, p. 378-389, cartes.

(2) *La Succession de l'Egypte dans l'Afrique équatoriale* (R. D. M., 15 avril 1894, p. 312-347.)

(3) *Mouvement géographique*, 27 mai 1894, p. 46.

(4) *Les Nouvelles Frontières en Indo-Chine* (*Nature*, 6 janvier 1894, p. 91-92, carte). *Le pays de Timbouctou* (Ibid., 7 avril 1894, p. 201-202, carte). — *La Nouvelle Frontière franco-allemande au Soudan* (Ibid., 28 avril 1894, p. 339-340, carte).

(5) Lorsque nous avons fait cette communication au congrès de Lyon, nous ne nous doutions point que nous allions perdre M. Paringaux, professeur agrégé au lycée d'Evreux, notre excellent collègue, qui avait choisi comme sujet d'étude les pêcheries de Terre-Neuve, et le géographe André Thevet.

en année, ne comprend pas que des géographes de cabinet ; à lui appartient encore un de nos meilleurs voyageurs contemporains, M. Gautier, dont les explorations à Madagascar sont extrêmement fructueuses. M. Gautier est un de nos camarades qui a travaillé avec nous sous la direction de M. Marcel Dubois, et qui y a puisé la solidité méthodique dont il fait preuve et l'art d'exposer avec charme de précieux résultats parfois dangereusement, toujours péniblement obtenus (1). Depuis deux ans, le Congrès des sociétés françaises de géographie a témoigné trop d'intérêt à l'institution naissante pour qu'un résumé très bref ne fût pas fait à Lyon de ses principaux travaux pendant l'année scolaire 1893-94. C'est pour vous remercier de votre bienveillance antérieure, Messieurs, et pour vous demander de nous la continuer dans l'avenir, que je me suis permis de prendre quelques instants la parole devant vous.

Henri FROIDEVAUX.

M. Mallavialle. — Au nom des membres du congrès, je remercie M. Froidevaux de son intéressante communication.

Ces travaux montrent l'utilité de l'Institut géographique de la Sorbonne et le travail patient et laborieux qui s'y exécute. C'est une œuvre modeste, mais qui est créée par de véritables savants et fait le plus grand honneur à la science géographique française.

La parole est à M. Gauthiot.

M. Gauthiot. — Messieurs, à la fin de la dernière séance, j'avais annoncé que j'avais une communication à faire au congrès pour une motion relative aux Nouvelles-Hébrides. Je vous demande, avant d'aborder cette question, de vous présenter un livre qui m'a été adressé avant-hier à destination du congrès, et que j'ai sous les yeux.

Je vais vous dire en deux mots ce que j'en pense, puisque

---

(1) *Ann. de géog.*, 15 avril 1893, p. 355-364, carte ; 15 octobre 1893, p. 95-98 ; 15 janvier 1894, p. 241 ; 15 juillet 1894, p. 449-517, cartes.

l'auteur a bien voulu le mettre en mes mains. Je l'ai lu d'un seul trait avec un intérêt croissant ; il sera lu ainsi par tous ceux qui s'occupent des choses de la géographie, des choses de l'Afrique principalement.

C'est un exposé très complet, bien écrit, et je ne crois pas avoir trouvé quelque chose de mieux sur un pays qui attire si vivement notre attention.

L'auteur du livre est M. Brunache l'un des dignes collègues de Dibowski et de Maistre, et qui les a suivis dans l'Afrique centrale.

M. Brunache était administrateur colonial lorsqu'il s'associa à la mission Dibowski.

Il fut l'un des collaborateurs tout à fait actifs de M. Dibowski. La qualité qu'il possédait de connaître la langue arabe en faisait un auxiliaire des plus précieux et des plus utiles pour l'explorateur. Ce fut lui qui suppléa M. Dibowski, celui qui commandait l'expédition française et sur lequel je n'ai pas besoin d'appeler l'attention de mes collègues, qui le connaissent aussi bien que moi, et par ses travaux et par son caractère, et par les services qu'il a rendus à la France. M. Brunache se joignit ensuite à M. Maistre qu'il rencontra avec sa petite compagnie de jeunes gens.

Il fut un collaborateur aussi utile, aussi dévoué pour M. Maistre qu'il l'avait été pour M. Dibowski.

M. Brunache revient ensuite en France pour réparer sa santé quelque peu altérée par ses voyages.

MM. Dibowski et Maistre s'accordent à rendre hommage à ce collaborateur, qui leur a rendu des services importants.

C'est le récit de ses deux campagnes en Afrique que M. Brunache vient de publier.

Ce livre que j'ai l'honneur de déposer sur le bureau du congrès est fort bien présenté, et je le signale à tous mes collègues pour les documents qu'il renferme sur le centre de l'Afrique autour du Tchad. (Applaudissements.

Je passe à la question des Nouvelles-Hébrides et je reviens

rapidement sur les considérations que j'ai développées à la dernière séance.

Ces considérations ont été adoptées déjà, je dois vous le dire, par la section compétente de la Société de géographie de Paris. Ce vœu, après mes explications, sera, je l'espère, également adopté par vous.

Il doit être envoyé aux deux ministres des colonies et des affaires étrangères qui, tous deux, ont à connaître la question.

Je n'ai pas besoin de vous dire que le texte du vœu, les considérants et la motion ont été communiqués aux délégués des deux ministères présents à ce congrès.

M. Delavaud qui en a eu connaissance, n'a fait aucune objection, et je suis autorisé à dire que le gouvernement ne fera aucune opposition à son adoption.

Voici les considérants qui concernent la motion.

Considérant :

Que les colons des Nouvelles-Hébrides sont en grande majorité de nationalité française, et qu'ils possèdent, d'après actes régulièrement enregistrés, environ les trois quarts de la superficie totale des îles ;

Que ces colons sont dans une situation des plus pénibles, moralement en ce qui concerne l'état-civil, matériellement pour l'exportation de leurs produits, la commission mixte instituée par la convention de 1887 n'ayant pas qualité pour enregistrer les naissances et les décès, procéder aux mariages, s'occuper des successions vacantes, et, d'autre part, le tarif douanier appliqué en Nouvelle-Calédonie depuis le 1er janvier 1893 ne prévoyant aucune exception pour les produits exportés des Nouvelles-Hébrides, ce qui, du même coup, leur ferme le marché de Nouméa et les envoie en Australie ;

Que les Français sont seuls atteints, puisque les Anglais n'ont besoin que de leurs missionnaires, en tant qu'état-civil, et, en tant que commerce, sont les tributaires naturels de l'Australie ;

Que les Anglais, même ceux établis dans les îles indépendantes comme les Nouvelles-Hébrides, sont sous la juridiction du gouvernement des îles Fidji, auquel les pouvoirs du haut commissaire du Pacifique ont été conférés, non par une loi du Parlement, mais par l' « order in council » de 1877, juridiction effective, sanctionnée par une pénalité spéciale et qui n'a été modifiée en rien par la convention de 1887 ;

Que les colons français ont demandé dans plusieurs pétitions, 1893 et 1894 notamment, et avec eux de nombreux étrangers, qu'une annexion définitive mette fin à leur pénible situation et leur rende leurs droits de citoyens français.

Voilà, Messieurs, je le crois, la question sérieusement, nettement posée ; nous ne demandons pas autre chose, avec l'auteur de ces considérants qui est le docteur Davillé. Celui-ci a vu pendant deux ans ce qui se passait là-bas, il est en France depuis deux mois et il a fait, pour ainsi dire, un historique de ce qu'il a vu pendant deux ans aux Nouvelles-Hébrides. C'est à cette situation qu'il faut remédier, si l'on ne veut pas arriver à décourager nos nationaux de là-bas. Je le répète, et je termine en déposant ce vœu auquel vous adhérerez, j'en suis persuadé.

Nous demandons deux choses : qu'en attendant l'annexion demandée en 1893 et 1894 et à laquelle on peut aboutir par voie de négociations, nos nationaux des Nouvelles-Hébrides puissent faire dresser, par un délégué ou un attaché français, les actes de naissance, de décès, de mariage, tous les actes, en un mot, de l'état-civil ; qu'ils ne soient pas forcés d'aller à Nouméa, ou devant un pasteur ou un fonctionnaire anglais ; qu'ils ne soient plus obligés de supporter les charges d'un lourd voyage pour aller régulariser leur situation ; qu'en un mot, on permette aux commandants de navires de guerre français ou aux délégués du ministre des affaires étrangères ou des colonies de rédiger les actes d'état-civil.

Une seconde motion vise la situation matérielle des Nouvelles-Hébrides.

Il est urgent de modifier complètement le tarif douanier de 1893, qui empêche les colons français d'envoyer leurs produits à Nouméa et les force à tout expédier et à tout faire venir de l'Australie...

M. de Varigny. — Il faudrait formuler un vœu.

M. le président. — Il me semble que du moment que la motion de M. Gauthiot ne soulève aucune objection, nous n'avons qu'à la transmettre aux pouvoirs compétents.

M. Gauthiot donne lecture de son vœu ainsi conçu : « Que le gouvernement de la République porte promptement remède à la déplorable situation morale et matérielle des colons français, qui possèdent, par achats réguliers, à peu près les trois quarts de la superficie des Nouvelles-Hébrides, afin que nos compatriotes n'aient pas à envier le sort des colons anglais, moins nombreux qu'eux, et qu'il prenne à cet effet (s'il ne peut procéder à l'annexion demandée par les pétitions de 1893 et de 1894) les mesures propres à conduire à ce résultat, telles que : dans l'ordre moral, l'attribution, aux commandants des navires de guerre français de la station du Pacifique ou aux délégués du ministère des affaires étrangères ou du ministère des colonies, des pouvoirs reconnus à nos consuls en pays d'Orient, et dans l'ordre matériel, la modification du tarif douanier appliqué à Nouméa depuis le 1er avril 1893, tarif qui ferme aux colons français des Nouvelles-Hébrides le marché de la Nouvelle-Calédonie, et les force à porter leurs produits et à faire leurs achats en Australie. »

Le vœu mis aux voix est adopté à l'unanimité.

Un délégué. — Les journaux de ce matin nous annoncent la mort de M. Dutreuil de Rhins, assassiné par une tribu thibétaine sur les bords du Toung-Tien.

Je propose au congrès de s'associer au deuil et à la tristesse que cause à tous les géographes et à tous les patriotes cette affreuse nouvelle.

Un délégué. — Il faudrait peut-être attendre la confirmation de la nouvelle; les informations des journaux peuvent être erronées, et nous pouvons encore peut-être avoir quelque espoir.

Nous pouvons pourtant manifester la tristesse que nous cause l'information des journaux et insérer ces témoignages dans notre procès-verbal.

M. de Varigny. — Je crois qu'il y aurait lieu de mettre que les membres français du congrès ont appris avec une grande tristesse la nouvelle donnée par les journaux, mais que le congrès attend pour formuler ses regrets que la chose soit confirmée officiellement.

M. le président. — Cela sera mentionné au procès-verbal, sous la forme indiquée par M. de Varigny. Si la nouvelle est exacte, la mort de M. Dutreuil de Rhins est une véritable perte pour le pays.

M. Dutreuil de Rhins est né à Lyon et a fait de nombreuses explorations, notamment dans l'Asie centrale. Des travaux cartographiques, et notamment la carte du Thibet, ont valu à son auteur les récompenses de l'Institut et de la Société de géographie de Paris. Son voyage durait depuis 1891. Espérons que les documents qu'il a recueillis pendant ce pénible voyage ne seront pas perdus pour la science.

La parole est à M. Imbert pour la lecture d'une étude sur la création, auprès de chaque préfecture, de renseignements officiels sur l'émigration aux colonies françaises.

M. Imbert. — Messieurs, dans la dernière séance du congrès tenu à Tours, on a émis le regret que, dans les préfectures, il n'y ait pas un bureau pour donner des renseignements sur les colonies.

M. le président. — Est-ce que vous présentez un vœu ?

M. Imbert. — Oui, dans ce sens.

M. le président. — Voudriez-vous me donner le texte ?

M. Imbert. — Cela est modifiable selon les propositions qui peuvent être faites, propositions dont je ne me rends pas très bien compte.

Un délégué. — M. Imbert demande la création d'un bureau de renseignements spéciaux auprès de chaque préfecture.

M. Breittmayer. — Cela avait déjà été formulé l'année dernière, et si je m'en rapporte au compte rendu, je vois que la question était celle-ci : Y a-t-il lieu de créer auprès de chaque préfecture des bureaux de renseignements coloniaux ?

M. Imbert. — Ça n'est pas comme ça que ça se présente.

Un délégué. — Donnez un texte.

M. de Varigny. — Nous demandons à discuter sur un texte: nous ne pouvons discuter dans le vide.

M. le président. — Si vous n'avez pas de vœu à présenter, nous pouvons vous donner acte de votre communication et passer à l'ordre du jour. Nous ne pouvons discuter que sur un vœu présenté.

M. Imbert se retire pour formuler son vœu.

La parole est à M. Canu, de Bordeaux, qui, au nom de cette société, donne lecture d'une étude sur la création de communications rapides entre Lyon et Bordeaux.

Messieurs,

La question de l'établissement de communications rapides entre Bordeaux, Lyon, Genève et l'Europe centrale, est plus urgente que jamais, tant à cause de l'Exposition si remarquable de Lyon que de celle qui aura lieu à Bordeaux au mois de mai prochain. Si la distance entre Lyon et Bordeaux pouvait être franchie dans les mêmes conditions que sur les lignes parcourues par les grands express, il ne fait doute pour personne qu'un grand courant de voyageurs et de marchandises s'établirait entre Lyon, la Suisse et l'Autriche et Bordeaux, qui est le port naturel pour tout voyageur et tout objet de commerce à destination de la côte occidentale d'Afrique et de l'Amérique du Sud.

Permettez-moi de résumer brièvement l'historique de ce qui a été fait depuis plusieurs années, dans le but d'obtenir l'organisation de trains directs et rapides entre ces deux villes.

Messieurs,

Dans la séance mensuelle du 2 février 1891, de la Société de géographie commerciale de Bordeaux, M. Balguerie, secrétaire, crut devoir citer un article d'un journal de Berne, la *Confidentia*.

Ce journal, après avoir rappelé les démarches des chambres de commerce de Bordeaux et de Lyon, faisait ressortir les avantages que le commerce trouverait dans l'établissement de trains rapides entre la Suisse et Bordeaux.

Ce desideratum présentait un grand intérêt au moment où la société philomathique de Bordeaux manifestait l'intention d'organiser, pour l'année 1894, une exposition internationale et universelle, et demandait le concours de toutes les associations scientifiques et commerciales de la ville. Cette exposition dut être reportée à l'année 1895, pour éviter de porter préjudice à l'exposition de la ville de Lyon, dont les travaux étaient bien plus avancés.

L'étude des moyens de communication rapides entre Lyon et Bordeaux n'en devenait que plus intéressante. Cette étude et les démarches nécessaires près des compagnies et près des pouvoirs publics furent reprises et elles ont été poursuivies jusqu'à présent ; mais il me semble que les résultats obtenus ne sont pas assez importants pour ne pas renouveler d'une façon plus pressante les demandes qui ont été faites.

Voici, brièvement résumé, ce qui a été fait par la Société de géographie commerciale de Bordeaux.

Dans la séance mensuelle du 2 mars 1891, M. Manés, secrétaire général, a donné quelques renseignements sur les démarches antérieurement faites par la chambre de commerce de Bordeaux, et a fait connaître les réponses du ministre et des compagnies.

Il a été décidé qu'un projet de vœu serait rédigé par les soins du bureau de la société, pour être transmis aux ministres du commerce, de l'instruction publique et des travaux publics, et qu'il serait soumis au vote de la prochaine assemblée générale.

Dans la séance du 2 juin, le secrétaire général a rappelé que le bureau de la société a été chargé de présenter un projet de vœu demandant :

Que la vitesse et le nombre des trains soient augmentés entre Bordeaux et Lyon, de façon à rendre aussi rapide que possible le trajet de Bordeaux à Genève et à Vienne par l'Arlberg.

Il a présenté ensuite, en s'aidant d'une carte sur laquelle ont été tracés les divers trajets possibles entre Bordeaux et Lyon, quelques aperçus sur les économies de parcours qui pourraient être réalisées, en utilisant la nouvelle ligne de Saint-Denis-lès-Martel à Aurillac.

Il a été ensuite donné lecture du projet de vœu proposé par le bureau et d'une note de M. Marc Maurel, président de la société, insistant sur l'intérêt qu'a le port de Bordeaux à être mis en rapport direct accéléré avec Lyon, Genève et l'Autriche.

D'après la lettre de M. Maurel, Bordeaux est le port naturel de l'Europe centrale pour les passagers et les marchandises à destination soit des Antilles et de l'Amérique centrale, soit du Brésil et de l'Amérique du Sud. Si les communications actuelles sont de peu d'importance, cela tient exclusivement à l'imperfection des communications.

D'un autre côté, les objections présentées par le comité consultatif des chemins de fer, insérées dans la lettre adressée à la date du 3 novembre 1890, à la chambre de commerce de Bordeaux, ne signalent aucune difficulté insurmontable et, en revanche, elles indiquent de nombreuses améliorations facilement réalisables.

Parmi ces améliorations sont principalement indiquées :

1° La suppression d'un certain nombre d'arrêts entre Lyon et Bordeaux ;

2° L'utilisation de lignes nouvellement établies, afin de réduire d'une façon notable le parcours total.

L'objection des compagnies basée sur le petit nombre des

voyageurs et le peu d'importance du trafic ne peut être valablement invoquée, les voyageurs, vu la situation actuelle, préférant, malgré l'augmentation du parcours, passer par Cette ou Paris plutôt que de faire le trajet direct.

Enfin, l'assemblée émet à l'unanimité le vœu *que la vitesse et le nombre des trains entre Bordeaux et Lyon soient augmentés*, de façon à rendre aussi rapide que possible le trajet de Bordeaux à Genève et à Vienne par l'Arlberg.

Et décide que ce vœu sera transmis par les soins de son bureau aux pouvoirs publics, aux sénateurs et députés des départements intéressés, aux conseils généraux et municipaux, aux chambres de commerce et aux sociétés suisses et françaises de géographie, et notamment au congrès géographique de Berne, par l'intermédiaire de son délégué, M. le colonel Fulcrand.

L'assemblée examine ensuite les différents trajets proposés. Par la voie de Cette, le parcours est de 883 kilomètres en 14 heures ; par Limoges, 625 kilomètres en 19 heures ; par Brives et Clermont, 580 kilomètres parcourus en 30 heures 1/2. D'après les données qui précèdent, on voit la difficulté absolue pour les voyageurs de suivre le trajet le plus direct et le plus économique.

Suivent ensuite les accusés de réception, avec approbation et avis de transmission à la chambre de commerce de Bordeaux.

A la date du 8 juillet 1891, le ministre des travaux publics annonçait, par une lettre à M. Trarieux, sénateur de la Gironde, que le vœu de la Société de géographie de Bordeaux avait été transmis aux services du contrôle des réseaux d'Orléans et de Lyon-Méditerranée pour instruction.

La Société de géographie de Lyon adressait, à la date du 10 juillet de la même année, la réponse suivante :

Le bureau de la Société de géographie de Lyon a pris connaissance, dans sa séance du 9 juillet, du vœu émis par la Société de géographie commerciale de Bordeaux ainsi conçu :

« Que la vitesse et le nombre des trains entre Bordeaux et Lyon soient augmentés, de façon à rendre aussi rapide que possible le trajet de Bordeaux à Genève et à Vienne par l'Arlberg. »

La Société de géographie de Lyon, considérant que cette proposition serait avantageuse non seulement à la région lyonnaise, mais aussi à l'intérêt général de la France, s'associe de tout son pouvoir au vœu émis par la Société de géographie commerciale de Bordeaux.

Le 10 septembre 1891, les membres de la chambre de commerce de Bordeaux adressaient à M. le ministre des travaux publics une lettre, annonçant l'échec des démarches faites près de la compagnie d'Orléans, et signalaient les inconvénients du trajet par Cette, au point de vue pécuniaire surtout. Il était donc urgent qu'une amélioration sérieuse fût apportée dans le trajet direct de Bordeaux à Lyon.

Après une démarche nouvelle et directe faite par M. le président de la chambre de commerce, la direction de la compagnie d'Orléans a répondu, à la date du 13 octobre 1891, qu'elle était toute disposée à rechercher les moyens d'augmenter la vitesse sur son parcours; que la vitesse sur le réseau d'Orléans était de 40 kilomètres à l'heure, mais de 32 kilomètres seulement sur le réseau de Lyon, et que, par conséquent, c'était surtout sur le parcours de Gannat à Lyon qu'il y avait lieu d'accélérer la vitesse.

D'un autre côté, la compagnie de Lyon faisait connaître, au mois de février, que le service entre Lyon et Gannat lui semblait devoir être maintenu dans les conditions actuelles. C'était une fin de non-recevoir absolue.

Aussi la chambre de commerce a décidé d'écrire immédiatement à M. le ministre des travaux publics et à la chambre de commerce de Lyon, pour les prier de provoquer une entente définitive entre les deux compagnies.

Le 28 juillet 1891, le conseil municipal de Limoges avait adhéré au vœu de la Société de géographie. La chambre de commerce de cette même ville avait envoyé son adhésion à la date du 14 août.

D'autre part, M. le colonel Fulcrand écrivait à la date du 16 août :

Mon cher Président,

J'ai l'honneur de vous annoncer que le vœu que vous m'aviez chargé d'appuyer au congrès international des sciences géographiques à Berne a été adopté à l'unanimité.

Le conseil municipal de Lyon envoyait son adhésion à la date du 22 août, et annonçait qu'une expédition de sa délibération était transmise à M. le préfet.

Le conseil général de la Gironde demandait, dans sa séance du 20 août, l'établissement de trains de vitesse entre Bordeaux et Lyon.

Un membre proposa, avec l'appui de M. le préfet, que des trains express hebdomadaires soient seulement demandés, mais le conseil a voté la demande de trains journaliers de vitesse entre les deux villes.

Le conseil municipal de Périgueux, le 24 novembre, adressait son adhésion et annonçait qu'une expédition de sa délibération serait transmise à M. le ministre des travaux publics. De même, le tribunal de commerce de Bergerac, siégeant en chambre de commerce, à la date du 22 décembre 1891, après une délibération aussi intéressante que fortement motivée, de laquelle il ressort :

Que la distance Bordeaux-Lyon, *via* Bergerac, Aurillac, le Puy, St-Etienne, n'est que de 627 kilomètres;

Que si la voie Aurillac ne permet pas en certains endroits, en raison des rampes ou des courbes, une marche très rapide, les vitesses maximum peuvent être atteintes sur la plus grande partie du parcours, aussi bien que *via* Guéret;

Considérant d'autre part que l'itinéraire Saint-Denis-lès-Martel, Bergerac, Bordeaux est absolument déshérité, au point de vue des communications rapides; que cet état de choses est très préjudiciable et qu'il a pour conséquence de détourner les voyageurs de leur itinéraire le plus court,

La chambre de commerce émet le vœu (qu'un service direct Bordeaux-Lyon soit organisé par l'itinéraire Bergerac, Sarlat, Aurillac, Murat, le Puy, Saint-Etienne);

Que les trains s'arrêtent seulement dans les principales gares, et marchent à la vitesse maxima que comportent les difficultés de la traction sur certains points du parcours.

Le 17 avril 1892, une lettre de M. Olivier, député de la Gironde, annonçait à la Société de géographie que M. le ministre des travaux publics, à la suite d'un avis du comité consultatif des chemins de fer, avait invité les compagnies d'Orléans et de Lyon à se concerter, afin de préparer une étude complète et détaillée de la création de trains express par chacun des deux itinéraires : Limoges-Gannat et Brives-Clermont, les autres itinéraires ne se prêtant pas à l'organisation de services de cette nature.

Dans la séance mensuelle du 4 juillet 1892, M. le secrétaire général Manès a rendu compte de l'état de la question des communications entre Lyon et Bordeaux.

Le service des trains a été modifié de façon à gagner 1 heure 1/2 en passant par Gannat. En revanche, les communications avec les lignes de l'Est sont complètement sacrifiées : les trains ne correspondent plus.

En somme, les améliorations obtenues sont très minimes, et la création de deux express, l'un *via* Gannat, l'autre *via* Tulle, est indéfiniment retardée.

Depuis cette époque rien n'a été fait, et il faut toujours, quand on veut aller rapidement de Lyon à Bordeaux et *vice versa*, passer par Cette, pour le plus grand avantage des compagnies de Lyon et du Midi.

Au mois d'avril 1894, la question a été reprise à nouveau, et elle est actuellement d'un grand intérêt, à cause de l'exposition de Lyon, et de la future exposition de Bordeaux en 1895.

Une lettre a été adressée par la Société de géographie de Bordeaux à la chambre de commerce de Lyon, lettre insérée dans le bulletin du 18 juin 1894. Cette lettre, qui serait à citer en entier tant elle est importante, rappelle que depuis nombre d'années des démarches infructueuses ont été tentées pour la création de deux express avec wagons-lits entre Bordeaux et Lyon.

En somme, Bordeaux n'est séparé de Lyon que par une distance de 500 kilomètres, et Bordeaux est le port naturel de cette ville et des grands centres intermédiaires pour l'Amérique centrale et l'Amérique du Sud.

Les compagnies objectent le peu de trafic en voyageurs et en marchandises entre les deux villes. Ce peu de trafic tient aux conditions vraiment défectueuses de l'exploitation, qui font que les voyageurs tant soit peu aisés préfèrent le trajet par Cette au trajet direct.

Il importe de réclamer d'urgence deux trains de grande vitesse entre Bordeaux et Lyon, avec tous accessoires postaux et de confort pour voyageurs de nuit, alors que la solution imminente de la question de la traction électrique permettra incessamment de monter les rampes avec plus de facilité et moins de frais.

La chambre de commerce a demandé de son côté, comme amélioration provisoire, le changement de l'horaire des trains, qui partiraient 2 heures plus tôt de Bordeaux pour arriver de même 2 heures plus tôt à Lyon.

Voici l'état actuel de la question :

Un train unique de toutes classes, partant de Bordeaux à 11 heures 20 du soir, *via* Périgueux, Limoges, Gannat, parcourt sans interruption la distance de Bordeaux à Lyon. Il arrive dans cette ville à 2 h. 43.

En sens inverse, un train dans les mêmes conditions part de Lyon à 3 h. 40 du soir et arrive à Bordeaux à 7 h. 1/2 du matin.

Par la voie de Clermont il faut 22 heures, et par celle d'Aurillac 32. Ces deux moyens de communication sont donc presque inutilisables.

Aussi viens-je demander que les sociétés françaises de géographie représentées au congrès de Lyon veuillent bien unir leurs efforts à ceux de la chambre de commerce et de la Société de géographie de Bordeaux, pour obtenir qu'une amélioration sérieuse soit apportée à un tel état de choses.

J'ai donc l'honneur de proposer au congrès de vouloir bien adopter le vœu suivant :

Les sociétés de géographie françaises réunies en congrès à Lyon émettent le vœu : que les communications entre Bordeaux, Lyon, la Suisse et l'Europe centrale soient améliorées; que de Bordeaux à Lyon il soit créé des trains de vitesse par la voie la plus directe, en correspondance avec les trains de Genève et de Vienne par l'Arlberg.

En adoptant ce vœu, Messieurs, vous rendrez un grand service à toute la région qui sépare les deux grands centres dont je viens de parler, région absolument dépourvue de moyens de communications rapides, soit vers l'Europe centrale, soit vers l'Afrique occidentale et l'Amérique du Sud.

M. Cambefort. — J'ai une tâche douloureuse à remplir et je la remplis.

Comme géographe, je m'intéresse évidemment aux moyens de transport quels qu'ils soient, chemins de fer ou autres, et il est évident que l'on tire toujours de très grands avantages des communications rapides entre deux grandes villes séparées par 550 kilomètres.

Permettez-moi cependant de vous dire que, par la pratique de la question, comme administrateur des compagnies de chemins de fer, mon opinion d'ensemble a été modifiée par la force des choses.

A première vue, il semble très simple de faire communiquer rapidement deux villes aussi importantes que Bordeaux et Lyon.

Mon Dieu, Messieurs, si en France il est très facile de faire communiquer rapidement des villes en ligne droite comme Lyon, Paris, Marseille, villes qui sont excessivement bien desservies, il n'en est pas de même pour les communications transversales qui ne le sont pas aussi bien pour le moment, Bordeaux-Lyon, par exemple, parce que le courant de voyageurs n'existe pas dans cette direction.

Je sais bien qu'on me répondra ce qu'on répond d'habitude à cette objection : vous n'avez pas de voyageurs, parce que vous n'avez pas de moyens de transports perfectionnés. Lorsque vous allez de Paris à Saint-Germain, vous trouverez 20 trains ; de même pour nous, de Lyon à Charbonnières, il est certain qu'on peut développer le nombre des voyageurs en augmentant le nombre des trains.

Mais permettez-moi de vous dire qu'ici il n'y a aucun obstacle pour la création de ces trains. Il n'y a rien de comparable à ce qui existe entre Bordeaux et Lyon.

Je serai charmé de voir souvent à Lyon les Bordelais.

Tenez, à présent, nous sommes réunis en congrès, et si l'on peut nous faire le reproche de ne pas aller à Bordeaux, nous devons constater aussi que, même à l'occasion de ces grandes assises de la géographie, coïncidant avec l'Exposition, le nombre des Bordelais est bien minime.

Le délégué de Bordeaux. — Nous sommes quatre.

M. Cambefort. — L'année prochaine, nous sommes conviés à aller à Bordeaux. Nous ferons ce voyage avec grand plaisir, et la perspective de quelques heures de voyage de plus ne nous retiendra pas à Lyon, soyez-en convaincu.

Croyez-moi, malgré tout l'intérêt que je porte à la question, je considère que le trafic voyageurs entre nos deux villes n'est pas si considérable.

Quelles sont les relations entre Bordeaux et Lyon ?

Elles sont faites par les représentants de grandes maisons de Bordeaux qui viennent nous offrir leurs produits, mais ces mêmes voyageurs, à leur départ de Bordeaux, n'ont rien de commun avec les hirondelles et les pigeons voyageurs qui filent à tire d'aile, en ligne droite d'un point à un autre. Les voyageurs s'arrêtent dans toutes les villes, font des affaires en route et n'ont aucun intérêt à se rendre directement de Bordeaux à Lyon.

Dans l'étude de ces questions, il faut d'abord consulter la statistique.

Interrogez-la, cette statistique, et vous verrez que, s'il existe un très grand nombre de voyageurs allant et venant dans la direction de Lyon-Bordeaux, très peu se rendent directement, dans leurs 16 heures, de Lyon à Bordeaux.

Il y a des voitures directes qui partent à 4 heures de Lyon pour arriver à Bordeaux à 7 heures du matin.

C'est relativement peu considérable.

Et puis, Messieurs, à côté de cela, il y a les obstacles matériels.

La voie de Lyon-Bordeaux est irrégulière, transversale : toutes les grandes lignes partent de Paris pour se diriger vers le sud ; il n'y a pas de croisements importants et il n'y a pas de manœuvres à exécuter pour changer de train. En un mot, la vitesse peut acquérir son maximum.

Toute espèce de manœuvre, en matière de chemins de fer, absorbe de 15 à 20 minutes, ce qui arrive à chaque changement de voie.

Il faut tenir compte aussi des croisements de trains, des attentes nécessaires : c'est du temps perdu encore, mais perdu nécessairement. C'est ce qu'on appelle en langage technique « le battement des trains », et c'est une perte chaque fois de 10 à 15 minutes.

Et puis les rampes, qu'en faites-vous ?

Vous avez deux lignes pour aller à Bordeaux, celle du Bourbonnais avec les rampes de la Souterraine, de Guéret à Montereau ; il faut ralentir et perdre chaque fois de 4 à 5 minutes. Tout cela additionné constitue une perte considérable.

Par la voie du Midi, vous trouverez les mêmes rampes. La rampe de la montée du Sauvage a 22 millimètres, et il est excessivement difficile d'aller avec rapidité sur ces déclivités.

Je le répète : la traversée du plateau Central est pleine de de difficultés de tout genre.

A part la ligne Lyon-St-Germain, la voie est pénible et cependant ces 580 kilomètres on les fait en 16 heures, malgré une infinité de détours, de rampes, de croisements.

C'est une illusion de croire qu'un train express pourra diminuer de beaucoup ce laps de temps : ce sera un mythe que ce train s'arrêtant seulement aux grandes stations. Il n'augmentera pas d'un seul le nombre des voyageurs.

C'est une loi fatale, inéluctable, que toutes les fois que vous emprunterez une ligne transversale, il vous sera impossible d'obtenir la vitesse des grandes lignes.

Quand les Bordelais viendront à Lyon, nous serons enchantés de les recevoir comme nous le faisons aujourd'hui, mais je ne pense pas que c'est dans cette direction, malgré des trains express, que les Lyonnais se porteront le dimanche. Dans la vie, en matière d'administration comme de commerce, il ne faut poursuivre un but que s'il est réalisable et utile.

Supposez que vous gagniez une heure sur le temps actuel, qu'est-ce que cela fera? Ça pourra peut-être intéresser quelques oisifs, quelques promeneurs, quelques touristes, mais pour les autres, quel sera l'avantage? Je ne suis pas pessimiste : une heure, une heure et demie, c'est tout ce qu'on peut gagner, car il ne faut pas compter sur les vitesses de Paris-Lyon ou sur l'emploi des machines électriques bonnes sur les voies plates. On mettra 15 heures au lieu de 16. Voilà tout. Telles sont les observations que j'avais à présenter, tout en regrettant qu'elles soient en opposition avec le vœu qui vient de vous être présenté.

M. Breittmayer. — Messieurs, je désire poser la question de M. le délégué de Bordeaux d'une façon plus large, c'est-à-dire en me basant non pas sur les relations de Bordeaux à Lyon au point de vue des voyageurs seuls, mais au point de vue des voyageurs et des marchandises.

Dans le temps, avant l'établissement des chemins de fer, il y avait la malle-poste qui allait de Lyon à Bordeaux. Cette malle faisait le service postal et transportait les voyageurs, parce qu'il n'y avait pas de train express sur Bordeaux.

Les difficultés existaient, plus nombreuses qu'aujourd'hui, et cependant le service s'effectuait régulièrement.

Je ferai remarquer, Messieurs, qu'il y a une différence très grande à établir entre les voies ferrées et les compagnies qui les exploitent. Nous sommes ici dans un congrès de géographie et nous devons nous occuper plutôt des voies ferrées que des compagnies.

Nous n'avons pas à nous occuper des frais, et pour ma part, j'estime que pour la commodité de tout le monde, pour la rapidité de la voie Lyon-Bordeaux, il y a intérêt à l'union des deux réseaux de l'Orléans et du P.-L.-M.

Je ne suis pas d'accord sur les chiffres et les heures avec M. Cambefort.

Le départ a lieu à 8 heures du soir de Bordeaux, et l'on arrive à 2 heures.

De 8 heures à minuit, toutes les dix minutes on s'arrête pour déposer les Bordelais qui se rendent à la campagne.

Il ne faut donc pas mettre sur le P.-L.-M. toute la faute des deux réseaux.

M. Cambefort. — C'est de l'histoire ancienne : à l'heure qu'il est, on part de Bordeaux entre 11 heures et minuit, à 11 heures 20.

M. Breittmayer. — La question est plus large.

L'intérêt pour les voyageurs et pour les marchandises est plus intéressant.

Il est utile et nécessaire de faire une ligne se dirigeant des ports de l'Ouest sur Lyon et le Sud-Est de l'Europe.

Ce que nous demandons, c'est l'établissement d'une voie ferrée destinée à réunir, par une communication directe, les ports de la côte ouest de la France avec Lyon et la frontière de l'Est.

Sans doute, cela créera quelques embarras au P.-L.-M. qui devra organiser un service nouveau, mais cet embarras ne saurait entrer en ligne de compte, en présence de l'avantage qu'il y aurait à avoir une voie directe allant de l'Ouest à Lyon et de là jusqu'à l'extrémité orientale de l'Europe.

Il y a là un avantage énorme, non seulement au point de vue de nos communications en temps de guerre, mais aussi au point de vue colonial.

Dans cette demande, Bordeaux n'est pas avantagé, tant s'en faut. Elle reçoit bien des marchandises de l'Amérique, mais jusqu'à St-Malo ou ailleurs, nous recevons les marchandises non seulement de l'Amérique du Nord, mais de l'Amérique du Sud.

Quelle source de mouvement de plus, si nous pouvions les renvoyer rapidement de la côte occidentale de France sur le Lyonnais! Lyon serait le point central de l'arrivée en Europe.

Pour résumer ce que je viens de dire, je crois que nous pourrions émettre un vœu ainsi conçu : « Le congrès, considérant l'utilité pour le commerce général français de réunir la côte ouest de la France par une communication des plus directes, à Lyon, et de là, par la Suisse et l'Arlberg, vers les pays du Sud-Est de l'Europe, émet le vœu que la communication entre la côte ouest et la ville de Lyon soit améliorée, de façon à satisfaire pleinement aux besoins de commerce français. »

Le délégué de Bordeaux. — C'est à peu près le même que le nôtre.

Le rapporteur. — Plus large.

M. Barbier. — Une observation, qui n'en est pas une dans le sens du mot. Comme nous avons déjà étudié la question, on pourrait mettre « le congrès renouvelle », ce serait une sanction nouvelle.

M. de Varigny. — Un renouvellement.

M. Barbier. — Le vœu a déjà été émis, et je crois que ça ne ferait pas mal qu'on le mentionne.

Le rapporteur. Je demande à Bordeaux s'il veut laisser mettre « côte ouest » au lieu de Bordeaux.

Le délégué de Bordeaux. — Je n'y vois pas d'inconvénient.

Le vœu modifié suivant ces observations est mis aux voix et adopté.

M. le *Président* souhaite la bienvenue à M. Marcel Monnier, dont, dit-il, tout le monde connaît le nom et apprécie le talent et l'autorité.

La parole est à M. Imbert pour la présentation d'une proposition sur l'extension des bureaux des renseignements coloniaux.

Un délégué. — Cela a été déjà décidé au Congrès de Tours, et nous ne pouvons pas nous déjuger à un an de distance.

M. Imbert. — Messieurs, je n'ai pas la prétention d'aller contre les idées du Congrès de Tours. Ce vœu répond en quelque sorte au sien. Il s'agit de la création de bureaux officiels de renseignements.

Si le Congrès est d'avis qu'il n'y a pas lieu de continuer l'examen de la question et que la solution en a été donnée à Tours, je n'insiste pas. J'avais simplement répondu à une question proposée à l'ordre du jour du Congrès.

M. Lemire. — Je crois que la question, à mon sens, doit être envisagée d'une façon plus large.

Le vœu déposé sur le bureau par M. Imbert doit, à mon avis, être complété et développé.

Les renseignements coloniaux paraissent indispensables à tout le monde. En France, c'est à peine si l'on peut trouver au ministère des renseignements sur l'Afrique et le Tonkin. Pour le reste, il est impossible de l'obtenir, et voilà pourquoi je suis partisan de la propagation des renseignements coloniaux mettant à même nos nationaux de connaître les colonies où ils désirent se rendre. Il y aurait là, à côté des renseignements officiels, ceux que possèdent les sociétés de géographie par les rapports constants qu'elles ont avec les explorateurs et les colons.

Seconde question : Quel est le meilleur moyen de faire profiter nos nationaux de ces avantages ?...

Il est temps que l'Etat fasse connaître quelles sont les facilités qu'il offre à ceux qui veulent aller coloniser...

M. Lemire donne lecture de son rapport sur ce sujet.

(Voir à la deuxième partie du volume.)

M. le Président. — Nous prions M. Lemire de vouloir bien condenser sa pensée sous forme de vœu.

M. Lemire. — Il m'est impossible de formuler ce vœu. Je laisse ce soin à un membre autorisé du Congrès.

Un délégué. — Je n'ai qu'un mot à ajouter. M. Lemire vous a dit qu'il ne formulait pas de vœu. Permettez-moi de vous rappeler un vœu qui avait été émis par le Congrès de Nantes. Tout le monde est d'accord sur la nécessité de répandre les renseignements coloniaux. Nous différons seulement sur les moyens à employer. Tout le monde a constaté la facilité avec laquelle les émigrés des autres nationalités peuvent se fournir des renseignements et sont même soutenus par les autorités administratives.

Que faisons-nous en France?

Rien.

Eh bien, je crois pour ma part que le soin d'indiquer aux colons la route à suivre revient à l'initiative privée.

Il faudrait s'adresser de préférence aux sociétés de géographie.

Chaque société dans sa région, dans sa sphère d'action, recueillerait des renseignements, et les transmettrait par des brochures, par des rapports.

La société de Bordeaux, qui a beaucoup de rapports avec l'Espagne, nous tiendrait au courant des choses de l'Espagne.

M. Gauthiot nous parlerait des Nouvelles-Hébrides, etc... Tout le monde travaillerait de son côté, et cet ensemble de forces réunies formerait un ensemble infiniment précieux de renseignements. Ce serait la réalisation du vœu émis par le Congrès de Nantes.

M. Merchier. — Je demande la parole pour combattre cette opinion.

En effet, si des sociétés comme Bordeaux peuvent se livrer à ces travaux, il en est d'autres qui sont dans le centre et ne peuvent en aucune façon s'occuper de cela. Il en est beaucoup qui ne reçoivent que rarement la visite d'explorateurs.

Ces sociétés-là seraient donc obligées de se contenter des renseignements qu'on voudrait bien leur communiquer, et il serait impossible pour elles de donner les renseignements qu'on leur demanderait.

Le délégué. — Je ne suis pas de cet avis. Toutes les sociétés étant pour ainsi dire fédérées, il n'y aurait pas de centralisation entre les mains de quelques-unes seulement. Les renseignements seraient communiqués d'une façon complète à tout le monde, et les sociétés de province seraient aussi bien renseignées que celle de Paris.

M. de Varigny. — Je me demande pour ma part comment on organiserait ce service. Les renseignements officiels, qui sont les plus sûrs, en ce qui touche les colonies, ne pourraient pas être transmis par l'administration directement à chaque société.

Ce serait déjà difficile, mais outre cela les sociétés n'existent que dans les grandes villes, et ces renseignements ne pourraient être utiles qu'aux habitants des grandes villes. A mon avis il y aurait un moyen de vulgarisation plus pratique.

Pour faire pénétrer les nouvelles des colonies partout, n'avons-nous pas le meilleur élément : l'instituteur? On ferait imprimer ces documents dans des journaux, qu'on adresserait ensuite à tous les instituteurs. Ceux-ci s'empresseraient de les communiquer à leurs élèves, et ainsi nous jetterions dans l'opinion publique ces utiles renseignements.

L'instituteur parlerait dans son cours des documents qu'on lui aurait fait parvenir, et il éveillerait dans les jeunes cerveaux confiés à ses soins le désir d'aller visiter ces pays inconnus. Il façonnera l'opinion et fera disparaître les idées fausses qu'on professe à l'égard de ceux qui partent pour les colonies.

Que se passe-t-il en France lorsque quelqu'un s'expatrie?...

On dit de lui : Il part parce qu'il ne peut pas gagner sa vie en France.

On le regarde avec circonspection, on l'observe avec dédain et l'on répète avec pitié :

C'est un cerveau brûlé : Il s'en va au loin, il ne reviendra jamais !...

Eh bien, c'est ce mouvement d'opinion qu'il faut faire disparaître.

Tout à l'heure M. Lemire vous disait ce qui se passait sous Colbert, en 1690.

Reportez-vous à l'époque où quelques familles françaises allaient au Canada et dites-vous combien de courage il a fallu à quelques ouvriers normands ou bretons pour fonder cette colonie française qui comptait 70.000 colons français, lorsqu'en 1770, elle fut abandonnée à l'Angleterre !

Voilà ce qu'il faut rappeler; il faut que, comme en Angleterre, lorsqu'un colon quitte la mère patrie il se sente soutenu et que l'on dise de lui qu'il va là-bas étendre notre influence et porter le renom de la France.

Je vous expose rapidement cette idée : que les sociétés de géographie agissent auprès des instituteurs qui, avec leur dévouement habituel, sauront les soutenir dans leur entreprise et devenir leurs auxiliaires.

Avec l'influence de l'instituteur, le colon sera considéré pour ce qu'il est, c'est-à-dire pour un homme travailleur, robuste, entreprenant, capable de gagner son pain. Ce moyen d'action sera très peu coûteux, et l'État ou les communes pourraient d'ailleurs intervenir dans les charges que nécessiterait cette diffusion géographique et coloniale.

M. Barbier. — Je m'associe à tout ce qui a été dit en faveur de la diffusion géographique et coloniale; mais je ferai des réserves en ce qui concerne les instituteurs. J'ai peur que les instituteurs n'aient pas le temps de s'occuper des documents qui leur seront envoyés, et d'un autre côté je vois dans ce service une source de dépenses énormes pour les sociétés.

M. de Varigny. — Je ne crois pas que la dépense soit énorme. Ce n'est pas nécessaire que les documents aient une extrême longueur. Voici une étude sur l'Algérie : elle émane de la société de géographie de Nancy dont M. Barbier est secrétaire. On envoie un extrait de la conférence de 60 à 80 lignes aux journaux qui s'empressent de la reproduire.

Ils le font presque toujours avec plaisir et je n'en connais point qui aient jamais refusé.

Ces journaux seraient mis sous bandes et envoyés à l'instituteur : ça n'est pas cher. Le port n'est pas élevé non plus pour les petites brochures.

L'instituteur recevrait à son adresse les documents, les montrerait en disant : « Voilà ce que j'ai reçu. »

N'est-ce pas là la meilleure propagande ?

M. Imbert. — Je remercie M. de Varigny des renseignements qu'il vient de nous fournir.

Dans l'état actuel de la question, je demande aux membres du Congrès de bien vouloir se rallier à la proposition de M. de Varigny; je m'y rallie et je retire le vœu que j'avais précédemment déposé.

M. Barbier. — Je me rallie également à la proposition de M. de Varigny; je le prie de vouloir bien la libeller et la mettre aux voix.

M. de Varigny. — Je n'ai pas rédigé de vœu; j'ai été amené à présenter ces observations à la suite de la motion faite par M. Imbert. Si vous voulez bien le permettre, ce vœu sera renvoyé à la commission compétente, et discuté à la séance de demain.

M. Gauthiot. — Il me semble qu'il est difficile d'émettre, pour le moment, un vœu sur une question au sujet de laquelle les membres du Congrès ne me semblent pas tous d'accord ou pas suffisamment éclairés.

Je crois que, pour assurer la valeur des délibérations prises, il est utile qu'elles soient longuement étudiées afin de n'être point sujettes à être modifiées par la suite.

Un vœu a besoin d'être discuté, et avant de l'émettre, il faut que tout le monde soit d'accord sur la manière dont il sera mis à exécution.

En n'agissant pas ainsi, on risque de lui faire perdre toute valeur et on a des chances pour rester à l'état platonique. Voici qu'il se présente sous une forme nouvelle : tout le monde est d'accord sur l'utilité de répandre le plus possible dans le public les renseignements coloniaux qui peuvent l'intéresser.

Comment les répandra-t-on?

Par les instituteurs, par les agents des préfectures, par les sociétés de géographie, par les soins de l'administration, d'une façon officielle, d'une façon non officielle?

C'est ce que nous ne savons pas.

Voyez ce qui se passe en Angleterre.

Chaque colonie a un agent qui est chargé de la faire connaître, d'attirer à elle les colons. Cet agent n'est pas un homme officiel, ce n'est pas un agent administratif, il ne relève que de la colonie, il est payé par elle, et son seul rôle, sans que l'État intervienne pécuniairement ou moralement, est, je le répète, de faire connaître la colonie et de renseigner exactement ses compatriotes qui désirent s'y rendre sur les ressources qu'on y trouve. Voilà un côté de la question qui nous échappe pour le moment.

Tout cela, voyez-vous, a besoin d'être étudié ; voilà pourquoi je ne voudrais pas qu'on émît un vœu sur une question aussi imparfaitement connue.

M. de Varigny. — Je me rallie à la proposition de M. Gauthiot, et comme lui, je pense qu'il y a lieu à une étude approfondie, voir si par exemple les agents rendraient plus de service que les instituteurs.

Il faudrait que le Congrès désignât un rapporteur qui étudierait la chose et nous la présenterait à un prochain Congrès.

M Gauthiot. — Je crois que M. Barbier est tout indiqué.

Un délégué. — Le vœu a été envoyé par la société de Tours qui l'a étudié.

Une voix. — Le 20 novembre 1893.

Un délégué. — Il a été renvoyé à l'examen du Congrès actuel.

Cependant, après les observations de M. Gauthiot, je ne pense pas que la question puisse être résolue à l'heure présente.

Un délégué. — On pourrait consulter les sociétés, recueillir les opinions et arriver finalement à une solution.

M. Gauthiot. — Pour me résumer et pour clore ce débat, j'estime qu'il y a lieu de renvoyer la question au Congrès de l'année prochaine. Nous prions M. Barbier de nous faire à cette époque, à Bordeaux, un rapport, un historique de la question et un projet de vœu. De cette façon, tout le monde sera éclairé et nous pourrons arriver à une solution.

La question est beaucoup trop importante pour qu'on prenne une décision à la légère : une étude consciencieuse est indispensable. Si M. Barbier, qui est fort au courant des travaux de nos séances, veut bien s'en charger, je crois que nous arriverons à avoir une idée très nette sur ce point.

M. Barbier. — Je demande la parole.

Je suis très confus d'un tel honneur, n'étant rien moins qu'un colonial. Je ne me flatte donc pas de trouver la solution ; mais ma bonne volonté vous est acquise. Je n'aurais pas accepté, si je ne comptais d'avance sur la bonne volonté de vous tous et sur la bénévole collaboration du secrétaire de la société de Bordeaux, à qui j'aurai probablement recours pour le travail de rédaction.

Je suis accablé de besogne, et sans un aide effectif, il me serait impossible d'aboutir. Je suis secrétaire général de la société de l'Est ; c'est une situation très honorable, mais ce n'est pas une sinécure. Enfin, je ferai de mon mieux.

M. le Président. — Il ne nous reste plus qu'à prendre acte de la bonne volonté de M. Barbier et de la collaboration promise par M. le secrétaire de la société de Bordeaux. Je crois, pour ma part, que l'on pourrait obtenir beaucoup de renseignements par les sociétés et selon leur situation.

La société de Lyon s'occuperait des Indes et du Sénégal ; celle de Marseille, de l'Algérie, de la Tunisie ; Bordeaux et Saint-Nazaire, de l'Amérique, etc., etc.

On aurait ainsi une source d'excellents renseignements.

L'assemblée charge M. Barbier, secrétaire général de la société de l'Est, de présenter au prochain Congrès, qui se réunira l'année prochaine à Bordeaux, un travail condensant tout ce qui a été fait jusqu'à ce jour au sujet de l'émigration coloniale.

M. Lemire, résident de France en Indo-Chine, dépose à la fin de la séance, sur le bureau du Congrès, son étude sur les colonies, ainsi que sa récente publication sur le Laos annamite, et les soumet à l'examen du Congrès.

SIXIÈME SÉANCE

La séance est présidée par M. Doutriaux.

M. Barbier donne lecture d'un mémoire sur l'utilité de remédier aux irrégularités orthographiques de nombre de noms de lieux, en France et aux colonies françaises.

M. Saurin fait une communication sur la colonisation française en Tunisie.

Voir ces deux mémoires à la deuxième partie du volume.

M le Président. — Nous donnons acte à M. Saurin de son intéressante communication, et nous l'en remercions.

Un délégué. — Voulez-vous me permettre de poser une question sur un point très intéressant? Vous avez dit, à propos des chemins de fer, que les frais d'exploitation en Tunisie étaient de 5.000 francs, tandis qu'ils s'élevaient en Algérie à 18.000 francs.

A quoi cela tient-il?

M. Saurin. — Voici : pour la Tunisie on a fait des voies de 1 mètre qui nous ont coûté 45.000 francs. En Tunisie, l'affaire a été beaucoup plus favorable qu'en Algérie, parce qu'on a trouvé les 45.000 francs à 4 %.

C'est l'Etat qui fournit l'argent parce qu'il est propriétaire, et qu'alors il donne l'argent dans les meilleures conditions. Je vais vous montrer un tableau.

Voici l'intérêt du capital :

Tunisie	50.000 francs
Intérêt du capital	2.000 —
Forfait d'exploitation	2.000 —

plus la moitié de la recette brute.

Ainsi, si le chemin de fer fait 6.000 fr., il reste 1.000 fr. La compagnie a 1.000 + 4.000 fr. c'est-à-dire 5.000 fr.

C'est une recette de 5.000 fr.

Il y a un minimum, c'est que la compagnie doit toujours avoir 3.000 fr.; 2.000 et 3.000, ça fait 5.000.

Si la recette brute est de 8.000 fr., la compagnie a la moitié, ce qui fait 6.500 fr. A 8.000, le chemin de fer fait ses frais.

En Algérie, au lieu de 50.000 fr., il y en a 160.000 à 5 %. On a fait la voie large partout, ça fait 10.000 fr. à payer en plus, puis le forfait d'exploitation 10.500. Dès que la recette brute dépasse 11.000 fr. au kilomètre, il y a un forfait d'exploitation de 7.500 fr., 7 et 5 font 12, ça fait 12.500 fr. C'est l'Etat qui garantit l'intérêt.

Un délégué. — A un autre point de vue, le chiffre des émigrants en Tunisie n'est pas très important.

M. Saurin. — La réponse est très facile. J'ai dressé la monographie de ce que pouvait faire le petit colon.

Pour lui le travail est peu rémunérateur; pour réaliser des bénéfices, il faut avoir le temps d'attendre les résultats des défrichements.

Beaucoup prennent les fièvres; ils sont obligés de prendre quelqu'un, ils ne peuvent plus travailler par eux-mêmes et sont forcés de ne pas réussir.

SEPTIÈME SÉANCE

MARDI MATIN, 7 AOUT

Président : M. BARBIER.
Assesseurs : MM. Paul CRÉPY et LAYEC.

La parole est à *M. de Varigny*, lequel donne lecture d'une dépêche de M. Guido-Cora envoyant les sympathies de la Société de géographie de Turin. Des remerciements seront adressés à cette société.

M. le Secrétaire donne ensuite lecture d'une lettre de la société des études commerciales et maritimes, d'une dépêche du président de la Société de géographie de Tours, et d'une lettre de M. Chapeyron.

Voir ces communications à la deuxième partie du volume.

M. Barbier présente son lexique géographique, qu'il a fait avec le précieux concours de M. Anthoine ; il parle des innovations qui y sont contenues et en indique tous les avantages.

M. le Secrétaire fait remarquer que le lexique de M. Barbier est très complet.

M. Barbier communique ensuite un mémoire très intéressant sur le rôle de la femme en géographie. Le travail que je vais vous présenter, dit-il, est un travail bien formidable, aussi ne vous donnerai-je pas la lecture complète des 51 pages dont se compose mon ouvrage, car j'en aurais pour plus de trois heures.

Je m'occuperai essentiellement des voyageuses, femmes françaises. Il termine par le récit de deux beaux voyages :

l'un fait par M. et Mme Louis Falguy, débarquant à Bombay le 14 mai 1881 ; et l'autre, par M. et Mme Dieulafoy, voyage en Perse en 1884 ; enfin ses conclusions.

(Voir à la deuxième partie du volume.)

La parole est à *M. Lemire.*— Vous venez d'entendre le panégyrique des grandes voyageuses.

Mon intention était de dire quelques mots pour vous indiquer quel est, à mon avis, le rôle de la femme dans la colonisation.

Il dépose son travail sur le bureau (voir à la deuxième partie du volume), mais sur la demande des membres du congrès, il en fait un petit résumé. Il débute en rappelant ce charmant proverbe provençal. Il dit que c'est l'homme qui apporte la pierre, mais c'est la femme qui édifie la maison.

M. de Varigny ajoute également quelques mots : il dit qu'une colonie vaut autant que l'élément féminin qui l'habite, on peut affirmer d'avance ce que cette colonie est appelée à devenir.

Un souvenir personnel : je me trouvais, en 1853, en Californie, c'était au moment des découvertes de mines d'or ; on n'y voyait que des aventuriers, des déclassés, des dévoyés, des hommes forts, grands et tous armés ; des femmes, on n'en voyait pas. Je fus un jour témoin d'un fait : il y avait dans une rue deux à trois mille hommes, de ces hommes toujours prêts à engager des rixes, lorsque je vis venir une femme ; aussitôt, tous les hommes se rangèrent pour laisser passer cette femme, en se découvrant à son passage.

Quand cette femme eut passé, j'eus la pensée qu'un peuple qui savait respecter la femme était un peuple appelé à un grand avenir (applaudissements).

SÉANCE DU MARDI SOIR 7 AOUT

Président : M. Merchier. — *Assesseur :* M. Guénot.

La parole est à *M. Barbier* pour réparer une omission sur les voyageuses francaises, il rappelle le voyage de Mme Lortet, une Lyonnaise qui a accompagné son mari en Palestine ; ainsi que Mlle Lemire.....

M. Guénot a la parole pour donner lecture de son mémoire sur le déboisement (voir à la deuxième partie du volume) ; il termine son exposé, qu'il qualifie de trop long, en disant quelques mots sur une société nouvelle que nous connaissons sans doute.

En 1872, dans l'Etat de Nevraska, les Américains ont formé une association. Dans les Alpes, une société française a été fondée sur les mêmes bases, moyennant une faible cotisation de 2 francs par an. C'est, je crois, la société des « Amis des arbres ». Il termine en parlant contre les garanties illusoires de la loi de 1882, et en faisant part des vœux qui sont les conclusions de son exposé. Le président remercie chaleureusement M. Guénot, il regrette que cet intéressant travail ait été présenté après la réunion des délégués pour l'étude des vœux, et qu'il ne puisse par conséquent faire voter sur les vœux que M. Guénot vient de nous transmettre. Il demande qu'ils figurent à l'ordre du jour du prochain congrès.

Le Président met ensuite aux voix le désir de M. Guénot.

Les conclusions de M. Guénot sont adoptées.

L'ordre du jour appelle la participation des Lyonnais à la colonisation.

M. Crescent étant absent, on passe de suite à l'ordre du jour : « L'île de Loyalty », par M. Bénet.

M. Bénet, absent, s'est fait représenter par un membre du congrès, qui fait remettre sur le bureau son exposé sur l'île de Loyalty.

M. J. Cambefort, président de la Société de géographie de Lyon, annonce que, dans sa séance du mardi 7 août, le comité du Congrès, composé de MM. Caspari (ministère de la marine, Société de géographie de Paris), Gauthiot (Société de Saint-Nazaire), Castonnet des Fosses (Société de géographie commerciale de Paris), Canu (Société de géographie commerciale de Bordeaux), Breittmayer (Société de géographie de Marseille), Layec (Société bretonne de géographie de Lorient), Doby (Société de géographie commerciale de Nantes), Merchier (Société de géographie de Lille), Malavialle (Société languedocienne de géographie de Montpellier), Barbier (Société de géographie de l'Est), lieutenant-colonel Debize (Société de Lyon), de Rey-Pailhade (Société de Toulouse), Doutriaux (Société de Valenciennes), Saurin (Institut de Carthage), Renaud (Société normande de géographie de Rouen), Guénot (Société de Toulouse), a admis les vœux votés durant la XVe session, dans la forme suivante :

Le Congrès de géographie émet le vœu :

1) Que le ministère des colonies s'applique à utiliser, au mieux des intérêts de la France et des colonies, la main-d'œuvre pénitentiaire.

2) Que l'étude de l'application du système décimal à la mesure des angles et du temps soit reprise, afin d'arriver à une solution donnant satisfaction à tous les intérêts scientifiques.

Il invite, en particulier, les sociétés de géographie à mettre cette étude à l'ordre du jour de leurs travaux.

3) Que le gouvernement de la république porte promptement remède à la déplorable situation morale et matérielle des colons français qui possèdent, par achats réguliers, à peu près les trois quarts de la superficie des Nouvelles-Hébrides, de manière que nos compatriotes n'aient pas à envier les colons anglais, moins nombreux qu'eux ;

Et qu'il prenne à cet effet, s'il ne peut procéder à l'annexion demandée par les pétitions de 1893 et de 1894, les mesures propres à conduire à ce résultat, telles que :

a) L'attribution à tous les commandants des bâtiments de l'Etat, ou aux délégués du ministère des affaires étrangères ou du ministère des colonies, des pouvoirs reconnus à nos consuls en pays d'Orient en matière d'état civil;

b) La modification du tarif douanier appliqué à Nouméa depuis le 1er avril 1893, tarif qui ferme aux colons français des Nouvelles-Hébrides le marché de la Nouvelle-Calédonie, et les force à porter leurs produits et à faire leurs achats en Australie.

4) Que les communications entre la côte ouest et la ville de Lyon soient améliorées de façon à faire face pleinement aux besoins du commerce français.

5) Que toutes les administrations publiques veuillent bien s'entendre pour faire cesser les irrégularités orthographiques de nombre de noms de lieux en France et aux colonies françaises.

Que les sociétés françaises de géographie s'emploient à restituer à tous les noms de lieux qui ont le même vocable les appellations complémentaires disparues.

6) Que les gouvernements français et tunisien favorisent par tous les moyens en leur pouvoir l'établissement des petits colons français en Tunisie.

7) Que les pouvoirs publics mettent à l'étude la création d'une voie navigable de Nantes à Orléans, conformément à la loi du 5 août 1879.

8) Que les ministères compétents centralisent, en une publication spéciale, tout ce qui concerne la géographie physique et la statistique de la France.

Le Comité des délégués a fixé à l'unanimité la réunion des prochains congrès, à Bordeaux en 1895, et à Lorient en 1896.

M. *Cambefort* prononce ensuite l'allocution suivante:

« Messieurs,

« Nous sommes arrivés au terme de nos travaux, et il est d'usage, avant de clore la session, d'indiquer la ville où le Congrès doit se réunir l'année suivante.

« C'est Bordeaux pour 1895, et Lorient pour 1896.

« Il ne me reste plus, Messieurs, qu'à vous remercier d'avoir bien voulu suivre assidûment nos réunions; vous avez su, par votre présence, vos travaux et vos discussions, relever l'importance de ce congrès. »

M. Gauthiot, en l'absence de M. de Claparède empêché, vient, en sa qualité d'ancien délégué aux congrès de géographie et au nom des délégués des sociétés de géographie, remercier M. le Président des efforts personnels qu'il a faits pour mener à bien ce congrès. Il remercie également ceux qui ont apporté tant de dévouement à l'organisation de ce congrès, comme M. le lieutenant-colonel Debize, M. Chambeyron; il ne veut point oublier la municipalité lyonnaise qui a permis au Congrès de se réunir dans les salons de l'hôtel de ville.

M. Cambefort remercie ensuite M. Gauthiot et déclare la session close.

La séance est levée à 5 heures.

DEUXIÈME PARTIE

MÉMOIRES

lus aux séances du Congrès ou envoyés pour être communiqués.

LE TEMPS DÉCIMAL

par M. J. de REY-PAILHADE, ingénieur civil des mines.

Il n'est personne de cette assemblée qui ne sache par expérience combien les calculs de jours, d'heures, de minutes et de secondes sont fastidieux et exigent d'attention pour ne pas faire d'erreur. Si on employait le système décimal, on supprimerait d'un coup tous ces inconvénients. La commission du système métrique proposa le temps décimal, il y a un siècle ; mais son projet était mal étudié et, pour des raisons que j'énoncerai plus tard, cette réforme ne pouvait pas aboutir.

Il n'est pas besoin d'être grand prophète pour prédire l'adoption du système métrique décimal par toutes les nations civilisées, dans un avenir plus ou moins éloigné. Tous les savants anglais et américains s'en servent couramment déjà ; ce n'est donc plus qu'une question de temps pour le voir pénétrer dans la masse du public de ces deux grands peuples. — Pour ne pas se laisser devancer peut-être par les derniers ralliés, il semble que le moment soit venu d'examiner s'il n'y a pas lieu d'introduire le système décimal dans l'expression du temps. La géographie, disons-le tout de suite, est la première intéressée à l'étude de cette question. Elle a en effet à résoudre le problème suivant : *Trouver un moyen commode d'écrire les heures de chaque nation, de manière que cette heure puisse être transformée immédiatement en heure de n'importe quelle nation.*

Plusieurs fois, la science française a eu à donner son avis sur ce point, et elle a toujours repoussé avec raison tout ce qui n'était pas conforme au système décimal. MM. Ferdinand de Lesseps, de Chancourtois et Bellot sont absolument formels sur cette question. Pour résoudre le problème énoncé plus haut, il faudra opérer simultanément et parallèlement deux réformes : 1° celle de la notation décimale du temps; 2° celle de la graduation décimale du cercle entier.

Mon excellent ami, M. Guénot, vous parlera de cette dernière ; je vais vous entretenir immédiatement de la première, qui est la plus délicate.

Mon système est basé sur la division décimale du jour et sur l'emploi de montres permettant de l'apprendre facilement, tout en se servant de nos heures sexagésimales actuelles.

L'unité pratique pour l'usage de tous les instants est le centième de jour, que j'appelle *cé* par abréviation, valant presque un quart d'heure (exactement $14^m 24^s$.) Il y aura des sances de 3 cés, comme nous disons maintenant 3 quarts d'heure. Les durées plus petites seront exprimées par des dizièmes de cés ou *décicés* valant chacun $1^m 26^s$. On dira départ du train à 30 cés 4 tout court, comme on dit 7^h 18 matin, et on écrira 30°4, ce qui est très simple et ne peut prêter à aucune confusion. Le jour, au lieu d'être divisé en 24 heures ou 1440 minutes ou 86400 secondes, valeurs n'ayant pas entre elles des rapports simples, sera partagé en 100 cés ou 1000 décicés ou 10000 canticés ou 100000 millicés, commençant à minuit et finissant à minuit suivant.

Ce n'est pas à des membres d'un congrès de géographie à qui j'ai à montrer comment on passe la plume à la main d'une notation à l'autre. (1) Il me suffira de vous présenter les deux montres qui indiquent à vue la concordance des deux systèmes.

Description. — Au centre, il y a un cadran ordinaire divisé en 200 parties égales. Extérieurement, on lit en gros chiffres 0, 1, 2, 3, 4, et 5 à l'intérieur. Ils indiquent les 5 premiers dixièmes du jour commençant à minuit, par conséquent du matin. Les autres gros chiffres à l'intérieur sont pour le soir. Les neuf petits chiffres 1, 2, 3, 4, 5, 6, 7, 8 et 9, répétés cinq fois entre les grandes divisions, indiquent les centièmes de jour ou *cés* valant environ 1/4 d'heure. Chaque cé est lui-même divisé en quatre parties égales valant : la première, 2 décicés 1/2 ; la deuxième, 5 décicés, et la troisième, 7 décicés 1/2.

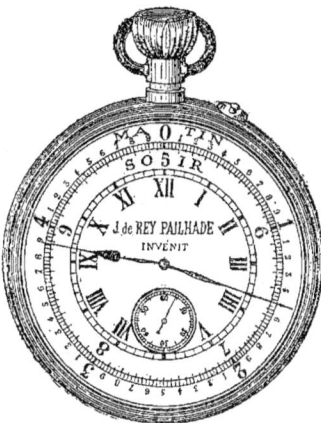

MONTRE AVEC DIVISION DÉCIMALE

Usage. — On examine la petite aiguille des heures (bien réglée préalablement) et on lit : 1° le gros chiffre à gauche de cette ligne, en dehors pour le matin et en dedans pour le

---

(1) Afin d'être complet, nous donnons l'exemple suivant : Trouver la concordance décimale de 3 h. 16 m. 19 s. soir. En ajoutant 12 h., c'est donc à partir de minuit 15 h. 16 m. 19 s.

1° En divisant 19 s. par 60 on obtient la valeur équivalente en fraction décimale de minute : 19 s. = 0^{m}3167 donc 15 h. 16 m. 19 s. = 15 h. 16^{m}3167 ;

2° En divisant 16^{m}3167 par 60 j'obtiens une fraction décimale d'heure : 16^{m}3167 = 0^{h}27194, donc 15 h. 16 m. 3167 = 15^{h}27194.

3° Enfin en divisant ce dernier nombre par 0,24 on obtient la valeur en cés et fraction de cé : 15^{h}27194 = 63^{c}633.

On trouve dans la *Connaissance des temps* des tableaux qui facilitent beaucoup ces calculs fastidieux.

soir; 2° le petit chiffre aussi à gauche, on a ainsi le nombre de cés ; enfin, en appréciant la grandeur interceptée entre les deux petits chiffres, on obtient les décicés ou millièmes de jour. La gravure de la montre indique, pour 9^h 18^m du matin, 38^c8. — Ce dessin ou la montre permet aussi de résoudre le problème inverse : on place, par la pensée, l'aiguille des heures à la position voulue sur le cadran décimal, et on lit approximativement l'heure sexagésimale correspondante en examinant par quelles divisions du cercle intérieur passe cette petite aiguille. On sait, en effet, qu'elle avance d'une division chaque douze minutes.

Ainsi, 72^c6 valent 5^h 25^m du soir. D'ailleurs, on peut aussi faire tourner les aiguilles avec le remontoir et les placer dans la position voulue ; on lit alors l'heure au moyen des deux aiguilles avec une grande précision.

Description. — Les nombres inscrits le plus extérieurement donnent les correspondances décimales des heures du matin. Les nombres écrits à l'intérieur sont les correspondances des heures du soir. Ces deux nombres diffèrent entre eux de 50 cés. Les chiffres inscrits dans le sens des rayons sont les concordances décimales des minutes indiquées par les heures que tout le monde connaît sans hésitation.

MONTRE AVEC CONCORDANCES DÉCIMALES

Usage. — On additionne le nombre des heures avec celui des minutes. Exemple : Trouver la correspondance de 3^h40^m soir; c'est $62^c5 + 2^c8$ soit 65^c3 ; on ajoute 1 ou 2 décicés pour les cas des minutes intermédiaires, comme 3^h43 soir, ou 65^c5.

Par un calcul inverse, on trouve la correspondance d'un temps décimal donné. Quelle est l'heure correspondant à 44°6? — 41°7 valant 10ʰ matin et 2°8 valant 40ᵐ, 41°7 + 2°8 = 44°5; donc 44°6 valent 10ʰ41ᵐ matin environ.

La société de géographie de Toulouse sera heureuse de prêter ces deux clichés à toutes les Sociétés qui désireraient insérer ces dessins dans leur Bulletin.

L'usage de tous les instants de l'une ou de l'autre montre donne non seulement les concordances décimales, mais fait vite apprendre par cœur les correspondances des 24 heures, ce qui est très simple, comme vous allez voir. D'abord le temps du soir s'obtient en ajoutant 50 cés au temps du matin ; 2ʰ matin valant 8°3; 2ʰ du soir sont représentées par 58°3. Puis la correspondance de 8ʰ du matin qui est le 1/4 du jour est évidemment 25°; de même 3ʰ du matin est le 1/8 de 100, soit 12°5. 9 heures du matin valent 37°5 et 8ʰ du matin le 1/3 de 100 soit 33°3. Il ne reste a apprendre par cœur que les *sept* heures intermédiaires. On y parvient aisément en quelques jours. Puis comme le *cé* vaut un *quart d'heure*, on trouve la concordance décimale d'une heure donnée mentalement à 1 ou 2 décicés près. Pour transformer sa montre, il suffit de faire changer le cadran sans toucher aux rouages intérieurs. N'ayant pris et ne voulant prendre aucun brevet, tous les constructeurs peuvent le faire. C'est une dépense de 4 à 5 fr. La maison Bossy fils, de Besançon, a exécuté mes cadrans avec un plein succès et s'occupe de les fabriquer en grand.

M. Rumeau, directeur de l'école publique de Saint-Syloe à Toulouse, a fait apprendre le temps décimal à des enfants de 12 ans avec la plus grande facilité.

Si toutes les écoles publiques avaient le grand cadran que nous vous présentons, indiquant nettement les deux manières de compter, tous les enfants s'y familiariseraient aisément.

Comme le temps décimal ne pourra devenir obligatoire que dans 50 ou 75 ans, pour le moment il faudrait simplement que les sociétés scientifiques et plus tard la presse quotidienne prissent l'habitude d'inscrire le temps décimal à la suite de l'autre comme suit, entre parenthèses : $3^h 43^m$ soir ($65^{cés}5$). Cela n'apporterait aucun trouble et on s'habituerait insensiblement à cette nouvelle manière de compter qui est très précise et très simple. La Société de géographie de Toulouse et la Société d'histoire naturelle de cette ville mettent maintenant les deux notations.

Examinons maintenant les avantages de ce système. Quand nous disons 206 heures, durée d'après *La Nature* de l'accident de la grotte de Lur-Loch en Styrie, on ne voit pas exactement d'un coup d'œil le nombre de jours et d'heures dont il s'agit, tandis que la valeur correspondante, 859 cés, indique 8 jours et 58 cés, soit 14 heures ou 2^h du soir. Pour indiquer à la fois le jour et l'heure, on emploiera un seul nombre décimal.

Par exemple le 8 août à $9^h 23^m$ matin s'écrira août $829^{cés}1$, nombre qui se prête admirablement aux calculs.

Reprenons l'exemple de Lux-Loch.

Entrée dans la grotte   Avril $2898^{cés}0$ ($11^h 1/2$ du soir).
Durée de l'emprisonnement $858^{cés}0$
Date et heure de la délivrance }   ———————
Total des deux nombres   } Avril $3756^{cés}0$
et en défalquant les 30 jours
du mois d'avril, on trouve   Mai   756   ($1^h 1/2$ du soir env.)

L'inconvénient de ne pas avoir un nombre exact pour exprimer 8 heures, soit 1/3 de jour, est de peu d'importance à côté des immenses avantages qu'on y gagne.

Pratiquement 1/3 de jour sera $33^{cés}3$; quant aux mathématiciens, ils se serviront de l'expression 1/3 de jour ou encore $33^{cés}33$... La commission du système métrique, composée des plus grands savants de l'époque, qui avait examiné consciencieusement toutes choses avant de se prononcer, déclara que le système duodécimal ne pouvait être adopté à cause de l'usage général du système de numération décimale parlée et écrite.

Aujourd'hui nous savons par une longue expérience tous les avantages qu'on peut retirer du système métrique décimal, malgré son inconvénient de ne pas renfermer le facteur, inconvénient plus théorique que pratique.

La réforme du temps en entraînera inévitablement une autre ; je veux parler de la décimalisation des longitudes et des latitudes géographiques. Il faut en effet, et c'est possible, que la longitude parle clairement à l'esprit et lui donne un renseignement utile. M. Guénot vous montrera qu'en divisant le cercle entier en 100 parties égales, on exprimera par un même nombre à la fois la longitude d'un point déterminé et la différence des temps entre le méridien initial et le point considéré. La transformation des cartes est très facile.

Je lis, par exemple, sur une carte d'Asie que Saïgon est à 28°9 longitude est de Paris ; je sais immédiatement que le temps de Saïgon avance de 28°9 sur le temps de France.

L'on veut connaître le jour et l'heure de Saïgon, correspondant au temps de France, août 881°6 (7^h 34^m soir), on y ajoute la longitude décimale 28°9 et on trouve 881°6 + 28°9 = août 910°5 (2^h 1/2 du matin du jour suivant). Les calculs deviennent d'une précision et d'une facilité remarquables.

Je rappellerai ici que l'idée première du système métrique décimal remonte à 1670 et est due à un Lyonnais, à Gabriel Mouton, vicaire perpétuel de Saint-Paul de Lyon. Quant à l'heure moyenne, nous la devons à la République de Genève qui l'institua dès le 1er janvier 1770.

La science géographique internationale va avoir à s'occuper de la confection d'une carte générale du monde à $\frac{1}{1.000.000}$. La France se doit à son passé de montrer au monde scientifique les progrès à apporter à la cartographie et à la géographie pratique, en introduisant simultanément et parallèlement le système décimal dans la notation du temps et des longitudes. Comme on ne pourra pas supprimer les mesures actuelles, il suffira de mettre sur les cartes une double graduation, comme celle de la carte de l'état-major; on lira sans confusions les deux manières.

DES EFFETS
DU DÉBOISEMENT DES MONTAGNES

par M. Guénot

Secrétaire général de la Société de géographie de Toulouse.

A diverses reprises, le Congrès a mis à son ordre du jour, sur la proposition de M. le colonel Blanchot, l'étude des causes de la dépopulation de la France continentale. Au Congrès de Rochefort, en particulier, il a été voté une motion invitant les sociétés de géographie à se livrer à une vaste enquête pour rechercher ces causes et proposer les moyens d'y remédier.

La Société de géographie de Toulouse s'est préoccupée de répondre aux vœux du Congrès. En étudiant cette question, elle n'a pas tardé à s'apercevoir que, parmi les causes de la dépopulation, l'abus de la vaine pâture et le déboisement des montagnes pouvaient être classées parmi les principales.

Il est, en effet, d'observation constante, qu'on ne trouve nulle part une population prospère et en voie d'accroissement dans les contrées où les végétaux arborescents sont détruits ou sur le point de disparaître.

Un grand nombre de contrées, autrefois très peuplées, sont devenues stériles et désertes au fur et à mesure que les forêts y ont disparu.

La disparition de la population n'est que le résultat ultérieur du déboisement. Avant que l'homme ne se voie forcé d'abandonner le lieu où il est né, il prend part et assiste imprévoyant et désarmé à la stérilisation et à la ruine progressive du pays qui a été son berceau et celui de sa race.

Mais il en est des forêts, sous le rapport de leur utilité, comme de l'eau des mers sous le rapport de la couleur. Cette eau n'est bleue que quand on la considère dans son ensemble : qu'on la mette dans un verre elle deviendra incolore. C'est pour cela, sans doute, que le rôle des forêts n'a généralement été apprécié que lorsqu'une imprévoyance fatale a consommé leur ruine.

« Les forêts précèdent les peuples, les déserts les suivent », a dit un grand penseur. Qui ne sera frappé de la justesse de cet aphorisme en considérant combien de contrées, autrefois fertiles et peuplées, ont été converties en déserts stériles et inhabitables à la suite de la destruction de leurs forêts ?

Cherchez aujourd'hui, dans les steppes et dans les marécages qui s'étendent du bassin de l'Indus à la Méditerranée, les contrées riches et fertiles qui furent le berceau de l'humanité. La Mésopotamie, l'Asie-Mineure, la Palestine, toutes ces régions, dit Becquerel, si renommées par la douceur de leur climat, privées de leurs forêts, manquent d'eau, de végétation et de population.

Mais qu'est-il besoin d'aller chercher si haut dans l'histoire de l'humanité des arguments que nous trouvons pour ainsi dire à chaque pas de la civilisation ?

MM. de Montrichard, Deherain, Naudin de l'Institut, Leroy-Beaulieu, de Colbert, Trottin, docteur Marès, capitaine Brocard, Alexandre de Humbolt, docteur Trolard, et un grand nombre d'autres géographes nous diront que ces mêmes causes ont produit partout les mêmes effets, et que c'est ainsi que le khanat de Boukhara, le Turkestan, l'île de Chypre, la plupart des îles méditerranéennes, l'Algérie, les Canaries, les Açores, sont devenus dénudés, privés, en partie ou totalement, de leur végétation et de leur population.

Mais arrivons tout de suite à la France et en particulier au bassin de la Garonne, qui nous intéresse plus spécialement et où nous allons constater les mêmes faits.

LE DÉBOISEMENT DES CAUSSES

Le déboisement des causses dans le plateau Central, dit un de nos collègues toulousains, M. de Malafosse (1), commencé il y a à peine trois siècles, a apporté la plus grande perturbation dans le débit de toutes les sources, dans le régime de tous les cours d'eau, dans le climat, dans l'étendue des surfaces cultivables, dans la population, etc...

Les causses ne sont plus que d'immenses espaces où l'œil fatigué se promène sur une série de renflements et de petites combes où se sont réfugiées de rares cultures. Ils étaient, il n'y a pas bien longtemps encore, couverts de forêts de trois essences, pins, chênes et hêtres, dont quelques témoins restent encore épars, de çà de là, marquant d'une tache verte cette surface grise ou rouge, suivant qu'apparaît la roche nue, ou que la terre ocreuse a été mise à découvert par la culture.

L'homme a abandonné ces lieux à peu près complètement avec la chute des forêts. De nombreux documents authentiques établissent qu'ils étaient autrefois très peuplés. On y comptait dix-huit paroisses.

Le déboisement des causses n'est pas uniquement l'effet d'une guerre ou d'une destruction voulue et réfléchie. Il s'est accompli lentement, et, depuis le XVIe siècle, une série de causes partielles y a contribué. Une des principales a été d'abord la division de la propriété, lorsque les seigneurs, si jaloux de leurs droits de chasse dans leurs forêts, ont quitté la province pour aller à l'armée ou à la cour. Les intendants, abandonnés à eux-mêmes, faisaient des coupes ou vendaient des parties de ces bois à des paysans. Or, le paysan a été toujours et partout le même. Encore aujourd'hui, il rêve un gain immédiat par le défrichement, qui, pendant quelques années, lui donnera des récoltes de céréales jusqu'à ce que bientôt la

---

(1) *Les gorges du Tarn et de Montpellier-le-Vieux*. Bull. 5-6 de la Société de géographie de Toulouse, 1889 (Louis DE MALAFOSSE).

terre végétale, lavée par l'écoulement rapide des eaux de pluie, perde toute valeur et devienne improductive. Elle est ensuite entraînée, dans ces régions montagneuses, soit dans les combes, soit dans les crevasses. *Ce qui était un bois en trente ans devient un désert rocheux.* Les événements politiques de la fin du dernier siècle ont joué également un grand rôle dans le déboisement, car partout le paysan se mit à défricher, soit les anciennes terres du clergé, jusqu'alors boisées, soit les forêts communales, que personne n'osait plus défendre.

Enfin, l'ennemi éternel du reboisement, le troupeau, est entré pour une large part dans la destruction des forêts des causses. Les bois de chênes coupés et non défendus ont été changés par lui en maigres taillis, et les bois de pins ont été détruits par le pincement des jeunes arbres qui auraient dû remplacer les vieilles générations de gros troncs coupés, à diverses périodes, pour des ventes ou des travaux.

Ces faits, nous les voyons encore tous les jours se produire avec leurs mêmes effets désastreux, et les lois sévères de 1864 n'ont pu arrêter ni cette aveugle soif du paysan pour un petit gain du moment, devenant pour l'avenir un désastre public, ni cette manie de fraude du berger, rêvant toujours une échappée de ses moutons sur les réserves de bois, ni ces attentats criminels des pasteurs, réduisant en cendres, en quelques instants, des lieues de pays, dans l'espérance funeste de voir s'y substituer des pâturages.

Il y a à peine quelque dix ans que d'importantes plantations de buis séculaires ayant germé et grandi, spontanément sans doute, avaient réussi à rendre ou à conserver, à l'aide de leurs puissantes racines, à certaines parties des causses, de vastes étendues de montagnes boisées. Mais le croquet et autres menus objets, fabriqués avec la souche de ce précieux arbuste, étant devenus à la mode et d'une vente avantageuse, et un industriel parisien ayant découvert ces plantations perdues, leur ruine fut dès lors assurée. Ce dernier se mit à les exploiter intensivement. Et il a si bien réussi dans cette détestable entreprise que le rocher nu remplace aujourd'hui partout les immenses espaces que la terre végétale et le buis recouvraient auparavant de leurs manteaux protecteurs.

Ce déboisement général joue un grand rôle dans les inondations désastreuses qui, de la Lozère et de l'Aveyron, se précipitent sur les départements subjacents du Tarn et du Tarn-et-Garonne.

DANS LES PYRÉNÉES

Les mêmes faits se sont produits dans la plupart des hautes vallées du bassin de la Garonne. Dans certaines vallées pyrénéennes, la végétation et la population ont diminué de plus de moitié; dans d'autres, l'une et l'autre ont même totalement disparu.

En 1684, M. de Froidour constate que la vallée de l'Arboust, qui débouche à Luchon, contient 4.500 arpents de belles forêts, pouvant fournir 4.000 mâts de navires : aujourd'hui, il n'y a pas, dans cette même vallée, plus de 300 arpents boisés.

Les rares habitants qui y sont restés en sont réduits, pour se chauffer pendant l'hiver, à se servir comme combustible de bouses de vaches, ou à se procurer du bois à de grandes distances dans les autres vallées.

Les travaux publiés par les gardes généraux des forêts constatent tous que partout il existe un rapport constant entre le régime des cours d'eau, les crues, les inondations, le climat, la dépopulation et les proportions des surfaces boisées.

L'AGLY, LE TET ET LE TECH

Ils disent également que le déboisement continue dans toutes les vallées, et que, conséquence fatale, les débordements et les inondations se multiplient, deviennent plus redoutables.

Dans le travail de M. Boixo, que je prendrai pour exemple et auquel j'emprunterai ses conclusions, tous les cours d'eau étudiés ont débordé au moins une fois l'an. Les Pyrénées-Orientales, l'Aude, l'Ariège ont vu 19 inondations dans les 12 dernières années, et chacune d'elles a entraîné des pertes considérables pour les populations qui les ont subies.

Le département des Pyrénées-Orientales est, on le sait, formé de trois bassins principaux, ceux de l'Agly, de la Tet et du Tech; plusieurs cours d'eau descendent, en outre, des flancs du Canigou et des Albères, pour se jeter directement dans la Méditerranée. Enfin, dans la partie la plus élevée se trouvent les sources de l'Aude, du Séga, affluent de l'Elne, et de l'Ariège, affluent de la Garonne. Je ne vous parlerai très succinctement que des trois premiers bassins, d'après M. Boixo, mais ce que je vous en dirai peut s'appliquer à tous les autres.

De l'ensemble des observations rapportées pour les dernières années, ainsi que des renseignements antérieurs, il résulte que les cours d'eau du Roussillon ont, à peu d'exceptions près, un régime torrentiel, mais que des trois rivières principales, l'Agly est actuellement la plus dangereuse. Viennent ensuite le Tech, qui paraît s'être calmé depuis la fameuse inondation de 1842, et la Tet, qui est bien loin cependant d'être inoffensive, comme en témoignent les crues d'octobre 1892.

Le régime torrentiel des cours d'eau dans les Pyrénées-Orientales dépend évidemment de deux causes naturelles sur lesquelles l'homme ne peut exercer qu'une action indirecte :

1° La déclivité du versant et du thalweg, qui est fort grande, puisque l'Agly, qui est la moins pentée des trois rivières, a encore une déclivité de 0,013 par mètre, les deux autres étant inclinées de 0,020 ;

2° Le climat excessif de la région qui amène, après de longues sécheresses, des pluies intenses, jetant sur le sol des quantités d'eau énormes.

L'Agly est cependant le cours d'eau qui, sous l'influence de pluies égales, a les crues les plus soudaines et les plus fortes. Elle a débordé dix-neuf fois en douze ans ; l'élévation de ses eaux atteint habituellement, au pont de Torreilles, 4m50, chiffre maximum après lequel se produit le débordement. Les crues horaires de l'Agly sont de 0,50 et même d'un mètre, tandis qu'elles sont de 35 à 50 millimètres au plus pour les deux autres rivières.

Or, comme le bassin de l'Agly est celui dont le thalweg a le profil le moins penté, ce qui devrait ralentir la marche des eaux, on ne peut attribuer ce régime excessif qu'au déboisement de la vallée.

La proportion des forêts y est de 4 % seulement, avec 50 % de vacants ; dans les bassins du Tech et de la Tet, on trouve 23 à 24 % de bois, 30 à 40 % de vides. Cette proportion si sensible a la plus grande influence sur le régime des eaux ; les documents produits le manifestent nettement.

Toutes choses égales d'ailleurs, l'Agly, moins boisée, a, comme on vient de le voir, des crues plus rapides que ses voisines, et même lorsque son bassin de réception est moins arrosé que les deux autres, c'est encore cette rivière qui déborde le plus violemment.

Ainsi, au mois d'octobre dernier, la vallée de la Tet a reçu, spécialement vers Prades et vers Vinca, des quantités d'eau triples de celles qu'accusent les observations de Caudiès et d'Estagel : 102 mètres cubes à Landiès, contre 334 à Prades.

La Tet, sous une telle chute, grossit sans doute et déborde avec impétuosité ; mais l'Agly, où la pluie est bien moins intense, l'emporte encore dans cette sorte de lutte, et son inondation est la plus forte du département, car, de son côté, le Tech reste dans une modération relative.

On trouve un autre exemple du rôle puissant du boisement sur le régime des eaux dans la comparaison des effets produits en janvier 1889 sur les petits cours d'eau de la côte. Tandis que les ravins de Laride et de la Massane, qui prennent leur origine dans les forêts de ce nom, ont à peine produit quelques dommages appréciables, les ravins du Ravaney, de Paulille et de la Baillaury, situés sur les versants dénudés de la même montagne, ont causé de graves dégâts sur lesquels il est inutile d'insister ici.

L'influence du boisement ou de la dénudation se trouve donc encore une fois démontrée. Et le déboisement, nous le répétons, est la suite d'abus bien anciens, mais qui se poursuivent de nos jours.

Durant le siècle actuel, il n'est pas douteux que les plantations de vignes aient été faites au détriment des bois et des olivettes.

Il n'en est plus de même depuis 10 ans, par suite du phylloxéra, du moins dans les coteaux ; mais le pâturage et les exploitations abusives continuent à exercer leurs ravages.

Il est inutile d'insister sur le préjudice progressif que porte aux bois et aux broussailles des garrigues le parcours du mouton et surtout de la chèvre. Il se pratique avec intensité dans les vacants désolés de l'Agly, comme dans la région des Albères et dans la vallée de la Tet.

L'exploitation abusive du chêne-vert a surtout lieu dans l'arrondissement de Céret. Sous le prétexte insoutenable que les taillis sont trop serrés, on extrait, à chaque exploitation, un certain nombre de souches qu'une coupe entre deux terres aurait revivifiées. Comme le pacage des troupeaux s'exerce avec continuité, le réensemencement naturel du sol ne peut avoir lieu, et les peuplements vont en s'éclaircissant chaque jour davantage, jusqu'au moment où ils disparaissent tout à fait.

Cette extraction des souches ne peut d'ailleurs s'opérer sans un ameublissement partiel du sol, et s'il survient alors quelque violent orage, les terres situées sur des pentes rapides sont entraînées par les eaux et font place à la roche nue.

On ne saurait trop s'élever contre cette pratique ruineuse du dessouchement des taillis d'yeuses. Elle est encouragée par l'avidité des exploitants, qui trouvent dans la racine une écorce abondante, et par l'insouciance du propriétaire, mais elle est aussi contraire à l'intérêt de celui-ci qu'à la prospérité publique.

La situation est donc grave, et les inondations de ces dernières années sont un avertisssement auquel les pouvoirs publics, et surtout les populations, ne doivent pas rester indifférents.

En dénudant les versants trop rapides des montagnes, on les a privés de la couverture naturelle qui, seule, pouvait opposer un obstacle suffisant au ruissellement des eaux, jetées par les pluies d'orage. Un retard de quelques heures suffit souvent pour diminuer l'afflux simultané des torrents dans le bas des vallées et pour empêcher les débordements.

Jusqu'en 1881, les particuliers ont effectué volontairement d'assez nombreux repeuplements ; mais à la suite de la crise phylloxérique, ces travaux ont été naturellement arrêtés par la gêne générale.

La constitution du périmètre de la Tet *a été entravée de toutes manières par les populations pastorales, sans que celles de la plaine, si intéressées cependant à cette œuvre de préservation, lui aient donné leur appui.* Ces dernières ne devraient plus aujourd'hui garder une attitude aussi passive. Des sacrifices considérables ont été faits pour la reconstitution des vignobles : la revision des tarifs douaniers permet d'espérer une juste rémunération de ces travaux. Il ne faudrait pas que, par une fâcheuse inertie, on risquât d'en laisser perdre le fruit.

On ne saurait imaginer, en outre, si on ne l'a vu de ses propres yeux, la désorganisation profonde et les modifications considérables que fait subir de proche en proche et successivement au facies et à la topographie de la haute chaîne des Pyrénées l'action des agents athmosphériques s'exerçant sur un sol déboisé.

Dans le petit canton du Vic-Dessos supérieur (Ariège), dans un seul hiver, sous l'influence combinée de la gelée et de la pluie, il s'est produit, à la suite d'un seul orage de violence moyenne, une débâcle et un transport de matériaux qu'on a évalué à un minimum de 350.000 m. c.

D'énormes plaques de roches, de 8 à 10 hectares d'étendue, oscillant sur leurs bases désagrégées, ont été soulevées, transportées à distance, et ont disparu en de gigantesques effondrements.

Des géographes et des naturalistes, habitués à visiter ces lieux, ne les reconnaissent plus d'une année à l'autre. Pistes et chemins disparaissent et doivent être créés à nouveau à chaque saison (1).

Ces désastres n'ouvrent pas le moins du monde les yeux aux populations pastorales qui en sont témoins. Elles voient la montagne se désagréger sous leurs pieds, elles reconnaissent que ces parcelles de terre, qui recouvrent encore leurs montagnes par place, ne tiennent plus que par quelques touffes de genévrier et de rhododendron qui y végètent, et malgré cette conviction, dans un entêtement stupide, elles brûlent impitoyablement ces broussailles importunes, qui sont cependant le dernier espoir de la végétation.

Nous avons vu, pendant l'automne dernier, deux bergers allumer en un jour dix foyers d'incendie sur la haute montagne, dans cette même vallée du Vic-Dessos, et dévaster ainsi vingt hectares de terrain. Dans la vallée de Soulcem, nous avons assisté, attristé, à l'embrasement de plus de 100 hectares de broussailles. Les surfaces ainsi incendiées sont condamnées à un anéantissement assuré et prochain. Mais qu'importe, des cendres ainsi faites naîtront, le printemps suivant, quelques brins d'herbe qui nourriront quelques moutons chétifs, cela suffit.

Il existe, au bas de ces vallées, plusieurs villages, relative-

(1) Voir la *Désorganisation des versants dans les hautes régions pyrénéennes*, par N. HAAS, inspecteur des forêts. *Bulletin de la Société de géographie de Toulouse*, 1892.

ment prospères, qui sont voués à une destruction certaine, du fait de ces barbares agissements.

Il y en aurait long à dire, si l'on voulait signaler toutes les conséquences funestes de cette désorganisation des versants ; mais l'énoncé de ces quelques faits typiques suffit pour démontrer l'urgence de rompre avec l'incurie actuelle, et la nécessité de rendre aux forêts le rôle de préservation qui leur appartient dans la physique générale du globe, et de supprimer les abus de la vaine pâture, afin d'atténuer ou de prévenir les dangers qui menacent la plaine.

Des études des forestiers tout le long de la chaîne, de même que des études particulières que nous venons de signaler, il résulte que les conséquences du déboisement sont toujours les mêmes : inondation, destruction de la montagne, dépopulation, etc.

Statistique de la population.

Si nous consultons les statistiques officielles, nous constaterons qu'en dehors des crues et des désastres qu'elles produisent, il est constant qu'à mesure que les déboisements compromettent ou détruisent les cultures, la population décroît et disparaît.

En 1891, le chiffre total des décès en France s'est élevé à. 876.882
Le chiffre des naissances, à 866.378

D'où il résulte un excédent des décès de. . . . 10.505

Le chiffre moyen de la perte par département, pour la France entière, a donc été de 120.

Or, les trente départements déboisés auxquels s'appliquent les prescriptions de la loi du 4 avril 1862 ont perdu 11 mille 885 habitants, déterminant à eux seuls le déficit entier de la France et 1380 décès au delà de ce déficit.

Tous les recensements, depuis 1871, témoignent de ce même fait, de l'affaiblissement soit relatif soit absolu de la population, dans les trente départements montagneux déboisés. De

1886 à 1891, ces trente départements ont perdu, en raison de l'excédent des décès sur les naissances et de l'émigration, le chiffre énorme de 89.632 habitants, tandis que, pendant cette même période, le reste de la France gagnait 213.921 habitants.

Le calcul de la population spécifique conduit aux mêmes constatations.

Il est facile de comprendre pourquoi les pays montagneux déboisés, livrés à la vaine pâture, deviennent stériles et inhabitables. Le sol, ameubli par les dessouchements, trituré par les pieds des animaux, est entraîné par les eaux pluviales et balayé jusqu'au roc vif. Les eaux, qui ne sont plus retenues par le rideau de feuilles et de branches des arbres, ni arrêtées par le tapis épais de mousse, d'humus, d'herbes et de broussailles, ni évaporées par la chaleur athmosphérique, ni ralenties dans leur chute par les lacets des ruisseaux, s'écoulent en torrents furieux, qui emportent les prairies, les champs, les troupeaux, les villages. Pas d'arbres, pas d'hommes : en tuant l'arbre, l'homme se suicide.

LA LOI DE 1882

Le danger du déboisement étant donné, il convient de rechercher la nature des remèdes à y apporter, car il importe que l'opinion publique ne s'endorme pas sur cette importante question, qui est une question de salut public. Une loi a été faite à cet effet, la loi de 1882, mais ses résultats sont loin d'être satisfaisants.

En 1846, après les désastreuses inondations de cette terrible année, on fit aux chambres de lumineux rapports, mais aucun système ne fut adopté, aucune impulsion nettement définie ne fut donnée ; on se borna à des travaux partiels, qui, au dire des hommes compétents, n'ont servi par leur défaut d'ensemble, qu'à rendre les effets des fléaux ultérieurs plus désastreux.

Dix ans après, en 1856, les inondations de Lyon donnèrent lieu à de nouveaux débats, entre autres à une curieuse lettre datée du 19 juillet 1856, adressée à M. Rouher par l'empereur Napoléon III. Dans cette lettre, où l'auteur compare pittoresquement, au point de vue de l'écoulement des eaux, les montagnes à des toits et les vallées à des gouttières, il préconise dans la haute montagne des barrages destinés à former des bassins artificiels, ayant pour objet de retenir temporairement une partie des eaux de pluies ou de fonte des neiges, dans les biefs supérieurs, aux époques des grandes crues.

Il demande, en outre, la stabilité dans les fonctions du service des ponts et chaussées chargé des cours d'eau, et l'unité de direction dans les mesures à prendre, en cas de crue, depuis la source d'un fleuve jusqu'à son embouchure.

On n'appréciait pas encore à leur juste valeur l'importance du rôle des forêts dans la régularité des cours d'eau; le mouvement aboutit toutefois aux lois insuffisantes, mais qui constituaient un progrès pour l'époque, de 1860 et 1864.

Après les malheurs causés par l'inondation de la Garonne en 1875, on agita de nouveau les mêmes problèmes, et quelques années plus tard, en 1882, on faisait une nouvelle loi, dont les dispositions ne sont pas en rapport avec la grandeur de la restauration à accomplir pour réparer les maux causés par le déboisement (1).

Rien n'a été fait, notamment, pour protéger ni Toulouse, ni la vallée de la Garonne contre le retour du fléau.

A la théorie des barrages, qui date des Romains, a succédé celle de l'extinction des torrents par la restauration des terrains en montagne compris dans leur périmètre immédiat.

Ce système, qui a donné de remarquables résultats, ainsi qu'on a pu s'en convaincre en visitant aux diverses expositions, notamment à celle de 1889, le pavillon des forêts, est insuf-

(1) Voir la remarquable étude sur le projet de cette loi, en 1877, de M. Tassy, ancien conservateur des forêts, professeur à l'Institut agronomique. *La Restauration des montagnes.*

fisant ; il ne vise qu'à combattre les torrents en activité, les plaies les plus hideuses de la montagne, sans se préoccuper dans une mesure suffisante ni de les prévenir, ni de réparer les pertes économiques considérables subies par le pays dans son ensemble, du fait du déboisement, ni d'entraver le fléau des inondations (1).

Il s'ensuit que, quoi qu'on en ait dit, les propositions de Surell (2) sur ce grave objet sont toujours seules vraies, prises dans leur acception rigoureuse.

1° La présence d'une forêt sur un sol empêche la formation des torrents ;

2° Le déboisement d'une forêt livre le sol aux torrents ;

3° Le développement des forêts provoque l'extinction des torrents ;

4° La chute des forêts redouble la violence des torrents et peut même les faire naître.

Comme tous les malheurs dérivent des torrents, il faut en conclure que c'est seulement dans la régularisation du régime des cours d'eau par la création des forêts dans les ramifications montagneuses de leur bassin que se trouve le remède efficace.

En vertu de la loi du 14 avril 1882, les chambres votent chaque année une somme de deux à trois millions pour le reboisement ; mais, en fait, cette somme est employée, pour la plus grande partie, à ce qu'on appelle des travaux de correction, c'est-à-dire à éteindre un torrent dont les dégâts sont permanents et menacent immédiatement d'importants centres de population ou d'exploitation industrielle.

L'administration forestière, n'ayant pas les moyens d'action suffisants pour détruire le mal à son origine, ne peut qu'aller au plus pressé. Elle s'applique exclusivement à traiter les

(1) Voir la *Restauration des terrains en montagne au pavillon des forêts*, par P. DEMONTZEY, administrateur des forêts, membre correspondant de l'Institut, 1889.

(2) Etude sur *Les torrents des Hautes-Alpes*. SURELL.

plaies les plus hideuses ou les plus dangereuses, ou encore elle prend certains périmètres, où l'on veut bien lui laisser les coudées franches, et là où il n'y avait lieu que ruine et désolation, elle crée de magnifiques taillis, où la végétation déploie à nouveau toutes ses bienfaisantes merveilles, comme pour dire à ses détracteurs, aux pouvoirs publics, à toutes ces populations pastorales ou forestières menacées d'une mort prochaine : je suis en possession du remède qui convient à vos maux, à votre situation désespérée; quand vous le voudrez, je vous apporterai la renaissance et la vie (1).

Les dispositions de la loi de 1882 ne sont pas seulement insuffisantes en ce qui a trait au quantum des fonds affectés à la réfection des montagnes, mais encore imprévoyantes, étroites, et dictées par des considérations qui auraient dû leur être étrangères. Inspirée en partie par un sentiment de réaction contre les sages mesures de conservation contenues dans les lois de 1860 et 1864, la loi de 1882 semble ne s'être préoccupée que de conserver un reste de vie pastorale sur des montagnes en ruine, en se donnant les apparences de sauvegarder l'intérêt public.

On est étonné du peu de rapport qui existe entre ses prémisses et ses conclusions : son rapporteur, après avoir fait un tableau émouvant et sombre des désastres et des ruines accumulées par la destruction des forêts, propose ensuite les moyens les plus infimes et les moins efficaces pour y parer.

Qu'on me permette une comparaison vulgaire, les auteurs de la loi se sont conduits comme le ferait le propriétaire d'un important immeuble, qui, après avoir énuméré complaisamment les causes de ruine imminente les plus certaines dont est menacée sa construction, se proposerait de consacrer

---

(1) Voir le *Reboisement des montagnes et l'extinction des torrents*, par M. P. Demontzey, administrateur des forêts (1891), et *la Restauration du Péguère de Cauterets*, par M. Ed. Loze, inspecteur des forêts. Bulletin, 5-6 de la Société de géographie de Toulouse, 1892.

50 centimes par an à sa consolidation, en se réservant de prendre l'avis des termites qui sont dans les charpentes, des rongeurs, cause première de la pulvérisation des poutres maîtresses, et des voisins intéressés à sa disparition.

D'après les évaluations les plus modérées et les moins contestées de l'administration des forêts, il faudrait 200 millions pour remettre en état tous les versants montagneux déboisés. La loi applique à cet objet 3 millions 1/2 par an.

De sorte que, en admettant que les travaux effectués par l'administration forestière soient définitifs et respectés des populations pastorales, et que l'existence des montagnes actuellement boisées soit conservée en bon état, ce n'est que dans un siècle que les travaux de régularisation des cours d'eau et de protection de la plaine seront effectués.

Est-ce une entreprise sérieuse, Messieurs, que celle d'une œuvre dont le parachèvement demande un siècle, c'est-à-dire la vie de cinq générations !

Non, n'est-ce pas ? surtout quand on sait que les deux hypothèses que je viens de formuler ne sont, hélas ! pas exactes, tant s'en faut ; les travaux des forestiers sont presque toujours entravés quand ils ne sont pas détruits ; les montagnes encore actuellement boisées continuent à être dévastées et privées de leurs défenses naturelles ; la fureur égoïste et inconsciente du déboisement et de la vaine pâture continue à sévir sur les régions restées jusqu'à ce jour indemnes, ainsi que je viens de vous l'exposer tout à l'heure.

Et alors qu'on alloue la somme insignifiante précitée pour faire disparaître les causes les plus certaines de l'irrégularité des cours d'eau et des inondations des plaines, on vote chaque année de 40 à 50 millions d'indemnité aux victimes d'inondations partielles, mais permanentes, ou à celles de la sécheresse; et quand c'est un grand fleuve qui déborde, comme la Loire, la Garonne ou le Rhône, le chiffre des désastres s'élève à des centaines de millions, sans compter les vies humaines perdues, vies dont la valeur est inestimable.

Pour s'expliquer que les dispositions d'une loi aussi peu en rapport avec son objet aient pu être votées, il faut se rendre compte que les populations pastorales, dont les intérêts mesquins et de tous les jours sont en jeu, ne cessent d'exprimer leurs doléances à leurs représentants et aux pouvoirs publics, tandis que les habitants de la plaine, insouciants et oublieux, dès que le danger est passé, se désintéressent de la question. Quand survient un de ces immenses désastres qui font date dans l'histoire, on entend alors s'élever de la plaine d'immenses clameurs, suivies de récriminations et de regrets ; on remonte alors aux causes, que l'on déduit avec une admirable netteté ; on fait des projets, des discours, des programmes, des professions de foi ; puis peu à peu arrive la lassitude, suivie de l'oubli et du silence, pendant que la hache et la pioche homicides du bûcheron, la dent et le pied inconscients du mouton et de la chèvre, recommencent de plus belle à fouiller le sol, à proscrire toute végétation, à désagréger la terre meuble des montagnes, à la précipiter dans les cours d'eau, à préparer de nouveaux désastres d'une amplitude de plus en plus considérable, en dépit des coûteux travaux d'art et de défense accumulés en vain dans la plaine.

Il est facile de comprendre les raisons de cet abandon universel de l'intérêt général ; elles sont comme la philosophie de l'histoire de notre temps. Un homme qui prend en main des intérêts locaux ou particuliers quelconques peut aspirer à toutes les situations, même les plus élevées, tandis que celui qui ne se préoccupe que de l'intérêt public risque fort de se voir méconnu.

Voilà pourquoi nous voyons entreprendre tant de travaux, d'un intérêt local douteux et d'une utilité générale contestable, tandis qu'on ne reboise qu'avec la plus grande parcimonie, alors cependant que tout le monde est d'accord sur la nécessité de cette mesure de salut public.

Non seulement la loi de 1882 a affecté une somme relativement insignifiante à la restauration des montagnes, mais encore elle a entouré cette affectation de restrictions aussi temporisatrices que vaines et sans objet.

C'est ainsi qu'elle a décidé que la déclaration d'utilité publique des travaux à effectuer ne pourrait avoir lieu que par une loi pour chaque cas particulier.

Il y avait alors 500 périmètres disséminés dans les Alpes, sur le plateau Central et dans les Pyrénées ; et la loi décide que chacun d'eux sera l'objet d'une enquête, dans laquelle elle fait intervenir les conseils municipaux, les conseils d'arrondissement, les conseils de préfecture, un représentant des ponts et chaussées et un seul agent des forêts.

Ainsi, il y a des régions entières qui, de notoriété publique, sont sous le coup des plus grands dangers, d'une situation météorologique qui peut se produire demain, et on ne trouve rien de mieux à faire, pour y parer, que de créer les commissions aux rouages lents et compliqués dont je viens d'énumérer la composition.

C'est en vain que le représentant du gouvernement s'oppose à cette disposition, pour demander, à l'aide d'arguments topiques, la forme plus rapide et tout indiquée du décret ; on passe outre.

Si les éléments de ces commissions n'étaient que temporisateurs, ce ne serait encore que demi-mal ; avec le temps et du bon vouloir, on vient à bout de bien des choses ; mais encore ils sont des plus suspects au point de vue de l'intérêt général. Représentants de ces populations égoïstes et à courte vue, qui ne s'occupent que de leur intérêt présent et immédiat, et qui ont déjà, dans l'espèce, les plus criants méfaits à leur actif, c'est à eux qu'on demande de décider de l'opportunuité de la mise en défense des débris de montagnes qui menacent de s'écrouler. Quant à l'intérêt de la plaine, à l'intérêt de l'avenir, à l'intérêt général, il n'est représenté par personne, sinon par des fonctionnaires qui ne sont pas indépendants, qui ont à ménager les influences locales, et que la loi a pour ainsi dire récusés en les traitant d'avance de suspects.

Ce ne sont pas là, malheureusement, les seules critiques que que l'on peut adresser à la loi de 1882. Elle a encore, sous l'influence de ce faux libéralisme qui a déjà fait tant de mal, substitué au principe de l'expropriation forcée, sans indemnité il est vrai, mais réservant aux expropriés le droit de reprendre le terrain restauré, soit en remboursant le prix des travaux effectués, soit en abandonnant une partie du sol reconstitué, — principe tutélaire des lois de 1860 et de 1864 — celui du retour au droit commun, c'est-à-dire l'obligation pour l'Etat de remplir les formalités prescrites par la loi de 1841, c'est-à-dire l'expertise et l'acquisition à chers deniers.

Ce retour au droit commun a été encore funeste au reboisement et au regazonnement. Le jury mi-parti institué par la loi précitée pour régler les indemnités dues par l'Etat s'est trouvé trop souvent composé d'hommes faillibles, trop accessibles aux sollicitations intéressées, et qui se sont montrés parfois peu soucieux des deniers publics.

On sait que, pour certains brasseurs d'affaires, le code de la morale souffre de nombreuses exceptions, et qu'en particulier spolier l'Etat n'est pas commettre une action indélicate. On a donc vu certains spéculateurs éhontés se livrer à l'exploitation des terrains de montagne placés sous le coup de l'expropriation, et certains jurys, que tout le monde connaît, allouer jusqu'à 2,000 francs par hectare à des propriétaires qui ne retiraient pas 50 centimes des déserts expropriés.

De telle sorte que cette somme déjà si réduite de trois millions, qui honnêtement employée pourrait faire quelque bien, se trouve encore diminuée de tout ce que la spéculation et les manœuvres dolosives peuvent lui arracher.

On ne s'explique pas le retour au droit commun en une matière où l'intérêt général prime à ce point l'intérêt particulier, surtout en ce qui concerne les forêts communales, et ce ne peut être, je le répète, que par un de ces accès de faux libéralisme, auxquels nous sommes sujets de notre temps, qu'une disposition aussi funeste au pays ait pu être introduite dans la loi.

Il paraît aussi peu raisonnable de soumettre les forêts de nos montagnes, dont la conservation intéresse toute la France, au droit commun, que de faire procéder, dans nos colonies, aux travaux les plus vils et les plus malsains par nos soldats, alors qu'à côté d'eux les déportés, les criminels, par je ne sais quelle aberration, par je ne sais quel sentiment humanitaire dévoyé, en sont dispensés pour une vie plus facile et plus agréable.

Quoi qu'on fasse, il y a toujours des mesures d'exception nécessaires. Le service militaire n'est-il pas une atteinte à la liberté individuelle? La perte de deux provinces occasionne une dépense d'hommes et d'argent formidable. Eh bien, on peut affirmer, que les forêts sont destinées à nous conserver et à nous rendre des territoires autrement considérables ; on peut dire, sans crainte d'être démenti, qu'elles ont actuellement, dans la préservation du domaine national, une mission de salut public.

Avant d'en finir avec la loi de 1882, signalons encore une de ses inconséquences. Après avoir reconnu l'imminence du péril, elle en retarde, comme à plaisir, la conjuration.

Après avoir institué une commission compliquée, et trop justement récusable en l'espèce, ce que je crois avoir démontré, la loi ajoute qu'après avis de cette commission, l'expropriation pour cause d'utilité publique ne pourra être déclarée que par une loi, pour chaque cas particulier. Le parlement voulait ainsi se réserver l'examen de toutes les questions forestières, et la décision à intervenir.

C'est encore en vain que le représentant du gouvernement démontra les lenteurs et les dangers de cette procédure, on ne tint aucun compte de ses arguments, par défiance de l'administration forestière et de tout principe d'autorité.

Après expérience faite, il est curieux d'avoir à constater

que si le parlement avait, en 1882, le louable désir de se livrer à une étude approfondie de toutes les affaires forestières, il n'eut pas, par la suite, assez de pouvoir sur lui-même, ou la volonté ferme nécessaire pour s'astreindre assidûment aux travaux patients et de longue haleine qu'exigeaient ses intentions premières.

Et dans la pratique, voici comment ces prévisions législatives reçoivent satisfaction. Sur l'initiative de l'administration forestière, les commissions locales se réunissent et finissent bien par accepter quelques-uns des travaux de correction urgents, qui s'imposent. Un rapport expose le résultat des délibérations, et demande une loi conforme au parlement. Ce rapport, sous forme de projet de loi, va à la commission parlementaire spéciale instituée à cet effet. Mais la commission, préoccupée sans doute de questions plus actuelles ou plus populaires, oublie la proposition forestière dans les cartons, jusqu'au jour où ces derniers en regorgent. Dans l'intervalle, il s'écoule trois ans, quatre ans, et plus. Depuis la loi de 1882, on n'a voté qu'une ou deux fournées de lois de cette nature, et ce vote a eu lieu sans étude préalable et sans discussion, à main levée.

On le voit, le seul résultat obtenu par cette procédure de de défiance est d'entraîner de longs retards dans un sujet qui n'en comporte aucun. Toutes ces dispositions législatives sont donc à reviser.

LA SOCIÉTÉ DES AMIS DES ARBRES

En terminant cet exposé sommaire de la question, laissez-moi vous dire quelques mots d'une société nouvelle, créée pour répondre aux fins que nous poursuivons, le respect des forêts et le reboisement des montagnes.

Les Américains, dans la première moitié de ce siècle, ont commis la même faute que les Français ; ils ont détruit leurs forêts avec une rapidité, un vandalisme dont nous n'avons pas idée. En peu de temps, par le fer ou par le feu, les forêts avaient disparu sur des surfaces égales à l'Europe entière. La conséquence de cette imprévoyance et de cette avidité n'a pas tardé à se faire sentir.

Les sécheresses, les chaleurs torrides alternaient avec les froids excessifs, les pluies diluviennes et les inondations, pour ruiner le pays (1). Comprenant leur imprudence, ils se sont promptement ressaisis et ont entrepris de réparer l'erreur universelle par le dévouement et l'effort de tous les citoyens. Et ils ont apporté dans cette entreprise la même énergie, la même décision qui avaient présidé au déboisement.

Dès 1872, une association fut fondée dans l'État de Nebraska, par Simpson, sous le nom d' « Arbor day » (fête des arbres), pour la multiplication des vergers et la reconstitution des forêts.

Cette association s'est multipliée avec une rapidité incroyable, et chaque année l' « Arbor day » est célébré avec la plus étonnante solennité. C'est une fête à la fois populaire, nationale et religieuse.

Les jeunes gens, initiés par les instituteurs aux pratiques de l'arboriculture, y jouent le principal rôle. Des récompenses honorifiques, des primes en argent, sont décernées à tous ceux qui se sont distingués par la plantation du plus grand nombre d'arbres. Une cotisation annuelle de 5 francs (1 dollar), destinée aux besoins de l'œuvre, est payée par chaque sociétaire.

Une association française, séduite par l'importance des résultats obtenus aux État-Unis et effrayée des dangers dont nous menacent la vaine pâture et le déboisement, la *Société d'agriculture des Alpes-Maritimes*, a voulu, à l'instar de l' « Arbor day » américaine, fonder une société similaire. Elle a pensé, avec raison, que l'initiative privée devait venir

---

(1) Voir à ce sujet l'étude de M. Loze, inspecteur des forêts, vice-président de la Société de géographie de Toulouse : *De l'Influence des sols boisés sur les climats*. 1892.

en aide à l'administration forestière par la propagande et par les actes :

Par la propagande, elle tend à dissiper les préjugés des montagnards, à les réconcilier avec les forestiers, à leur faire comprendre le rôle bienfaisant des forêts dans l'harmonie de l'écorce terrestre et les dangers, pour eux-mêmes, d'une exploitation abusive ;

Par les actes, elle oblige ses adhérents à prendre l'engagement de planter ou de faire planter chaque année au moins un arbre, et à protéger de leur influence morale les plantations d'arbres fruitiers ou forestiers actuellement existantes.

Une cotisation supplémentaire de 2 francs par an est destinée à pourvoir aux frais de publicité et à constituer une caisse apte à recevoir des dons et des subventions.

Telle est cette association dans ses grandes lignes.

Il est utile de la faire connaître et de mettre en relief le but qu'elle se propose, non seulement en raison des résultats immédiats qu'elle poursuit, mais encore parce qu'elle indique qu'il se manifeste un mouvement salutaire contre les erreurs dangereuses de la loi de 1882 et contre les garanties illusoires qu'elle a édictées, mais aussi parce qu'elle peut servir à agiter utilement l'opinion publique, à l'éclairer.

On ne saurait prononcer anathème ni condamnation absolue contre les populations pastorales de la montagne. Malgré leur incurie, leur égoïsme, leur âpreté en la matière qui nous occupe, on ne saurait méconnaître leurs solides vertus de travail, de sobriété, d'honnêteté et de virilité. L'excuse de ces esprits simples, qui seront toujours mineurs et dont on doit sauvegarder les propres biens contre eux-mêmes, c'est qu'ils sont rendus incapables, par leur genre de vie, d'une longue prévoyance. Pour eux l'univers et le temps se confondent et se résument dans leur famille, leur village, leurs troupeaux, leurs herbages et le gain prochain. Ils ne voient rien au delà. C'est en raison de cet horizon étroit et borné qu'ils abusent de propriétés dont ils ne devraient être que les sages usufruitiers, et qu'ils ruinent leurs montagnes, en confisquant l'avenir au profit du présent.

Mais, nous le demandons, est-il permis à un peuple sage de laisser continuer des abus d'une gravité semblable à ceux que nous avons signalés, sachant où ils mènent et les désastres qu'ils préparent? N'avons-nous pas un compte à rendre de l'héritage placé sous notre tutelle, à ceux qui viendront après nous, compte d'autant plus sévère, que nous sommes aujourd'hui conscients des ruines qui s'accumulent autour de nous. Et serait-ce un langage digne d'une puissante démocratie, que de dire : Après nous le déluge?

Il reste donc à se demander si les errements funestes et d'une impéritie notoire vont continuer à être suivis; si, pour conserver de maigres pâturages dans les hautes montagnes, pâturages dont on peut estimer la valeur à un million au plus, on va continuer chaque année à exposer des vies humaines, et des centaines de millions dans les plaines.

Il reste à savoir si les intérêts égoïstes de quelques-uns vont continuer à compromettre la régularisation du régime des eaux, la sécurité des vallées, l'existence des travaux publics et des ports et l'avenir même de notre pays.

Il reste à savoir si l'opinion publique ne va pas enfin se ressaisir sur cette grave question, dans ce pays de France autrefois si renommé pour son bon sens et son jugement.

Je me résume et je conclus:

Considérant, 1° que la vaine pâture et le déboisement ont pour conséquences inévitables la détérioration du sol et du climat, les inondations, la ruine et la dépopulation;

2° Que les forêts sont les régulateurs et les modérateurs naturels des agents atmosphériques et des cours d'eau, j'ai l'honneur de proposer au congrès de voter les propositions suivantes :

1° Un vœu en faveur de la revision de la loi de 1882 dans un sens plus pratique et plus conforme à l'intérêt général;

2° Un vœu tendant à ce que l'allocation notoirement insuffisante de 3 millions soit portée à 10 millions au moins, en vertu de ce principe tutélaire qu'il vaut mieux prévenir les maux qu'avoir à les réparer ;

3° Un vœu demandant que des cours spéciaux soient faits dans les écoles normales des départements déboisés, pour bien pénétrer les futurs éducateurs de la jeunesse de nos montagnes de l'importance des forêts dans l'intérêt même des populations pastorales, afin qu'ils puissent faire de ces derniers des auxiliaires utiles de l'administration des forêts ;

4° Des félicitations aux fonctionnaires de cette dernière administration, qui luttent avec autant de courage que de modestie et contre les éléments déchaînés sur les hautes montagnes, et contre l'hostilité de populations égoïstes et à courte vue ;

5° Enfin, des encouragements à la Société des amis des Arbres et à la ligue du reboisement ; non pas qu'il y ait lieu de faire grand fond sur les moyens qu'elles préconisent pour rendre à la France ses forêts, mais parce que, par leur active propagande, ces deux associations agitent utilement l'opinion publique.

ROLE DES VOYAGEUSES FRANÇAISES

DANS LA GÉOGRAPHIE

PAR M. J.-V. BARBIER

Secrétaire général et délégué de la Société de géographie de l'Est.

M. J. V. Barbier communique en partie, au congrès, un important travail sur *Rôle de la Femme dans la Géographie*. Dans cette étude, il englobe toutes les voyageuses sans distinction de nationalité ; mais, obligé de se limiter, faute de temps, il se borne à parler des voyageuses françaises.

Tout ce qui va suivre n'est donc qu'une série de pages détachées d'un ensemble fort complet, sur les voyageuses de tous pays.

« Dès sa naissance, en l'an 1224, PAQUETTE, de Metz, était enlevée à ses parents par des aventuriers hongrois, communément désignés, dans le langage populaire, sous le nom générique et fantaisiste de Bohémiens. De campements en campements, elle vint s'échouer à Karakoroum, capitale de la Mongolie, où la retrouva, trente ans plus tard, l'ambassade envoyée alors par saint Louis à Mengou-Khan. Cette ambassade avait à sa tête Rubruquis (Guillaume de Ruysbroeck, de Flandre) accompagné de Barthélemi (de Crémone) et d'André, dont on ignore le lieu de naissance. Quant à Pâquette, elle avait avec elle un Parisien, nommé Guillaume Bruckier, « qui exerçait l'état d'orfèvre à la cour de l'empereur tatare. » Elle servit d'interprète aux envoyés de Louis IX et leur rendit de grands services à la fois dans leur voyage et dans leurs négociations. Que devint-elle dans la suite ? Nul ne le sait, car il n'est rien resté d'elle que la mention qu'en a fait, dans son récit, l'ambassadeur du roi de France.....

« Pour la première fois, nous trouvons dans Jeanne BARET (1) — une Française, oubliée par Mme Dronsart — la vocation scientifique déterminer exclusivement une femme à voyager. Sous les habits d'homme, elle entra au service du naturaliste Commerson, sans que le savant se doutât du subterfuge, et le supplia, lorsqu'il dut partir pour accompagner la mission dirigée par Bougainville, de l'emmener avec lui. Comme son serviteur avait témoigné de certaines connaissances en botanique et manifestait de remarquables aptitudes, le savant y consentit. Jeanne pouvait avoir alors vingt-six ans.

« Par son énergie et sa vigueur en toutes circonstances, soit à bord des navires, soit dans les herborisations à terre, la jeune botaniste donna le change aux équipages. Mais l'instinct des sauvages ne devait pas s'y tromper ; les Tahitiens ne furent pas dupes, et reconnurent la femme sous son déguisement et lui témoignèrent tous les égards dus à son sexe. De ce jour, la situation de Baret fut modifiée. Toutefois, son attitude et sa conduite demeurèrent d'une si parfaite correction que Bougainville lui en rendit témoignage, non sans faire une réflexion bien originale : « Il faut avouer, écrit-il, que si les deux « vaisseaux de l'expédition avaient fait naufrage dans quelque « île déserte, la chance eût été fort singulière pour Baret. »

« Heureusement, cette chance, — qui eût fort ressemblé à une malchance — n'échut pas à Baret. Compagnon assidu de Commerson, le fidèle serviteur lui ferma les yeux lorsqu'il mourut à l'Ile-de-France. Après cet événement, Jeanne reprit ses habits de femme et, peu après, épousa un simple soldat. Devenue veuve, elle retourna en Europe et finit ses jours

---

(1) Dans son testament, Commerson l'appelle Jeanne Baret dite Bonnefoi. — Elle-même prend le nom de Jeanne MERCEDIER, veuve d'Antoine Barnier, dite de Barne. — Dans les *Comptes rendus des séances de la Société de géographie de Paris* de 1894, n°s 7, 8 et 9, page 165, M. le baron Hugo a communiqué quelques pièces intéressantes à ce sujet.

à Châtillon-les-Dombes, pays d'origine de son ancien maître et, en souvenir de lui, elle laissa, en mourant, tout ce qu'elle possédait aux héritiers du célèbre naturaliste.....

« Sous le modeste titre d'excursionniste, — nous disons aujourd'hui d'alpiniste — nous citerons, avec R. Cortambert, M{{lle}} D'ANGEVILLE. Née, en 1794, dans la région du Jura français qui, dans le département de l'Ain, avoisine la Suisse, elle eut de bonne heure le pas et le pied montagnards. Elle n'accomplit pas moins de vingt-cinq ascensions, dont quatorze grandes, parmi lesquelles celle du mont-Blanc. L'amour-propre national la décida à cette entreprise, — plus difficile alors qu'aujourd'hui — dans laquelle elle voulut être la première femme et la première Française qui eût gravi le géant des Alpes. M{{lle}} d'Angeville avait 69 ans quand elle fit l'ascension de l'Oldenhorn, haut de 3,000 mètres.....

« Voici maintenant une Française, dont la destinée est si liée à celle de son époux qu'on ne peut parler de l'un sans parler de l'autre. Née à Arbois (Jura), en 1819, Adèle Hériat, — qui devint plus tard M{{me}} HOMMAIRE DE HELL — à peine venue au monde, perdit sa mère et fut élevée par une sœur aînée. Son père, qui appartenait à l'instruction publique, lui inspira, sans le vouloir, le goût des voyages, par de fréquents changements de résidence, provoqués bien plus par ses fantaisies nomades que par des nécessités de service ou d'avancement. Adèle, qui avait été mise en pension à Saint-Mandé pour y faire son éducation, dut, à la mort de son père, revenir chez sa sœur, mariée alors à Saint-Etienne. Là, elle fit connaissance de M. Hommaire de Hell, alors élève à l'Ecole des mines. Tous deux s'éprirent l'un pour l'autre d'une telle passion que, malgré l'extrême jeunesse d'Adèle, — elle avait quinze ans à peine — malgré la situation précaire de fortune des deux amoureux, les parents durent consentir à leur mariage.

« A sa sortie de l'école, Hommaire de Hell entra d'abord dans les chemins de fer ; mais les émoluments étaient maigres, et le jeune géologue résolut de chercher fortune à l'étranger. Il obtint du gouvernement turc une mission en Orient. Sa femme, qui venait d'être mère, ne put le suivre et ne le rejoignit que quelques mois après. Ce premier voyage fut pour elle une révélation ; son goût pour la littérature comme pour les excursions lointaines se manifesta sans contrainte. Après un an de séjour à Constantinople, le couple partit pour Odessa où le jeune géologue était recommandé à un de nos compatriote le général Potier. Les choses s'arrangèrent à merveille ; le général avait, à ce moment-là, besoin d'un ingénieur pour construire des moulins sur le Dnieper. Dans ses recherches pour l'installation industrielle dont il était chargé, Hommaire de Hell découvrit une mine de fer dont l'exploitation a été, depuis lors, grandissante et fructueuse.

« Mais, esprit inconstant, il s'avisa de quitter l'industrie pour se vouer aux voyages scientifiques et prépara une exploration du bassin de la Caspienne. Décidée à le suivre, sa femme confia ses enfants, — elle en avait deux à cette époque — à une amie.

« Toutefois, au cours même des préparatifs, de graves altérations se manifestèrent dans la santé de l'ingénieur et de fréquents étouffements alarmèrent son épouse au point que celle-ci résolut d'empêcher l'expédition projetée. Elle réunit les plans dressés par son mari dans ce but, avec l'intention de les brûler. Mais, au dernier moment, prise d'un scrupule, elle recula et courut lui avouer sa tentation. Tout était pour le mieux, car les craintes se dissipèrent quelques jours après, et les voilà partis tous deux pour Taganrog, Novo-Tcherkask et Astrakan.

« La traversée des steppes déserts des Kalmouks et des vastes plaines qui bordent la Caspienne nécessite l'organisation de caravanes semblables à celles qui parcourent le Sahara. C'est ainsi que nos voyageurs s'approchent du Caucase, visitent Piatigorsk et Stavropol, puis se dirigent sur le Don, non sans subir quelques avaries, dues pour la plupart aux intempéries. Ils poursuivent jusqu'en Crimée, sillonnent la péninsule en tous sens et reviennent à Odessa, dont ils avaient fait leur quartier général, pour y passer l'hiver de 1841.

« L'année suivante, nous les trouvons en Moldavie où ils mènent une existence plus mondaine que laborieuse, et bientôt la santé, sérieusement ébranlée de nouveau de M. Hommaire de Hell, les oblige à rentrer en France après une absence de sept ans.

« En 1846, la santé de l'ingénieur s'étant rétablie, il obtint une nouvelle mission, et le couple reprit le chemin de l'Orient, laissant ses enfants à sa famille. Il s'agissait cette fois d'une mission en Perse; mais elle ne put s'accomplir entièrement. En 1848, M. Hommaire de Hell succombait dans les environs d'Ispahan.

« Les voyages de M. et Mme Hommaire de Hell ont fait l'objet de publications diversement importantes (1); la plupart sont dues à la veuve de l'ingénieur et ne sont pas les moins intéressantes.

« La jeune femme — elle avait à peine 29 ans à la mort de son mari — partagea son existence, jusqu'en 1863, entre de fréquents séjours à Paris et des voyages en Belgique, en Italie et en Angleterre. Mais, à cette époque, elle alla rejoindre son fils aîné qui était établi à la Martinique. Elle dut revenir à Paris dès avant 1870, car c'est à cette époque qu'elle publia son dernier livre. Elle y est morte en 1883.....

« Mme Léonie d'AUNET est une voyageuse de circonstance. Née à Paris, en 1820, elle fut bien connue dans le monde des lettres sous le nom de son mari, le peintre Biard.

---

(1) *Voyage en Turquie et en Perse* (Paris, Bertrand, 1854, 1855 et 1860, 3 vol., grand in-8°).
Voyage dans les steppes de la mer Caspienne et dans la Russie méridionale (idem, 1860).
Les Steppes de la mer Caspienne (Paris, Didier, 1 vol. in-12, 1868).
La Vie orientale et la vie créole (idem, 1870).
On a aussi de Mme Hommaire de Hell un petit livre de poésies, intitulé : *Rêveries d'un voyageur* (signalé par R. Cortambert).

Tous deux accompagnèrent l'expédition du naturaliste Gaimard au Spitzberg : on était à une époque où la photographie ne s'était pas encore substituée aux dessinateurs et aux peintres pour rapporter des vues des régions explorées. L'expédition réussit à merveille, et Mme Biard en a publié la relation (1) dans un petit livre plus rempli d'humour que d'observations scientifiques : c'est la seule contribution qu'elle ait apporté à la géographie.

« Ici vient prendre place une modeste Lorraine, Mme Victor POIREL, veuve du conseiller municipal qui, à sa mort, dota la ville de Nancy en vue de la création d'une grande salle de conférences et de concerts. Mme Poirel, petite-fille de B. Guibal, est morte à Rosières-aux-Salines, en 1887. Elle a fait, avec son mari, un voyage en Orient, commencé fin 1847 et qui s'est prolongé en 1848, peut-être même au delà. Elle en a rapporté un album d'aquarelles et dessins, faits par elle-même : façon assez originale et unique jusqu'à présent, de la part d'une femme, de perpétuer ses souvenirs de voyage. Cet album est déposé à la Bibliothèque de la ville de Nancy.

« Dans son ouvrage sur *Les grandes Voyageuses* (2), Mme Dronsart seule mentionne CRISTIANI, célèbre violoncelliste française sur laquelle, du reste, elle ne donne point de renseignement biographique détaillé. Son nom porte à croire qu'elle est d'origine corse, niçoise ou savoyarde.

« Lise Cristiani alliait, à la passion de son art, un certain goût pour les voyages; elle chercha les succès à l'étranger. En Danemark et en Suède, son talent excita un tel enthousiasme qu'elle en rapporta le surnom de « sainte Cécile de France.

« Venue ensuite à Saint-Pétersbourg afin d'y tenter la fortune, elle y arriva au moment où un deuil de cour proscrivait, pour un temps, toutes fêtes ou soirées. Désappointée, elle

---

(1) *Voyage d'une femme au Spitzberg* (Paris, Hachette, 1 vol. in-12, 1855).
(2) Paris, Hachette, 1894.

partit pour la Sibérie avec une domestique russe et un vieux pianiste allemand tenant lieu d'accompagnateur et de protecteur tout à la fois. A Irkoutsk elle suivit le général Mouraviev, alors gouverneur, qui partait avec sa famille dans le dessein de se rendre à Kiakhta, ville frontière mi-partie russe et mi-partie chinoise.

« A peine rentrée à Irkoutsk, elle accompagna l'expédition pacifique chargée de prendre possession du fleuve Amour. On gagna Irkoutsk par la Léna, Okhotsko par la route à travers les monts Stonovoï, Petropavlovsk dans le Kamtchatka par le navire *Irtysch*, puis, enfin, Aian, à 400 kilomètres au nord des bouches de l'Amour.

« Le retour à Irkoutsk fut des plus pénibles. C'était pendant l'hiver de 1849, et la saison des neiges est particulièrement terrifiante en ces régions voisines du pôle froid asiatique. « Cet éternel linceul de neige finit par me donner le « frisson au cœur, écrit-elle. Je viens de parcourir 3 mille « verstes de plaines; rien, rien que de la neige! La neige « tombée, la neige qui tombe, la neige qui tombera ! Des « steppes sans limites où l'on s'enterre. Mon âme a fini par « se laisser envelopper dans ce drap de mort; il me semble « qu'elle repose glacée devant mon corps qui la regarde sans « avoir la force de la réchauffer. » En réalité, ce voyage avait pour jamais altéré sa santé. L'artiste rentrait à Kazan en janvier 1850. Trois ans plus tard, elle arrivait à Novo-Tcherkask à l'époque où le choléra sévissait : elle fut une de ses premières victimes. Lise Cristiani avait alors vingt-cinq ans. Les habitants de la cité du Don ont élevé à la jeune Française, par souscription, un superbe mausolée..... »

Après une série importante de voyageuses anglaises, M. J. V. Barbier — avant d'en venir aux grandes voyageuses françaises — passe rapidement sur quelques-unes de celles qui n'occupent qu'une place secondaire.

« Revenons maintenant, pour finir, aux grandes voyageuses françaises du jour.

« La première en date est une vaillante femme qui, tout autant que l'Anglaise Mrs. Burton, mais dans un rôle en apparence un peu plus effacé, a partagé avec son mari les dangers des voyages dans l'Afrique australe : je veux parler de Mme Coillard, femme du missionnaire protestant auquel la Société de géographie de Paris décerna, en 1888, une médaille d'argent. M. et Mme Coillard ont traversé ensemble l'une des régions les moins connues de ce continent encore si peu connu, — celle qui s'étend du pays du Basuto, aux confins de la colonie du Cap, jusqu'au royaume de Barotsé que limite, en le contournant, l'immense boucle du Zambèze — et cela dans le but d'y établir, avec des néophytes du Basuto-Land, une colonie chrétienne.

« C'était en 1878. A peine arrivés au campement de Leshuma, pendant qu'ils parlementaient longuement avec les chefs du pays, le major Serpa Pinto, épuisé et malade, vient échouer dans leur camp. Par des soins aussi dévoués qu'intelligents dont la bonne part échut à Mme Coillard, ils le rendirent à la vie. « On se rappelle, écrit le rapporteur de la Société « de géographie de Paris, M. William Huber, le chapitre « intéressant du livre de l'officier portugais intitulé : *La* « *famille Coillard*. Son témoignage est d'autant plus remar- « quable que c'est à peine si, dans sa modestie, le mission- « naire fait allusion à leur rencontre. »

« Cependant les pourparlers ont abouti. Les voyageurs, enfin autorisés à séjourner chez les Barotsé, reviennent en France pour y chercher des collaborateurs et des ressources. Mais, en 1883, une lutte fratricide survenue au Basuto-Land les ramène en ce pays, et ce n'est qu'en 1884 qu'ils peuvent reprendre la route du Zambèze. Entre temps, le roi des Barotsé, Sépopa, est mort, mais son successeur confirme M. Coillard dans le droit de résidence antérieurement concédé par son prédécesseur. Notre pasteur fonde alors la mission de Séfula non loin au sud-est de Lialui, la capitale du pays.

« M. Coillard est un voyageur de l'école héroïque et évangélique tout à la fois, la seule vraiment humaine et civilisatrice. Comme le dit le rapporteur précité, « la preuve est faite « entre la croix de Livingstone et les carabines de Stanley. »

« Quant à la part de sa compagne dans l'œuvre entreprise, voici en quels termes simples et éloquents il la définit lui-même en terminant son récit à la Société de géographie :
« Un rayon de soleil aux jours d'épreuves ; un conseiller
« dans la difficulté, partageant nos fatigues sans murmures,
« affrontant nos privations et nos dangers sans ostentation ;
« calme et résolue, se dépensant pour tous en s'oubliant elle-
« même ; toujours prête à prodiguer les attentions tendres et
« délicates d'un cœur qui s'ouvre à toutes les émotions dont
« une femme seule est capable, toujours à son poste quand le
« devoir l'appelle et toujours à sa place quand il faut faire
« du bien : cette femme, c'est celle du missionnaire qui vient
« d'avoir l'honneur de vous parler. »

« M⁽ᵐᵉ⁾ Coillard est morte il y a trois ou quatre ans, sur la terre d'Afrique, où elle était retournée pour seconder son mari (1).

« Voici maintenant une femme qui est doublement notre compatriote puisqu'elle est Française et Lorraine (2). M⁽ᵐᵉ⁾ Alix SUBERBIE est fille d'un ancien notaire d'Epinal (3). De ses deux frères, l'aîné a continué le notariat : le second, ingénieur des arts et manufactures, occupe une situation considérable dans le monde industriel de la ville d'Amiens : il a fait, en 1874 et 1875, en compagnie de M. Léon Suberbie, une première exploration de Madagascar. En 1886, M. L. Suberbie, dont le nom est si connu à Madagascar, épousa M⁽ˡˡᵉ⁾ Laillet, alors âgée de vingt-deux ans.

« Huit mois après son mariage, la jeune femme suivit son

---

(1) Voir le *Bulletin de la Société de géographie* de novembre 1880 ; le *Compte rendu des séances* du 3 février 1888 (page 107) et le *Rapport sur les prix* par M. William Huber, *Bulletin* de 1888 (p. 418).

(2) Rappelons que l'auteur de cette étude est Lorrain lui-même.

(3) Du côté maternel, elle descend de la famille de Valcourt, de Toul.

mari à Madagascar et le suivit de Tamatave à Antananarivo dans des conditions particulièrement périlleuses, car on était au lendemain d'une action militaire contre les Hovas, et l'itinéraire parcourait une région réputée malsaine et dangereuse. Mais l'intrépidité et la robuste santé de notre Vosgienne eurent raison des difficultés et des fièvres.

« Arrivée à Antananarivo, elle reçut de la reine l'accueil le plus gracieux ; elle en devint l'amie intime, ce qui lui permit de rendre de signalés services à la cause et aux intérêts français, services si justement appréciés par nos résidents généraux. Elle sut en outre inculquer à la souveraine une partie de nos goûts et de nos idées. Cette intimité devait naturellement porter ombrage aux Anglais qui ont voué une haine toute spéciale à M. Suberbie : missionnaires anglicans des deux sexes ne cessèrent d'intriguer auprès de la cour malgache pour rompre le charme. Vains efforts ; l'affection de la jeune reine ne s'est point démentie jusqu'ici. Elle en donna une marque éclatante en brodant de ses propres mains une robe pour la fille de Mme Suberbie. Ce témoignage inappréciable d'affection surprit également Européens et indigènes. Notre Vosgienne usa de son influence pour tenter la réalisation de progrès sérieux ; elle avait décidé la reine à faire construire un chemin de fer d'Antananarivo à la côte ; mais les Anglais alarmés mirent tout en œuvre pour faire échouer le projet. Toutefois, leurs manœuvres ne réussirent pas à ébranler la situation de Mme Suberbie ; au contraire, la reine prit plus d'une fois sa défense. Notre voyageuse portait souvent une ombrelle rouge, couleur spécialement réservée à la souveraine. Les Anglais ne manquèrent point de se livrer à des insinuations malveillantes auxquelles la reine répondit que Mme Suberbie, étant sa sœur et son amie, avait le droit de porter même devant elle le « parasol rouge » (1).

(1) L'auteur tient tous ces renseignements d'un ami de la famille qu'il a toute raison de croire d'une bienveillante impartialité. Les sentiments de la reine des Hovas à l'égard de notre héroïne peuvent — ou ont pu —

« En 1887, notre héroïne partit d'Antananarivo pour le pays des mines d'or que son mari voulait exploiter sur la route de la capitale à Majunga. Les exploits des bandits connus sous le nom de « Fahavalas » rendaient ce voyage particulièrement dangereux. Aussi Mme Suberbie, portée en « filanzana » (chaise à porteurs), avait-elle toujours son revolver à la ceinture et la carabine armée, prête à tout événement. Ainsi accompagnée de son mari, elle atteignit Mevatanana, non loin du confluent du Betsiboka et de l'Ikopa, ayant traversé des régions où une femme blanche apparaissait pour la première fois.

« Après un séjour de quelques mois, elle partit pour Majunga, toujours en chaise à porteurs, non seulement dans des conditions de sécurité plus complète, mais encore recevant les plus grands honneurs de la part des gouverneurs, officiers et soldats ; des groupes de danseurs et danseuses, chanteurs et musiciens venaient au-devant de Mme Suberbie et de son mari.

« Quinze jours après, elle quittait Majunga pour retourner à Mevatanana, cette fois par le fleuve Ikopa : en boutre jusqu'à Maravoay, en pirogue de Maravoay à Mevatanana. Voyage pénible et fatigant tant la chaleur était excessive (45° à 48°) et les moustiques insupportables. Elle fit cependant des chasses fort intéressantes contre les caïmans qui infestent le fleuve et qui font deux cents victimes chaque année : elle porte, en broche, une dent de l'un des énormes sauriens tués par elle.

« Mme Suberbie a, depuis lors, fait de fréquents voyages dans la grande île dont elle connaît à merveille les mœurs et

fort bien être sincères ; mais, comme le prouve surabondamment d'ailleurs le fait cité plus haut, sans avoir la moindre influence sur la politique malgache. Les femmes, les reines surtout, sont pleines de ces contradictions déconcertantes, et les choses ont pris une telle tournure aujourd'hui que, présente ou non, — Mme Suberbie est en France depuis le courant de l'été de 1894 — elle ne saurait en rien modifier les dispositions de la cour d'Emyrne (Imerina).

les usages; elle a longuement séjourné à Mevatanana où son mari créa, dans la suite, la cité française de *Suberbieville*, d'*Alixville* et plusieurs autres villages.

« Trois ans après, elle fut rejointe par une autre Française, Mme Guilguat, d'Epinal, femme du représentant de M. Suberbie, Parisienne d'origine; puis par plusieurs autres dames d'ingénieurs et d'employés. Aujourd'hui la société féminine de Suberbieville est nombreuse, et nous devons à notre compatriote vosgienne d'avoir été la première à faire connaître ce beau pays et à y introduire notre civilisation.

« Mme Suberbie a déjà habité sept ans à Madagascar, et ce long bail n'a été interrompu que par deux ou trois courts voyages en France. Elle est la première femme qui ait traversé la grande île de l'est au nord-ouest, accomplissant un trajet de près de 900 kilomètres. On lira sans doute quelque jour ses impressions de voyage avec l'intérêt qui s'attache aux récits sans prétention de la charmante conteuse.

« Nous n'en sommes point à émettre ce désir de la part de Mme CHANTRE, sur le compte de laquelle, à notre vif regret, les détails biographiques font encore défaut aujourd'hui. On connaît les beaux travaux de M. E. Chantre sur les âges du bronze et du fer dans la région des Alpes françaises; mais il dut bientôt étendre ses études sur un champ plus vaste, et pour retrouver sinon l'origine, du moins une étape plus ancienne de la métallurgie, explorer à ce point de vue la Russie méridionale, le Caucase et l'Asie occidentale. De 1879 à 1883 il fit, en ces pays, de longs et intéressants voyages, notamment dans une mission officielle où, en 1881, il visita la Syrie, la haute Mésopotamie, le Kurdistan et le Caucase. Toutefois, il avait dû laisser de côté une région d'un grand intérêt pour ses études, l'Arménie russe, et, en 1890, le ministre de l'instruction publique lui accorda une nouvelle mission pour étudier les anciens monuments et la population de ce pays. Ce voyage a été pittoresquement conté par sa femme qui l'accompagna avec courage dans une contrée parfois malsaine, souvent peu hospitalière et où les mauvaises rencontres n'étaient point d'improbables incidents (1).

« A leur arrivée à Tiflis, en 1890, les bonnes relations que M. Chantre avait nouées quelques années auparavant au Caucase leur assurèrent un excellent accueil des autorités russes et des principaux Arméniens, qui leur facilitèrent autant que possible le voyage.

« Leur première excursion eut pour objet la partie inférieure de la Koura. De grandes pêcheries sont établies dans ce fleuve que remontent les esturgeons de la Caspienne, dont la chair est salée et les œufs servent à préparer le caviar, si fort apprécié des Russes. M. Chantre tenait à ne pas laisser échapper une occasion précieuse d'étudier les poissons de la grande mer intérieure. C'est un pays malsain que la région baignée par la basse Koura: la fièvre paludéenne y règne en maîtresse, et l'hygiène et la propreté des habitants ne sont pas de nature à la combattre efficacement. Néanmoins cela n'arrête pas les ouvriers que des salaires rémunérateurs attirent dans les pêcheries, et nos voyageurs purent faire des observations anthropologiques non seulement sur les indigènes arméniens et tatares, mais encore sur les « Tats », anciens émigrés de Perse, sur des Persans véritables, venus récemment pour gagner de l'argent, et sur les Kalmouks d'Astrakan, les plus habiles pêcheurs d'esturgeons de la Caspienne. La remontée de la Koura se fit ensuite en bateau à vapeur, commandé par un capitaine persan. Rien que cette courte excursion avait suffi pour donner des accès de fièvre fréquents aux voyageurs, qui durent quitter en hâte Djevat et la Koura pour reprendre le chemin de fer et gagner Eolakh d'où ils partirent pour Schouska. Les commencements du voyage, en victoria, à travers un pays assez praticable, au milieu de tribus de pasteurs où tout le monde mène bœufs et moutons à cheval, remirent

(1) *A travers l'Arménie russe* (Paris, Hachette, 1891. 1 vol. in-8°, avec illustrations et cartes).

bientôt nos voyageurs des bords enfiévrés de la Koura. Ce n'est cependant pas que tout fût confortable; les repas laissaient à désirer pour la régularité, la variété ou l'abondance; aux stations de poste on n'avait pas toujours des chevaux à leur donner, et encore parfois un impertinent petit fonctionnaire, en dépit de leur passe-port spécial, les leur enlevait-il à leur nez; enfin, leur arrivée même à Schousha ne fut pas sans danger, par une pluie torrentielle, dans la nuit noire, sur une route en corniche bordant un précipice affreux avec de brusques tournants et des encombrements de chariots en panne.

« Schouscha, vieille ville perso-arménienne, est l'ancienne capitale du Kara-Bagh (le jardin noir); là, M. et Mme Chantre durent quitter la voiture et organiser leur caravane, acheter des chevaux et tout le matériel nécessaire en pays dépourvus de tous les menus engins de la civilisation. Dès lors, ce ne sont plus des chemins carrossables qu'ils suivront, mais des sentiers courant sur le versant des montagnes, au milieu des éboulis et le long des ravins. Et cependant ce pays, purement arménien autrefois, et où, à côté du premier habitant, se sont implantés des Turcs et des Tatars, fut autrefois riche, florissant et très peuplé, à en juger par les nombreuses ruines de monuments religieux qui y abondent, par les ponts de pierre jetés sur les cours d'eau, mais dont les routes d'accès ont à peu près disparu. Il y a cependant encore de beaux monuments: tels « Kara-Kilissa » (l'Eglise noire) du XIe siècle; des monastères et des lieux de pèlerinage très fréquentés, dans la vallée du Bazar-Tchaï, affluent de l'Araks. L'un de ces monastères remonterait au VIIIe siècle; c'est la résidence d'un archevêque, de deux évêques et d'une foule de religieux. C'est une sorte de forteresse dominant un rocher à pic, qui a résisté autrefois au canon de Schah-Abbas et a conservé un trésor merveilleux de vêtements et joyaux sacerdotaux, trésor que la conquête russe a mis désormais à l'abri des rapines. La relation de Mme Chantre met en relief la sécurité très réelle qui règne dans ces montagnes, où un officier musulman, le « pristaf » tatar, fait énergiquement la police des nomades et protège les chrétiens, leurs églises et leurs trésors au nom de l'empereur blanc, le'Ak Padischah.

« Nos voyageurs visitent les gisements de cuivre de Katar, exploités dès la plus haute antiquité; Migri, sur l'Araks, où ils retrouvent la chaleur et la fièvre, mais où, en compensation, ils firent des fouilles fructueuses ; Ourdoubat, Akoulès, Nakhitchevan, — cité si ancienne qu'on la dit fondée par Noé qui y serait enseveli ; — Erivan, enfin, baignée par la Zanga, autre tributaire de l'Araks. Après une visite au palais des sardards et une course à Etchmiadzine, siège du « Catholicos », ils organisèrent leur expédition vers l'Ararat.

« Nos voyageurs ne tentèrent point — comme Parrot (de Dorpat) en 1829, Abich, en 1845, le général Schodsko en 1856, Baker et Freshfield, Mme James Bryce en 1876, Markov en 1888, Mlle Mosokevitch peu après, les Américains Allen et Sachtleben accompagnés du peintre tyrolien Raffl en 1891. — l'ascension du géant de l'Arménie; le but de M. Chantre était surtout d'en étudier la géologie et de faire des observations anthropologiques sur les Kurdes pasteurs qui en habitent les versants. Ils campèrent, à Sardar-Boulaq, sur la crête qui relie le grand et le petit Ararat, et purent visiter, au prix de mille dangers, le mystérieux lac ditKip-Ghöl.

« Au retour, M. et Mme Chantre firent une excursion en Imérèthie. Deux ans après, ils reprirent le chemin de l'Asie-Mineure : cette fois, c'est la Cappadoce avec ses hauts plateaux, glacée en hiver, brûlante en été, qui les a attirés. Nous comptons que ce nouveau voyage fournira à Mme Chantre l'occasion d'écrire un livre aussi attachant que le premier.

« Mme de UJFALVY-BOURDON, — omise par Mme Dronsart — nonobstant son nom magyare, est une Française du meilleur aloi. Née en 1845, de la famille Bourdon, originaire du pays chartrain, elle est Parisienne par affinité. Son mari, M. de Ujfalvy de Mezo-Kevesd, orientaliste et voyageur autrichien distingué, réside en France depuis 1857 et a professé dans les lycées, puis à l'École des langues orientales. Chargé de plusieurs missions scientifiques par le gouvernement français, il emmena sa femme avec lui. Elle ne lui fut pas seulement une intelligente et précieuse compagne de voyage ; elle s'est faite l'historiographe, pour la partie épisodique et descriptive, de ses fructueuses missions.

« Les récits de notre voyageuse ayant été publiés dans le *Tour du Monde* (1), nous n'en ferons ici qu'une courte analyse.

« Le premier voyage s'est accompli par l'itinéraire le plus direct étant donné le point de départ. Nous passerons sur les étapes de Paris à Orenbourg. De cette dernière ville M. et Mme de Ujfalvy se rendent à Kazalinsk, en traversant les derniers chaînons méridionaux des monts Oural, la vallée même du fleuve de ce nom, ainsi que les steppes désertes au nord du lac d'Aral. Kazalinsk est la première forteresse russe sur le Syr-Daria, artère principale du Turkestan. Nos voyageurs remontent la vaste plaine arrosée par le fleuve ; ils visitent successivement la ville de Turkestan, l'ancienne Yasî, où Tamerlan commença, en 1397, la construction de la magnifique mosquée qui forme le plus bel ornement de la cité tatare; Taschkent, chef-lieu de la province, à demi européanisé, avec ses écoles, sa bibliothèque si riche en ouvrages sur l'Asie centrale, sa section de la Société de géographie impériale russe, sa foire rivale de celle de Nijni-Novgorod ; puis Samarkande, chef-lieu de Zerafschân, bâtie non loin du site de l'antique « Markanda » contemporaine d'Alexandre, avec le « Gour Émir » ou tombeau de Tamerlan, ses nombreux médressés, ses splendides mosquées, ses vastes bazars, sa belle place, la

---

(1) *D'Orenbourg à Samarkande* (*Tour du Monde*, 1879). A été publié en volume, avec addition du récit de la première partie du voyage, sous le titre de : *De Paris à Samarkande, le Ferghana, le Kouldja et la Sibérie orientale*, impressions de voyage d'une Parisienne (Paris, Hachette, 1881).

Voyage d'une Parisienne dans l'Himalaya occidental (*Tour du Monde*, 1883). A été publié également en volume (Paris, Hachette, 1887).

seule régulière de toutes les villes asiatiques, avec aussi sa ville russe flanquant, à l'ouest, la ville tatare.

« Là, nos voyageurs assistent à une fête sarte caractérisée par une danse de jongleurs fort habiles, mais sans grâce. Puis ils font une excursion dans les hautes et pittoresques vallées du pays et arrivent à Khokand, le chef-lieu du Ferghana. Khokand est industrieux et fabrique une monnaie qui porte son nom, ses monuments dépassent en splendeur et en richesse ceux de Samarkande même ; son palais, le plus beau de l'Asie centrale, est une véritable merveille.

« Poursuivant leurs pérégrinations, M. et Mme de Ujfalvy visitent Schakimardân, où est le tombeau de 'Ali ; Audidjân, aux jardins ombreux, au parc giboyeux, au centre même de la ville, cité instruite où l'on voit des disciples de Lucine à peine âgés de dix-huit ans.

« Revenant sur leurs pas, ils traversent le district de Kouldja, Serghiopol, la Sibérie méridionale et rentrent par Sémipalatinsk, la vallée de l'Irtysch, Omsk, et l'Oural central.

« Le second voyage s'accomplit avec une vertigineuse rapidité. Il fut d'abord précédé d'une véritable voltige. Repartis une deuxième fois pour l'Asie centrale, ils se trouvaient à Taschkent en décembre 1880, sur l'Aral en janvier 1881, en Égypte au mois d'avril, en juin dans les Himalaya. C'est de cette dernière partie du voyage que Mme de Ujfalvy nous a donné le récit.

« Embarqués à Trieste le 18 avril 1881, nos voyageurs débarquaient à Bombay le 14 mai ; ils se trouvaient à Amballa, au cœur du Punjab, le 12 juin. De là, ils suivirent la vallée du Sutlej ; traversèrent Sultanpur, capitale du Kulu ; visitèrent le superbe temple de Baijnath, les belles plantations de thé du sanatorium de Dharmsala, les petites mais intéressantes villes de Kangra et de Chamba, le pays de Bhadrawar, le haut Chenab et les belles ruines du temple de Martand, puis franchissent le col de Banihal (2.850 m.), qui s'ouvre sur la splendide vallée de Kashmir.

« Telle elle paraît du moins au premier aspect. Mais le désenchantement suit de près. Mme de Ujfalvy ne dissimule pas celui qu'elle éprouve en arrivant à Srinagar, capitale du pays, sorte de Venise indienne aux canaux naturels vaseux et fétides, aux masures délabrées. Mais l'hospitalité princière du maharaja fit un peu oublier à nos voyageurs leurs premières déceptions. Il les reçut dans son palais, d'aspect vraiment royal, près duquel s'étend le vaste et beau jardin de Chalimar. Le palais de Veringah leur parut aussi très curieux; un étang l'avoisine. « On raconte, dit notre héroïne, qu'une
« impératrice mongole, la charmante Nour-Mahal, — dont le
« portrait figure dans la collection des cuivres anciens du
« Kashmir recueillis par M. de Ujfalvy — femme du shah
« Djehan, avait fait attacher au nez des poissons de cet étang
« des anneaux d'or ornés d'inscriptions afin que les généra-
« tions futures fussent instruites de la préférence que la belle
« souveraine témoigna au Cachemire. »

« De Srinagar, nos voyageurs poussèrent une pointe vers le Batistan dont ils visitèrent la capitale, Skardo, ainsi que la citadelle de cette ville, construction imposante qui rappelle nos forteresses du moyen âge et fait face à l'un des géants du Karakoum, le Dapsang, dont la tête s'élève à 8,070 mètres d'altitude. Ils s'avancèrent jusqu'au défilé dit Mustagh Pass d'où l'on découvre la haute vallée du Yarkand, tributaire du Tarûn; puis, remontant le Sind (Indus), ils revinrent dans la capitale du Kashmir par Karghil et Akbar.

« Le retour fut rapide : de Srinagar nos voyageurs gagnèrent la station de Rawal-Pundi, d'où le chemin de fer les ramena à Bombay par Lahore.

« Tels sont les deux beaux voyages auxquels Mme de Ujfalvy a associé son nom et qu'elle a racontés en un style vivant, coloré, qui rappelle un peu la manière d'Alexandre Dumas père. On ne possède point d'autres détails biographiques sur son compte; elle parle, d'ailleurs, peu d'elle-même : c'est une femme d'esprit doublée d'une femme modeste et, ce qui ne gâte rien, une vaillante femme et une épouse modèle.

« Voici en quels termes elle finit le récit de son premier voyage : « Il me reste à prendre congé de mes lectrices, de « ces amies inconnues pour qui j'ai tant bien que mal retracé « mes impressions. Qu'elles soient indulgentes à mon inexpé- « rience littéraire comme elles le sont pour toutes les misères « de cette existence, pour les ennuis auxquels elles savent se « résigner. Elles comprendront avec quelles satisfactions j'ai « pu suivre mon mari dans ses aventures ; je n'ai fait que ce « qu'elles eussent fait à ma place, et la satisfaction du devoir « accompli est la plus douce de toutes celles que nous puissions « goûter : accepté sans hésitation, le devoir devient un plai- « sir. Que d'obstacles la bonne humeur fait évanouir, et quel « bonheur quand on arrive au terme de l'épreuve ! Quittez, « mesdames, quittez votre patrie si vous le pouvez, quelques « semaines, quelques mois, ne fût-ce que pour sentir avec « quelle joie on la retrouve ! »

« Mme Dieulafoy, née Jeanne-Rachel Magre a, elle aussi, suivi son mari pendant ses missions ; elle a été pour lui non seulement une compagne et l'historiographe de ses voyages, elle a été sa collaboratrice.

« Elle a vu le jour à Toulouse, en 1845. Elle fit la connaissance de M. Dieulafoy quand celui-ci, à son retour de missions en Algérie, fut nommé ingénieur des ponts et chaussées dans la Haute-Garonne. Mais le service sédentaire n'était qu'une sorte de relai pour M. Dieulafoy, et il guettait une nouvelle occasion de recherches archéologiques. Elle vint un jour, et la jeune femme fit ses premières armes en accompagnant son mari en Espagne, au Maroc, puis en Egypte.

« Ces missions accomplies, le ministère décida d'envoyer M. Dieulafoy en Perse, à la découverte des restes de l'art architectural au temps de Darius et d'Artaxercès Mnémon. Cette mission a fait l'objet de trois voyages successifs, dont les deux derniers, plus exclusivement consacrés aux fouilles de Suse, ont un intérêt plus archéologique que géographique, et bien qu'ils aient présenté plus de difficultés, de plus grands dangers peut-être, les épisodes qui s'y rattachent ne sont qu'une variante plus ou moins aggravée de ceux qui ont marqué le premier voyage. Pendant ces trois véritables explorations, Mme Dieulafoy a déployé les qualités des grands caractères. D'une nature peut-être moins tendre que Mme de Ujfalvy, mais non moins dévouée, elle s'est montrée, dans les circonstances les plus critiques et les plus périlleuses, d'une énergie et d'un sang-froid admirables. M. Dieulafoy étant tombé malade à plusieurs reprises, un moment en danger de mort, en proie elle-même à une fièvre intense, la vaillante femme a dû le soigner tout en le suppléant dans la direction des caravanes ou dans celle des fouilles entreprises.

« Le premier voyage fut entrepris en 1881 ; il dura quatorze mois : Mme Dieulafoy en a écrit le journal de route (1). La caravane était à Erivan le 19 mars. Elle se dirigea vers la Perse par Narschivan, le mont Ararat et la vallée de l'Araks. Elle pénétra en Perse par la ville de Marand, en 'Azerbaïdjan, la Mandagarama de Ptolémée, où notre héroïne prit une photographie instantanée d'un groupe de Persanes qui, se croyant à l'abri des regards indiscrets, avaient le visage découvert. Continuant sa route vers Téhéran par Taurès, — ou Tabris — Mme Dieulafoy assiste — cachée, car le spectacle en est interdit aux chrétiens — aux funérailles d'un prêtre vénéré ou « metcheïd ». Puis on visite Sultanieh, la ville ruinée où se trouve le tombeau grandiose du schah Khodah-Bendeh ; Kazbin, où les voyageurs peuvent pénétrer clandestinement dans la belle mosquée dite « Masdjed Schah » et assister aux « mystères de Houssein ». On arrive sans encombre dans la

---

(1) *La Perse, la Chaldée et la Susiane* (*Tour du Monde*, 1843, vol. XLV et XLVI ; 1884, vol. XLVII et XLVIII ; 1885, vol. XLIX, et 1888, vol. L.) A été réuni et publié en un vol. in-4° (Hachette, 1886).

capitale de l'Iran où nos voyageurs étaient recommandés au D' Tholozan, médecin français attaché depuis longtemps à la personne du schah. Le moment était des plus favorables, car le médecin avait récemment tiré le souverain d'un fort mauvais pas. On sait que la saignée forme le fond de la thérapeutique persane. Or le schah, cédant aux conseils de ses femmes, s'était fait saigner par ses médecins en cachette du D' Tholozan; après quoi il se mit au bain. Mal lui en avait pris, car il tomba en une syncope dont notre compatriote eut grand'peine à le tirer. De ce jour, les médecins persans perdirent la confiance de Nasr-ed-Din qui leur interdit de le soigner désormais.

« Entre autres monuments curieux de la capitale, Mme Dieulafoy visita l' « andéroun », autrement dit le harem de Fataly-Schah, aïeul de Nasr-ed-Din, lequel possédait jusqu'à 700 femmes et se trouvait à la tête de 600 enfants. L'état des finances ne permettant pas d'entretenir une famille royale si nombreuse, la pauvreté des princes du sang devint extrême, quelques-uns d'entre eux se trouvèrent réduits, pour vivre, à la nécessité d'entrer au service de familles nobles de la capitale.

« La partie la plus intéressante, la plus secrète, peut-être, de l' « andéroun » est la salle souterraine. « Sur une des faces
« de la pièce entièrement revêtue de marbre, écrit Mme Dieu-
« lafoy, aboutit l'extrémité d'une glissière en pente très
« rapide, formée de plaques d'agate rubannée. Les femmes
« nues de l'andéroun se plaçaient tour à tour au sommet de
« ce plan incliné et venaient tomber avec une extrême
« vitesse dans un bassin rempli d'eau au milieu de la salle
« octogone. Le roi, sur ses vieux jours, passait les meilleurs
« moments de sa vie dans ce souterrain où régnait une fraî-
« cheur délicieuse, et cherchait à se distraire en faisant
« exécuter à ses femmes d'extravagants tours d'acrobatie. »

« L'usage de nos couverts de table est chose encore inconnue en Perse, et c'est à peine s'il y a, à Téhéran, cinq ou six grands personnages sachant se servir de ces instruments.

Mme Dieulafoy rapporte à ce propos une bien amusante anecdote. « On raconte, dit-elle, que trois mois avant son premier
« voyage en Europe, Nasr-ed-Din se fit donner des leçons de
« fourchette. Son éducation ayant été des plus laborieuses, il
« eut la fantaisie d'amuser l'andéroun aux dépens de ses
« ministres et les invita, dans ce but, à venir dîner au palais.
« L'étiquette persane exigeant que le roi mange seul, il ne
« pouvait présider au festin et s'était caché, avec ses favorites,
« derrière un paravent, à travers les joints duquel il pouvait
» suivre des yeux toutes les péripéties du banquet. Les con-
« vives arrivèrent à l'heure dite, tout heureux de goûter aux
« merveilles de la cuisine royale ; mais la cigogne invitée
« chez le loup ne fit pas plus triste figure que les ministres
« en constatant que le dîner, servi à l'européenne, devait
« être mangé avec des fourchettes. Les excellences firent
« d'abord bonne contenance, s'assirent et se mirent de la
« meilleure volonté du monde à couper avec des couteaux et
« à maintenir avec des fourchettes les viandes placées sur
« leurs assiettes ; les ministres s'encourageaient les uns et les
« autres et enviaient le sort de leurs collègues assez habiles
« pour se régaler sans se piquer la langue ou les lèvres. Le
« roi et ses femmes se divertissaient à la vue de l'embarras
« général quand l'une d'elles, voulant prendre la place de sa
« compagne, heurta le paravent. Un bruit épouvantable fit
« retourner tous les assistants ; l'écran s'était abattu. Sauve-
« qui-peut général : les femmes, dévoilées, ramenèrent par
« un mouvement instinctif leurs jupes sur leur figure sans
« songer aux suites de cette imprudente manœuvre, tandis
« que les convives, tout troublés, mettent d'abord la main
« devant leurs yeux, puis se jettent la face contre la terre et
« se glissent sous la table pour prouver au souverain la
« pureté de leurs intentions. »

Mme Dieulafoy a donné une fort complète description de Téhéran où d'ailleurs la caravane ne fait qu'un séjour relativement court, une partie du temps étant consacrée par elle et son mari à une excursion au pays de Veramine, ancienne cité seljoncide où se trouvent de grandes et nombreuses ruines, — notamment celles d'une belle mosquée et d'une gigantesque forteresse — puis à une visite au ministre de France en sa résidence d'été de Tadjrisch.

« Puis on prend la route d'Ispahan, traversant Saveh ou Savieh où se trouve un magnifique minaret ghiznévide ; Koum, où elle admire un caravansérail monumental, le tombeau de Fatma et celui des cheiks ; passant par le désert de Koum, où la siccité de l'air produit sur les chevaux, qui se fouettent les flancs avec leurs queues, des phénomènes électriques comme en produit la peau de chat ; par Kaschan, où l'on voit un minaret plus haut que la tour de Pise et penché comme elle, d'où l'on précipitait les femmes adultères.

« L'aspect d'Ispahan, l'ancienne capitale de l'Iran, cause à Mme Dieulafoy une profonde déception par son incroyable malpropreté que fait ressortir davantage la bonne tenue de Djoulfa, son faubourg, cité chrétienne arménienne. Elle admire les gracieux palais de « Tcheel-Sountoun » (les Quarantes-Colonnes) et de « Hascht-Berschet » (les Huit-Paradis), la médressé et l'anderoun du schah Hussein, fils aîné du sultan et gouverneur d'Irak-'Adjemi.

Schiraz la désenchante plus encore : « Schiraz ! s'écrie-
« t-elle, jadis patrie des poètes, pays des roses, des bosquets
« ombreux sous lesquels chante perpétuellement le rossignol,
« qu'es-tu devenue aujourd'hui ? En parcourant ton enceinte,
« je n'ai vu que rues sales et mal tenues, monuments chan-
« celants et crevassés par les secousses des tremblements de
« terre. » Fondée à la fin du VIIe siècle, Schiraz atteignit son apogée sous le célèbre « vakil » (régent) Kérim-Khan, dont les monuments splendides, en partie ruinés aujourd'hui, portent encore le nom.

« Mme Dieulafoy a su profiter des circonstances pour voir de près, à Schiraz, la femme persane. Elle apprit aussi à connaître la religion *baby*, du nom de son fondateur « Bâb » (mot qui signifie « porte »), pèlerin revenu de la Mekke et qui s'appelait auparavant Ali-Mohammed. Cette religion, mitigée de guèbre, de judaïsme et de christianisme, relevant la condition de la femme en condamnant la polygamie, a vite pénétré dans les andérouns ; elle conquit bientôt des adeptes dans tout l'Iran, jusqu'en Syrie où réside encore son chef, à Saint-Jean-d'Acre ; elle fut, comme le sont toutes les religions nouvelles, en butte aux persécutions suivies de révoltes et de massacres.

« De Schiraz, nos voyageurs allèrent visiter les ruines de Servistan et Darab ; ils revinrent à Schiraz pour reprendre la route de Firouz-'Abad où ils virent les monuments de la dynastie sassanide, et de là gagnèrent Bender-Bouschir, port principal de la Perse sur le golfe Persique. Ils s'embarquèrent pour Basrah (Bassorah) en remontant le Schatt-'el-'Arâb, visitant successivement l'arc de Ctésiphon et Séleucie. A Basrah se trouvent les tombeaux du cheick Omar, de Josué, de Zobéid. Puis ils atteignent Babylone non loin de laquelle se trouve le vaste tumulus argileux dit « Birs Nimroud » qui servit de base à la tour de Babel. La caravane continua sa route par 'Amara, sur le Tigre, et Dizfour, au pont gigantesque. Elle se rendit aux ruines de Suse où elle gîta dans le tombeau de Daniel et où nos voyageurs commencèrent l'exploration des ruines qui faisaient le but final du voyage : celles du palais d'Artaxercès Mnémon. De là, elle partit pour Schouschter, au pont sinueux et aux nombreux moulins ; puis revint par le golfe Persique.

« Il était temps pour nos deux voyageurs. M. Dieulafoy n'était point rétabli d'une maladie qui l'avait atteint dès son arrivée en Perse et qui l'avait mis un moment à deux doigts de sa perte ; la santé même de son énergique femme était fortement ébranlée. Mais le souvenir des richesses archéologiques qu'ils avaient rencontrées, le projet de doter leur pays de celles qu'ils avaient entrevues à Suse les hantaient et, en 1884, munis des firmans nécessaires, ils repartaient directement pour la Susiane, où ils devaient retourner encore l'année suivante.

« Les visiteurs du musée du Louvre connaissent les merveilles rapportées par nos explorateurs. C'est Mme Dieulafoy qui a rassemblé, classé, dessiné, photographié, fait emballer même la plus grande partie de ces trésors arrachés au désert et à l'oubli. On aura l'idée de leur importance aussi bien que des énormes difficultés de leur extraction en un pays aussi dénudé et dépourvu de toutes ressources que le Sahara, quand on saura qu'ils ne remplissaient pas moins de deux cent soixante-quinze caisses, et que tels fragments sculptés pesaient de deux à trois mille kilogrammes. Aux difficultés matérielles, aux étreintes de la maladie dans laquelle M. Dieulafoy faillit mourir, aux angoisses et aux fatigues qu'elle causa à sa courageuse femme se joignirent les tracasseries, les embûches, même les attaques à main armée, et l'on jugera des épreuves morales subies par nos voyageurs quand, au moment même d'embarquer pour la France le riche butin cueilli au prix de de tant de peines et de dangers, main mise fut faite par la douane turque sur toute la cargaison. Il ne fallut pas moins d'une intervention diplomatique instante, au retour de M. et Mme Dieulafoy, pour en obtenir la restitution.

« De tels labeurs et de tels résultats ne pouvaient rester sans récompense. La France, qui n'est pas toujours ingrate envers ses enfants, a su reconnaître les services de la brave Française en lui décernant la croix de la Légion d'honneur (1) !...

« On ne saurait mettre sur le même plan, — elles ne le voudraient pas elles-mêmes — MM^{lles} Fanny et Marie Lemire, quoique l'une des deux ait fait le tour du monde. Sans les qualifier donc de grandes voyageuses françaises du jour, j'estime qu'elles feront cependant bonne figure en venant même

---

(1) Le récit des deux derniers voyages a été publié dans le *Tour du Monde* des années 1887 (vol. LIV) et 1888 (vol. LV).

après les héroïnes les plus en vue; leur âge et la manière dont elles ont traduit leurs impressions de voyage leur donnent une originalité qui n'est pas sans mérite.

« Mlle Fanny Lemire suivit sa famille en Nouvelle-Calédonie où son père allait remplir des fonctions administratives, en 1874. Lors de la révolte subite des Canaques, elle revenait d'un voyage avec sa mère sur la côte Est et dans les montagnes forestières du centre de l'île. Comme elle était partie de France par Suez et la voie anglaise, elle y rentrait par le cap Horn, en 1882, et cela sur un voilier qui resta 124 jours en mer, ne relâchant qu'à Sainte-Hélène juste vingt-quatre heures.

« Après avoir terminé son éducation à Paris, elle repartit, accompagnant son père, en 1886, pour l'Indo-Chine. Le Binh-Dinh était alors en insurrection. Elle y séjourna trois ans; puis après au Nghê-An. Elle resta au Tonkin jusqu'en 1894, et, entre temps, se maria. Elle va y retourner avec ses enfants et son mari, M. Simoni, chancelier de résidence.

« Pendant ces huit années elle parcourut l'Annam et fut la première Française qui ait visité le Quang-Ngai (1887) : son voyage de Quang-Ngai à Qui-Nhon a été publié, en 1888, dans le *Bulletin de la Société de géographie commerciale de Paris*. Cette même année, elle se rendit, à cheval, de Qui-Nhon au pays des Moïs : sa relation a paru, en 1894, dans le *Bulletin de la Société de géographie de Lille*, avec des croquis de l'auteur. Elle possède d'ailleurs un fin talent de dessinateur et ses dessins lui valurent, en 1887, à Hanoï, une médaille de bronze. Sa connaissance de la langue annamite lui a donné une grande notoriété dans les diverses provinces qu'elle habita.

« Sa sœur aînée, Mlle Marie Lemire, partit également, en 1886, de Picardie pour l'Indo-Chine avec leur père, résident de France (1). Elle fut la première Française qui visita le

---

(1) Voici quelques courtes notes sur M. Lemire (Charles), ancien inspecteur des postes et télégraphes de Meurthe-et-Moselle. Mission en Indo-Chine en 1861. Exploration du Cambodge en 1865, publiée par le *Jour-*

Ha-Tinh, en mai 1889, par terre et par eau. Les officiers s'ingénièrent avec autant de courtoisie que de goût artistique pour fondre et graver une médaille qui lui fut remise à cette occasion. De l'Annam, elle passa au Tonkin et se rendit, en 1890, à cheval, chez les Mans du mont Bavi et aux roches Notre-Dame, sur la rivière Noire, avec sa mère. Toutes deux redescendirent le fleuve en sampang. Mme Lemire elle-même accompagna son mari de Tourane aux grottes de Culao, sur le Sông-Giang, dans la province de Quang-Binh, puis de Dong-Hôi à Hué et Fai-Fô. On lui doit, en collaboration avec ses deux filles, de nombreuses photographies de sept provinces de l'Annam et de deux provinces du Tonkin. Ces photographies ont servi, ainsi que les reproductions de cartes locales, aux publications coloniales de M. Ch. Lemire.

« La destinée devait séparer les deux sœurs, et l'une et l'autre de leurs parents, car Mlle Marie Lemire a épousé M. Camboulives, vétérinaire militaire, alors à Son-Tay, aujourd'hui en Tunisie.

« Il ne paraîtra point banal de montrer, par ce double exemple, ce que peut l'éducation que nous appellerions volontiers l' « éducation coloniale » sur les jeunes Françaises, et comment elles savent se rendre utiles à leur famille et à leur

nal officiel de Saïgon ; mis à l'ordre du jour de l'armée lors de la révolte de Pou-Cambo ; a publié, en 1868, son ouvrage sur l'Indo-Chine (actuellement à sa 7e édition). Prend part, pendant le siège de Paris, au service des dépêches par ballons et pigeons. Est chargé de mission, en Nouvelle-Calédonie ; se distingue pendant l'insurrection canaque (1878); publie l'important ouvrage sur la Nouvelle-Calédonie édité sur place, puis un ouvrage sur l'Australie. Explore à pied la grande île. Est nommé résident en Indo-Chine en 1886 et ne quitte ses fonctions que pour prendre sa retraite en 1894, à Paris. Est chevalier de la Légion d'honneur (depuis 1878), commandeur du Dragon d'Annam, officier du Cambodge, correspondant et officier de l'instruction publique, lauréat de la Société de géographie commerciale de Paris et de l'Institut de France, membre correspondant de la Société de géographie de l'Est. — Outre de nombreux ouvrages sur des *Excursions patriotiques illustrées en Lorraine ;* un livre sur le maréchal de Rais et le connétable de Richemont; *Barbe-Bleue (Gilles de Rais) au théâtre* (2e édition); *Jeanne d'Arc et le sentiment national.*

pays par les intéressants travaux du genre de ceux que nous venons de signaler.

« Il le paraîtra moins encore de faire ressortir cette rare unité d'esprit et de goût dans une même famille. Sans doute les exemples abondent de fonctionnaires coloniaux mariés, ayant des enfants qui partagent plus ou moins les aléas de leur carrière et se transplantent avec eux dans les pays les plus divers. Mais il n'est pas d'exemple, à notre connaissance, qu'un homme qui a été quelque chose de plus qu'un fonctionnaire, — car il a été l'un de ceux qui ont le plus et le mieux fait connaître nos colonies — il n'est pas d'exemple, disons-nous, qu'un tel homme ait si bien orienté l'éducation de tous les siens qu'il a constitué — lui compris — ce que l'on peut appeler la « famille géographique idéale ».

. . . .

Là s'arrête la partie biographique de l'étude de M. J.-V. Barbier, étude dont ces extraits si importants ne peuvent donner qu'une idée.

Il l'a terminée par des conclusions que nous eussions volontiers jointes aux pages qui précèdent s'il n'eût fallu, pour les bien comprendre, avoir sous les yeux l'ouvrage tout entier. Mais les membres du congrès de Lyon n'y perdront rien, la publication devant être faite en volume après avoir paru *in extenso* dans le *Bulletin de la Société de géographie de l'Est*.

IRRÉGULARITÉS ORTHOGRAPHIQUES

par M. J.-V. Barbier

Secrétaire général et délégué de la Société de géographie de l'Est.

De l'utilité de remédier aux irrégularités de l'orthographe des noms des communes françaises, diversement écrits suivant les administrations qui les publient, et de restituer à nombre d'entre ces noms, qui ont le même vocable principal, les suffixes qui les distinguaient autrefois.

Messieurs,

Dès la première session de notre congrès, les questions relatives à l'orthographe ou à la prononciation des noms géographiques ont tenu une place dans nos programmes. On s'est beaucoup occupé — je me garde bien d'y trouver à redire, puisque je suis complice en cette affaire — d'unifier l'orthographe des noms de tous pays; on a caressé cette chimère d'une transcription internationale — question qui est en train de se résoudre aujourd'hui d'elle-même et d'une tout autre façon qu'on ne le prévoyait. — Cependant, nous avons fait un peu comme celui qui cherche une paille dans l'œil du voisin, mais qui ne prend pas garde à la poutre qui est dans le sien. Non seulement il y aurait beaucoup à redire sur les écarts orthographiques qu'on laisse subsister dans les noms de lieux de nos colonies d'extrême Orient, suivant que ce sont les administrations civiles, l'armée ou la marine qui les écrivent; en Algérie même, où le service géographique de l'armée a entrepris, il y a quelques années, une réforme qui, je l'espère ne se sera pas continuée, mais où, en tous cas, il y a actuellement des divergences entre l'orthographe des cartes du Dépôt de la guerre et les cartes publiées par les autres administration, non seulement, dis-je, il y aurait beaucoup à redire de ce chef; mais, en France même, que d'irrégularités, de contradictions et d'inconséquences !

Déjà, certains de nos collègues, dans telles de nos réunions antérieures, nous ont signalé les bizarreries de l'orthographe des noms de nos pays de montagnes d'après la carte du 1/80.000 ; d'autres, au nom de leurs sociétés, ont tenté de fixer la manière de prononcer les noms de lieux en France. Ce second problème laisse encore place à des aléas; dans le premier cas, des noms qui ne sont écrits nulle part que sur les cartes (sommets de montagnes, régions physiques, etc.) ont pu donner lieu à des errements qu'on ne saurait faire disparaître en un jour — car les cartes ne se rééditent pas et surtout ne se refondent pas fréquemment ; ce qui ne s'explique pas du tout, c'est que des noms de localités qui ont, en quelque sorte, — qui devraient avoir, du moins — ce que j'appelle un état civil, des papiers en règle, présentent des irrégularités qui ne sont peut-être pas très graves, encore moins mortelles, mais enfin qui n'ont aucune raison d'être.

Toute commune a, sur la dernière maison de chacune des voies de communication qui y aboutissent, un écriteau placé, si je ne m'abuse, soit par l'administration des ponts et chaussées, soit par le service vicinal. On doit admettre que ces plaques portent le nom de la localité tel qu'on l'écrit dans le pays ; sans nul doute, dans la plupart des cas, le nom de la commune porté sur le recensement officiel est conforme à celui de l'écriteau, puisque les services publics qui les transcrivent ici dépendent du même ministère. Mais déjà il y a, à tout bout de champ, des différences avec les noms écrits sur la carte au 1/80.000 et les noms portés au recensement, ce qui s'explique un peu par la raison dite tout à l'heure que les cartes ne se refondent pas tous les jours. Ce qui est le plus étrange, ce sont les différences orthographiques que présentent certains noms écrits par l'administration des postes, voire par celles des chemins de fer.

Tel service écrit *Aigues-Vives*, l'autre *Aiguesvives*, *Ailleux* ou *Allieux*, *Canehan* ou *Cannehan*, *Antérieux* ou *Anterrieux*, *Crach* ou *Crac'h*, *Lapalisse* ou *La Palisse*, *Colandre* (état-major), *Colandres* (intérieur), *Collandre* (postes), etc. Il y a là tout un travail rectificatif à faire, d'autant plus nécessaire qu'il est une quatrième source, la seule qui fasse autorité aux yeux de nos géographes les plus attitrés, le *Bulletin des Lois*.

Ce mot de *Lapalisse*, cité plus haut, et que l'on trouve écrit tantôt en un, tantôt en deux mots, m'amène à vous parler de cette série nombreuse de noms où l'article parfois reste séparé du nom, parfois est incorporé à ce nom : il y a *La Bastide* et *Labastide*, *La Croisille* et *Lacroisille*, *La Plume* et *Laplume*, *La Roque* et *Laroque*, *La Tour-d'Auvergne*, dont on a fait simplement *Latour*, ce qui constitue une double entorse à la géographie et à l'histoire.

Ce n'est pas que nous approuvions la présence de cet article, car elle est si peu justifiée qu'un même mot en est doté ou privé sans que le fait choque personne. Ainsi, nous avons *La Fère* et *Fère-en-Tardenois*, des *Bourg* et des *Le Bourg* en quantité ; *Crocq* et *Le Crocq*, *Villeneuve* et *La Villeneuve*, *Château* et *Le Château*, etc. Mais, à tant faire que de le maintenir, comme dans tous les cas il fait partie intégrante de l'appellation géographique tout comme s'il était dans le corps du mot, il serait logique de l'écrire par un L majuscule, et de le classer alphabétiquement suivant l'article *Le* ou *La*, ainsi qu'on est bien obligé de le faire quand l'article est aggloméré au mot même.

Quelle est, nous ne dirons pas la raison, mais la cause de ces inconséquences? Sans doute, elle est complexe, et les usages locaux ont pu y contribuer beaucoup ; mais il n'est pas téméraire d'admettre que les géographes officiels et les administrations les plus qualifiées y sont pour quelque chose. Notre avis est donc que non seulement elles se mettent d'accord entre elles, mais encore qu'elles contribuent autant qu'il dépend d'elles à remettre un peu d'ordre et de logique dans nos appellations géographiques françaises.

La seconde question qui fait l'objet de ce rapport est plus importante à notre avis ; elle se rapporte à la suppression des suffixes qui accompagnaient autrefois certains vocables très répandus et empêchaient toute confusion entre les localités que ce même vocable désigne. Tels, par exemple : *Beaulieu*, pour *Beaulieu-sur-Dordogne*, afin de le distinguer des autres ; *Belleville*, au lieu de *Belleville-sur-Bar* (Ardennes), *Belleville* ou *Belleville-sur-Saône* (Rhône). Il y a une collection de *Châteauneuf* simples, qui ont été désignés jadis par *Châteauneuf-de-Grasse* (Alpes-Maritimes), *Châteauneuf-du-Faou* (Finistère), *Châteauneuf-en-Thimerais* (Eure-et-Loir), *Châteauneuf-la-Forêt* (Haute-Vienne), *Châteauneuf-les-Bains* (Puy-de-Dôme), *Châteauneuf-Maltaverne* (Savoie), *Châteauneuf-sur-Sornin* (Saône-et-Loire), *Châteauneuf-Val-de-Bargès* (Nièvre), *Châteauneuf-Villevieille* (Alpes-Maritimes). Trois *Châtillon* se sont vus également dépouiller de leurs déterminatifs : *Châtillon-en-Diois* (Drôme), *Châtillon-en-Dunois* (Eure-et-Loir), *Châtillon-sur-Indre* (Indre), et je glane çà et là : *Criquebeuf*, au lieu de *Criquebeuf-en-Caux* (Seine-Inférieure), *Crépy*, au lieu de *Crépy-en-Laonnois* (Aisne), *Guéméné*, au lieu de *Guéméné-sur-Scorf* (Morbihan), *Saint-Etienne*, au lieu de *Saint-Etienne-les-Orgues* (Basses-Alpes), *Cours*, au lieu de *Cours-Saint-Michel* (Gironde), *Couturn*, au lieu de *Couturn-sur-Gironde*, et des centaines d'autres ; sans compter qu'il y a nombre de *Beaulieu, Belleville, Châteauneuf, Châtillon*, etc., qui ont, sans doute, perdu leur suffixe distinct de temps immémorial au point de n'en plus laisser de traces, sinon peut-être dans quelque ancien titre oublié.

Cela est doublement fâcheux. A ne se placer qu'au point de vue matériel, on conçoit quelles précautions on doit prendre dans la suscription des lettres.

En ce qui me concerne, pendant les quelques années dont j'ai passé la période de vacances — vacances toujours laborieuses, bien entendu — à *Flavigny-sur-Moselle*, j'ai vu bien des lettres, à moi adressées, aller se fourvoyer, faute du suffixe *sur-Moselle*, à *Flavigny* (Côte-d'Or). Depuis trois ans que j'ai pris ma villégiature à *Moulins*, écart de *Bouxières-aux-Chênes* (Meurthe-et-Moselle), j'ai vu plus d'une fois des correspondances me parvenir après avoir fait escale à *Moulins* (Allier), et tout récemment, par une raison analogue, une carte postale a mis trois jours pour me venir de Nancy, qui est à 11 kilomètres dudit Moulins.

A l'époque où j'étais dans les affaires, bien des mésaventures de ce genre me sont arrivées. Sans doute on indique sur l'adresse — quand on y pense — le département ou le bureau de poste desservant la localité ; mais, avec ce que d'habitude ces indications sont mises en plus petite écriture et en contre-bas, la rapidité du triage dans les bureaux d'expédition fait que ces choses peuvent facilement passer inaperçues, et l'on conçoit que si l'on restituait ou si l'on donnait à chacun des noms de lieux le suffixe qui fait sauter aux yeux la région où ils se trouvent, pareille chose n'arriverait pas.

Mais la question est plus haute. Bien que par les exemples que nous venons de citer, on voit qu'il y a autre chose qu'une commodité pratique dans cette restitution ou dans cette addition de suffixe ; il y a là une indication topographique souvent très précieuse, et il ne faudrait pas chercher beaucoup pour trouver des noms où le suffixe est une indication historique digne d'être conservée. Nous croyons donc qu'il y a là à la fois, œuvre utile et œuvre géographique à faire ; mais ici les sociétés de géographie doivent prendre l'initiative, et n'appeler les pouvoirs publics à intervenir que pour donner sanction et force de loi à un ensemble bien étudié. Dans ce but, elles peuvent faire appel au concours des sociétés archéologiques, qui en général connaissent bien des appellations tombées en désuétude, où l'on retrouverait l'élément tout indiqué d'un suffixe bien approprié. Là où cet élément fait défaut, il y a la position géographique du lieu ou telle particularité locale d'un caractère assez précis pour éviter toute équivoque.

D'après ces prémisses, nous sommes amenés à la conclusion suivante sous forme de vœu :

1° Que les pouvoirs et services publics compétents, conseil d'Etat, intérieur, travaux publics, service géographique de l'armée veuillent bien s'entendre pour faire cesser les irrégularités orthographiques de nombre de noms de lieux en France et aux colonies françaises.

2° Que toutes les sociétés françaises de géographie s'emploient à restituer à tous les noms de lieux qui ont le même vocable les suffixes dont un usage maladroit, les négligences administratives ou locales ont amené la disparition ; à suppléer à ceux de ces suffixes dont il ne reste aucune trace, par une indication géographique, historique ou basée sur une particularité caractéristique locale. Le congrès les convie en vue de ces recherches à se répartir le territoire français suivant leur sphère d'action et à faire appel au concours de sociétés départementales ou régionales telles que les académies provinciales, sociétés d'archéologie, etc., qui, par la nature même de leurs travaux, peuvent aider considérablement les Sociétés de géographie dans ce travail de reconstitution topographique d'utilité à la fois scientifique et pratique.

LA COLONISATION FRANÇAISE EN TUNISIE

Par Jules SAURIN

En 1881, la France a placé la régence de Tunis sous son protectorat. Douze ans se sont écoulés depuis cette date, et il est intéressant de se demander si nous avons su tirer parti de notre nouvelle conquête. L'œuvre de la France en Tunisie a été admirable à plus d'un point de vue; dans un pays livré au désordre et au gaspillage elle a rétabli l'ordre financier, réorganisé l'administration et fait régner la paix la plus profonde. Ce que je trouve de plus remarquable, c'est l'organisation même du protectorat. Au lieu de prononcer le cruel *vœ victis*, malheur aux vaincus, nous nous sommes écriés : Il n'y a pas de vaincus, il y a deux peuples destinés à marcher ensemble dans la voie du progrès; les indigènes ont été associés à l'œuvre administrative, et ils nous ont prêté un concours dévoué : Ils sont presque tous venus à nous, les préjugés musulmans qui les éloignent du Roumi s'affaiblissent peu à peu; les premières familles du pays ont envoyé dans nos écoles plus de 3.000 de leurs enfants, et une sécurité complète règne dans toute la Tunisie.

Mais si l'œuvre administrative et politique de la France mérite tous les éloges, il n'en est pas de même de l'œuvre de colonisation. La mère patrie a commis des fautes graves : pendant 10 ans, elle nous a fait attendre la convention douanière qui, en 1891, a enfin ouvert à nos produits le marché français; pendant 12 ans elle a empêché la construction de toutes nos voies ferrées.

De son côté, le gouvernement tunisien a négligé la colonisation; la construction des routes, cet élément primordial du progrès d'un pays neuf, était délaissée; on construisait à peine chaque année 50 kilomètres de routes et pourtant on consacrait des sommes trois fois plus importantes à l'entretien du personnel des travaux publics et à la construction de bâtiments civils. Ses efforts pour mettre en valeur son immense domaine de la région septentrionale ont été médiocres. Il n'a rien fait pour attirer en Tunisie une partie des 250.000 Français qui de 1881 à 1894 ont quitté la mère patrie. Enfin il laissait subsister des impôts surannés qui constituaient un obstacle insurmontable aux progrès de la colonisation européenne.

Aussi les résultats d'une telle politique éclatent aux yeux des esprits non prévenus. Le nombre des Français habitant la Tunisie s'élevait à peine à 10.000 en 1891 et sur ce nombre les fonctionnaires et les membres de leurs familles comptaient pour 3.000 têtes, les cultivateurs français étaient à peine 313. J'emprunte ce chiffre très précis au recensement de la population française fait en 1891, par les contrôleurs civils. Depuis lors la situation ne s'est pas améliorée; le relevé des passagers français entrés et sortis dans les années 1890, 91, 92, montre que les entrées offrent à peine un excédent de 265 unités sur les sorties. Le développement de l'Algérie avait été tout différent; quand les Européens en 1857 étaient au nombre de 156.000, les Français formaient la grande majorité de la population européenne; ils étaient 92.000.

En Tunisie les étrangers sont actuellement quatre fois plus nombreux que les Français. Parmi ces étrangers, les Italiens au nombre de 30.000 constituent le groupe le plus important. En 1892, il y a eu dans la Régence 1.103 naissances italiennes; en admettant que la natalité des Italiens de Tunisie soit la même que celle de leurs compatriotes d'Algérie, soit 39 naissances par 1.000 habitants, le chiffre de 1.103 naissances suppose une population de 29.000 Italiens. Dans les trois années 1890, 91, 92, le relevé des passagers italiens entrés et sortis dans les ports de la Régence donne un excédent de 7.000 entrées sur les sorties; cet excédent pour la même période était de 265 pour les Français.

Depuis quelques années, les Italiens ont formé plusieurs centres occupés par des cultivateurs propriétaires, locataires ou métayers ; ils prennent aussi possession du sol. Au lac Sedjorimi, à la Soukra, on en compte 40 familles ; à la Djedeida la plaine est déjà occupée par 20 familles, et ce centre va bientôt recevoir 15 familles nouvelles. A Beja, 3 groupes importants de métayers italiens comprennent 40 familles. Kelibria, l'ancienne Elypœa où débarqua Romulus, est un véritable village italien habité par 200 cultivateurs italiens. Dans le contrôle de Sousse, on compte 50 viticulteurs italiens pour 11 Français. Tous ces centres sont en partie notre œuvre, les cultivateurs qui les habitent sont venus en Tunisie sans ressources et ils ont acquis le modeste capital nécessaire à leur établissement en travaillant comme journaliers dans nos grandes compagnies et dans nos grandes fermes.

Je crois inutile d'insister sur le danger que crée à l'influence française la présence d'un si grand nombre d'Italiens.

N'est-il pas urgent pour nous d'établir le plus grand nombre de nos compatriotes sur cette terre française? Quelle force pour notre influence si 100.000 Français établis en Tunisie fournissaient 30.000 soldats réservistes ou territoriaux. Il est en notre pouvoir de réaliser cet idéal et de faire de la régence une vraie colonie française peuplée de cultivateurs attachés au sol par des liens indissolubles.

Nous pouvons coloniser la Tunisie, et nous serions bien coupables si nous assistions indifférents à la prise de possession par nos rivaux, j'allais dire nos ennemis, d'une terre gardée par nos soldats, administrée par notre gouvernement.

L'histoire de la colonisation nous montre qu'il faut posséder quatre éléments essentiels pour coloniser un pays : terres disponibles, voies de communication, émigrants et capitaux. La Tunisie offre-t-elle des terres disponibles sillonnées de voies de communication ? La France peut-elle lui fournir les émigrants et les capitaux.

La Tunisie a une superficie de 12 millions d'hectares, mais

toute cette étendue ne peut pas être colonisée. La région septentrionale (4 millions d'hectares), recevant 400 millimètres d'eau par an, est la seule qui offre des conditions très favorables à l'établissement des petits colons. La région centrale, de pareille étendue, ne reçoit que 200 à 250 millimètres d'eau; la culture fruitière, celle des fourrages permettront seules de tirer parti du sol. Il serait encore imprudent d'y envoyer des colons disposant de modestes ressources et de 20 à 30 hectares. Enfin, la région saharienne où les précipitations fluviales ne dépassent pas 150 millimètres, n'a aucune valeur, sauf dans les endroits irrigués. C'est pour ne pas avoir tenu compte de la différence qui sépare ces diverses régions qu'on a commis de grandes fautes.

Tel colon a acheté son domaine à Kairouan ou à l'Enfidah, comme s'il l'avait acheté aux environs de Bizerte.

La région septentrionale est d'une salubrité exceptionnelle. L'étude démographique du Dr Bertholon, basée sur les statistiques les plus récentes, montre que la population française y offre une mortalité de 27 et une natalité de 38.9 par 1.000 habitants. En Algérie, on comptait encore 44 décès par 1.000 habitants en 1842, et l'excédent des naissances sur les décès ne s'est produit qu'en 1856. La richesse de ce pays est attestée par les ruines des villes nombreuses qui le couvraient à l'époque romaine. Nulle part on n'a trouvé tant de vestiges du passé.

Enfin, circonstance très avantageuse pour nous, cette immense région de 4 millions d'hectares n'est pas peuplée ; tandis que les indigènes se sont groupés sur le littoral, de Bizerte à Porto-Farina et de Tunis au cap Bon, ils ne sont que 214.000 dans l'intérieur, et la densité de la population s'y élève à peine à 6 habitants au kilomètre carré. L'arrivée des colons français n'amènera donc pas le refoulement des populations indigènes, comme on pourrait le craindre. Elle affranchira au contraire les serfs indigènes ou Khammès, attachés à leur maître par les liens d'une dette en leur fournissant un travail assuré. Quant aux fellahs, notre devoir et notre intérêt nous conseillent de les amener à la propriété du sol. Suivant la belle expression du grand Bugeaud, il faut faire marcher de front la colonisation arabe avec la colonisation européenne. Permettez-moi de vous signaler en passant quels sont ceux qui causeront la misère et le refoulement des indigènes. Ce sont les usuriers.

L'indigène est un grand enfant dépourvu de prévoyance et d'économie. Il emprunte avec la plus grande facilité, et comme il n'a aucune notion de l'échéance, il ne paie ni intérêts ni capital. Un emprunt insignifiant a bien vite fait la boule de neige et ruiné le malheureux emprunteur au profit d'un usurier qui loue son domaine. Le prix de location vient aussi s'ajouter à ses autres charges, et il n'améliore plus un sol qu'il possède temporairement. Dans les régions peuplées où il s'était formé une classe de propriétaires cultivateurs, gage le plus certain de la paix et de la sécurité, cette classe disparaît rapidement. Il est urgent de prendre une série de mesures destinées à maintenir ces paysans propriétaires et à augmenter leur nombre : insaisissabilité du lot de terre cultivé par le propriétaire, création de caisses de prêts analogues à celles qui fonctionnent en Algérie, institution de caisses d'épargne indigènes, et avant tout enseignement pratique et professionnel tendant à inspirer à l'indigène l'esprit d'ordre et d'économie et à améliorer son sort matériel.

L'acquisition du sol par les Français y sera très facile, car la terre n'y appartient pas, comme en Algérie, à la tribu ou à une collectivité. Le sol, divisé en d'immenses domaines de 500 à 10.000 hectares, est possédé par de riches Tunisiens, qui très souvent désirent aliéner leurs propriétés. Ajoutez à cela que la belle loi foncière dont nous sommes dotés permet de faire établir rapidement et d'une façon certaine quel est le vrai propriétaire d'un domaine, quelles sont ses limites et les charges qui le grèvent. L'Etat tunisien possède environ

400.000 hectares dans cette région ; il lui appartient de mettre en valeur cet immense domaine, de le couvrir de chemins et même de voies ferrées économiques exploitées avec deux ou trois trains par semaine.

Les routes et voies ferrées ont fait défaut jusqu'à ce jour à la Tunisie ; nous possédons à peine 225 kilomètres de chemins de fer et 650 kilomètres de routes. Cet état de choses, cause première des lenteurs de la colonisation, est en voie de disparaître. On construit un réseau ferré de 400 kilomètres, et, comme nous avons su profiter de l'expérience algérienne, nos voies ferrées paieront toutes leurs dépenses avec une recette brute de 6.500 fr. par kilomètre, tandis que celles d'Algérie doivent réaliser une recette de 18.000 fr. pour couvrir tous leurs frais. Aussi avons-nous tout lieu d'espérer que nos tarifs seront modérés et que notre réseau s'accroîtra au fur et à mesure des besoins de la colonisation, puisque l'exploitation n'imposera que des charges modérées au trésor tunisien. Nos chemins empierrés s'accroîtront également d'une façon plus rapide que dans le passé. Sur un budget des travaux publics de 4 à 5 millions de francs, on consacrait à peine 5 à 600.000 fr. à la construction de nouvelles routes. Il est à désirer qu'on leur consacre à l'avenir une somme de 2 millions, de manière à ouvrir chaque année à la circulation 3 à 400 kilomètres de chemins empierrés. Telles semblent être les intentions de M. Charles Rouvier, le résident général de Tunisie ; il s'est attaché avec zèle à doter la Tunisie de tous ses ports et de ses voies de communication ; il se propose de confier à une société la construction des bâtiments civils, afin de reporter sur la création des routes les sommes destinées aux bâtiments. Il est urgent d'organiser le service des prestations qui est insuffisant pour les travaux neufs, mais qui rendrait de grands services pour l'entretien des chemins construits. On pourrait l'imposer aux Européens comme aux indigènes, et mettre à la tête de chaque circonscription un chef cantonnier disposant d'une certaine initiative.

Ajoutons que les ports de Tunis et de Bizerte sont presque terminés et que ceux de Sousse et Sfax sont en voie de construction. Les frêts seront de moins en moins élevés et nous pourrons très facilement envoyer tous nos produits sur le plus riche marché du monde, le marché français, où ils sont protégés par des droits de douane élevés. Cette situation place la Tunisie dans des conditions beaucoup plus avantageuses que toutes les républiques américaines.

En résumé, nous avons la bonne fortune de posséder dans le nord de la Tunisie un sol d'une grande richesse, d'une salubrité exceptionnelle, encore peu peuplé, et qui sera bientôt sillonné de routes et de voies ferrées aboutissant à des ports bien aménagés. La Tunisie demande à la mère patrie des colons et des capitaux. Eh bien, nous pouvons les lui fournir beaucoup mieux que l'Italie ; cette dernière a plus d'hommes que nous, mais elle n'a pas de capitaux à exporter.

Les manœuvres ne disposant que de leurs bras sont impuissants à coloniser un pays. Défrichements, constructions, que d'avances à faire au sol avant d'en retirer un produit quelconque ! On répète bien souvent que la France ne peut pas coloniser, qu'elle n'a pas d'émigration. C'est là une erreur. Déjà en 1883, alors que nos statistiques accusaient à peine 3 à 4,000 émigrants par an, le Dr Lagneau, dans un mémoire à l'Académie des sciences morales et politiques, montrait nettement que l'émigration française s'élevait de 14 à 15,000 personnes. En effet, les statistiques des républiques américaines, celle de l'Algérie, signalaient chaque année l'arrivée d'un pareil nombre d'émigrants français. C'est qu'il est difficile d'obtenir dans nos ports les déclarations des émigrants.

Depuis quelques années, nos statistiques françaises elles-mêmes accusent des chiffres bien supérieurs.

En 1888 elles accusent 23.000 émigrants.
En 1889 » 31.000 »
En 1890 » 20.000 »

Autre preuve ; les cartons du gouvernement algérien renferment 30.000 demandes de concession pour l'Algérie. Sur ces 30.000 chefs de famille qui désirent s'établir en Algérie, il en est un grand nombre qui peuvent faire d'excellents colons. Chaque année les ventes de lots de ferme domaniaux en Algérie sont disputés par des milliers d'acquéreurs venus de France à cette occasion.

Nos émigrants sont rarement des prolétaires sans aucune ressource allant chercher du travail au loin. Le travail abonde en France, puisque un million d'étrangers peuvent y trouver place. Nos émigrants sont ou de petits commerçants ou de petits propriétaires ou fermiers qui sont poussés par l'esprit d'entreprise. L'instruction reçue à l'école a élargi les horizons ; on ne veut plus vivre au village ; on réalise le modeste héritage, qui est trop petit pour faire vivre la famille, et on part pour l'Amérique. Dans le Jura, dans les Alpes et les Pyrénées, telle est le plus souvent la nature de l'émigration française. Aussi n'est-il pas rare de trouver parmi ces émigrants des hommes disposant d'une somme de 5 à 6.000 fr.

Voilà précisément les colons dont nous avons besoin en Tunisie, et nous les laissons partir pour l'Amérique. Quelle faute grave de ne rien faire pour les attirer en Tunisie ! On ne connaît pas la Tunisie dans le Jura, me disait un Franc-Comtois revenu du Canada ; tout village reçoit chaque année plusieurs brochures sur le Canada et la république Argentine, mais on n'entend jamais parler de la Tunisie. Un tel reproche devrait faire rougir tous les Français partisans de l'expansion coloniale.

Si l'administration de nos colonies ne veut rien faire, unissons-nous tous pour travailler d'une façon pratique à répandre dans le peuple et surtout dans les régions où on émigre la connaissance de notre domaine colonial. Il est inutile de vous dire que la France peut envoyer à la Tunisie les capitaux dont elle a besoin.

L'épargne française atteint chaque année la somme de

deux milliards ; elle se précipite à l'étranger dans des entreprises plus ou moins aléatoires. Mais pour attirer la confiance des capitalistes, il faut la mériter en payant régulièrement l'intérêt et l'amortissement des capitaux empruntés. Or les comptes rendus du Crédit foncier d'Algérie nous montrent que 40 % des annuités échues ne sont pas payées régulièrement. Comment accorderait-on du crédit à des colons qui se ruinent ?

Aussi la question des capitaux est-elle intimement liée au mode de culture du sol, question que je me propose de traiter. Déjà la Tunisie a sur l'Algérie l'avantage de posséder un régime hypothécaire d'une simplicité admirable. Toutes les charges qui grèvent un immeuble, même les hypothèques légales, doivent être inscrites sur cet immeuble. Il suffit de faire inscrire l'hypothèque sur le registre de la propriété foncière, à la suite du titre de propriété toujours accompagné du plan du domaine. Grâce à ce mécanisme, l'intervention coûteuse du notaire est inutile et une constitution d'hypothèque se fait sans frais et très rapidement. Vous le voyez, la Tunisie peut être colonisée par les Français ; elle leur offre des étendues immenses de terres disponibles qui seront bientôt sillonnées de voies de communication ; de notre côté, nous sommes en état de fournir à la Tunisie les émigrants et les capitaux qu'elle réclame. Mais quels seront nos procédés de colonisation? à quelles cultures devront se livrer les colons ? Tel est le dernier point qu'il me reste à examiner.

Il y aura peu de place en Tunisie pour les ouvriers des villes et des champs à cause du bon marché de la main-d'œuvre indigène ou italienne. Les Français prolétaires pourront être employés comme chefs de culture ou contremaîtres, un certain nombre d'entre eux seront laboureurs ou charretiers pour encadrer le personnel indigène des grandes exploitations. Mais, règle générale, ce qui attirera le Français en Tunisie, ce sera le désir d'être propriétaire du sol. En France où la terre vaut 2.000 à 5,000 fr. l'hectare, il est bien difficile à un modeste cultivateur de réaliser ce désir; on comprend sans peine qu'il atteindra au but avec facilité dans un pays où les bonnes terres valent 100 à 300 fr. l'hectare.

Au point de vue politique, ce sont ces cultivateurs qu'il importe d'attirer; ils formeront une classe de paysans propriétaires, prêts à défendre le pays et à partager sa bonne et sa mauvaise fortune.

Le cultivateur français peut acheter des terres soit aux particuliers soit à l'Etat. Les Français sont déjà propriétaires en Tunisie de 410.000 hectares; un grand nombre d'entre eux désirent vendre ou louer une partie de leurs immenses domaines. D'autre part, beaucoup d'indigènes sont disposés à allotir des domaines. Pour faciliter ce travail de morcellement, quelques colons de bonne volonté ont formé à Tunis, sous le patronage de l'Union Coloniale un comité qui centralise toutes les offres de vente, location ou métayage, faites par les propriétaires des lots ne dépassant pas 50 hectares. Les combinaisons sont infinies, et tout cultivateur disposant d'un petit capital peut trouver une terre qu'il achetera au comptant ou à terme, qu'il louera ou qu'il prendra en métayage suivant ses goûts et ses ressources. L'Etat possède 400.000 hectares dans la région septentrionale; il doit les réserver pour la petite colonisation; mais il ne peut pas livrer immédiatement toutes ses terres aux colons; les unes sont couvertes de broussailles dont le défrichement serait trop onéreux pour le colon; la plupart sont éloignées des routes et des voies ferrées. Il importe que l'Etat donne le bon exemple aux riches propriétaires, qu'il approprie ses terres à la colonisation et à l'aide de ses condamnés. Quand il les aura ainsi défrichées et mises en communication avec les voies ferrées, il les vendra à bureau ouvert en faisant une grande publicité. Nous écartons résolument le système de la concession gratuite et nous lui préférons la vente à bureau ouvert avec obligation pour l'acquéreur d'un lot d'y établir une famille française, d'y construire une maison, etc.

Nous ne désirons pas que l'Etat construise à l'avance un village. Le village en groupant tous les Français les fait vivre loin des indigènes et crée un antagonisme dangereux entre les deux races.

Un autre danger du village c'est qu'il facilite la fréquentation assidue du cabaret, cette plaie de la colonie algérienne. Quand tous les lots d'une région seront occupés, le village se formera peu à peu de lui-même à l'endroit le plus central et le mieux situé. L'œuvre urgente en Tunisie c'est d'y établir un grand nombre de cultivateurs français propriétaires, locataires ou métayers.

Est-ce à dire pour cela qu'il n'y ait pas de place pour la grande et la moyenne colonisation? Nous ne le pensons pas.

Un homme actif et entreprenant, disposant de 30 à 100.000 francs pourra réussir sur un domaine de 100 à 500 hectares; il n'aura que l'embarras du choix pour l'acquisition d'un tel domaine. L'Etat doit faciliter l'établissement de ces colons en leur créant des routes. La grande et la petite colonisation se prêteront un mutuel concours, il importe qu'elles se développent parallèlement pour que nous prenions au plus tôt possession du sol tunisien, tout en laissant une large place aux cultivateurs indigènes. Mais le petit colon, a-t-on dit quelquefois, ne pourra pas se tirer d'affaire sur un lot de 30 hectares. On a raison si ce colon est un ouvrier des villes, ou un artisan qui ignore les éléments de la culture, qui ne travaille pas lui-même. On a raison, même si ce colon est un cultivateur de profession, il est condamné à la ruine s'il ne possède pas les 10 à 12.000 francs nécessaires ou si un propriétaire ne l'aide pas par des avances. Aussi ne cesserons-nous de répéter à tous ceux qui ne réalisent pas les conditions nécessaires qu'ils courent à une ruine certaine.

Au contraire nous sommes intimement convaincu que le paysan laborieux et économe réussira neuf fois sur dix s'il adopte un mode de culture basé sur les principes agricoles. Habitué aux durs labeurs des champs, secondé par sa femme et ses enfants, tous les produits bruts de sa terre seront des revenus nets; une basse-cour bien garnie, un modeste potager, quelques vaches lui fourniront la plus grande partie de son alimentation.

Etablissons rapidement son budget. Sur une terre de 30 hectares il en consacre 10 aux céréales, 10 aux fourrages, et 10 à la jachère. Est-il exagéré d'affirmer qu'il récoltera 7 quintaux de blé et 60 quintaux de fourrage à l'hectare. Il aura ainsi un produit brut de 150 francs à l'hectare, soit 3.000 francs de produits bruts. Peu à peu il fera disparaître la jachère et il verra grossir ses rendements en fourrage et en blé sous l'influence des fumures et des labours. Qui oserait affirmer qu'un paysan français disposant de 3.000 francs de produit ne réussira pas à vivre dans l'aisance et à payer les intérêts d'un emprunt de 4 à 5.000 francs ? J'appuie mes idées non sur des théories spéculatrices, mais sur une pratique de la vie agricole. Depuis six ans j'exploite un domaine de 250 hectares situé aux environs de Tunis; j'ai interrogé un grand nombre de propriétaires, et presque tous partagent ma manière de voir. J'ai consulté de petits cultivateurs français habitant en Tunisie ; j'en citerai un. M. Gousseau, cultivateur à Souk-El-Kemis, est arrivé à Tunis avec les ressources les plus modestes; il a loué un domaine de 14 hectares et il vient d'acheter une propriété de 20 hectares. Il donnait quelques journées à un grand domaine voisin tout en cultivant son domaine; il aime la Tunisie. « Jamais, me disait-il, je n'aurais atteint un pareil résultat en France. » Il me faudrait trop de temps si je voulais vous soumettre les monographies des petits colons français que j'ai dressées. Les prodigues, les paresseux succombent à la tâche en Tunisie comme en tout pays; mais tous ceux qui réalisent les conditions indiquées ci-dessus sont arrivés à l'aisance.

La question capitale à résoudre, c'est de savoir à quelles cultures on doit se livrer pour gagner de l'argent. L'esprit pratique du cultivateur doit s'unir aux recherches de la station agronomique pour déterminer la marche à suivre dans ces pays où les données du problème agricole diffèrent complètement de celles qu'il présente en Europe. Les Anglo-Américains n'épargnent rien pour trouver les cultures qui *will pay*, qui rapportent, suivant leur expression.

Ces colons, si hostiles à l'intervention de l'Etat, font appel au budget public pour qu'il entretienne à grands frais des stations agronomiques et des champs d'essai, et ces stations agronomiques sont en relations directes avec les cultivateurs auxquels elles demandent de refaire leurs essais. Seuls les cultivateurs aux prises avec les difficultés pratiques peuvent répondre : Ceci est bon, faisons-le. Les résultats de tous les esssais sont vulgarisés par des journaux et des notices répandues à profusion. La production du beurre en Australie et du pruneau en Californie sont des exemples caractéristiques de cette manière de procéder. Qui aurait jamais pensé que l'Australie, située sous un climat aussi chaud que celui de l'Algérie, produirait pour 80 millions de beurre et de fromage? Ces résultats extraordinaires ont été obtenus en moins de huit ans, grâce à l'union intime de la station agronomique et des colons.

En Algérie, nous dépensons 600.000 francs par an en faveur des écoles supérieures de droit et de médecine, et on a laissé s'écouler plus de soixante ans avant de créer un simulacre de station agronomique à Alger. Aussi, tous nos colons, livrés à eux-mêmes, ont dû se contenter des données de leur propre expérience. Combien ont succombé dans la lutte! Un instant, ils ont cru trouver dans la vigne la culture qui allait les enrichir, et ils ont planté, quelques-uns avec une prudente sagesse, la plupart avec fièvre et sans soins, des étendues immenses ; le plus souvent, le sol était mal défoncé et envahi par le chiendent.

Aujourd'hui encore, bien rares sont les vignobles régulièrement fumés. La mévente des vins a ruiné un grand nombre de ces propriétaires de vignobles mal plantés et mal entretenus. La culture des céréales sans engrais est, à cette heure, l'unique ressource du colon algérien; elle conduit le pays à une ruine certaine. En effet, les colons européens disposent en Algérie d'un million d'hectares de terres labourables; ils en consacrent 430.000 aux céréales et 7.000 à peine aux prairies artificielles.

Cette répartition funeste en Europe conduit encore plus rapidement à la ruine dans un pays exposé à la sécheresse, alors que la plante non fumée évapore deux fois plus d'eau que la plante fumée pour atteindre son plein développement.

Il est indispensable de donner à la culture fourragère une étendue au moins égale à celle qu'on consacre aux céréales. Chose remarquable et peu connue, ce pays convient à merveille à la production des fourrages, si on sait adapter les procédés de culture aux exigences du climat. Je ne veux pas prolonger cet entretien, et je renvoie les personnes que cette question intéresserait à mon *Manuel de l'Emigrant en Algérie*.

Déjà, en Tunisie, une direction de l'agriculture a été constituée : sous l'impulsion d'un homme éminent, M. Paul Bourde, elle travaille avec zèle à la recherche de toutes les cultures susceptibles de donner de bons résultats; elle sollicite les essais des colons en leur distribuant des semences de fourrage; elle a créé un jardin d'essai qui distribue aux colons des milliers d'arbres.

On a établi en Tunisie un laboratoire de microbiologie et de vinification, dirigé par un jeune savant lyonnais, le Dr Louis.

Mais cette institution offre encore bien des lacunes; elle ne publie jamais les résultats de ses expériences et de celles des cultivateurs, il lui manque un laboratoire spécial de chimie agricole, elle n'a pas un seul troupeau pour faire des essais de fourrages. Si nous voulons assurer les progrès de la colonisation en Algérie, attirer les hommes et les capitaux, développons cette institution encore inconnue dans les colonies françaises et si importantes dans les pays anglo-américains, et cherchons tous en commun les meilleurs procédés de culture et publions tous ces résultats. Cette œuvre est aussi urgente que celle des travaux publics ; car l'étude scientifique et pratique de l'agriculture africaine est encore à faire.

Un grand danger menace notre œuvre en Tunisie : la prise de possession du sol par les Italiens et l'absence presque complète de cultivateurs français. On ne compte qu'un Français pour quatre étrangers. Il est en notre pouvoir de modifier cette situation et d'attirer un grand nombre de nos compatriotes dans la Régence. Terres disponibles, salubrité exceptionnelle, richesse du sol, toutes les conditions se trouvent réalisées, si nous savons agir. Que l'Etat construise des voies ferrées, des routes et encore des routes, qu'il mette en vente son immense domaine en faisant une grande publicité dans toutes les régions qui fournissent des émigrants, qu'il n'épargne rien pour étudier le domaine agricole. L'initiative privée fera le reste. Hommes et capitaux viendront de France prendre réellement possession de cette terre africaine, qu'il importe à notre puissance de faire occuper non seulement par nos soldats et par nos fonctionnaires, mais encore et surtout par nos paysans.

LES

COURANTS DE MIGRATION INTÉRIEURE EN FRANCE

Par M. V. Turquan

*chef du bureau de statistique générale au Ministère du commerce
délégué du Ministre du commerce et de l'industrie au Congrès de géographie
de Lyon.*

Messieurs,

Je demande pardon à l'auditoire d'avoir demandé un tour de faveur pour prendre la parole au nom de M. le Ministre du commerce, de l'industrie, des postes et des télégraphes, afin de vous présenter un volume de statistique, je dirais presque de géographie, volume que j'ai l'honneur de déposer sur le bureau du Congrès.

Ce volume est le résumé statistique du dernier dénombrement de la France.

C'est le travail que mon service est chargé de faire et résume les opérations dont il assure le fonctionnement à l'occasion du dernier dénombrement. Ce travail, j'ose le dire, présente un intérêt géographique au point de vue de l'état de la population et aussi des migrations intérieures de cette population.

J'ai été appelé tout naturellement, en m'occupant de la répartition de la population en France, à examiner la question sous tous ses aspects :

Sous l'aspect de l'accroissement et de la variation dans le courant du siècle ; sous l'aspect de l'émigration intérieure et de l'immigration provenant de l'extérieur, phénomènes qui sont liés d'une façon absolue avec le dénombrement.

Il se produit en effet que les émigrants de tels ou tels départements se portent plus volontiers vers tel ou tel point du territoire. Il était utile aussi dans un autre ordre d'idées de savoir quel était le nombre des patrons, des ouvriers, quelle était la moyenne de la longévité dans telle ou telle région ; de quelle façon se comporte la population au point de vue de la fécondité dans les diverses régions de la France, etc.

Nous avons relevé la répartition de la population, par sexe, âge, état civil, dans chaque commune, canton, arrondissement et département, et nous avons obtenu un certain nombre de cartes qui ont été insérées dans le volume que j'ai l'honneur de vous présenter.

J'ai cru devoir faire imprimer, sur une seule feuille, un certain nombre de ces graphiques qui vont vous être distribués et vous permettront de vous rendre compte en quelque sorte de la géographie de la population française (1).

Je vous demande la permission d'insister sur quelques-uns de ces graphiques statistiques et sur la méthode qui a présidé à leur établissement.

Pour l'accroissement de la population, par exemple, il y avait lieu d'étudier comment la population se comportait depuis un grand nombre d'années.

Pour avoir les variations de la population depuis le commencement du siècle, par province, j'ai ramené toutes les populations à 1.000 habitants, au commencement du siècle, de façon que tous les chiffres puissent être comparables et à permettre de se rendre compte d'un seul coup d'œil de l'accroissement de la population en France, non seulement dans l'ensemble du pays, mais aussi par régions, par provinces, par départements.

J'ai d'ailleurs poussé cette étude plus loin et j'ai pu arriver à une semblable constatation des variations de la population par arrondissement.

---

(1) Ces cartes, sous forme de clichés, se trouvent insérées dans le texte de la présente communication.

VARIATION DE LA POPULATION DEPUIS LE COMMENCEMENT DU SIÈCLE

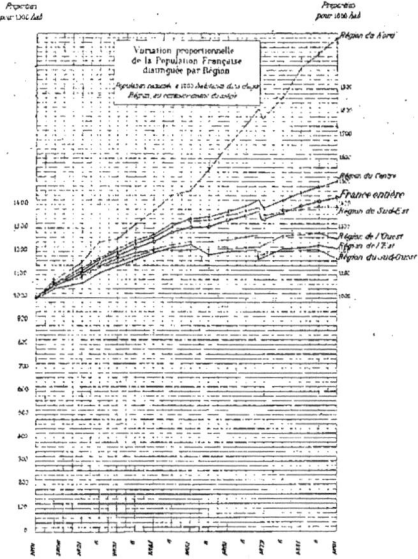

On compte en France 1.425 habitants en 1891 pour 1.000 habitants en 1801. Telle est l'expression de l'accroissement moyen.

Ce diagramme permet de constater que la population de la France s'accroît très uniformément; mais, depuis quelques années, cet accroissement semble s'arrêter, et tout au moins sur certaines parties de la France, on est forcé de reconnaître que la population va en diminuant.

J'arrive, en passant, à la question d'émigration intérieure de la population de départements à départements, et je me suis livré à une étude très observée, très documentée, dont j'aurai, tout à l'heure, l'honneur d'exposer les principaux résultats devant vous.

Deux cartes, ci-dessous insérées indiquent les différents mouvements de l'émigration intérieure :

La première (carte 2), montre la proportion, pour 100 habitants, des habitants qui ont quitté leur département d'origine.

La seconde (carte 3), indique les courants prédominants d'émigration, propres à chacun des départements.

Mais je me propose, tout à l'heure, de développer cette question séparément.

Pour vous rendre compte des principaux résultats, je vous prie de vous reporter à ces cartes. Vous pouvez voir par département et par région comment peut varier le nombre de femmes et le nombre d'hommes. C'est dans le Nord-Ouest et dans la Creuse qu'il y a le plus de femmes ; à Belfort qu'il y en a le moins.

ÉMIGRATIONS INTÉRIEURES — PROPORTION DES ÉMIGRÉS, POUR 100 HABITANTS

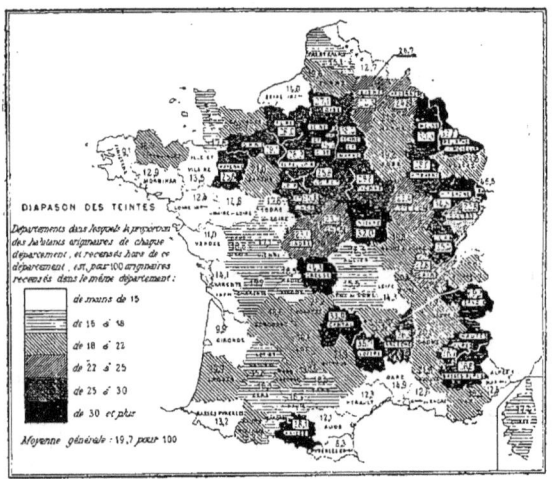

Le sexe féminin est en majorité en Bretagne, en Normandie, dans l'Ouest, le Centre. Il est en minorité dans les départements qui bordent la frontière de l'Est depuis les Ardennes jusqu'aux Alpes-Maritimes et dans ceux qui sont baignés par la Méditerranée. Cela tient à la présence sur ces points de nombreuses garnisons.

PRÉDOMINANCE DES COURANTS D'ÉMIGRATION DE CHAQUE DÉPARTEMENT

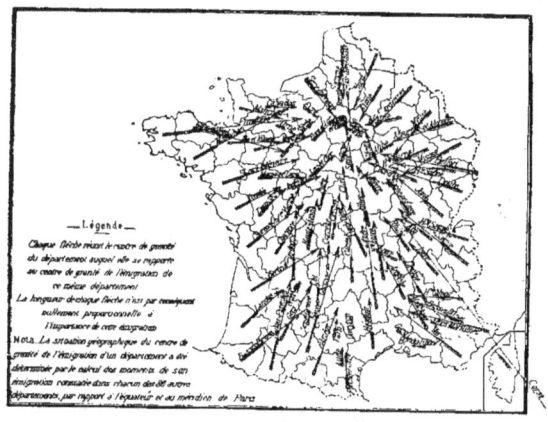

PROPORTION DES FEMMES POUR 1,000 HOMMES

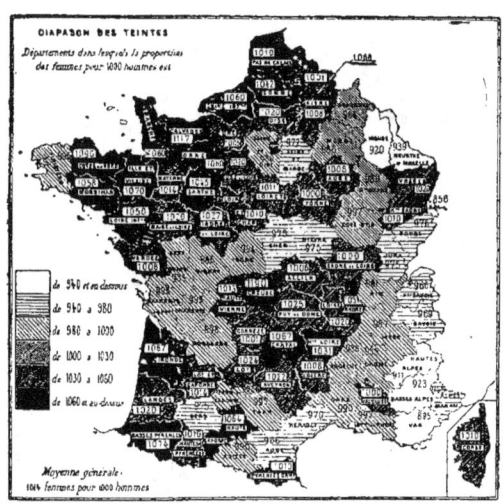

Il est des départements où le nombre des hommes est presque égal à celui des femmes. Il en est d'autres où la vitalité de la femme est inférieure à la vitalité de l'homme. Pourtant, la statistique montre qu'en moyenne la femme vit plus âgée

que l'homme, et que certaines régions du Midi seulement font exception à cette règle.

Voici maintenant un diagramme montrant la répartition de la population par sexe, par âge, par état civil. Ce diagramme, formé de rectangles superposés, et proportionnels aux effectifs de chaque âge, montre comment les générations se succèdent et s'éteignent à tour de rôle.

RÉPARTITION PROPORTIONNELLE DES HABITANTS DE LA FRANCE
PAR SEXE, PAR AGE, ET PAR ÉTAT CIVIL

La proportion des vieillards est un fait assez intéressant à étudier et elle indique *a priori* comment peut varier la longévité moyenne en France.

Dans certains départements, la Normandie, la Bourgogne, la Gascogne, la vie de l'homme est très longue.

Chose à remarquer, dans ces départements, il y a très peu d'enfants ; dans d'autres comme l'Ardèche, les Hautes-Alpes, il y a beaucoup d'enfants et les vieillards sont en nombre très restreint.

Dans d'autres régions, le nombre des vieillards est très faible, parce que la vie y est très active, très mouvementée, et ne peut atteindre une longue durée.

Voici la répartition des vieillards par département :

PROPORTION DES VIEILLARDS POUR 100 HABITANTS

Après cette première série de classification, j'ai été amené ensuite aux classifications sous le rapport de l'état civil :

MARIAGES, NAISSANCES, DÉCÈS, DEPUIS 50 ANS.

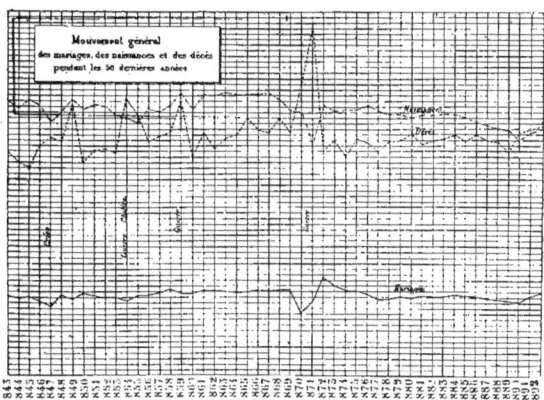

Ce diagramme montre comment ont varié, depuis 50 ans, les mariages, les naissances et les décès en France.

Dans le courant du volume, vous trouverez une série de cartes géographiques très détaillées, représentant, au moyen de teintes graduées, la proportion des célibataires, des hommes mariés, des veufs et des divorcés.

Voici la carte des hommes mariés :

PROPORTION DES HOMMES MARIÉS POUR 100 HABITANTS

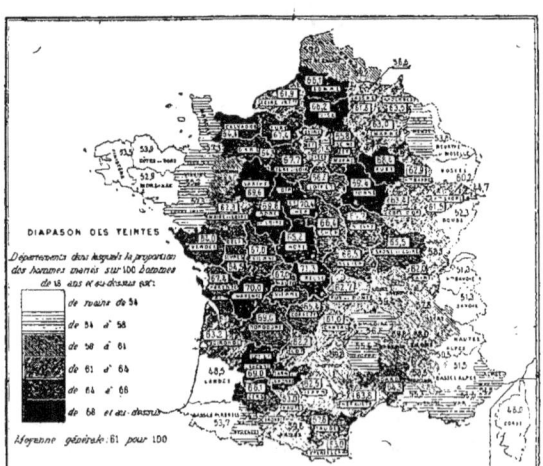

Vous voyez que, au point de vue du mariage, il existe entre les départements de grandes différences.

Ce sont là des questions d'un intérêt social qui n'entrent pas dans votre ordre du jour et, du reste, m'entraîneraient trop loin.

Je vous signalerai cependant comme intéressantes, au point de vue de l'ethnographie de la France, les cartes qui ont trait aux mariages et à la durée des mariages. J'appelle votre attention sur les cartes que vous avez sous les yeux dans le volume et qui donnent les détails les plus circonstanciés et indiquent, par exemple, combien il existe, par département, de familles ayant plus de 50 ans de mariage.

Comment sommes-nous arrivés à ce résultat?

C'est en consultant les bulletins de recensement que nous avons pu trouver, fixer, classer la durée des mariages et le nombre. Le classement des familles d'après leur durée m'a permis de constater qu'il existait 150.000 couples ayant plus de 50 ans de mariage.

En voici la répartition géographique :

DURÉE DU MARIAGE
MÉNAGES QUI ONT PLUS DE 50 ANS DE DURÉE

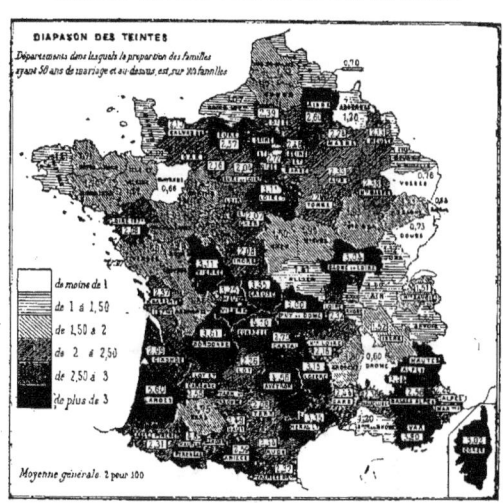

C'est dans le centre de la France, dans les régions voisines de la Méditerranée, dans la Corse, dans les Hautes et Basses-Alpes qu'il y en a le plus.

Au contraire, dans les grandes villes, dans les régions de Bretagne et de Normandie, il est très peu de personnes qui arrivent à 50 ans de mariage.

Ces renseignements n'ont pas été les seuls demandés par la statistique.

On a recherché ensuite le nombre des enfants par famille et, à l'aide des feuilles de recensement, on a pu obtenir le nombre des enfants par familles, non seulement pour l'ensemble de la France, mais par régions, par provinces, et par départements.

Voici la carte de la répartition de la moyenne dont il s'agit : l'on compte ordinairement deux enfants par famille ; en Bretagne, dans le Nord, dans le Massif Central, en Corse, le nombre des enfants est plus grand, deux fois plus grand qu'en Anjou, en Touraine, en Gascogne et en Bourgogne.

NOMBRE MOYEN D'ENFANTS VIVANTS, PAR FAMILLE

Ce n'est pas toujours les régions les plus fécondes qui ont le plus d'enfants tout de suite.

Dans la plupart des départements classés parmi ceux les plus féconds, il n'y a guère qu'un enfant dans les deux ou trois premières années de mariage. Dans certaines régions la famille atteint rapidement son entier développement; on a de suite des enfants, mais au nombre de 1 ou 2, rarement 3; dans nombre d'autres, l'augmentation de la famille ne se constate qu'après deux ou trois ans.

Nous avons terminé cette monographie de la population française, de nature peut-être pas tout à fait géographique, mais qui y touche de fort près, par un dénombrement assez nouveau, celui des professions :

NOMBRE D'OUVRIERS POUR 100 HABITANTS

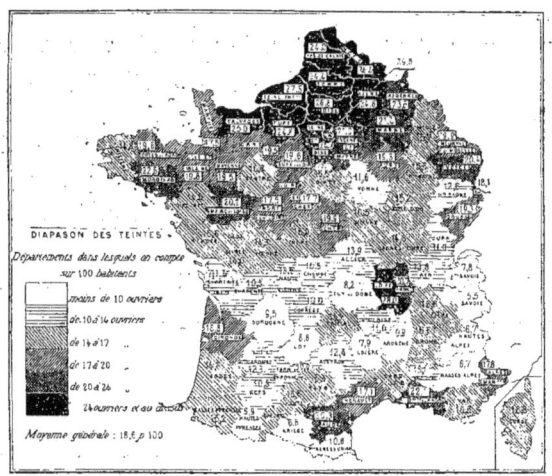

PERSONNES VIVANT DE LEURS REVENUS, POUR 100 HABITANTS

Ce travail est l'objet de nombreuses cartes qui figurent dans le volume de dénombrement.

De ces nombreuses cartes je n'ai détaché que les deux ci-devant, celle du nombre des ouvriers et celle du nombre des rentiers avec leur proportion par rapport à la population entière.

En vous présentant ces cartes, je voudrais vous avoir démontré le grand intérêt qu'il y a pour la géographie à unir ses efforts à ceux de la statistique.

Si la géographie est une auxiliaire de la statistique, il est juste de dire aussi que la statistique aide puissamment aux progrès de la géographie commerciale et économique. *(Applaudissements.)*

M. *le Président.* — Au nom du Congrès, je remercie M. Turquan de ses très intéressantes explications.

Deuxième partie de la conférence sur les courants de « migrations intérieures en France ».

Messieurs,

Voici la seconde fois que je vais avoir l'honneur de vous parler de statistique : Je crois qu'on ne saurait m'en faire un reproche, lorsque cette statistique est étroitement liée à une question géographique.

Je viens vous parler de ce que j'ai appelé les courants de migrations intérieures en France.

C'est une étude qui a été faite pour la première fois, que celle qui consiste à suivre la migration des originaires de chaque département vers tel ou tel point du territoire. Pour arriver à ce résultat, voici le moyen assez simple que j'ai employé. Vous savez tous qu'au moment du dénombrement les recenseurs se sont appliqués à classer les individus par département d'origine. C'était là un travail très long, car il a fallu opérer sur plus de 36 millions de bulletins individuels, puis les grouper par département, par arrondissement, par canton, par commune.

Le classement a donc nécessité un travail énorme, car, comme je vous le disais, nous étions en présence de 36 millions de Français qu'il fallait répartir par département d'origine, afin d'arriver à trouver le chiffre de l'émigration de chaque département et à déterminer sa préference pour telle ou telle région.

Voici la façon la plus simple d'obtenir un résultat sûr et sans erreur. J'ai pris chaque département et j'ai mesuré l'émigration de chacun de ces départements vis-à-vis des quatre-vingt-six autres départements. Cette étude, faite successivement pour chaque département, a donné lieu à 87 monographies distinctes.

Je pourrai vous donner bon nombre de détails techniques, sur les procédés mathématiques employés, mais je crois qu'il est préférable, pour mieux suivre la marche des travaux, pour fixer vos idées, de prendre un exemple qui vous montrera comment j'ai opéré la répartition dans chacun des départements. Voici, par exemple, les Côtes-du-Nord. Je prends ce département au hasard, car j'ai, bien entendu, traité tous les départements de la même façon.

Vous avez sous les yeux la carte : la teinte plus ou moins claire des tableaux indique le nombre d'émigrants qui appartiennent à chaque département et précisément dans le département des Côtes-du-Nord, nous voyons que c'est un des départements qui a le plus d'émigrants (plus de 100.000).

La teinte de ce département sur la carte indique d'ailleurs, du premier coup d'œil, la situation vis-à-vis des autres départements.

Voilà un premier fait établi; passons à l'immigration des autres départements vers les Côtes-du-Nord. Les cartes que vous avez sous les yeux vous indiquent les courants d'émigration et d'immigration. Le procédé employé paraît simple et, en réalité, il ne l'est pas.

J'ai analysé ainsi toutes les provinces, toutes les régions, tous les départements.

Ce n'est pas ici le lieu de développer devant vous les causes de ces mouvements de population, ni de parler de l'influence du climat, de la situation géographique, des produits du sol, de la nature de l'industrie, etc., etc. ; mais je tenais à vous montrer avec quel procédé j'ai opéré.

J'ai serré de plus près encore cette étude. Je ne me suis pas borné à rechercher les courants de départements à départements, j'ai également étudié ceux des villes, puis des cantons, puis des arrondissements.

C'est le résultat de cette laborieuse mise en œuvre des éléments du recensement que les cartes vous traduisent si clairement et si nettement.

Voici ce qui se passe dans le département du Rhône qui nous intéresse et qui est intéressant plus que tous les autres, à cause de la présence du Congrès à Lyon.

L'émigration du département du Rhône serait une des plus importantes, si l'on ne considérait que le nombre brut des originaires émigrés (107.231), mais, il convient de comparer ce nombre brut à l'effectif total du département ; d'une manière générale il y a 20 émigrés originaires du Rhône, pour 100 habitants.

L'immigration, par contre, est très forte (268.877), soit 54 pour 100.

Voyons maintenant de quel côté se dirigent ces courants d'émigration et d'immigration, qui suivent une direction régulière presque fatale.

La population du Rhône se dirige légèrement vers la Suisse, puis suit un grand courant qui se dirige vers le Midi et va s'épanouir autour de l'embouchure du Rhône et sur le rivage méditerranéen.

Pour ce qui est des autres parties de la France, un certain nombre de départements émigrent avec une certaine intensité, ainsi la population de la Corse, celle de la Creuse, du Cantal, émigrent beaucoup.

La Corse envoie beaucoup d'émigrants en France, surtout vers les départements des Alpes-Maritimes, des Bouches-du-Rhône, de l'Hérault, de l'Ardèche ; il y en a beaucoup à Lyon et un certain nombre à Paris.

Nous voyons, par contre, que la Corse reçoit fort peu d'immigrants.

Vous voyez le courant de ces émigrants se diriger surtout vers Paris, tandis que des départements peu éloignés, l'Ardèche, par exemple, envoient leurs émigrants vers le Rhone.

Voyons ce qui se passe pour Paris.

Ainsi que je vous l'expliquais, j'ai étudié la France et sa géographie, province par province, département par département, et j'ai remarqué, pour le Parisien, que s'il émigre beaucoup, il ne s'écarte pas trop de la lisière de son département, et qu'il ne va pas dans l'Auvergne, la Bourgogne, ni du côté du Midi, sauf à Nice.

Chose à constater, les départements du Cantal, de la Haute-Saône et de la Creuse, qui envoient le plus d'immigrants vers Paris, reçoivent fort peu d'immigrants venant de la capitale.

D'ailleurs, si Paris attire les populations du Nord et de l'Est, il n'attire que peu de Méridionaux, contrairement à une opinion assez répandue.

Marseille, Montpellier, Toulouse, Bordeaux sont des centres d'attraction pour les populations environnantes autrement plus puissants que la capitale, trop éloignée.

Comme vous le voyez, cette étude statistique a un très grand intérêt au point de vue ethnographique, et je crois que son exposé rapide avait sa place toute marquée dans ce congrès.

Je puis dire, à l'heure actuelle et sans que l'on m'accuse de présomption, que ce travail opéré sur toute la France représente d'une façon très fidèle les tendances générales de la France, ainsi que les tendances propres à chaque département. J'ajoute qu'en me servant des mêmes procédés d'analyse, j'ai établi un travail semblable pour les étrangers. J'aurai l'honneur de communiquer ce nouveau travail au prochain congrès.

De l'ensemble de ces recherches, il se dégage un certain nombre de constatations intéressantes : en premier lieu, il faut placer la tendance qu'ont les gens de tous les départements à se rendre vers les grands centres.

On les voit souvent traverser des départements nombreux pour arriver aux grands centres où, cependant, il leur est difficile de se rendre.

Les Corses franchissent la Méditerranée, traversent le Midi, passent par Lyon pour arriver enfin à Paris.

Paris est le grand objectif, et chaque département y envoie ses originaires dans des proportions plus ou moins grandes :

Il en est pourtant quelques-uns, notamment le Midi, qui y sont représentés très faiblement.

L'explication réside en ce fait que Paris est très éloigné et que, de plus, les Cévennes et le massif Central sont une barrière presque infranchissable à ces populations, lesquelles sont plus vivement attirées par Marseille ou Toulouse, par exemple.

Les Basses-Pyrénées sont influencées beaucoup par Toulouse : les Hautes-Alpes sont influencées par Lyon et par le littoral.

Lyon intercepte en outre beaucoup l'émigration vers Paris; généralement, les gens de la Méditerranée et des départements voisins ne vont pas plus haut.

Ainsi, à Paris, il y a 4.000 Marseillais contre 55.000 Auvergnats.

Voici le résumé de mes travaux sur les mouvements intérieurs de la population de la France :

POPULATION D'APRÈS LE LIEU DE NAISSANCE

Le premier classement des habitants, dans les multiples opérations du dénombrement, a été basé à la fois sur la nationalité et le lieu de naissance. Les habitants ont été groupés en trois catégories : Français, naturalisés, et étrangers, et dans chacune de ces catégories ils ont été classés d'après l'endroit indiqué par eux comme lieu de leur naissance. Ont été groupés ensemble les habitants :

1° Nés dans la commune où ils ont été recensés ;
2° Nés dans une autre commune du département dans lequel ils ont été recensés ;
3° Nés dans un autre département ;
4° Nés dans une colonie ou en Algérie ;
5° Nés à l'étranger.

Voici les résultats généraux de ce multiple classement :

NATIONALITÉ	Nés dans la commune.	Nés dans une autre commune du département.	Nés dans le département. (Total des col. 2 et 3.)	Nés dans un autre département.	Nés en France. (Total des col. 4 et 5).	Nés en Algérie ou dans une colonie française.	Nés à l'étranger.	Total général de la population.
1	2	3	4	5	6	7	8	9
Français....	21.112.549	9.413.233	30.525.782	6.177.227	36.703.009	24.124	105.337	36.832.470
Naturalisés français...	32.747	12.403	45.150	57.981	103.131	1.041	66.532	170.704
Étrangers...	277.723	78.127	355.852	64.990	420.842	2.369	707.000	1.130.211
Totaux....	21.423.019	9.503.766	30.926.784	6.300.198	37.226.982	27.534	878.869	38.133.385

Si l'on rapproche ces chiffres des nombres similaires qui avaient été relevés au dénombrement précédent, l'on trouve que 1.000.000 de personnes avaient quitté, pendant la période 1886-1891, leur commune d'origine, et sur ce nombre 310.506 avaient quitté leur département d'origine.

Le nombre des personnes recensées dans un département autre que celui où elles sont nées a augmenté de 583.976 unités depuis 1886 ; cette observation confirme ce qui a été dit précédemment sur l'émigration intérieure en France constatée d'après les relevés de l'état civil.

Actuellement la proportion des Français nés dans la commune où ils ont été recensés est de 57,2 %, celle des Français nés dans le département où ils ont été recensés est de 82,6 %. Enfin 16,9 % se trouvent en dehors de leur département d'origine, et 1/2 % seulement sont nés à l'étranger.

Voici comment a varié, depuis le dénombrement de 1861, la proportion des Français nés dans le département où ils ont été recensés :

1861	88.2 %	1881	85.0 %
1866	88.4	1886	84.0
1872	85.2	1891	82.6
1876	85.7		

Telle est la marche générale décroissante de la moyenne portant sur l'ensemble de la France. Elle est beaucoup plus accentuée dans certains départements qui renferment de grandes villes.

L'examen de la répartition géographique des moyennes du nombre d'habitants nés hors de leur département d'origine, pour le dénombrement de 1891, est intéressant : alors que la moyenne générale des individus nés hors de leur département d'origine est de 168 pour 1000 Français nés en France, nous trouvons que cette moyenne est dépassée dans 18 départements seulement. Les voici, par ordre décroissant :

Seine	576	hab. p. 1000 sont nés dans d'autres départements.
Seine-et-Oise	422	—
Belfort	358	—
Rhône	350	—
Bouches-du-Rhône	282	—
Gironde	277	—
Seine-et-Marne	259	—
Marne	251	—
Meurthe-et-Moselle	234	—
Oise	216	—
Aube	209	—

Indre-et-Loire......	207	—	—	—
Eure.............	205	—	—	—
Hérault..........	198	—	—	—
Var..............	190	—	—	—
Côte-d'Or.........	184	—	—	—
Meuse............	182	—	—	—
Eure-et-Loir......	176	—	—	—

Dans le département de la Seine, les trois cinquièmes des habitants recensés sont nés en province.

En dehors d'une zone bien caractérisée, s'étendant de l'Eure à la frontière de l'Est, et comprenant la plus grande partie du bassin de la Seine, l'on ne rencontre que le Rhône, la Gironde et Indre-et-Loire, les Bouches-du-Rhône et les départements baignés par la Méditerranée, de l'Hérault à la frontière italienne, qui possèdent une forte proportion d'immigrés provenant d'autres départements.

Les régions qui renferment au contraire, le moins d'habitants nés hors des départements dans lesquels ils ont été recensés, sont : la Bretagne, de 40 à 100 p. 1000 ; la Savoie de 48 à 84 p. 1000 ; le Massif Central, de 49 à 100 p. 1000 ; les Pyrénées, de 57 à 71 p. 1000.

Français nés à l'étranger.

Le nombre des Français nés à l'étranger s'est trouvé être de 171.869, dont 105.337 pour les Français d'origine et 66.532 pour les naturalisés. Nous allons examiner comment se répartissent par département ces 105,337 Français nés à l'étranger.

Dans 12 départements, l'on a compté plus de 2.000 Français nés à l'étranger :

Alpes-Maritimes.........	3.190	Français nés à l'étranger.	
Ardennes...............	2.921	—	—
Doubs..................	4.045	—	—
Meurthe-et-Moselle......	7.986	—	—
Meuse..................	2.134	—	—
Nord...................	6.664	—	—
Belfort.................	2.593	—	—

Rhône..................	4.925	—	—
Haute-Saône............	2.207	—	—
Seine..................	16.781	—	—
Seine-et-Oise...........	4.109	—	—
Vosges.................	12.462	—	—
Total..........	70.017	pour ces 12 départements.	

Ces 12 départements représentent à eux seuls les deux tiers (67 p. 100) des Français nés à l'étranger. On remarquera que ces Français se trouvent cantonnés, Paris et ses environs étant mis à part, dans une étroite zone située le long de la frontière de l'Est et du Nord, depuis le département du Doubs jusqu'à celui du Nord.

La proportion générale des Français nés à l'étranger est de près 3 p. 1000 (exactement 2,87 p. 1000). Elle s'élève à 35 p. 1000 dans le territoire de Belfort, à 31,4 dans les Vosges, à 20 dans Meurthe-et-Moselle, à 15 dans les Alpes-Maritimes, à 14 dans le Doubs, à près de 6 dans le Rhône et dans la Seine. Les seules régions de la France où la proportion dont il s'agit est supérieure à la moyenne (2,87 p. 1000) se trouvent le long de la frontière de l'Est et du Nord, du département de la Savoie jusqu'à celui du Nord, comprenant une partie du bassin de la Seine, et le long de la Méditerranée, des Pyrénées-Orientales aux Alpes-Maritimes. Les autres parties de la France, et surtout le Massif Central, ne comptent qu'une proportion insignifiante de Français nés à l'étranger (de 0 à 0,5 p. 1000 en général).

Français nés aux colonies et en Algérie.

Pour la première fois, le nombre d'habitants nés dans une colonie française et en Algérie a été relevé par le recensement. Ce nombre a été de 27.534 dont 24.124 étaient Français d'origine, 1.041 étaient naturalisés et 2.369 étaient étrangers. Ces chiffres sont faibles, surtout en ce qui concerne les Français d'origine : l'on ne compte guère que 24.000 créoles des colonies ou d'Algérie sur le territoire de la métropole, soit une proportion de 6 à 7 p. 10.000. Les chiffres étant trop

FRANÇAIS NÉS A L'ÉTRANGER

DÉPARTEMENTS	Total des Français	Français nés à l'étranger	Proportion p. 1000	DÉPARTEMENTS	Total des Français	Français nés à l'étranger	Proportion p. 1000
Ain	350.878	610	1.73	Loiret	375.698	163	0.43
Aisne	534.839	1.160	2.18	Lot	251.937	»	0.00
Allier	423.119	106	0.25	Lot-et-Garonne	286.070	110	0.38
Alpes (Basses-)	118.537	120	1.01	Lozère	131.786	8	0.06
Alpes (Hautes-)	111.623	93	0.83	Maine-et-Loire	518.103	400	0.77
Alpes-Maritimes	207.776	3.190	15.35	Manche	510.554	316	0.62
Ardèche	367.919	165	0.45	Marne	417.588	1.327	3.18
Ardennes	286.092	2.924	10.21	Marne (Haute-)	230.212	1.834	8.00
Ariège	249.110	75	0.34	Mayenne	332.242	93	0.28
Aube	250.854	309	1.23	Meurthe-et-Mos	390.566	7.986	20.40
Aude	307.904	140	0.45	Meuse	280.426	2.134	7.60
Aveyron	396.725	190	0.48	Morbihan	541.899	117	0.22
Bouc.-du-Rhône	535.678	1.716	3.28	Nièvre	340.237	176	0.52
Calvados	427.511	722	1.66	Nord	1.418.782	6.664	4.71
Cantal	229.605	87	0.38	Oise	383.754	825	2.15
Charente	357.158	200	0.59	Orne	353.248	70	0.20
Char.-Inférieure	454.098	397	0.87	Pas-de-Calais	844.187	1.138	1.35
Cher	358.313	213	0.50	Puy-de-Dôme	550.333	167	0.30
Corrèze	318.875	23	0.07	Pyrénées (B***-)	402.401	1.609	4.00
Corse	265.930	485	1.82	Pyrénées (H***-)	220.560	177	0.80
Côte-d'Or	374.708	1.047	2.81	Pyrén.-Oriental	197.788	517	2.62
Côtes-du-Nord	603.775	104	0.17	Territ. de Belfort	74.946	2.593	34.65
Creuse	260.057	88	0.34	Rhône	776.303	4.923	6.36
Dordogne	474.047	133	0.28	Saône (Haute-)	276.560	2.207	7.95
Doubs	286.228	4.045	14.13	Saône-et-Loire	613.694	268	0.42
Drôme	303.024	229	0.75	Sarthe	430.302	33	0.08
Eure	345.691	439	1.26	Savoie	251.714	790	3.15
Eure-et-Loir	282.174	283	1.00	Savoie (Haute-)	257.053	1.786	6.93
Finistère	719.333	321	0.44	Seine	2.834.438	16.781	5.92
Gard	413.838	1.534	3.71	Seine-Inférieure	824.621	1.203	1.46
Garonne (Haute)	458.736	751	1.64	Seine-et-Marne	347.760	704	2.03
Gers	253.482	131	0.51	Seine-et-Oise	603.406	4.109	6.79
Gironde	782.010	1.727	2.20	Sèvres (Deux-)	352.277	61	0.17
Hérault	449.241	1.543	3.43	Somme	538.307	530	1.02
Ille-et-Vilaine	623.109	126	0.20	Tarn	340.917	115	0.34
Indre	289.552	198	0.68	Tarn-et-Garonne	204.233	53	0.26
Indre-et-Loire	336.467	328	0.97	Var	258.778	1.823	7.05
Isère	560.842	523	0.93	Vaucluse	231.792	54	0.23
Jura	265.334	810	3.03	Vendée	440.657	82	0.19
Landes	297.211	18	0.06	Vienne	341.649	163	0.48
Loir-et-Cher	278.882	133	0.48	Vienne (Haute-)	363.958	170	0.48
Loire	612.118	383	0.62	Vosges	393.480	12.462	31.40
Loire (Haute-)	314.322	84	0.26	Yonne	340.310	274	0.80
Loire-Inférieure	641.018	356	0.55	Total	36.832.470	105.337	2.87

faibles ne se prêtent pas à des calculs de proportion : nous nous contenterons d'indiquer ici les départements qui comptent le plus de Français nés aux colonies ou en Algérie : Seine 6.093, Bouches-du-Rhône 2.365, Gironde 2.152, Var 1.010, Rhône 931, Hérault 667, Seine-et-Oise 536, Corse 443.

En dehors des départements baignés par la Méditerranée où les Français nés en Algérie sont en majorité, et de la Seine, Seine-et-Oise, nous ne trouvons un nombre notable de créoles que dans la Haute-Garonne (413), et dans les départements qui renferment un port militaire ou des ports importants : Charente-Inférieure (258), Morbihan (228), Finistère (219), Manche (172) — et plus au Nord, la Seine-Inférieure (375) et le Pas-de-Calais (257).

Les Français nés en France, au nombre de 36.703.009, ont été classés comme il a été dit plus haut, d'après leur département d'origine non seulement pour l'ensemble de la France, mais aussi dans chaque département. Nous allons analyser les résultats de ce classement, qui mérite une étude particulière, dans le chapitre suivant.

Répartition des Français par département et par province d'origine. — Répartition par région. — Échanges de populations entre départements et provinces.

Les Français recensés dans chaque commune ayant été classés par département d'origine, il a été facile de condenser, pour chacun des départements, les nombres correspondants à ce groupement. Aussi nous sommes-nous trouvés en mesure de connaître pour le département de l'Ain, par exemple, le nombre de ses habitants nés dans le département de l'Aisne, de l'Allier, des Basses-Alpes, etc.

Cette étude a donné lieu à 87 monographies distinctes, dans lesquelles l'immigration et l'émigration propres à chaque département, ainsi que l'excédent d'émigration ou d'immigration, sont l'objet d'autant d'études spéciales.

Il ne serait pas possible, sans sortir du cadre de la présente étude, d'entrer dans le détail de ces monographies ; nous nous bornerons à donner les résultats généraux de l'ensemble des départements, c'est-à-dire à considérer en bloc : 1° l'émigration d'un département vers l'ensemble des 86 autres, 2° l'immigration dont il est l'objet de la part des 86 autres ; nous analyserons séparément les échanges de population constatés entre un département, celui de la Seine par exemple, et chacun des autres départements, c'est-à-dire l'émigration des habitants de la Seine vers la province, et l'immigration des provinciaux dans le département de la Seine. Nous examinerons ensuite l'émigration de quelques départements tels que le Pas-de-Calais, la Côte-d'Or, le Cantal.

Voici un tableau résumant les données fournies par le dénombrement pour chaque province de l'ancienne France ; il se divise en deux parties.

La première présente, pour chaque province, le nombre des habitants qui y sont nés et qui y ont été recensés et celui des individus qui y sont nés et qui ont été recensés dans l'ensemble des autres. Le rapport entre ce dernier chiffre et celui des originaires présents dans la province indique l'importance relative de l'émigration (1).

La seconde présente le nombre d'habitants qui y sont nés et qui y ont été recensés, puis celui des habitants nés dans une autre province et qui y ont été recensés. Le rapport entre ce dernier chiffre et celui des originaires recensés dans la province indique l'importance relative de l'immigration. L'on remarquera que les totaux des trois colonnes de chaque partie de ce tableau sont égaux chacun à chacun, puisqu'ils représentent en définive deux classements différents d'un même nombre d'individus, les Français nés en France.

---

(1) Il ne s'agit, bien entendu, ici que de l'émigration à l'intérieur de la France, c'est-à-dire vers un autre département quelconque.

ÉMIGRATIONS ET IMMIGRATIONS DES PROVINCES

PROVINCES	ÉMIGRATION					IMMIGRATION			
	Originaires de la province et y recensés	Originaires recensés dans une autre province	Total des originaires de chaque province	PROPORTION % De ceux qui sont recensés dans la province	PROPORTION % ORIGINAIRES De ceux qui ont été recensés en dehors	Originaires de la province et y recensés	Nés hors de la province et y recensés	Total des présents dans chaque province	PROPORTION % Des originaires présents	PRÉSENTS Des originaires d'autres provinces
Alsace	46.372	21.477	67.849	68.4	31.6	46.372	25.877	72.249	64.1	35.9
Anjou	449.753	66.696	516.449	87.1	12.9	449.753	67.902	517.655	86.8	13.2
Angoumois	307.569	54.678	362.247	84.9	15.1	307.569	49.348	356.887	86.2	13.8
Artois	760.014	114.480	874.494	86.9	13.1	760.014	82.778	842.792	90.1	9.9
Avignon (Comtat d')	206.069	44.670	250.899	82.2	17.8	206.069	25.588	231.657	88.9	11.1
Auvergne	730.798	144.880	875.678	83.5	16.5	730.798	48.689	779.487	93.8	6.2
Aunis et Saintonge	398.082	56.420	454.502	87.6	12.4	398.082	55.366	453.448	87.7	12.3
Béarn	376.027	49.643	425.670	88.4	11.6	376.027	24.496	400.523	93.8	6.2
Berri	588.067	118.455	706.522	83.3	16.7	588.067	59.246	647.313	90.8	9.2
Bourbonnais	374.432	61.632	436.064	85.9	14.1	374.432	48.517	422.949	88.5	11.5
Bourgogne	1.489.000	291.514	1.780.514	83.7	16.3	1.489.000	184.880	1.673.880	88.9	11.1
Bretagne	3.021.633	256.158	3.317.791	92.3	7.7	3.021.633	108.190	3.129.823	96.5	3.5
Champagne	1.012.833	171.269	1.484.102	85.3	14.7	1.012.833	174.083	1.186.916	85.3	14.7
Corse	260.720	45.240	305.960	85.3	14.7	260.720	4.282	265.002	98.4	1.7
Dauphiné	880.116	159.731	1.039.847	84.7	15.3	880.116	93.977	974.093	90.3	9.7
Foix (Comté de)	205.632	57.795	263.427	78.1	21.9	205.632	12.901	218.533	94.1	5.9
Flandre	1.324.660	167.315	1.491.975	88.8	11.2	1.324.660	87.337	1.411.997	93.8	6.2
Franche-Comté	758.053	159.440	917.493	82.7	17.3	758.053	62.666	820.719	92.3	7.7
Guyenne et Gascogne	2.953.758	268.639	3.222.397	91.7	8.3	2.953.758	207.730	3.161.488	93.4	6.6
Ile-de-France	2.936.374	367.371	3.303.745	88.9	11.1	2.936.374	1.782.679	4.719.053	62.2	37.8
Languedoc	2.573.254	296.998	2.870.252	89.7	10.3	2.573.254	202.422	2.775.676	92.7	7.3
Limousin	631.486	107.228	738.714	85.5	14.5	631.486	53.037	684.523	92.3	7.7
Lorraine	919.770	186.375	1.106.145	83.2	16.8	919.770	123.662	1.043.432	88.1	11.9
Lyonnais	1.070.565	133.309	1.203.874	88.9	11.1	1.070.565	311.563	1.382.128	77.4	22.6
Maine	687.822	134.665	822.487	83.7	16.3	687.822	74.443	762.295	90.3	9.7
Marche	258.800	82.456	341.256	74.1	25.9	258.800	91.148	349.948	91.8	8.2
Nice (Comté de)	175.205	21.655	196.860	89.0	11.0	175.205	28.914	204.119	85.8	14.2
Nivernais	293.719	93.768	387.487	75.8	24.1	293.719	46.276	339.995	86.3	13.7
Normandie	2.260.713	253.576	2.514.240	89.9	10.1	2.260.713	197.413	2.458.156	91.9	8.1
Orléanais	811.365	181.643	993.008	81.8	18.2	811.365	124.612	935.977	86.7	13.3
Picardie	474.729	73.115	547.864	86.7	13.3	474.729	72.930	547.659	88.3	11.7
Poitou	1.067.727	118.988	1.186.715	90.0	10.0	1.067.727	66.338	1.134.065	94.1	5.9
Provence	733.469	71.417	804.886	91.1	8.9	733.469	127.409	860.878	80.9	19.1
Roussillon	185.754	15.796	201.550	92.0	8.0	185.754	11.181	195.935	91.3	8.7
Savoie	487.781	102.864	586.645	83.5	16.5	487.781	21.305	509.086	95.1	4.9
Touraine	266.686	42.711	309.397	85.9	14.1	266.686	69.383	336.069	79.3	20.7
Alsace-Lorraine	175.852									
TOTAUX	31.252.857	4.796.980	36.729.837	86.1 %	13.1 %	31.952.857	4.796.980	36.729.837	86.9 %	13.1 %

Nous allons examiner séparément les deux parties de ce tableau.

D'après le tableau général des migrations par département, 30.525.882 Français (1) ont été recensés dans les départements où ils sont nés et 6.216.660 ont été recensés en dehors. Ce dernier chiffre, déduction faite de 177.853 Alsaciens-Lorrains (2), indique une proportion générale de 20 % pour la partie de la population qui a été recensée hors de son département d'origine. Bien entendu, cette proportion est la même pour l'émigration et pour l'immigration, puisque, considérés vis-à-vis de l'ensemble du pays, les 6 millions d'individus dont il s'agit sont émigrés ou immigrés, suivant qu'on les compare à l'ensemble des originaires ou à l'ensemble des Français présents. Mais cette identité cesse d'exister si l'on considère séparément les départements, les provinces, ou les différentes régions.

1° *Émigration de chacun des départements vers l'ensemble des 86 autres.*

L'on vient de voir que 6.216.660 individus avaient été (il ne s'agit ici que des Français nés en France) recensés en dehors de leur département d'origine. Voici les départements qui ont compté le plus de leurs originaires émigrés (plus de 100.000).

Seine	315.726	Saône-et-Loire	109.701
Nord	167.315	Côtes-du-Nord	108.920
Seine-et-Oise	137.549	Rhône	107.231
Pas-de-Calais	114.480	Isère	106.241
Aisne	110.529		

(1) La préfecture de la Seine a réuni par erreur les Français d'origine avec les naturalisés dans le travail de répartition par département d'origine : aussi les totaux relatifs au nombre de Français présentent-ils un chiffre trop fort de 46.838 unités.

(2) Ce chiffre de 177.853 individus nés en Alsace-Lorraine ne représente pas la totalité des Alsaciens-Lorrains présents en France, un certain nombre de départements n'ayant pas établi le relevé des personnes nées, avant la guerre franco-allemande, sur les territoires cédés à l'Allemagne par le traité de Francfort.

Voici ceux qui ont compté moins de 40.000 émigrés :

Pyrénées-Orientales	15.796	Aude	32.140
Territoire de Belfort	21.477	Tarn-et-Garonne	33.636
Alpes-Maritimes	21.655	Gers	37.079
Hautes-Alpes	26.478	Hautes-Pyrénées	37.443
Basses-Alpes	29.555	Aube	38.009

Mais ces chiffres absolus ne donnent qu'une notion imparfaite du mouvement d'expansion des départements les uns vers les autres. Il convient de comparer le total des émigrés à celui des originaires présents dans chaque département. Nous avons vu plus haut que la proportion dont il s'agit pour l'ensemble de la France est de 20 % (exactement 19,7 %). Elle varie de 9,1 %, dans le Finistère, à 46,5 %, dans le territoire de Belfort. C'est donc dans les deux points extrêmes de la France, à l'Ouest et à l'Est, que se trouvent les proportions extrêmes des émigrés. Les départements qui comptent le plus d'émigrants s'étant dirigés sur les diverses parties de la France sont :

Belfort	46.5 %	Creuse	34.3 %
Seine-et-Oise	39.7	Cantal	33.9
Seine-et-Marne	38.4	Meurthe-et-Moselle	32
Lozère	36.7	Nièvre	32
Haute-Saône	34.8	Meuse	30.3

Viennent ensuite les Hautes et les Basses-Alpes, l'Ariège, la Savoie, l'Yonne. Il est certain que la capitale attire surtout les originaires des départements qui l'environnent, et que l'Yonne et la Nièvre font avec la Seine un échange très actif de population, ne fut-ce que pour ce qui concerne l'industrie nourricière, soit par l'envoi de nourrices à Paris, soit par l'envoi de nourrissons dans ces départements ; mais il faut noter le mouvement très notable des populations de l'Est depuis la Meuse jusqu'à la Savoie qui se portent vers l'intérieur, et aussi l'émigration, principalement vers le Nord, des départements du Massif Central, particulièrement de la Lozère, du Cantal et de la Creuse. Il est à remarquer que pour la Seine la proportion est très élevée et fort inattendue, 26,7 %.

Les départements qui émigrent le moins sont :

Pyrénées-Orientales	8.3 %	Morbihan	12.9 %
Finistère	9.1	Ille-et-Vilaine	13.5
Gironde	9.9	Charente-Inférieure	14.1
Aude	12.1	Loire	14.3
Nord	12.7	Maine-et-Loire	14.8
Alpes-Maritimes	12.4	Gard	14.9
Loire-Inférieure	12.4		

Mais une carte montrera mieux encore quelles sont les régions de la France qui possèdent les proportions les plus faibles d'émigrés : d'une manière générale toute la Bretagne, les départements les plus riches du bassin de la Loire et quelques départements du Midi, fournissent peu d'habitants aux autres parties de la France.

ÉMIGRATION DES DÉPARTEMENTS — PROPORTION P. 100 ORIGINAIRES PRÉSENTS
DES ÉMIGRÉS RECENSÉS DANS LES AUTRES DÉPARTEMENTS

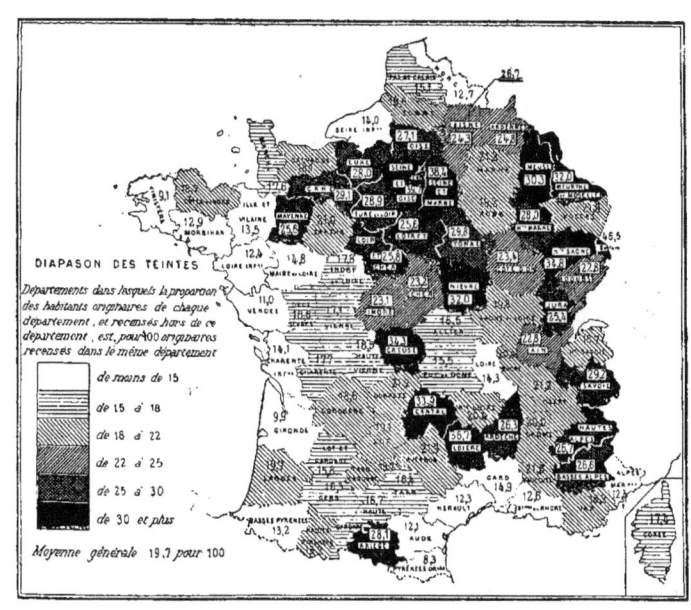

2° *Immigration des Français dans chaque département.*

Sur les 6.216.660 Français qui se trouvent hors de leur département d'origine, il y en a 1.659.390 qui ont été recensés dans celui de la Seine. C'est la plus forte immigration que nous ayons à enregistrer, car elle indique une proportion de 138 émigrants pour 100 originaires présents.

Viennent ensuite, en nombre absolu :

DÉPARTEMENTS QUI COMPTENT

LE PLUS D'IMMIGRÉS		LE MOINS D'IMMIGRÉS	
Rhône	268.877	Ariège	13.301
Seine-et-Oise	253.190	Hautes-Alpes	12.383
Gironde	215.374	Haute-Savoie	12.165
Bouches-du-Rhône	155.460	Landes	11.844
Seine-Inférieure	120.737	Basses-Alpes	11.604
Marne	104.578	Pyrénées-Orientales	11.181
Loire	91.199	Lozère	6.380
Meurthe-et-Moselle	89.461	Corse	4.282

Mais le classement qui dispose les départements par ordre décroissant de proportion d'émigrés pour 100 originaires présents est plus instructif, surtout si on l'accompagne d'un cartogramme (ci-contre) indiquant la répartition géographique de l'intensité de l'attraction exercée par chaque département.

Les départements qui attirent, eu égard à leur population originaire, le plus d'immigrants, sont :

Seine	138.5 %	Marne	33.5 %
Seine-et-Oise	72.9	Meurthe-et-Moselle	30.6
Belfort	55.9	Oise	27.4
Rhône	53.7	Aube	26.4
Bouches-du-Rhône	41.4	Indre-et-Loire	26
Gironde	38.2	Eure	25.8
Seine-et-Marne	34.8		

C'est donc Paris, les départements environnants, les départements qui contiennent les plus grandes villes, et aussi certains départements où la population tend à diminuer par suite des excédents de décès, qui attirent le plus d'immigrants.

IMMIGRATION DES DÉPARTEMENTS — PROPORTION P. 100 ORIGINAIRES DES IMMIGRÉS PROVENANT D'AUTRES DÉPARTEMENTS

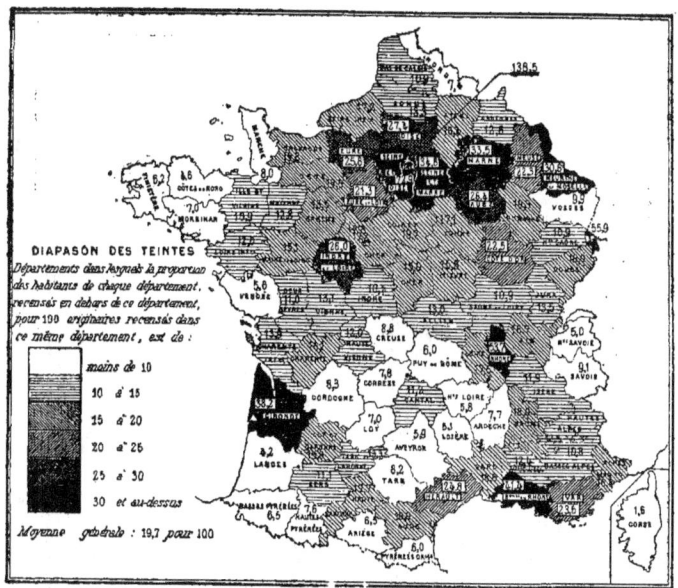

Voici d'autre part les départements dans lesquels cette proportion est la plus faible :

Corse	1.6 %	Aveyron	5.9 %
Landes	4.2	Puy-de-Dôme	6.0
Côtes-du-Nord	4.6	Ariège	6.5
Haute-Savoie	5.0	Pyrénées-Orientales	6.0
Lozère	5.1	Finistère	6.2
Vendée	5.6	Basses-Pyrénées	6.5
Haute-Loire	5.8	Morbihan	7

D'une manière générale les départements pauvres, ceux à forte natalité, principalement ceux de la Bretagne, des Alpes et du Massif central, attirent peu les immigrants. Bien entendu, à certaines époques de l'année ces proportions sont susceptibles de changer sur certains points, à cause de l'attraction des plages ou des villes d'eaux ou de plaisir.

MIGRATIONS DES FRANÇAIS PAR DÉPARTEMENTS
EXCÉDENTS DES ÉMIGRATIONS ET DES IMMIGRATIONS

	ÉMIGRANTS	IMMIGRANTS	EXCÉDENTS IMMIGRANTS	EXCÉDENTS ÉMIGRANTS
Ain	68.240	49.888		18.352
Aisne	110.529	74.836		35.693
Allier	61.632	48.517		13.115
Alpes (Basses-)	29.555	11.604		17.951
Alpes (Hautes-)	26.478	12.383		14.095
Alpes-Maritimes	21.655	28.914	7.259	
Ardèche	89.511	26.381		63.130
Ardennes	64.337	31.535		32.802
Ariège	57.795	13.301		44.494
Aube	38.009	52.317	14.308	
Aude	32.140	46.956	14.816	
Aveyron	81.906	22.272		59.634
Bouches-du-Rhône	47.337	153.460	106.123	
Calvados	64.565	70.532	5.967	
Cantal	69.908	23.010		46.898
Charente	54.678	49.318		5.360
Charente-Inférieure	56.420	55.366		1.054
Cher	72.901	46.565		26.336
Corrèze	62.505	23.148		39.357
Corse	45.240	4.282		40.958
Côte-d'Or	70.934	68.179		2.755
Côtes-du-Nord	108.920	26.986		81.934
Creuse	82.456	21.148		61.308
Dordogne	81.286	36.218		45.068
Doubs	54.093	43.086		11.007
Drôme	51.192	46.459		4.733
Eure	76.920	70.806		6.114
Eure-et-Loir	67.256	49.441		17.815
Finistère	61.342	41.828		19.514
Gard	51.750	64.819	13.069	
Garonne (Haute-)	64.662	68.775	4.113	
Gers	37.079	25.299		11.780
Gironde	55.684	215.374	159.690	
Hérault	44.019	88.289	44.270	
Ille-et-Vilaine	76.033	61.213		14.820
Indre	60.393	27.520		32.873
Indre-et-Loire	47.711	69.353	21.642	
Isère	106.241	59.325		46.916
Jura	58.485	31.204		27.281
Landes	56.079	11.844		44.235
Loir-et-Cher	61.269	40.839		20.430
Loire	74.591	91.199	16.608	
Loire (Haute-)	59.917	17.278		42.639
Loire-Inférieure	70.076	68.740		1.336
Loiret	80.374	61.588		18.786
Lot	45.026	16.356		28.678
Lot-et-Garonne	39.192	38.337		855
Lozère	45.836	6.380		39.456
Maine-et-Loire	66.696	67.902	1.206	
Manche	83.380	37.671		45.709
Marne	66.057	104.578	38.521	
Marne (Haute-)	55.539	38.326		17.213
Mayenne	75.491	37.816		37.676
Meurthe-et-Moselle	93.427	89.461		3.966
Meuse	68.633	50.688		17.945
Morbihan	65.580	35.216		30.364
Nièvre	93.768	45.276		47.492
Nord	167.315	87.337		79.978
Oise	81.265	82.356	1.091	

	ÉMIGRANTS	IMMIGRANTS	EXCÉDENTS	
			IMMIGRANTS	ÉMIGRANTS
Orne..................	86.619	55.082		31.537
Pas-de-Calais............	114.480	82.778		31.702
Puy-de-Dôme...........	80.330	31.045		49.293
Pyrénées (Basses-)......	49.643	24.496		25.147
Pyrénées (Hautes-)......	37.443	15.551		21.892
Pyrénées-Orientales	15.796	11.181		4.615
Territoire de Belfort.....	21.477	25.877	4.400	
Rhône.................	107.231	268.877	161.646	
Saône (Haute-)..........	85.459	26.973		58.486
Saône-et-Loire..........	109.701	60.249		49.452
Sarthe.................	80.477	57.961		22.516
Savoie.................	66.227	20.945		55.282
Savoie (Haute-).........	45.442	12.165		33.277
Seine..................	315.726	1.659.390	1.343.664	
Seine-Inférieure.........	99.437	120.737	21.300	
Seine-et-Marne..........	98.981	89.586		9.395
Seine-et-Oise...........	137.549	253.190	115.641	
Sèvres (Deux-)..........	52.849	34.808		18.041
Somme	93.115	62.891		30.224
Tarn...................	51.519	25.900		25.619
Tarn-et-Garonne........	33.636	25.171		8.465
Var....................	37.766	48.646	10.880	
Vaucluse...............	44.760	25.588		19.172
Vendée................	45.863	22.707		23.156
Vienne.................	50.946	39.493		11.453
Vienne (Haute-).........	53.784	38.950		14.834
Vosges................	75.401	34.600		40.801
Yonne.................	85.833	49.728		36.105
Alsace-Lorraine inconnus..	177.853	»		pour mémoire 177.853
Total	62.16.660	6.216.660	2.108.214	2.108.214

Excédents d'émigrations ou d'immigrations.

L'on vient de voir combien peuvent être différentes pour certains départements les proportions des émigrés ou des immigrés : les départements où les deux mouvements d'échange de populations s'équilibrent sont peu nombreux. Pour la Charente-Inférieure, la Loire-Inférieure, le Lot-et-Garonne, l'Oise, il y a équilibre, ou à peu près.

Dans 20 départements seulement, parmi lesquels la Seine, la Gironde, les Bouches-du-Rhône, le Rhône, la Seine-et-Oise occupent les premiers rangs, il y a excédent d'immigration. Ces excédents d'immigration portent sur les départements qui renferment de grandes villes, des centres commerçants ou industriels importants ou des garnisons nombreuses.

Il nous reste pour terminer la synthèse de nos travaux sur l'ensemble des émigrations des départements les uns vers les autres, à donner deux cartes qui représentent, par la direction des flèches que nous y avons figurées, l'orientation prédominante des courants d'émigration ou d'immigration de chaque département par rapport à l'ensemble des autres régions.

Quelques mots sont nécessaires pour l'intelligence de ces cartes.

Pour chaque département nous avons calculé la position géographique en longitude et en latitude du centre de gravité de sa population, puis du centre de gravité de l'ensemble de ses émigrants. A cet effet, nous avons successivement calculé le « moment », c'est-à-dire le produit de chacun des nombres des émigrés groupés dans les 86 départements par leur distance à l'équateur, puis par leur distance au méridien de Paris, exprimée en degrés, en minutes et en secondes ; puis, à l'aide d'une équation générale, exprimant que la somme totale de ces 86 produits partiels est égale au « moment » du centre de gravité cherché, nous avons pu déterminer la longitude et la latitude de ce point. Même opération pour l'immigration — soit en tout, donc, 174 opérations pour chaque département, c'est-à-dire plus de 16.000 opérations. Ceci étant dit, l'aspect des cartes elles-mêmes ne sera pas sans paraître instructif.

I. — *Émigration.* — La carte des courants d'émigration indique, à deux ou trois exceptions près, une grande régularité dans le phénomène. Et d'abord, sauf les Bouches-du-Rhône, le Gard et l'Aveyron, tous les départements ont leur émigration dirigée vers le centre du bassin de la Seine, c'est-à-dire vers Paris. Les flèches qui indiquent cette direction ne représentent pas par leur longueur l'intensité de l'émigration, elles représentent seulement l'éloignement du centre de gravité de cette émigration. C'est ainsi que si l'on supposait par la pensée, pour un département, une émigration égale dans tous les sens, les composantes de toutes ces forces s'annuleraient et le centre de gravité de cette expansion tomberait précisément au même point que le centre de gravité de la population même du département, et cette émigration pourrait être intense sans qu'elle pût être révélée par une flèche.

A la longueur de la flèche, il nous est dès maintenant possible de mesurer la portée de l'émigration : c'est ainsi que les départements les plus éloignés de Paris, et situés à l'ouest et à l'est de la France, ceux du Finistère, des Côtes-du-Nord, du Morbihan, de Belfort, du Doubs, de la Savoie; quelques-uns du Midi, des Alpes-Maritimes, du Var, de la Lozère, de la Haute-Garonne, présentent des flèches d'émigration fort allongées. Mais la flèche indiquant le courant d'émigration de la Corse est, sans contredit, la plus longue, ce qui s'explique par l'éloignement de cette île.

CARTE MONTRANT LA PRÉDOMINANCE DES COURANTS D'ÉMIGRATION
PAR DÉPARTEMENT

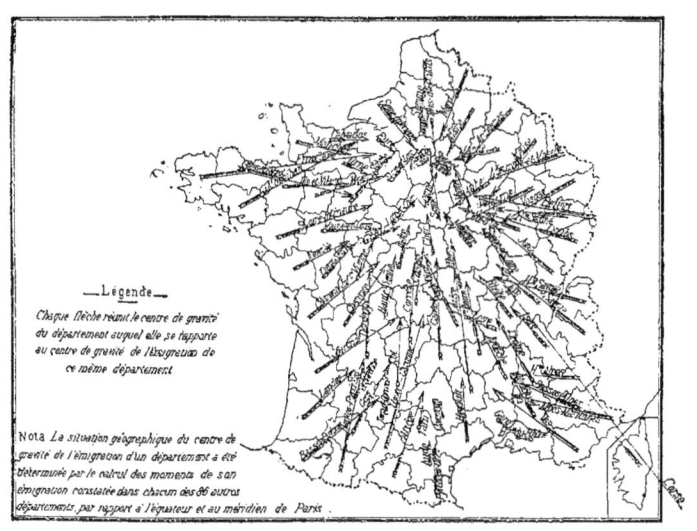

Les petites flèches, c'est-à-dire celles qui dénotent une émigration localisée dans une seule région, sont celles qui caractérisent l'Eure, l'Orne, le Calvados, Eure-et-Loir, le Loiret, Seine-et-Oise, Seine-et-Marne, au Nord et à l'Ouest. Dans le Midi, l'émigration est également localisée pour les départements de Tarn-et-Garonne, du Tarn, de l'Aude, de l'Aveyron, du Gard et des Bouches-du-Rhône.

Cette dernière constatation nous porte donc à classer le Languedoc et la Normandie au premier rang des provinces qui émigrent le moins.

II. — *Immigration*. — La disposition des flèches indiquant les courants prédominants des immigrations ne présente pas, à beaucoup près, comme on aurait pu le croire au premier abord, le même aspect que pour les émigrations. La carte contenant les 87 flèches reliant le centre de population de chaque département au centre de l'immigration qu'il reçoit, n'offre pas un caractère identique à celui si nettement déterminé de la carte précédente.

Par suite, nous sommes en droit de constater que, si la résultante générale des immigrations doit être mathématiquement la même que celle des émigrations, puisqu'il s'agit ici de 6.000.000 d'habitants, considérés successivement comme émigrants, puis comme immigrants, les composantes ne sont nullement comparables ; de plus si l'on constate un grand mouvement d'échanges entre les populations des départements, il ne s'ensuit pas que pour aucun département ces échanges soient balancés exactement.

C'est ainsi que par exemple le Finistère envoie la plupart de ses émigrants vers la Normandie et reçoit plutôt ses immigrants du Poitou et de l'Anjou ; Belfort envoie ses enfants surtout vers Paris, et reçoit principalement ses immigrants par la Bourgogne et ainsi de suite.

D'une manière générale, le Centre envoie des immigrants dans toutes les directions.

Mais ces différentes constatations ne caractérisent guère

CARTE MONTRANT LA PRÉDOMINANCE DES COURANTS D'IMMIGRATION
PAR DÉPARTEMENT

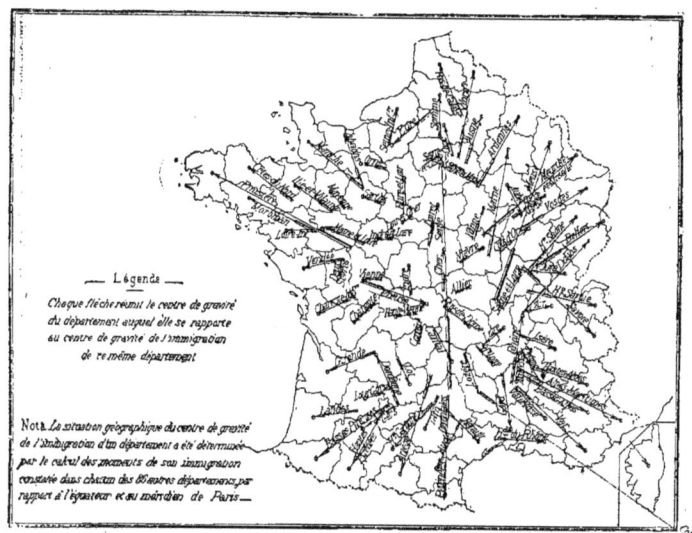

que d'une manière générale les allures de l'émigration et de l'immigration propres à chacun des départements, à chacune des provinces ; une monographie de chacune, détaillée et circonstanciée, indiquerait les particularités, fort nombreuses, des mouvements de la population de région à région. Nous nous bornerons, afin de donner à nos lecteurs une idée suffisante des mouvements intérieurs de la population et de l'intérêt géographique, économique et social qui s'y attache, à présenter la monographie succincte de quelques départements. Nous avons choisi la Seine, si remarquable par ses immigrations, et aussi, chose nouvelle, ou du moins peu soupçonnée jusqu'à ce jour, par son expansion au dehors; le Pas-de-Calais, type d'un département à la fois agricole et industriel, la Côte-d'Or, riche département agricole ; en enfin le Cantal, l'un des plus pauvres, mais dont la population est si industrieuse, et qui constitue l'un des centres les plus actifs d'expansion à l'intérieur de la France.

PROPORTION DES ORIGINAIRES DE LA SEINE

RECENSÉS EN PROVINCE P. 100 ORIGINAIRES DE CHAQUE DÉPARTEMENT PRÉSENTS DANS LA SEINE.

DÉPARTEMENTS	Originaires de la Seine dans chaque département.	Originaires de chaque département dans la Seine.	P. 100 originaires de chaque département.	DÉPARTEMENTS	Originaires de la Seine dans chaque département.	Originaires de chaque département dans la Seine.	P. 100 originaires de chaque département.
Ain	988	7.729	12.8	Lot-et-Garonne	290	3.923	7.5
Aisne	8.648	38.393	22.5	Lozère	342	5.929	5.7
Allier	4.924	14.483	34.0	Maine-et-Loire	2.136	13.464	16.0
Alpes (Basses-)	656	1.667	39.4	Manche	3.639	25.289	14.4
Alpes (Hautes-)	151	2.046	7.4	Marne	6.432	25.419	25.3
Alpes-Maritimes	2.827	2.041	138.5	Marne (Haute-)	2.613	18.232	14.3
Ardèche	503	8.245	6.1	Mayenne	2.637	19.186	13.7
Ardennes	2.698	17.898	15.1	Meurthe-et-Mos.	5.626	38.881	14.5
Ariège	276	3.483	7.9	Meuse	4.429	25.126	17.5
Aube	4.700	14.489	33.3	Morbihan	1.394	13.628	10.2
Aude	363	3.083	11.8	Nièvre	14.868	39.263	38.0
Aveyron	1.436	26.736	5.4	Nord	7.227	47.427	15.3
Bouc.-du-Rhône	1.689	7.347	22.9	Oise	10.060	35.469	28.2
Calvados	3.081	20.185	14.7	Orne	6.763	26.679	25.4
Cantal	1.609	27.934	5.8	Pas-de-Calais	10.436	30.309	33.0
Charente	783	8.749	8.9	Puy-de-Dôme	3.006	23.000	13.1
Char.-Inférieure	1.195	8.590	13.9	Pyrénées (B^{ses}-)	1.058	8.500	13.2
Cher	3.480	22.877	15.2	Pyrénées (H^{tes}-)	313	5.143	6.1
Corrèze	797	16.448	4.8	Pyrénées-Orient.	269	2.367	11.4
Corse	279	4.585	6.1	Territ. de Belfort	1.073	4.304	24.9
Côte-d'Or	7.679	28.430	27.0	Rhône	2.452	22.314	11.0
Côtes-du-Nord	1.336	25.873	5.2	Saône (Haute-)	2.181	29.344	7.5
Creuse	1.750	28.125	6.2	Saône-et-Loire	6.005	28.123	21.4
Dordogne	883	9.555	9.0	Sarthe	8.744	28.065	31.1
Doubs	1.172	19.350	6.0	Savoie	1.744	19.446	9.0
Drôme	545	7.052	7.7	Savoie (Haute-)	1.402	15.358	9.2
Eure	5.188	18.614	27.8	Seine	1.198.712	1.198.712	100.0
Eure-et-Loir	8.329	25.680	32.3	Seine-Inférieure	8.415	59.696	14.0
Finistère	1.408	13.431	10.4	Seine-et-Marne	16.312	55.777	29.2
Gard	724	7.360	9.8	Seine-et-Oise	49.923	89.886	55.5
Garonne (H^{te}-)	587	8.822	6.7	Sèvres (Deux-)	726	6.084	12.1
Gers	290	3.723	7.8	Somme	9.208	32.139	29.0
Gironde	3.769	12.955	29.0	Tarn	406	4.561	8.9
Hérault	558	6.288	8.9	Tarn-et-Garonne	327	3.237	10.4
Ille-et-Vilaine	4.388	18.866	23.2	Var	928	3.182	29.4
Indre	1.522	19.862	7.7	Vaucluse	315	4.570	6.9
Indre-et-Loire	3.422	15.012	22.7	Vendée	501	5.037	10.0
Isère	1.393	10.243	13.6	Vienne	1.176	10.334	11.3
Jura	1.120	16.991	6.6	Vienne (Haute-)	1.384	15.454	8.9
Landes	81	4.093	2.0	Vosges	2.437	20.292	12.0
Loir-et-Cher	6.787	18.569	36.5	Yonne	10.979	45.811	24.0
Loire	967	10.280	9.4				
Loire (Haute-)	431	7.256	6.0	Total	1.514.438	2.858.102	53 »
Loire-Inférieure	1.494	16.282	9.2				
Loiret	7.809	35.624	21.9	Sans la Seine	315.726	1.659.390	19 »
Lot	942	8.743	10.8				

*Monographie du département de la Seine
au point de vue de l'émigration et de l'immigration
(Parisiens en France et provinciaux à Paris).*

Nous avons vu plus haut que pour 1.198.712 originaires de la Seine comptés dans ce département, il y en avait 315.726 recensés en province, et que 1.659.390 personnes natives de province avaient été recensées dans le département de la Seine.

Tout d'abord, voici les chiffres bruts : 1° de la répartition des originaires de chaque département recensés dans la Seine ; 2° de la répartition des originaires de la Seine recensés dans chacun des 86 autres départements.

La population de la Seine, abstraction faite des étrangers et des Français nés hors de France, est de 2.858.102 habitants sur lesquels 1.198.712 sont nés dans ce département : il y avait donc, au moment du dénombrement, à Paris et dans sa banlieue, 1.659.390 provinciaux immigrés. D'autre part, le nombre des originaires du département de la Seine recensés en France était, à la même époque, de 1.514.438, dont 315.726 se trouvaient en province.

Provinciaux recensés dans la Seine.

Il suit de là que la population de la Seine est composée d'originaires de la province dans la proportion de 58 % et que plus de 20 % (et 20,9 %) de Parisiens, si l'on considère comme tels les originaires du département de la Seine, se trouvent en province.

Les départements qui comptent le plus de leurs originaires présents dans celui de la Seine sont les suivants :

Seine-et-Oise........	89.886	immigrants dans la Seine.
Seine-et-Marne.....	55.777	—
Nord...............	47.427	—
Yonne.............	45.811	—

Seine-Inférieure.....	39.696	immigrants dans la Seine.
Nièvre.............	39.263	—
Meurthe-et-Moselle..	38.881	—
Aisne..............	38.393	—
Loiret.............	35.624	—
Oise...............	35.469	—
Somme.............	32.139	—
Pas-de-Calais......	30.399	—
Haute-Saône........	29.344	—
Côte-d'Or..........	28.450	—
Creuse.............	28.123	—
Sarthe.............	28.065	—
Cantal.............	27.934	—
Aveyron............	26.736	—

Ces 19 départements comptent 697.424 originaires, soit 41 % des provinciaux immigrés dans la Seine. A part ceux de Meurthe-et-Moselle, de la Haute-Saône, de la Creuse et du Cantal, tous les départements qui forment la liste qui précède sont groupés autour de la capitale, dans un rayon qui ne dépasse guère 40 lieues ; il faut remarquer que les départements des Ardennes, de la Marne, de l'Aube d'une part, de l'Eure et d'Eure-et Loir d'autre part, n'envoient que peu d'émigrants à Paris, malgré leur proximité. Le Cantal et l'Aveyron en envoient un contingent plus considérable.

Voici maintenant la liste des département dont les originaires sont en plus petit nombre à Paris et dans le département de la Seine :

Basses-Alpes........	1.667	immigrants dans la Seine.
Alpes-Maritimes....	2.041	—
Hautes-Alpes........	2.046	—
Pyrénées-Orientales..	2.367	—
Aude...............	3.083	—
Tarn-et-Garonne....	3.137	—
Var................	3.152	—
Ariège.............	3.483	—
Gers...............	3.723	—
Lot-et-Garonne.....	3.923	—
Landes.............	4.093	—

Belfort............	4.304	immigranfs dans la Seine.
Tarn...............	4.561	—
Vaucluse..........	4·570	—
Corse..............	4.585	—
Vendée............	5.037	—
Hautes-Pyrénées....	5.143	—
Lozère.............	5.929	—
Drôme.............	7.052	—
Bouches-du-Rhône..	7.347	—

Ces 20 départements, sauf la Vendée, sont tous situés dans le Midi et forment la zone la plus éloignée de la capitale. Ils ne contribuent guère, contrairement à une opinion généralement admise, que pour 81.243 individus, soit 4,9 % seulement, dans l'immigration totale des provinciaux à Paris. L'Aveyron et le Cantal, dont la distance à la capitale est la même que beaucoup des départements qui composent la zone dont il s'agit, envoient au contraire beaucoup d'émigrants à Paris (26.736 et 27.934, respectivement); sous ce rapport, chaque région naturelle, ou pour mieux dire chaque province, a son économie particulière, comme le démontrent sans peine les cartogrammes indiquant les répartitions géographiques des originaires de chaque département dans le reste de la France.

Ce phénomène apparaît plus nettement encore, si l'on compare non plus le nombre brut des émigrés, mais leur proportion par rapport à la population même de leur département d'origine.

Voici comment se classent les départements d'après la population de leurs originaires présents dans la Seine :

PROPORTION DES ORIGINAIRES DE CHAQUE DÉPARTEMENT PRÉSENTS A PARIS, PAR RAPPORT A LA POPULATION DE LEUR DÉPARTEMENT RESPECTIF (PROPORTION POUR 100 HABITANTS DE CHAQUE DÉPARTEMENT) :

Moins de 1 %   Alpes-Maritimes, Aude.
—   1 à 1,5 %° Basses-Alpes, Bouches-du-Rhône, Gers, Hérault, Landes, Lot-et-Garonne, Pyrénées-Orientales, Tarn, Var, Vendée, Yonne.

Moins de	1,5 à 2	Hautes-Alpes, Ariège, Charente-Inférieure, Corse, Finistère, Gard, Haute-Garonne, Gironde, Isère, Loire, Deux-Sèvres, Tarn-et-Garonne, Vaucluse.
—	2 à 2,5	Ain, Ardèche, Dordogne, Drôme, Haute-Loire, Basses-Pyrénées, Hautes-Pyrénées.
—	2,5 à 3	Loire-Inférieure, Maine-et-Loire, Morbihan, Nord, Rhône.
—	3 à 3,5	Allier, Ille-et-Vilaine, Lot, Vienne.
—	3,5 à 4	Pas-de-Calais.
—	4 à 4,5	Charente, Côtes-du-Nord, Indre-et-Loire, Puy-de-Dôme, Haute-Vienne.
—	4,5 à 5	Calvados, Lozère, Manche, Saône-et-Loire, Seine-Inférieure, Vosges. (*France sans la Seine.*)
—	5 à 5,5	Corrèze, Eure, Belfort.
—	5,5 à 6	Ardennes, Aube, Marne, Mayenne, Haute-Savoie, Somme.
—	6 à 6,5	Cher, Doubs, Jura, Sarthe.
—	6,5 à 7	Aveyron, Indre, Loir-et-Cher.
—	7 à 7,5	Aisne, Haute-Marne, Savoie.
—	7,5 à 8	Côte-d'Or, Orne. (*France entière.*)
—	8,5 à 9	Meurthe-et-Moselle, Meuse, Oise.
—	9 à 10	Eure-et-Loir, Loiret.
—	10 à 11	Creuse, Haute-Saône.
—	11 à 12	Nièvre.
—	12 à 13	Cantal.
—	14 à 15	Seine-et-Oise.
—	15 et au-dess.	Seine-et-Marne.
—	38.50 %	Seine.

La moyenne générale est de 7.5 %, c'est-à-dire que les 7 centièmes et demi de la population de la France se trouvent dans la Seine et que 4,6 centièmes des provinciaux ont émigré à Paris et dans sa banlieue.

Les proportions varient entre 15,5 p. 100 dans Seine-et-Marne et moins de 1 p. 100 dans les Alpes-Maritimes et dans l'Aude. C'est donc, après le département de Seine-et-Marne et celui de Seine-et-Oise, le Cantal, puis la Nièvre, qui en-

CARTE MONTRANT LA PROPORTION DES PROVINCIAUX PRÉSENTS DANS
LA SEINE, P. 100 HAB. DE CHAQUE DÉPARTEMENT D'ORIGINE

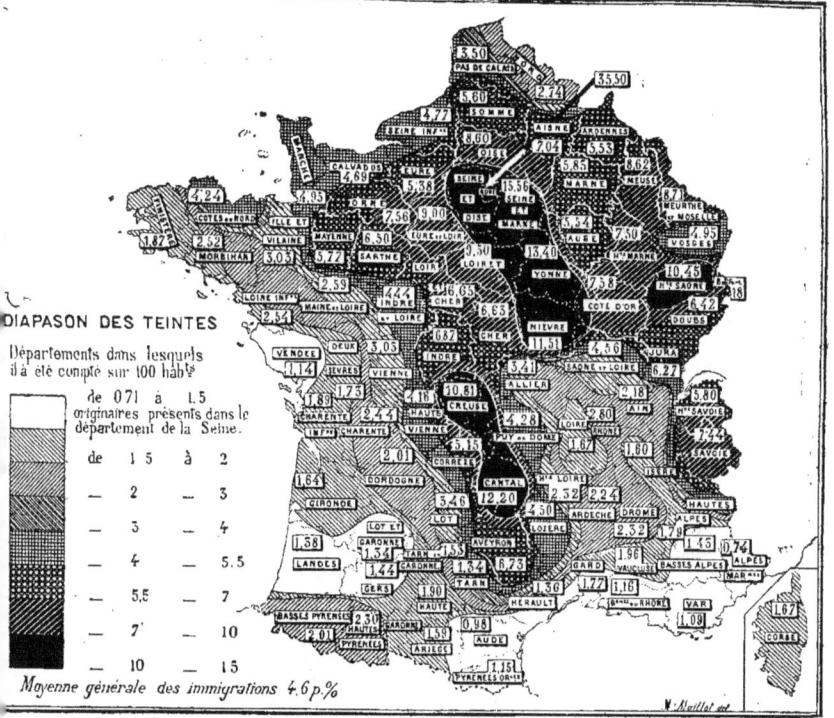

voient le plus d'habitants à la capitale, toute proportion gardée. Ce sont les départements baignés par la Méditerranée et les départements situés dans le centre du bassin de la Garonne qui en envoient le moins. Les départements bretons en envoient fort peu, sauf peut-être les Côtes-du-Nord.

Voici d'ailleurs, à titre de renseignement utile, le relevé numérique des originaires de chaque province ayant formé l'ancienne France, qui ont été recensés dans le département de la Seine.

ÉCHANGES DE POPULATIONS ENTRE LES PROVINCES ET LE DÉPARTEMENT DE LA SEINE				
	Provinciaux immigrés dans la Seine.	Originaires de la Seine émigrés dans chaque province.	EXCÉDENTS	
			d'émigrants	d'immigrants
Alsace (Belfort) (1)..........	4.304	1.073		3.231
Anjou................	13.464	2.156		11.308
Angoumois...........	8.749	783		7.966
Artois...............	30.399	10.136		20.363
Avignon (Comtat d').....	4.570	315		4.255
Auvergne.............	51.534	4.705		46.829
Aunis et Saintonge.....	8.590	1.195		7.395
Béarn...............	8.500	1.038		7.462
Berri................	42.739	5.002		37.737
Bourbonnais..........	14.483	4.924		9.559
Bourgogne............	110.113	25.651		84.462
Bretagne.............	88.100	10.020		78.080
Champagne...........	75.738	16.443		59.295
Corse................	4.585	279		4.306
Dauphiné.............	19.341	2.089		17.252
Foix (Comté de).......	3.483	276		3.207
Flandre..............	47.427	7.227		40.200
Franche-Comté........	65.685	4.473		61.212
Guyenne et Gascogne...	78.008	8.334		69.674
Ile-de-France.........	219.525	84.943		134.582
Languedoc...........	51.524	3.914		47.610
Limousin............	31.902	2.181		29.721
Lorraine.............	84.299	12.492		71.807
Lyonnais............	32.594	3.419		29.175
Maine...............	47.251	11.381		35.870
Marche..............	28.125	1.750		26.375
Nice (Comté de).......	2.044	2.827	981	
Nivernais...........	39.263	14.868		24.395
Normandie...........	130.463	27.086		103.377
Orléanais...........	79.871	22.925		56.946
Picardie.............	32.139	9.298		22.841
Poitou...............	21.465	2.413		19.052
Provence.............	12.166	3.273		8.893
Roussillon...........	2.367	269		2.098
Savoie...............	34.804	3.146		31.658
Touraine.............	15.012	3.422		11.590

(1) Alsaciens originaires de la partie de l'Alsace restée française.

Il convient enfin de mentionner 104.767 Alsaciens-Lorrains recensés dans la Seine ou ayant déclaré dans leur bulletin être nés dans l'une des communes de l'Alsace-Lorraine.

L'Ile-de-France étant mise à part, c'est la Normandie qui

compte le plus de ses enfants dans le département de la Seine (130.463 originaires), ce qui est bien naturel, étant donnée la proximité de cette province.

Viennent ensuite :

Bourgogne............	110.113	originaires
Bretagne........	88.100	—
Lorraine..............	84.299	—
Orléanais............	79.871	—
Guienne et Gascogne....	78.008	—
Champagne............	75.738	—

Parisiens recensés en province.

Une autre analyse n'est pas moins intéressante, celle qui a pour but de comparer, dans le même département de la Seine, la proportion des originaires de la Seine émigrés dans chacun des autres départements par rapport aux originaires de ces départements immigrés dans la Seine. La moyenne générale est de 19 p. 100 dans l'ensemble de la France, c'est-à-dire que les 315,726 Parisiens recensés en province ne représentent que les 19 centièmes des provinciaux présents dans la Seine. Cette proportion varie de 138 p. 100 dans les Alpes-Maritimes, où le nombre des Parisiens qui y ont été recensés est plus considérable que celui des originaires de ce département présents dans la Seine, et de 55 p. 100 dans Seine-et-Oise, à moins de 5 p. 100 dans la Corrèze. Il y a, pour 100 Corréziens dans la Seine, 5 Parisiens dans la Corrèze.

Comme il a été dit plus haut, 315,726 originaires du département de la Seine ont été recensés dans les 86 autres départements. L'un des tableaux qui précèdent indique pour chaque département le nombre des Parisiens qui y ont été trouvés présents à la date du recensement.

Voici les départements qui comptent le plus de Parisiens :

Seine-et-Oise..............	49.923	originaires de la Seine.	
Seine-et-Marne............	16.312	—	—
Nièvre....................	14.368	—	—

Yonne	10.979	originaires de la Seine.
Pas-de Calais	10.136	—
Oise	10.060	—
Somme	9.298	—
Sarthe	8.744	—
Aisne	8.648	—
Seine Inférieure	8.415	—
Eure-et-Loir	8.329	—
Loiret	7.809	—
Côte-d'Or	7.679	—

Voici ceux où l'on en rencontre le moins :

Aude	363	originaires de la Seine.
Lozère	342	—
Tarn-et-Garonne	327	—
Hautes-Pyrénées	303	—
Corse	279	—
Ariège	276	—
Pyrénées-Orientales	269	—
Hautes-Alpes	151	—
Landes	81 (1)	—

Au premier abord, il semble que les phénomènes généraux constatés pour l'immigration des provinciaux à Paris, et analysés sommairement plus haut, se reproduisent, avec des nombres plus faibles, pour ce qui concerne l'émigration des Parisiens en province : ce sont les départements qui environnent la capitale qui reçoivent le plus de ses originaires; ces derniers vont immigrer fort peu dans les départements lointains, sauf dans les Alpes-Maritimes et les Basses-Pyrénées, où de nombreux malades vont chercher la santé; mais si l'on compare le nombre de Parisiens à la population même des départements où ils immigrent, le classement du département change quelque peu :

(1) Sous toutes réserves, le dénombrement des Landes étant entaché d'un grand nombre d'erreurs, surtout en ce qui concerne le classement par département d'origine, par âge et par état civil. (Cette opération a d'ailleurs dans ce département été refaite en partie sur les indications du ministère du commerce.)

DÉPARTEMENTS OU L'ON COMPTE, POUR 100 ORIGINAIRES,
LE PLUS DE PARISIENS ÉMIGRÉS

Seine-et-Oise	8.3 %	Aube	1.9 %
Seine-et-Marne	4.7	Somme	1.8
Nièvre	4.4	Aisne	1.8
Yonne	3.2	Meuse	1.6
Eure-et-Loir	2.9	Marne	1.5
Oise	2.6	Eure	1.5
Loir-et-Cher	2.4	Belfort	1.5
Loiret	2.1	Meurthe-et-Moselle	1.4
Côte-d'Or	2.1	Alpes-Maritimes	1.4
Orne	1.9		

L'on voit, d'après ce tableau, que si les deux départements qui touchent à Paris et à la banlieue, Seine-et-Oise et Seine-et-Marne, occupent les premiers rangs, soit pour la proportion des émigrations, soit pour celle des immigrations, les départements du Cantal, de la Haute-Saône, de la Creuse, qui figurent parmi ceux qui envoient le plus d'émigrants vers Paris, reçoivent beaucoup moins d'immigrants venant de la capitale.

Au contraire les Alpes-Maritimes reçoivent, comme cela a été du reste signalé plus haut, plus de Parisiens qu'elles n'envoient d'émigrants à Paris.

Hâtons-nous de dire qu'une notable partie des originaires de la Seine recensés dans les départements de l'Eure, d'Eure-et-Loir, de l'Yonne, de la Nièvre, de l'Oise et autres départements peu éloignés, est composée d'enfants assistés et d'enfants en nourrice.

En terminant, il y a lieu de faire remarquer la faible proportion de Parisiens qui se trouvent dans certains départements renfermant de grandes villes :

Gironde	0.5 %	Seine-Inférieure	0.2 %
Rhône	0.3	Haute-Garonne	0.1
Bouches-du-Rhône	0.3		

Ces départements figurent d'ailleurs parmi ceux qui envoient

CARTE INDIQUANT LA RÉPARTITION PROPORTIONNELLE P. 100.000 HABITANTS.
DANS CHAQUE ARRONDISSEMENT, DES HABITANTS NÉS DANS LE DÉPARTEMENT DE LA SEINE

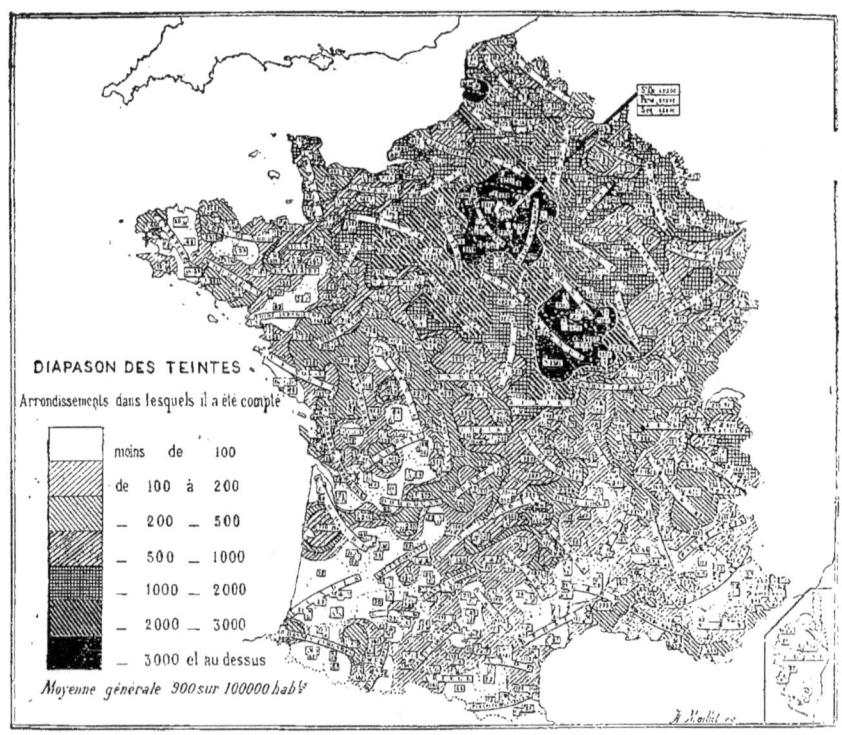

eux-mêmes le moins d'émigrants dans le département de la Seine.

Monographies sommaires de quelques départements.

Après nous être livré à une analyse plus détaillée des émigrations du département de la Seine et des immigrations des provinciaux dans ce département, centre véritable de la France, sauf peut-être pour quelques régions qui échappent à l'influence parisienne et qui possèdent leur capitale historique, comme la Provence, le Languedoc et la Guyenne, nous allons esquisser rapidement la physionomie de quelques départements, au point de vue de leur émigration ; nous avons poussé jusqu'à l'arrondissement le classement de leurs originaires, et nous nous sommes procuré ainsi un nombre d'observations quatre fois plus considérable que si nous avions basé cette répartition géographique sur le département.

CARTE INDIQUANT LA RÉPARTITION GÉOGRAPHIQUE, EN NOMBRES ABSOLUS, PAR ARRONDISSEMENT, DES ORIGINAIRES DU PAS-DE-CALAIS

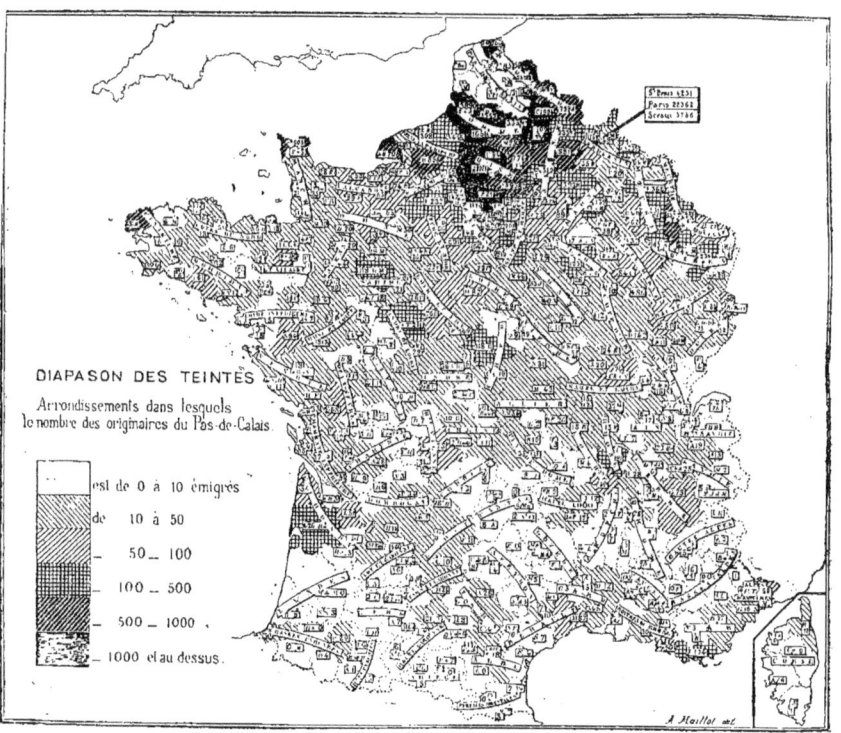

Pas-de-Calais. — Le département du Pas-de-Calais, (graph. 8) dont l'activité agricole et industrielle est si grande, et dont la population augmente d'une façon si remarquable, n'émigre pas beaucoup ; et s'il y a peu d'arrondissements, principalement situés dans le Midi, qui comptent peu ou point de ses originaires, il faut remarquer que la zone principale de son émigration n'est pas très étendue. Elle est en grande partie comprise entre la frontière belge, la rivière de l'Oise, et la Seine. Paris compte 22.362 originaires du Pas-de-Calais, et la Seine 30.399.

Un nombre assez notable néanmoins d'Artésiens ont été recensés en Lorraine, en Normandie, à Bordeaux et à Marseille.

Départements où l'on compte le plus d'Artésiens :

Nord	36.885 originaires	Oise	5.182 originaires
Seine	30.399	—	Seine-et-Oise	4.784	—
Somme	19.189	—	Aisne	2.727	—

Départements qui fournissent le plus d'habitants au Pas-de-Calais.

Nord	51.492	Somme	7.453
Seine	10.136	Seine-Inférieure	1.256

C'est le Nord qui fournit le plus d'immigrants au Pas-de-Calais.

Disons enfin que le nombre d'originaires du Pas-de-Calais recensés en dehors de leur département d'origine est de 114.480 et que le nombre de Français qui ont été recensés et qui sont nés dans d'autres départements est de 82.772, soit un excédent de 31.702 en faveur de l'émigration.

Côte-d'Or. — Le département de la Côte-d'Or compte 70.934 de ses enfants dans les autres départements, et environ 68.179 émigrants venant du reste de la France. Dans ce département, dont la natalité est faible et dont la richesse agricole est très grande, les émigrations et les immigrations se balancent à peu près exactement. Les émigrants se dirigent surtout vers Paris, et les autres départements du bassin de la Seine, tandis que ces vides sont comblés par des émigrants venant surtout des départements qui entourent la Côte-d'Or du côté de l'est, du midi et de l'ouest.

Les Bourguignons de la Côte-d'Or semblent suivre, comme l'indique le graphique suivant, de préférence les cours de la Seine et de la Saône, que leur département d'origine commande géographiquement. Échelonnés le long de la Saône et du Rhône, ils viennent garnir les départements méditerranéens voisins de l'embouchure de ce dernier fleuve, principalement dans les arrondissements de Montpellier et de Toulon.

Départements comptant le plus d'originaires de la Côte-d'Or :

Seine	28.450	orig^{res}	Haute-Marne	2.626	orig^{res}
Saône-et-Loire	6.408	—	Jura	2.457	—
Aube	3.140	—	Seine-et-Oise	2.437	—
Rhône	2.817	—			

CARTE INDIQUANT LA RÉPARTITION GÉOGRAPHIQUE, EN NOMBRES ABSOLUS, PAR ARRONDISSEMENT, DES ORIGINAIRES DE LA CÔTE-D'OR

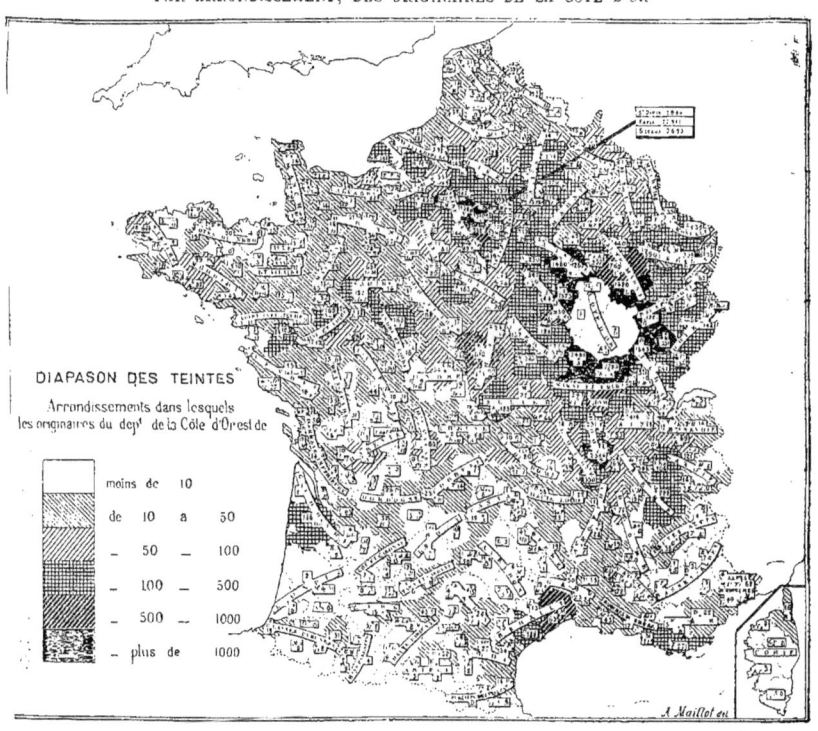

Départements qui fournissent le plus d'immigrants à la Côte-d'Or :

Saône-et-Loire	16.348	Haute-Saône	5.060
Seine	7.679	Haute-Marne	4.003
Jura	5.416	Nièvre	3.864

Cantal. — Le Cantal est un des départements les plus intéressants à étudier au point de vue de l'émigration : aussi avons-nous, dans le graphique suivant, fait figurer par arrondissements les proportions des originaires du Cantal pour 100.000 habitants.

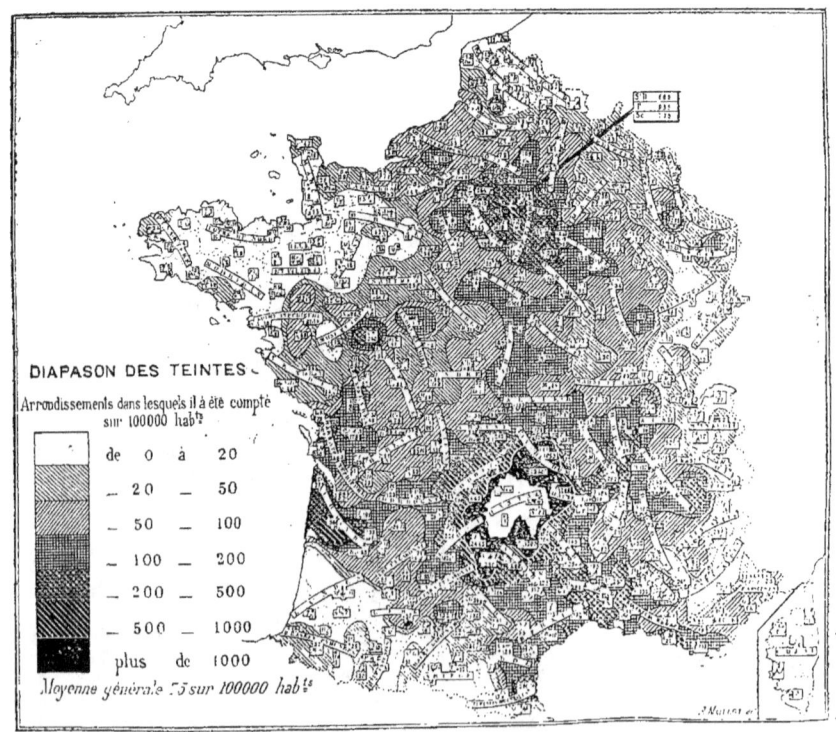

CARTE INDIQUANT LA RÉPARTITION GÉOGRAPHIQUE ET PROPORTIONNELLE P. 100.000 HABITANTS, DANS CHAQUE ARRONDISSEMENT, DES ORIGINAIRES DU CANTAL

L'émigration des Cantaliens semble suivre quatre courants principaux.

Le plus important est celui qui les conduit à Paris et qui suit la vallée de l'Allier, de la Loire, en franchissant ce fleuve à Orléans. Les originaires du Cantal, qui ont pour la plupart pour objectif Paris et sa banlieue, se trouvent en très grand nombre, une trentaine de mille, dans la Seine, soit plus de 1 %, et rayonnent en assez grand nombre dans les départements voisins.

Les Auvergnats du Cantal se dirigent, d'un autre côté, vers Bordeaux et occupent en notable proportion les arrondissements les plus riches de la Charente et de la Charente-Inférieure, où ils pénètrent par la vallée de la Dordogne et l'estuaire de la Gironde. Notons un courant qui descend le long de la vallée du Lot.

Un courant très important de Cantaliens rejoint la Méditerranée par l'Hérault et va s'épanouir sur tout le littoral, depuis les Pyrénées-Orientales jusqu'à Toulon.

Enfin un très notable courant se dirige par la trouée de Saint-Étienne vers Lyon, où une colonie importante d'Auvergnats se trouve établie.

Départements qui reçoivent le plus d'Auvergnats du Cantal :

Seine	27.934	Lot	2.332
Puy-de-Dôme	3.507	Rhône	2.333
Gironde	3.213	Corse	2.285
Aveyron	2.352		

Départements qui donnent le plus d'immigrants au Cantal :

Corrèze	5.020	Seine	1.609
Aveyron	2.697	Haute-Loire	2.294

Le Cantal compte 69.908 originaires dans les 86 autres départements et ne compte que 23.040 immigrés.

C'est, avec la Lozère et la Creuse, le centre le plus actif d'émigration à l'intérieur.

CONCLUSIONS

Telles sont, exposées le plus brièvement que nous avons pu le faire, les premières constatations, les premiers calculs qui aient pu résulter des données brutes du dénombrement de la population française. Au point de vue social, au point de vue économique, et au point de vue purement géographique, ces données constituent une base des plus intéressantes, d'autant plus intéressante que jamais elles n'avaient pu jusqu'à ce jour être réunies, pour l'appréciation des causes d'expansion et des causes d'attraction existant dans notre pays. Ces causes multiples, et leurs effets non moins complexes, trouvent leur raison d'être, pour ce qui concerne le domaine de l'activité humaine, dans les vieilles traditions locales, des besoins économiques séculaires et nouveaux, des créations ou des disparitions d'industries, et, pour ce qui est du domaine infiniment plus stable de la géographie, dans la configuration des terrains, la nature du sol, la direction des grandes voies naturelles, la pente des terrains, et l'orientation des vallées, qui commandent aux grands mouvements migratoires des hommes aussi bien à la fin du XIXe siècle que dans les siècles passés, et qui, nous en sommes certain, sont encore à notre époque les mêmes que dans les premiers temps de notre histoire.

CRÉATION DE BUREAUX DE RENSEIGNEMENTS

relatifs à l'émigration dans les colonies françaises

PAR M. TIÉTARD

Vice-président de la Société de géographie de Tours.

Le Congrès de géographie séant à Tours a, dans sa séance de clôture du 5 août 1893, adopté le vœu suivant :

« Le Congrès demande que la création d'un bureau de renseignements officiels sur l'émigration aux colonies françaises, auprès de chaque préfecture, soit mise à l'étude du prochain congrès. »

Pour répondre à cet appel, la Société de géographie de Tours a confié le soin d'étudier cette question à une commission prise dans son sein : et cette commission a élaboré le mémoire. Sommaire ci-joint :

Dans la séance du 2 août 1893 (Congrès de Tours), la nécessité de la création d'un bureau de renseignements, relatifs à l'émigration dans les possessions françaises, a été surabondamment mise en lumière. Toutefois l'énonciation de quelques données statistiques pourrait rendre la démonstration plus éclatante encore.

L'émigration française, nulle au commencement du siècle, faible jusqu'en 1886, a augmenté atteignant son maximum (31.354) en 1889. Depuis lors, elle est en décroissance, mais reste encore élevée.

NOTE. — Ce mémoire, étant arrivé après l'ouverture du congrès, n'a pu être lu lors de la discussion des renseignements coloniaux.

De 1857 à 1891 se sont embarqués dans nos ports, avec intention déclarée, d'abandonner, au moins momentanément, le sol natal : 243.435 Français (1). Vers quels pays se sont dirigés ces colons? Tous ou presque tous pour l'Amérique (2). Le seul document officiel que nous ayons pu obtenir à ce sujet est relatif à l'année 1888. Sur 23.239 émigrants français, 22 seulement se dirigeaient vers des terres françaises (3).

Ce nombre ne doit pas être exceptionnel, les annuaires officiels ne constatent, en effet, la présence dans nos colonies que d'une quantité infiniment petite de nos nationaux, en dehors de notre armée et des fonctionnaires (4).

Une telle désertion constitue pour la France une perte sensible et douloureuse, un amoindrissement lamentable de sa vitalité et de sa force. Il importe de réagir, et le plus promptement possible.

A-t-on jusqu'à ce jour pris des mesures dans ce but? Aucune. Nous avons compulsé avec soin le recueil des lois et règlements sur la matière : la loi du 16 juillet 1860 règle les conditions de cette sorte de traite humaine, que l'on nomme : opérations d'engagements ou de transports d'émigrants. Les

---

(1) Pendant la même période et dans les mêmes ports se sont embarqués 1.152.460 émigrants étrangers (statistique officielle V^{or} Turquaud).

(2) L'Amérique absorbe à peu près toute l'émigration qui se produit par nos ports. De 1877 à 1881, sur 161.519 émigrants français et étrangers, *154.740* ont déclaré se diriger vers l'Amérique, *589* vers d'autres pays et 6.190 n'ont pas été interrogés (mouvement de l'émigration, ministère de l'intérieur, 1883).

(3) Dans cette dénomination n'est pas comprise l'Algérie, considérée comme prolongement de la France et non comme colonie.

(4) L'Algérie d'ailleurs n'est pas non plus favorisée par une émigration nombreuse. Sa population s'accroit surtout par l'excès des naissances sur les décès et par les naturalisations. Les départs pour l'Algérie de Français désireux de s'y fixer ont été : en 1878 de 870 ; en 1879 de 649; en 1880 de 352 ; en 1881 de 231 seulement. Nous ne savons si la décroissance a continué, nous n'avons pu nous procurer de renseignements officiels ; de renseignements officieux, il semble résulter que le nombre de 231 n'a pas progressé.

décrets des 9 et 15 mars 1861, un arrêté du 8 février 1889 et quelques circulaires apportent des modifications de détail ou des améliorations à la loi de 1860. Voilà tout ce que nous avons trouvé de relatif à l'émigration. De nos colonies, pas un mot, aucune disposition spéciale ne les vise.

C'est à ce désintéressement absolu du Gouvernement qu'il faut attribuer le délaissement des routes de nos possessions d'outre-mer (1).

Des agences nombreuses stipendiées par des pays étrangers, ont été créées en France pour drainer l'émigration, et c'est pour réprimer les abus monstrueux, les trafics immoraux engendrés par le drainage qu'ont été édictés les lois et règlements ci-dessus indiqués :

Ces agences fournissent gratuitement tous les renseignements qu'on leur demande, elles prodiguent même des promesses fallacieuses, et leurs commis voyageurs se livrent à un véritable raccolage.

Pour nos possessions, rien de semblable, pas de raccoleurs, pas de primes, pas d'agences, pas l'ombre d'une indication. Les renseignements sont épars, disséminés, perdus dans tous les ministères : auquel s'adresser dans un cas spécial? à quelle porte frapper? On vous renvoie de Caïphe à Pilate, quand on vous répond. Je n'accuse pas l'administration, je constate le mal, il tient évidemment à une mauvaise organisation du service.

Cette organisation vicieuse, il faut la réformer : la création du ministre des colonies, en permettant une centralisation

---

(1) Au lieu d'attirer les émigrants, il paraît même résulter de nombreuses circulaires que l'administration est préoccupée de l'idée de les éloigner. Aux premiers jours de la conquête, une telle préoccupation a pu être légitime ; les colons du début, en effet, sont en général des mercanti (triste race !), et l'état troublé du pays ne permet ni commerce ni installation sérieuse. Mais l'ère des conquêtes est close, et la mise en valeur s'impose. A l'heure actuelle, les conditions de la colonisation sont absolument différentes, et l'hostilité de l'administration ne serait plus que coupable.

nécessaire, doit faciliter les modifications que nous appelons de tous nos vœux.

En 1861, déjà le législateur avait décrété : « Dans chacune des villes que l'autorité désignera, l'institution, sous la direction du commissaire de l'émigration, d'un bureau de renseignements auquel les émigrants pourront s'adresser pour obtenir gratuitement toutes les informations relatives, tant à leur voyage à travers la France, leur séjour à terre et la rédaction de leurs contrats d'embarquement, qu'aux pays vers lesquels ils doivent se diriger » (Art. 2 du décret du 15 mars 1861).

Cet article est, paraît-il, resté à l'état de lettre morte. C'est à la création des bureaux ordonnée par le décret de 1861 que nous proposons de revenir, en en élargissant toutefois les bases pour être à la hauteur des nécessités actuelles, et en en augmentant le nombre.

C'est en se plaçant dans cet ordre d'idées que la Société de géographie de Tours a l'honneur de proposer au Congrès de Lyon l'adoption des vœux suivants.

VŒUX PROPOSÉS :

1° Création *dans chaque préfecture* d'un bureau de renseignements officiels et gratuits, relatifs à l'émigration des Français dans les colonies françaises. Bureau à ouvrir dans un local spécial, à des jours et à des heures déterminées, par un employé spécial à nommer par M. le préfet du département.

2° Nomination par M. le préfet d'une commission locale, chargée de contrôler le bon fonctionnement de ce service, d'y apporter un concours utile, de signaler toutes les modifications ou améliorations désirables, par voie de rapport à M. le préfet; de la commission ferait partie de droit le président de la Société de géographie locale, et en cas d'absence du préfet, la présidence lui serait dévolue.

3° Création et organisation au ministère des colonies, après entente avec les autres ministères, d'un bureau centralisant tous les documents utiles relatifs à l'émigration dans nos colonies.

Transmission directe à toutes les préfectures, pour être remis au bureau départemental d'émigration, de tous ces documents et notamment de : circulaires ministérielles, avis des facilités et avantages offerts aux émigrants, avis d'adjudication de terrains domaniaux, de travaux publics, de création de villages, etc.; et tout d'abord, des formalités à remplir, et des ministères auxquels il faut s'adresser, suivant les colonies.

Envoi des cartes disponibles de nos colonies.

4° Transmission par le gouvernement aux diverses compagnies de transport, d'une circulaire portant à leur connaissance la création dans chaque département d'un bureau officiel d'émigration, avec invitation d'envoyer aux dits bureaux leurs itinéraires, leurs horaires, leurs conditions de transports, etc., en ce qui concerne les colonies françaises.

DISCUSSION DES VŒUX

Premier vœu. — Le bureau, tel que nous le concevons, serait organisé sur les bases les plus modestes ; au début de l'institution, il serait installé dans une salle distincte, à la préfecture, et serait ouvert les jours de grand marché, soit un ou deux jours par semaine, et pendant quelques heures de l'après-midi.

Les renseignements fournis par le ministère et ceux de même nature envoyés par les compagnies de transport, seraient seuls communiqués au public, tous renseignements coloniaux restant réservés, le bureau n'étant pas créé pour donner des renseignements à l'émigration, mais simplement pour faciliter l'option vers nos colonies d'outre-mer à ceux de nos compatriotes qui sont désireux de quitter, au moins momentanément, le sol natal.

Le nouveau service ne demanderait au fonctionnaire placé à sa tête ni intelligence hors ligne ni grand travail. Un employé ordinaire de la préfecture, distrait pendant quelques heures par semaine de ses occupations ordinaires, pourrait en être chargé, moyennant une légère gratification.

En ces conditions, l'installation ne serait ni coûteuse, ni encombrante, ni susceptible de créer des difficultés au gouvernement.

Un tel bureau rendrait de réels services. Les proportions de notre projet sont bien restreintes, mais si l'idée est bonne, elle prendra rapidement les développements utiles. Dans le présent, nous n'avons qu'un but, déposer une graine en préparant le terrain de façon à assurer la germination.

Au début d'une mise en valeur d'immenses possessions coloniales, il importe de procéder avec beaucoup de prudence.

Deuxième vœu. — L'administration préfectorale, absorbée par le détail d'affaires multiples, ne pourrait à notre avis donner qu'une attention insuffisante à cette très utile institution : *de minimis non curat prætor*.

Une surveillance, une direction sont cependant indispensables : c'est pourquoi nous préconisons la création d'une commission à choisir par le préfet, et renfermant dans son sein un ou plusieurs membres de la Société de géographie locale. Le préfet en serait le président d'honneur ; en son absence, le président de la Société de géographie, membre de droit, présiderait la réunion.

Le rôle de cette commission paraît suffisamment exposé dans le vœu.

Troisième vœu. — La création d'un bureau de statistique nationale figure dans le programme d'organisation du ministère des colonies. Ce bureau est tout indiqué pour servir de centre collecteur d'informations. Il ne s'agit, pour la réalisation du vœu émis, de supprimer ni bureau, ni fonctionnement, ni fonctionnaire. La centralisation, en rendant pour le public les recherches faciles, supprimerait, pour les ministères autres que celui des colonies, des correspondances et des travaux pénibles.

Public et ministères auraient tout à gagner à la création demandée.

Au moment de l'installation du nouveau ministère des colonies, l'application de notre vœu serait facile et le moment propice.

L'énumération des documents à communiquer n'est pas limitative, l'utilité desdits documents n'a pas besoin de démonstration.

Quatrième vœu. — Il en est de même de la communication gratuite et constante des documents visés dans le 4ᵉ vœu.

Quant à l'empressement des compagnies de transport à se conformer à l'invitation du gouvernement, il ne saurait être douteux : le dépôt des horaires, des itinéraires, des conditions de transport, fait dans les offices départementaux d'émigration, constituant pour elles le meilleur et le plus économique moyen de publicité.

Tours, le 21 juillet 1894.

POUR LA COMMISSION :
Le Rapporteur,
TIÉTARD.

LES COMMUNICATIONS POSTALES

Télégraphiques et Téléphoniques en France

Par M. Max. Mabyre

Vice-président de section de la Société de géographie commerciale de Paris.

Au dernier congrès des Sociétés savantes, j'ai eu l'honneur de soumettre un projet de carte de France en six couleurs, qui devait représenter, indépendamment des chemins de fer, des canaux et des cours d'eau navigables, toutes les localités possédant un bureau de poste, de télégraphe et un réseau téléphonique, tous les fils télégraphiques qui relient entre eux les bureaux du télégraphe par les voies ferrées, ainsi que les courriers de la poste, en voiture ou à pied, qui desservent les bureaux de poste.

Les encouragements qui m'ont été donnés en Sorbonne ont fait passer cette carte du projet à l'exécution. Les travaux ont été menés avec une telle rapidité que j'espérais la montrer achevée au Congrès des Sociétés de Géographie ; mais je suis forcé de ne lui présenter que des fragments qui doivent être soumis à une dernière revision avant d'être réunis en une belle carte de France au $1/1.000.000^e$, mesurant 1 m. 20 de hauteur sur 1 m. 07 de largeur.

M. Anthoine, très connu de nous par sa magnifique carte au 100.000^e, a bien voulu prendre la direction de cette carte postale et télégraphique. Son précieux concours est une garantie d'exactitude et de bonne exécution. Les soins apportés par les frères Erhard à la gravure, et par moi-même à la minute et aux corrections, nous donnent l'espoir d'offrir un travail de cartographie sérieux.

Nous nous sommes attachés à atteindre la plus haute qualité que doit posséder une carte : la clarté, tout en lui confiant le summum des renseignements qu'il paraissait intéressant de faire figurer sur la carte pour remplir le but projeté ; il était indispensable aussi de lui conserver des dimensions suffisamment restreintes pour qu'elle puisse être consultée facilement soit appendue à un mur, soit dépliée sur une table.

Nous pensons y avoir réussi, grâce à l'emploi de plusieurs couleurs dans la gravure, ce qui a permis de condenser toutes les remarquables ressources de notre pays en ce qui concerne l'indication des bureaux de poste, de télégraphe et de téléphone.

Les lignes de chemins de fer et de tramways sont tracées en noir ; en lignes rouges, les courriers de la poste avec notation différente, suivant qu'ils sont en voiture, à pied ou en bateau ; les bureaux de poste auxquels aboutissent les courriers sont indiqués par des ronds en rouges ; les bureaux de télégraphe par de petits télégraphes aériens en bleu : en bleu également sont les lignes télégraphiques, les sémaphores, les câbles sous-marins.

Les courriers ont leurs points d'attache aux stations de chemins de fer ; les fils télégraphiques se raccordent aux nombreuses lignes qui suivent les voies ferrées, ils aboutissent les uns et les autres aux bureaux de postes ou de télégraphe.

Les villes qui possèdent un téléphone sont indiquées par de petites étoiles en bleu dont les différences de grosseur font connaître si ces villes communiquent avec Paris ou seulement avec les autres villes de la région ou bien encore si le réseau téléphonique est simplement urbain, ou si l'on se trouve en présence d'un bureau téléphonique municipal.

Une couleur bleu foncé marque le réseau des fils télégraphiques et des câbles sous-marins ; les canaux et les cours d'eau navigables et autres, avec leurs noms, sont représentés par une couleur bleu pâle.

Les divisions administratives sont nettement délimitées ; les chefs-lieux de département, ceux d'arrondissement, de canton et de commune se distinguent aussi par la grosseur du point géographique et par la valeur de la lettre.

L'œuvre que j'ai l'honneur de présenter au Congrès de Lyon a pour but de résumer sous la forme la plus précise toutes les indications relatives, pour la France, aux transports par voie de terre, d'eau et de fer, ainsi qu'aux communications postales, télégraphiques et téléphoniques ; c'est une statistique graphique vivante qui permet de se rendre compte, par un simple coup d'œil, de l'importance comparative des diverses régions de la France.

M. Mabyre.

L'INSTITUT D'ÉDUCATION COLONIALE

Lettre de la Société des Études coloniales et maritimes.

Paris, le 4 août 1894.

A Monsieur le Président du Congrès des Sociétés de Géographie de Lyon.

Monsieur le Président,

Me trouvant dans l'impossibilité de quitter Paris en ce moment, je ne voudrais cependant pas omettre de présenter aux discussions du Congrès des Sociétés de géographie de Lyon une affaire qui a déjà fait l'objet d'un vœu des plus favorables de la part du Congrès des Sociétés de géographie de Bordeaux en 1882. Il s'agit surtout de ne pas perdre de vue la réalisation effective de l'idée.

Les documents ci-joints que je vous transmets vous éclaireront sur cette importante question d'avenir colonial dont je revendique en toutes circonstances tout au moins l'initiative.

J'espère obtenir du congrès de 1894 une nouvelle consécration de mes théories déjà vieilles.

Comme références, j'attirerai votre attention sur la communication ci-jointe que je soumets aux discussions du congrès appuyée des publications qui ont paru sur l'ensemble du projet.

La question, comme vous le verrez, a fait déjà l'objet d'une étude sérieuse de la part de la Société des études coloniales et maritimes dépositaire du dossier, et tout récemment encore j'ai eu l'occasion de présenter à ce sujet une communication au 32ᵉ Congrès des Sociétés savantes à la Sorbonne. J'invoque de plus en ma faveur la haute appréciation de notre cher président, M. Bouquet de la Grye.

Mon but est d'obtenir, puisque l'occasion s'offre à moi, une nouvelle manifestation en faveur de cette importante affaire, laquelle a depuis bientôt 14 ans été l'objet de mes préoccupations et pour la réalisation de laquelle j'ai personnellement fait des sacrifices sans avoir jusqu'à ce jour pu confirmer la théorie par l'application souhaitée.

C'est donc vous dire que je ne désespère pas encore et que je désire essayer encore une fois cette tentative de propagande utile.

Veuillez agréer, Monsieur le Président, les assurances de mes sentiments les plus dévoués et reconnaissants.

C. CERISIER,

Ancien sous-commissaire de la marine, Directeur de l'intérieur des colonies honoraire, Secrétaire général de la Société des études coloniales et maritimes. Délégué de cette société au conseil supérieur des colonies, Membre du comité parisien à l'exposition de Lyon, Officier d'Académie, Chevalier de la Légion d'honneur.

P. S. — MM. Blum et Jean Dupuis, représentants au congrès de la Société des études coloniales et maritimes, sont prévenus de mes intentions et pourront à l'occasion donner au congrès à cet égard un complément de renseignements.

L'INSTITUT D'ÉDUCATION COLONIALE

COMMUNICATION DE M. CERISIER AU CONGRÈS GÉOGRAPHIQUE DE LYON.

Question à l'étude inscrite à l'ordre du jour permanent de la Société des études coloniales et maritimes (Bulletin n° 137, de mai 1894) et soumise aux délibérations du Congrès des sociétés de géographie de Lyon pendant l'exposition universelle de 1894.

Il y a lieu de ne pas perdre de vue que, dans sa séance du jeudi 29 mars 1894, devant la section de géographie historique et descriptive du 32ᵉ Congrès des sociétés savantes à la Sorbonne, M. Cerisier, secrétaire général de la Société des études coloniales et maritimes, a développé une communication sur un projet d'institut d'éducation coloniale dont il souhaite la création. Cette communication a d'ailleurs été insérée *in extenso* au bulletin de la société ainsi que le projet en question (n° 133 de janvier 1894 et 136 d'avril 1894).

Après un historique de l'affaire, qui a pris naissance en 1880, après les diverses phases qu'a traversées le projet, en vue de l'exécution, au Congrès géographique de Bordeaux en 1882, puis au Congrès colonial de 1889 et enfin l'année dernière au Congrès des sociétés savantes, M. Cerisier a fait remarquer que la question était toujours à l'état d'embryon, alors que tout récemment l'Angleterre a fêté l'anniversaire de la création en 1868 de l'impérial institut de Londres.

Il développe les considérations qui l'amènent à insister sur cette importante question de notre avenir colonial et rappelle un extrait du *Journal officiel* du 7 avril 1893 relatif au projet déjà examiné dans plusieurs milieux compétents.

Après un aperçu technique du projet, dont bien des intérêts désirent ardemment la réalisation, il montre que l'institut, pour des motifs qu'il ignore d'ailleurs, n'a pas pu former corps par exemple avec l'école coloniale ou coïncider avec sa création, alors qu'il constitue pourtant pour elle une des bases principales de vitalité.

L'institut en projet a pour but de former justement pour l'avenir les colons agricoles, commerciaux et industriels que réclame instamment en ce moment l'initiative privée.

En présence des aspirations coloniales du moment, il faut nécessairement les éléments indispensables pour la mise en valeur de nos territoires coloniaux, et, d'après M. Cerisier, ainsi qu'il l'a d'ailleurs déclaré une première fois au congrès colonial de 1889, les acteurs réels de cette catégorie doivent se créer et se façonner en même temps, sinon même avant les administrateurs proprement dits.

Le premier pas fait dans cet ordre d'idées au point de vue instruction coloniale par le gouvernement ne pourrait-il pas être complété par l'iniative privée?

Une fondation de ce genre répondrait naturellement et pratiquement à l'enthousiasme qui se manifeste pour les affaires de colonisation et viendrait de fait combler une lacune, en ouvrant des horizons sur nos colonies et sur la manière de s'en servir.

Aujourd'hui cette importante question est suffisamment mûre pour être reprise à la fois et *par l'initiative purement privée et par les pouvoirs publics;* et si M. Cerisier insiste avec tant d'ardeur et de conviction sur les résultats qu'il escompte de cette fondation, c'est qu'il serait heureux de voir enfin la pratique venir couronner tout au moins à titre d'essai des théories déjà vieilles, mais toujours saines, en vue de l'avenir.

C. Cerisier.

RÉFÉRENCES

1882 *Vœux du Congrès scientifique de Bordeaux* (session de 1892. Septembre, extrait.) Brochure publiée par l'imprimerie Gounouilhou à Bordeaux. Ministère des affaires étrangères et ministère de la marine.

1886 *La France et ses colonies* par Charles Cerisier. — Bernard et Cie éditeurs, 71, rue Lacondamine, Paris, 1886.

1889 *Volume du Congrès colonial de 1889.* — Procès-verbaux des séances (vendredi 2 août 1889).

1893 Impressions coloniales (1868-1892) : . *Etude comparative de colonisation*, par Charles Cerisier. — Berger Levrault et Cie, éditeurs, Paris, 5, rue des Beaux-Arts, et Nancy, 18, rue des Glacis.

1893 *Bulletin de la Société des études coloniales et maritimes*, n° 122, janvier 1893 ; n° 125, avril 1893 ; n° 126, mai 1893.

1894 *Bulletin de la Société des études coloniales et maritimes*, n° 133, janvier 1894 ; n° 136, avril 1894 ; n° 137, mai 1894.

1894 *Journal officiel* du 7 avril 1893. — Compte rendu du 31e Congrès des sociétés savantes.

1894 Dossier primitif de l'institut d'éducation coloniale en dépôt aux archives de la Société des études coloniales et maritimes, 18, rue Daunon. Correspondance, justifications diverses, etc., etc. Communications, conférences à la Société de statistique, à la Société des études coloniales et maritimes, à la Société de géographie commerciale, etc., etc. Circulaires, etc.

LA CARTE DE CASSINI DE THURY

Lettre de M. Ludovic Drapeyron, directeur de la Revue de géographie, *secrétaire général de la Société de topographie de France.*

Monsieur le Colonel et cher Collègue,

Bien que n'ayant pu me rendre à Lyon, j'ai voulu travailler pour le congrès et lui donner la primeur du Questionnaire relatif à la carte de Cassini que j'ai annoncée au congrès des sociétés savantes et que je viens de rédiger à la faveur de quelques jours de repos.

Je me propose moi-même d'y répondre au congrès des sociétés savantes ultérieur (1895).

Inséré dans les communications faites au Congrès de Lyon, il pourra provoquer d'utiles réponses, et c'est la seule chose que je demande.

Tout à vous cordialement,

Ludovic Drapeyron.

Enquête à instituer sur l'exécution de la grande carte topographique de France de Cassini de Thury.

Le document imprimé ci-joint indiquera suffisamment au congrès le but que s'est proposé la Société de topographie de France.

Ce but est double :

1° Elever un monument à l'auteur de notre première grande carte topographique ;

2° Justifier en quelque sorte cet honneur, aujourd'hui si prodigué, en retraçant les travaux — vrais travaux d'Hercule — qu'il accomplit.

Avons-nous besoin de dire que la première de ces entreprises — le monument à Cassini — est en bonne voie ? 2.000 francs ont été versés dans les mains du trésorier de la société. La publicité assurée à cette souscription patriotique par le Congrès de Lyon lui donnera une impulsion plus vive encore.

Nous avons déjà fait à la Sorbonne, le 19 novembre 1893, une communication sur l'œuvre géographique de Cassini de Thury.

Le 27 mars 1894, à la section géographique du congrès des sociétés savantes, nous avons sollicité « les bons offices des représentants de ces sociétés qui voudraient bien nous faire part de ce qu'ils ont pu déjà et de ce qu'ils pourront ultérieurement se procurer de relatif à l'exécution de la carte de Cassini dans leurs régions respectives ». Et nous prenions l'engagement de préparer un questionnaire et d'en saisir les sociétés de géographie et les personnes compétentes.

Un questionnaire doit être court. Nous nous proposons d'y répondre, dans la mesure de nos forces, assez prochainement. Mais nous prions nos savants collègues de ne pas attendre nos réponses et de nous faire bénéficier sans retard de leur propre enquête, quelque restreinte qu'elle soit. Nous serons heureux de leur rendre, dans notre travail, un hommage reconnaissant.

QUESTIONNAIRE

I. Antécédents de la carte de Cassini.

II. La méthode de *Cassini de Thury*. En quoi elle a innové. Comment elle a rendu possible la grande carte topographique qui garde son nom.

III. L'association formée en 1756 pour la confection de la carte. Ses principaux membres. Documents réunis par eux et transmis à leurs héritiers.

IV. Les directeurs de l'entreprise. Les trésoriers.

V. Le dépôt de l'Observatoire. Son organisation. Ses chefs successifs, principalement les deux *Capitaine*, père et fils. Reconstituer leur biographie.

VI. Rôle de l'Ecole des ponts et chaussées, fondée par Trudaine, en 1747, et de son directeur, *Perronnet*.

VII. Les ingénieurs de la carte de Cassini : *Beauchamp*, etc.

VIII. Instruments et levés topographiques : *Deparcieux*, etc.

IX. Dessinateurs : *Seguin*, etc.

X. Graveurs : *Brunet, Aldring*, etc.

XI. Ecrivains : *Bourgoin*, etc.

XII. La nomenclature. Rôle assigné par Cassini de Thury aux seigneurs terriens et aux curés des paroisses dans la revision des feuilles.

XIV. Part contributive, au point de vue des dépenses : 1° des associés ; 2° des souscripteurs individuels ; 3° des pays d'élection ; 4° des pays d'états. Résistance de la Bretagne.

XV. Traitements des collaborateurs.

XVI. La carte de Cassini prise pour modèle à l'étranger. Carte de la Belgique, par de Ferraris, et autres cartes.

XVII. Œuvres concurrentes en France, analogues à celles que nous ont fait connaître MM. Vignols, pour la Bretagne, et Jules Gauthier, pour la Franche-Comté.

XVIII. Contrefaçons de la carte de Cassini.

XIX. Le transfert de la carte de Cassini au Dépôt de la Guerre.

XX. Corrections faites sous le Consulat et sous l'Empire à la carte de Cassini.

XXI. Usage qui a été fait, au point de vue civil et au point de vue militaire, de la carte de Cassini.

XXII. Rapports de filiation et comparaison de la carte de Cassini et de celle de l'Etat-Major.

XXIII. Appréciations faites de la carte de Cassini par les personnes compétentes.

Le 4 août 1894.

Ludovic DRAPEYRON.

UN MONUMENT A CASSINI DE THURY

AUTEUR DE LA PREMIÈRE GRANDE CARTE TOPOGRAPHIQUE DE FRANCE
(1714-1784)

Il appartenait à la Société de Topographie de France d'honorer la mémoire de CÉSAR FRANÇOIS CASSINI DE THURY, l'auteur de la première grande carte topographique de la France. L'approbation de ses dignes descendants lui est acquise. Le concours des hautes personnalités du gouvernement et de la science, — des sociétés de géographie et de toutes les sociétés savantes — de la France civile et militaire, ne lui fera pas défaut.

Aucun nom, dans l'histoire des sciences, dans celle de la science française en particulier, n'apparaît plus grand que celui de Cassini. C'est Louis XIV, noblement inspiré par Colbert, qui conquit à notre patrie cette famille, on pourrait dire cette dynastie de savants, dont Gênes, Sienne, Florence, Rome, Bologne gardent le souvenir, alors représentée par l'illustre astronome Jean-Dominique Cassini, et qui, convoyant celle des Bourbons, compte de père en fils, en un siècle et demi, cinq membres de l'Académie des sciences, dont quatre directeurs de l'Observatoire de Paris.

Après avoir scruté le ciel avec une méthode et une sûreté inconnues auparavant, il était dans leur destinée de déterminer la forme de la terre, et, en s'appuyant sur une base précise, la méridienne même de l'Observatoire, par eux vérifiée à plusieurs reprises, d'embrasser et de décrire la France entière, d'en dégager la véritable image.

C'est ce dernier et grand dessein que conçut, il y a cent cinquante ans, et que réalisa presque complètement, à la veille de la Révolution, le troisième d'entre eux, CASSINI DE THURY (1714-1784), petit-fils de Jean-Dominique.

Après avoir essayé ses forces dans cette glorieuse campagne de Flandre, où il accompagnait le roi et qui aboutit à Fontenoy, il résolut de doter la France de sa première carte topographique : « Jamais, dit Condorcet, on n'avait formé en géographie une entreprise plus vaste et d'une utilité plus grande. C'était, en effet, un préliminaire absolument nécessaire pour parvenir à une connaissance approfondie de la France. »

Encouragé et d'abord subventionné par le Gouvernement, il forma, dès 1756, une compagnie pour échapper aux caprices des contrôleurs généraux des finances. L'acte portait, dans son préambule, que « l'association n'avait d'autre objet que l'honneur et les avantages qui en reviendraient à la nation ». Il lui fallut, en outre, faire, si on peut s'exprimer ainsi, la conscription des ingénieurs, des topographes, des dessinateurs, des graveurs. Pendant trente ans, il poursuivit son œuvre sans faiblir, malgré l'opposition de certains Etats provinciaux. Que de fatigues, mêmes corporelles, il endura ! L'année de sa mort, il publia sa *Description géométrique de la France*.

Son digne fils, le comte Jacques-Dominique, « Cassini IV », qui devait mourir presque centenaire, termina promptement, d'après ses instructions, sa carte topographique. Il eut l'honneur de la présenter achevée au roi Louis XVI et à l'Assemblée constituante, qui, avec son concours, s'en servit sans désemparer, pour la division de la France en départements.

Avoir assuré à la France le bénéfice et la gloire de la première entreprise de ce genre, avoir frayé les voies à la carte de l'état major, avoir groupé toutes les forces vives, tous les coopérateurs nécessaires de cette science si complexe, la géographie, est pour Cassini de Thury un titre éminent à la reconnaissance publique, et c'est cette reconnaissance dont la Société de Topographie de France provoque aujourd'hui l'expression. Il n'est pas sans intérêt d'ajouter que c'est du pays de Nice, — la patrie du grand Cassini — que nous est venu le vœu auquel nous donnons satisfaction aujourd'hui.

Cassini aura sa statue. Ce monument s'élèvera dans la ville de Clermont-en-Beauvaisis (Oise), non loin de cette modeste commune de Thury, où la mémoire des Cassini est justement bénie, car ces grands observateurs du ciel ont été constamment mêlés à l'humble vie des paysans qu'ils guidaient, conciliaient, comblaient de bienfaits.

N'omettons pas de rappeler que plusieurs de leurs frères sont morts en combattant pour la patrie, avant et depuis 1789.

M. Ludovic Drapeyron, secrétaire général de la Société de Topographie de France, a été chargé par le Comité de rédiger une notice sur la vie et l'œuvre de Cassini de Thury, et de donner ainsi une suite à son *Image de la France sous les derniers Valois et sous les premiers Bourbons*.

NOTES PITTORESQUES SUR LES ILES LOYALTY

par M. Bénet

de la Société de géographie de Valenciennes.

Le groupe de îles Loyalty fait partie des possessions annexes de la Nouvelle-Calédonie.

Il s'étend à l'est de celle-ci et se compose de trois îles principales, Maré, Lifou, Uréa, qui figurent aussi sur les cartes sous les noms de Britannia, Chabrol et Halgan. Il comprend quelques autres îles très petites, situées entre Maré et Lifou, et se termine au nord par l'île Beaupré. Toutes ces îles sont madréporiques.

Malgré le peu d'étendue de ce territoire, dont le plus grand morceau, Lifou, atteint à peine une longueur de 60 kilomètres, de violentes querelles y ont agité, de tout temps, les tribus indigènes qui l'habitent.

Vers la fin de l'année 1876, un dernier conflit survenu à Maré prit un caractère si aigu qu'il y avait à craindre une conflagration générale..... D'autant plus que le sauvage toujours disposé à recourir à la force, se sert volontiers du casse-tête comme *ultima ratio*.

Désigné par le gouvernement local pour étudier les causes de ces nouvelles contestations sur le lieu où elles avaient pris naissance, j'acceptais avec empressement une mission qui allait me permettre d'examiner en détail ces îles au sol étrange, si différentes par leur constitution géologique des autres terres habitées.

Nous voici en vue de Maré; encore quelques tours d'hélice et le navire, fortement secoué par la houle, stoppe assez loin du rivage. Une embarcation est parée pour nous conduire à terre ; au moment où nous descendons l'échelle, le commandant nous crie : « Au revoir, Messieurs, tâchez de débarquer.» Il n'est pas commode de s'installer dans un canot ballotté dans tous les sens, préoccupés de maintenir un équilibre difficile à conserver, nous ne prenons pas garde à cet énigmatique adieu. Mais à mesure que nous approchons du but, l'aspect d'un rivage uniformément accore que la lame, sans répit, frange d'écume, nous le remet en mémoire et fait naître en nous une appréhension bien légitime.

— Attention à l'avant !
— Scie babord, avant tribord.
— Croches ta gaffe, hardi, tiens bon !
— Allons, Messieurs, vivement ! débarquons avant que le ressac nous force à démarrer.

Ahuris, poussés, aidés par les matelots, nous obéissons machinalement à cette parole brève, impérieuse. Nous voici accrochés au mur de corail ; l'embarcation, sans plus attendre, s'éloigne de ces bords dangereux, où elle est toujours sous la menace de laisser un morceau de quille ou de bordage aux pâtés de coraux qui l'environnent.

Au-dessus de nos têtes, la roche surplombe, elle offre de nombreuses aspérités, des cavités de toutes sortes ; en certains endroits on la dirait percée à l'emporte-pièce ; allons, c'est une indication sur le chemin à suivre. Nous aidant l'un l'autre, tirant celui-ci, poussé par celui-là, nous parvenons à sortir de notre incommode position, et à poser enfin le pied sur le sol de l'île.

Telle est la manière la plus habituelle de débarquer à Maré.

A Rô, lieu où s'élève le temple protestant, et où réside le pasteur anglais, le seuil est plus abordable. Des éboulements ont formé une sorte d'escalier à larges assises, dont la vague couvre et découvre sans cesse les premières marches. Il faut lutter de vitesse avec elle pour gagner un abri hors de ses atteintes et pouvoir lui jeter la parole du Seigneur : « Tu n'iras pas plus loin ! » Les missionnaires catholiques ont choisi comme lieu de débarquement un point appelé « Aoui »; le rivage y étant très accore, les révérends pères se servent d'une échelle ; ils montent à l'assaut, n'est-ce pas plus français? pour conquérir le sol sur lequel ils viennent ouvrir leurs mains pleines de la semence divine. Malheureusement cette échelle ne peut être laissée à demeure. La lame aurait bientôt fait de la rouler dans une de ses volutes et de l'entraîner loin de son point d'attache. Aussi est-elle remisée sur le sommet de la roche et force est de s'en passer si le hasard complaisant, sous les traits de quelque catéchumène, bâillant aux corneilles dans le voisinage, ne vient à point vous la tendre. Quand le vent souffle de l'ouest, par une mer qui bat furieusement la côte, ces divers moyens sont inutilisables. On est obligé de rester au large et de louvoyer en attendant une saute de vent qui rende le débarquement possible.

Maré est ainsi défendue par un mur naturel, haut de dix-huit à vingt pieds, taillé en encorbellement par les lames qui en rongent continuellement la base. A quelques centaines de pieds de ce premier seuil s'élève un second escarpement plus considérable au delà duquel l'anneau de corail, à son tour, dresse sa gigantesque muraille à deux ou trois cents pieds de hauteur. Cet anneau, qui a plus d'un kilomètre d'épaisseur, fait tout le tour de l'île et se termine brusquement à pic, du côté opposé à la mer, dominant une vaste plaine intérieure, cuvette d'un lagon desséché, dont l'altitude au-dessus du niveau de la mer est d'environ vingt-cinq mètres.

A Lifou, c'est l'anneau de corail qui émerge directement de l'océan, suspendant, au-dessus des flots qui l'assiègent, ses falaises pittoresques hautes de cent vingt-cinq pieds.

A Uvéa, le sommet de l'anneau, seul, a surgi. Toute la partie nord et ouest n'y forme même qu'une suite presque ininterrompue de récifs battus par la lame, protégeant une mer intérieure, accessible aux plus grands navires par les passes sud et nord, qui remplacent ici les plaines de Maré et de Lifou.

Ces îles offrent ainsi trois états bien différents, trois aspects des plus caractéristiques qui justifient pleinement la théorie émise sur leur formation. Un soulèvement sous-marin, progressif, qui s'est propagé du sud au nord, a dû élever ces sols coralliques à diverses époques dont la dernière est sans doute peu éloignée. Avec cette théorie nous voyons Maré apparaître la première sous la forme actuelle d'Uvéa, un second soulèvement transforme sa mer intérieure en lagons qui se dessèchent lentement tandis que Lifou, à son tour, fait son apparition. Des soulèvements postérieurs exhaussent encore Maré, lui font comme une triple ceinture de corail et donnent enfin naissance à Uvéa.

Le sol des îles Loyalty, sauf un seul point dont il sera question plus loin, est composé de roches madréporiques. Hérissé de pointes, fendillé, percé d'innombrables cavités, il renferme plusieurs grottes, remarquables par la beauté et la variété de leurs stalactites. Malgré son aspect ingrat, ce sol est recouvert d'une abondante végétation.

Dans le voisinage de la mer, les pins colonnaires (araucaria cookii) se dressent comme des sentinelles au pied d'escarpements si réguliers qu'on les prendrait pour des forteresses édifiées de main d'homme. Le cocotier y déploie le panache élégant de ses grandes palmes. Le figuier des banians (fixus prolexa) y étreint la roche de ses nœuds puissants ; ses racines adventives plongent dans les trous du corail et se gonflent à l'aise après avoir franchi leur dure étreinte. De nombreuses concrétions calcaires les recouvrent parfois de leurs stalactites. Il se forme ainsi un bizarre assemblage où l'on voit, avec étonnement, l'arbre et la pierre se confondre et croître ensemble.

A peu de distance de la côte s'étendent d'épaisses forêts ; on y retrouve le gaïac et le santal si recherché des Chinois. L'exploitation de ce dernier bois a été faite à l'origine avec si peu de prévoyance que l'exportation de cette précieuse essence a dû être interdite pendant plusieurs années pour empêcher sa disparition complète. Des fourrés presque impénétrables de lianes et de pandanus aux feuilles acérées s'ajoutent aux perfidies du sol madréporique pour rendre l'accès des bois fort difficile. C'est pourtant le lieu choisi pour la culture des ignames et des taros dont les racines féculentes forment avec la noix de coco, les bananes et le fruit de l'arbre à pain ou maïoré (artocarpus incisa), les principales ressources alimentaires des indigènes.

On peut évaluer à douze mille le nombre des Canaques fixés aux Loyalty. Cinq mille environ habitent Maré, six mille Léfou et mille Uvéa. Le recensement de cette population est incertain en raison de la difficulté que les indigènes éprouvent à compter. Leur numération est figurée. Ils comptent jusqu'à dix en ouvrant successivement les doigts de chaque main ; les poings fermés touchent les deux pieds pour exprimer vingt ; ce dernier nombre est alors figuré sur une liane au moyen d'un nœud. Mais quand les nœuds s'ajoutent aux nœuds, la pauvre cervelle du Canaque s'épuise bientôt devant la complication du calcul et se refuse à aller plus avant.

Les missionnaires tant catholiques que protestants ont facilement étendu leur influence sur eux, ils sont parvenus à rallier déjà les trois quarts de la population. Le prosélytisme y est ardent ; s'ils n'étaient retenus par leurs chefs apostoliques, les néophytes ne se feraient pas faute d'affirmer leur foi les uns contre les autres à coup de sagaie et de casse-tête.

Le dernier quart demeuré idolâtre, terme consacré, ne paraît avoir ni religion précise, ni une idée bien définie d'un être divin. Si dans les ténèbres de leur ignorance il existe quelque rudiment de cette sorte, il ne se traduit par aucune cérémonie particulière, par aucune manifestation extérieure. Ces idolâtres sont restés fidèles à leurs us et coutumes qui ne diffèrent guère de ceux des Néo-Calédoniens. Le vêtement est le même. Dès l'enfance, la femme porte le court, très court jupon à frange, appelé « tapa » en langue indigène. L'homme reste nu jusqu'à l'époque de la circoncision, ordinairement pratiquée vers l'âge de la puberté, par les soins du « tacata » ou médecin de la tribu. En ce moment la pudeur s'éveille, oh ! bien peu, puisqu'un très petit bout d'étoffe suffit pour calmer ses scrupules. Les missionnaires ont fait adopter par leurs adeptes un costume plus ample. Grâce à leurs exhortations les femmes sont revêtues d'une longue robe sans taille et les hommes ont recouvert d'un pagne le lambeau d'étoffe primitif. Les idolâtres ajoutent parfois au vêtement national des improvisations pittoresques, fleurs ou lianes tressées, chemises abandonnées par quelque Européen, vieilles casquettes, gilets ou simples morceaux de cotonnade : ils se drapent sans souci de la mode. Je me rappellerai toujours le costume qu'avait revêtu un des chefs importants de l'île, Oua-Pala, pour se rendre à mon appel. Il était sanglé dans un habit noir et coiffé d'un gibus, ces épaves d'un civilisé n'étaient accompagnées d'aucun autre vêtement et faisaient ressortir, plus qu'elles ne les cachaient, ses formes vigoureuses. Il fallait une certaine force de volonté, on n'aura pas de peine à le croire, pour garder son sérieux en face d'un pareil costume.

Dès son installation sur ces îles, l'homme s'est trouvé en présence d'un obstacle redoutable. Ce n'était rien moins que le « to be or not to be », être ou ne pas être, qui se dressait devant lui. Il n'y a pas d'eau sur les Loyalty, ni rivière, ni ruisseau, pas la moindre mare d'eau douce, pas une source. Les pluies amenées par les vents alisés y sont fréquentes, mais le sol fendillé, crevassé de toute part, en un mot percé comme une écumoire, ne conserve rien de ces dons du ciel. Le Canaque a résolu cette difficulté par un procédé des plus simples, il a pratiqué des cavités dans chaque cocotier ; la pluie qui ruisselle sur le tronc de l'arbre remplit cette citerne improvisée et l'ombre projetée par la cime touffue où s'étalent les grandes palmes la protège contre une évaporation trop rapide. Cette réserve paraîtrait bien insuffisante à nos ménagères !

Le Canaque a, Dieu merci, des besoins plus limités, il ne puise que rarement cette eau précieuse au moyen d'une feuille roulée en cornet et, le plus souvent, seulement pour étancher sa soif. Parfois cependant, si la pluie tardait à tomber, la disette, une cruelle disette, se faisait sentir. Dès leur arrivée au milieu des populations qu'ils venaient évangéliser, les révérends pères maristes se sont préoccupés de cette question. Ils ont pensé que le sous-sol conservait peut-être ce que la surface ne gardait pas, ils ont creusé des puits et le succès est venu couronner leurs efforts. A quelques mètres du sol on rencontre une nappe d'eau souterraine dont ils ont ainsi révélé l'existence et qui assure l'alimentation d'une manière plus efficace que les cavités creusées dans les cocotiers. Les indigènes n'en ont pas moins conservé leurs citernes végétales; ils y puisent encore, mais avec moins de préoccupation pour l'avenir.

Les Canaques entourent leurs cases et les jardins qui en dépendent d'un mur de débris de coraux, élevé à la hauteur d'appui, ils franchissent cette défense au moyen d'échelles primitives. Dans les jardins sont cultivés le bananier, le maïoré ou arbre à pain, l'oranger, le papayer, le pommier-cannellier et la canne à sucre. Les défrichements, pratiqués annuellement dans les bois, sont réservés pour la culture des ignames et des taros. Ces diverses cultures exigent des soins exceptionnels en raison de la nature du sol. Les cavités du corail sont soigneusement remplies, quand la nature n'y a pas pourvu, d'un terreau formé par un mélange de sable et de détritus végétaux. La graine, bouture ou racine, est ensuite confiée à cette cavité, la plante y croît et s'y développe comme dans un véritable pot à fleurs.

Il est pourtant, à Maré, un point, le seul dans toutes les Loyalty, où la nature s'est montrée moins marâtre. Ce point, qui mesure quelques ares à peine, est formé par une colline peu élevée et diffère considérablement comme constitution géologique de tout le territoire environnant. Le corail s'arrête à la base de la colline et les roches qui affleurent le sol, au lieu d'être madréporiques, offrent les caractères des roches éruptives.

Aussi les indigènes ont-ils appelé cette partie du sol maréen « Raoua » (la terre). C'est bien de la terre, en effet ; la culture y est facile, les récoltes abondantes, et on se dispute à l'envi les superbes ignames qui y croissent. Aussi les empiètements y sont fréquents, les contestations nombreuses, chacun cherchant à occuper le plus grand morceau possible de ce territoire dont l'exiguïté malheureusement ne permet pas de satisfaire toutes les convoitises.

Le commerce est concentré entre les mains d'une vingtaine d'Européens, presque tous de race anglaise, grâce au concours actif des pasteurs de cette nationalité installés depuis longtemps dans les trois îles.

Ces Européens pratiquent le cabotage, tiennent des magasins où les importations, cotonnades, clous, haches, etc., sont échangées contre des provisions de bois précieux ou de cobra, amande spongieuse du coco parvenu à sa maturité et dont on retire, par la pression, l'huile de coco.

La faune de Loyalty a peu d'importance ; citons seulement la grosse sauterelle du cocotier et un crabe bizarre qui grimpe à cet arbre pour en ouvrir la noix avec ses fortes pinces. Les Européens y ont importé un peu de gros bétail ; la volaille et le porc y prospèrent à l'aise. Ce dernier animal semble le favori du Canaque ; il n'est pas rare de voir une femme indigène tenant dans ses bras un jeune goret et le caressant avec les démonstrations de tendresse qu'une Parisienne aime à prodiguer à son toutou favori.

Depuis leur catéchisation, les néophytes catholiques et protestants ont renoncé au mode de sépulture de leurs ancêtres. C'est donc parmi les idolâtres seulement que nous retrouvons l'habitude d'exposer parfois les morts, soit sur les arbres, soit sur les rochers, dans des solitudes presque inaccessibles. Le point choisi est frappé de « tabou », défense sacrée qui en interdit l'approche aux vivants.

A Chépénéhé, dans l'île de Lifou, on remarque un rocher, sorte de tour de corail, qui a servi autrefois de lieu de sépulture aux indigènes. L'accès de cette nécropole n'est pas sans danger. Sa masse se dresse à soixante-dix pieds au-dessus de la mer ; elle est reliée à la terre par un de ses côtés, mais là encore son mur est à pic, et c'est seulement par une escalade d'une dizaine de mètres qu'on peut en atteindre le sommet. Une fois sur le couronnement et le plateau supérieur franchi, le plus difficile reste à faire. Il faut, en effet, se suspendre au-dessus des flots qui assiègent la base de ce singulier édifice et redescendre de plusieurs mètres pour se trouver au niveau de l'ouverture qui donne accès à une grotte de moyenne étendue. Les reflets glauques de la mer se mêlent à la faible lumière du jour qui éclaire cet intérieur funèbre et lui donnent un aspect presque fantastique.

Le sol y est parsemé de corps desséchés, déposés çà et là. Soit grâce à l'action de l'atmosphère maritime, soit par [suite de la sécheresse remarquable de cet antre du corail, la momification des cadavres y est complète.

Un jeune chirurgien de marine qui nous accompagnait ne pouvait retenir ses exclamations admiratives, en présence des nombreuses pièces anatomiques qui peuplaient ce musée inédit. Il les ramassait, les approchait de l'entrée pour mieux les éclairer, tout comme aurait fait un amateur de peinture ou de bibelots pour un tableau ou des objets rares. Mais, hélas! que de regrets de ne pouvoir, crainte d'éveiller les susceptibités indigènes, emporter des pièces si dignes d'une collection! Notre jeune disciple d'Esculape se consolait en bourrant ses poches de menus fragments.

Un singulier contraste nous attendait au retour. Près d'un feu allumé sous les cocotiers, deux bayadères locales se livraient aux ébats chorégraphiques du « pilou pilou » national sous l'œil charmé de quelques aïeux qui formaient le cercle accroupis sur leurs talons tout en fumant leur pipe. Quand le beau sexe s'en mêle, le « pilou pilou » se transforme de danse guerrière en danse plus... naturaliste, qui se rapproche, non, qui laisse loin derrière elle les danses orientales. Les missionnaires ont rigoureusement frappé ces ébats d'interdit, mais quand les révérends pères ont le dos tourné...

Plus loin la foule accourait à l'office du dimanche, annoncé par un carillon particulier. Les cloches étaient remplacées par un tronc d'arbre creux, largement ouvert et juché sur deux poteaux à hauteur de ceinture. Une robuste matrone en tirait des sons graves au moyen d'un énorme pilon dont elle heurtait vigoureusement le fond. Sur cette basse, deux acolytes brodaient des fioritures aiguës en frappant rapidement les arêtes de l'instrument avec des baguettes en bois dur.

Les danseuses et leur public ne tardèrent pas à prendre la file avec une mine recueillie.

On est porté à sourire en voyant la facilité avec laquelle le Canaque revêt ou dépouille la robe du néophyte. Les missionnaires le savent; mais leur tâche ne peut s'accomplir en un jour : n'ont-ils pas la patience et la foi pour la mener à bonne fin? Ce n'est que par la lente usure du temps qu'ils pourront effacer les instincts primordiaux de la race et, la religion aidant, la recouvrir d'un vernis de civilisation.

Malgré le manteau de verdure qui voile en partie la nudité grise de leurs madrépores, ces îles ont un aspect profondément mélancolique. Elles sont comme perdues au milieu de cet immense océan qui les enserre et dont la grande voix s'y fait entendre sans interruption. Sous la poussée des vents alisés, la houle y déferle constamment avec un fracas retentissant, encore accru par l'étrange sonorité de ce sol caverneux.

A Uvéa, où la terre est réduite à une étroite barrière, l'île tout entière est ébranlée par la lame qui se brise. On se demande si elle pourra résister toujours à ces assauts multipliés. On s'y sent comme sur la crête d'une muraille dont la base serait éternellement sapée par un bélier gigantesque. Cette impression n'est pas sans malaise. Il faut que la pensée vienne calmer des nerfs que l'habitude n'a pas aguerris; il faut se rappeler qu'il est pour l'homme, à quelques pieds sous les eaux, un auxiliaire précieux qui édifie de nouvelles digues sans se lasser jamais; l'humble polype oppose son incessant labeur aux sauvages attaques de son ennemi. Et l'esprit se rassure en songeant que, dans cette lutte qui dure des milliers d'années, c'est toujours l'infiniment grand qui a été vaincu par l'infiniment petit.

DU ROLE DE LA FEMME FRANÇAISE

DANS LA COLONISATION

par M. Ch. Lemire.

Messieurs,

Nous venons d'entendre un de nos plus érudits et laborieux collègues retracer le rôle des femmes en *géographie* et faire le panégyrique si remarquable des *voyageuses*.

Pour compléter ce tableau et rendre cette étude plus profitable encore à notre pays, il nous reste à examiner sommairement quel est le rôle des *femmes françaises* dans la *colonisation* des pays découverts par nos exploratrices et nos explorateurs.

La famille, les femmes, sont, pour le colonisateur, sa consolation et son espérance au départ, son encouragement dans les âpres difficultés de sa tâche, sa joie dans la réussite de ses projets. Elles associent leur âme à ses travaux matériels et à ses recherches. Elles sont souvent son compagnon persévérant, comme la femme de Dupleix, la *Bégum Johanna*, dont le nom est resté populaire dans l'Inde, fut son plus ferme et son plus remarquable soutien dans la prospérité et surtout dans l'adversité.

La femme est l'indispensable auxiliaire de la colonisation comme épouse et comme mère. L'avenir des enfants en est, en effet, le plus souvent le mobile et le but le plus noble et le plus sage. « C'est l'homme, dit un charmant proverbe provençal, qui apporte les pierres ; mais c'est la femme qui édifie la maison. » Voilà pourquoi la femme a dans cette œuvre de colonisation une part si large qui en assure le développement. Coloniser un pays, c'est le civiliser, et il n'y a ni colonisation ni civilisation sans la famille.

C'est elle qui rend l'entreprise du colon durable et la perpétue après lui. Sa femme et ses enfants entretiennent ou raniment la bonne humeur dans la maison et dans les relations; car « avec la bonne humeur, dit Tœpffer, on ne rencontre que de bonnes gens. »

Nos femmes, nos filles ne sont-elles pas aussi bien douées que les femmes des nations voisines, pour participer à la colonisation? Nos Françaises ont, aussi bien et mieux que les étrangères, les ressources de l'esprit, l'énergie morale, la force d'âme, la vigueur physique indispensable aux entreprises et à la vie coloniales. Les difficultés développent leur fermeté de caractère. Elles ont ce sentiment qui s'enflamme aux grands spectacles des océans, de la terre, du ciel, de toute la nature. Les femmes les plus faibles ne craignent pas de brûler leur teint au soleil et de se mouiller par la pluie ou les embruns de mer. L'inconnu ne leur fait pas peur et les attire. Dans l'aménagement de notre domaine colonial le danger n'existe plus et elles sont prêtes à l'affronter.

Les preuves des aptitudes de la femme française, nous les avons sous les yeux : en Cochinchine, le voisinage de Singapour a fait que des familles étrangères s'y sont implantées à côté des nôtres. Au Tonkin, presque toutes les familles sont françaises et elles sont nombreuses. Les femmes qui ont vécu dans ce pays se sont prises à l'aimer et n'en ont dit que du bien. Elles en sont le charme, l'ornement et elles en faisaient une colonie à jamais française alors qu'en France on avait encore des doutes sur sa possession définitive.

Mme Bert et ses filles, Mme de Lanessan, Mme Brière et bien d'autres ont parcouru et admiré ce pays où l'on trouve des Françaises jusque dans les localités les plus éloignées et les plus isolées.

Il en est de même en Nouvelle-Calédonie où toute ferme a sa maîtresse de maison.

Dans toutes nos colonies et dans les pays étrangers les plus lointains, des Françaises se dévouent pour aller secourir les indigènes, fonder des orphelinats, des écoles de garçons et de filles, desservir les hôpitaux. Demandez à nos braves soldats, malades ou blessés, de quels soins délicats ils ont été entourés par les religieuses de tout ordre qui veillaient à leur chevet, exposées comme eux à tous les dangers du climat. Dans quelques jours des femmes françaises, des Sœurs blanches vont, pour la première fois, se rendre en Afrique, sur le Tanganika, pour travailler avec les Pères blancs à la colonisation de ces régions esclavagistes où se commettent tant d'atrocités contre les indigènes qu'on veut civiliser. A côté du marchand d'esclaves, du traitant qui leur vend de la poudre et des fusils, nous verrons apparaître la femme qui sauvera en partie ces malheureux indigènes.

Le rôle des écoles françaises dans le Levant n'a-t-il pas pour effet d'y conserver notre influence séculaire? Le musulman comme l'Européen ont en vénération ces femmes dévouées. Ce n'est pas à moi à leur rendre hommage. Des voix plus autorisées louent et encouragent leurs efforts.

C'est l'*Alliance française* qui contribue à soutenir l'œuvre de propagande de notre langue au dehors, et c'est son secrétaire général, M. Foncin, qui a le premier, en ouvrant le congrès géographique de Bordeaux, en 1882, retracé de main de maître le rôle des femmes et des mères françaises dans la colonisation. Relisez cette page admirable, et vous serez convaincus.

L'administration indo-chinoise a eu dès le début la sagesse de fonder au Tonkin des écoles pour les filles françaises et indigènes. A côté des orphelinats religieux dont j'ai parlé, et au-dessus d'eux, ces établissements ouvrent le cœur et l'esprit des jeunes Annamites à l'instruction et à l'éducation données par des femmes françaises. Vous vous associerez avec moi pour rendre à ces femmes, portant partout la douce parole, l'hommage qu'elles méritent.

Je serais injuste et ingrat si je ne signalais ici la bienfaisante action des sociétés puissantes de femmes, l'Association des dames françaises et l'Union des femmes de France, qui envoient dans nos colonies, à nos soldats, des livres, du papier pour écrire à leurs familles, du vin pour les malades, du linge et mille objets qui sont accueillis comme un don fraternel de la mère patrie. Ces œuvres ont eu pour effet de créer entre les Français du Tonkin, du Dahomey, de Diégo Suarez, du Sénégal, de toutes nos colonies, et entre les dames françaises de ces nombreux comités, des relations qui ont resserré le lien entre la métropole et ses possessions lointaines. C'est là une œuvre patriotique et pratique des plus méritoires. C'est ainsi que, sans quitter le sol natal, ces Françaises contribuent grandement à la colonisation du pays où flotte le pavillon de la France.

Qui n'a connu au Tonkin Mme de Berre? Elle fit partie de l'expédition de Jean Dupuis dans le haut fleuve Rouge et se fixa à Hanoï où on l'appelait « la mère des Français ».

En Australie, en 1840, mistress Chisholm, femme d'un officier anglais, avait placé elle-même plus de 11.000 jeunes filles dans des ménages européens. Les jeunes filles françaises n'émigrent pas, grâce à Dieu, dans de semblables proportions. Mais on peut en citer un certain nombre qui sont allées en Indo-Chine rejoindre leur fiancé et se marier.

La colonisation d'un pays n'est durable et n'a de vitalité que si les familles s'y établissent. Il est indispensable que les femmes et les enfants y suivent le père de famille. Les jeunes filles ne craignent nullement de s'y rendre, et nous avons eu des exemples nombreux, à Paris même et en France, de mariages contractés à la veille et en vue de se rendre aux colonies. C'est là une éducation nouvelle, un « esprit nouveau » dont il faut se féliciter et qu'il faut encourager.

En faisant de la colonie d'adoption son *home*, son chez-soi, au moins temporaire, il semble qu'on n'a pas quitté la patrie, car si

>.... l'on ne peut pas vivre sans pain,
> On ne peut pas non plus vivre sans la patrie,

comme l'a dit Victor Hugo.

Or, lorsque la femme suit son mari, la famille coloniale conserve des liens étroits avec ses parents, ses amis, ses relations dans la métropole. J'ai toujours vu, en effet, que lorsqu'une famille française se trouvait installée dans de bonnes conditions dans une colonie, elle écrivait à ses proches : « Venez donc nous rejoindre. » Et c'est ainsi que se formaient de véritables tribus, au plus grand avantage de la France ; c'est ainsi qu'au lieu de déserter à l'étranger, les travailleurs et les capitaux français trouveront, sur un sol français, un meilleur emploi et une rémunération plus grande.

Les difficultés du transport et du voyage étaient autrefois un obstacle pour y amener une famille. Presque toutes nos colonies sont maintenant reliées à la métropole par d'excellents paquebots qui ont la régularité des chemins de fer, par les télégraphes, par des services fluviaux comme ceux de la Cochinchine et du Tonkin.

La femme française soucieuse de l'avenir des siens ne saurait donc se confiner, s'isoler dans les étroites limites de son clocher. Elle est entrée résolûment dans ce mouvement d'expansion coloniale qui lui assure une vie plus large et plus facile et qui ouvre des carrières à ses enfants. Elle accepte sans hésiter le rôle qui lui revient dans la colonisation. C'est là un résultat qui ira en se développant et qu'il était utile de constater, à l'honneur de la femme française, pour le plus grand bien des colonies et de la mère patrie.

Ch. LEMIRE,
Lauréat de la Société de géographie commerciale de Paris.

LES RENSEIGNEMENTS COLONIAUX

VOIES ET MOYENS DE COLONISATION

par M. Ch. Lemire.

Ignorance des Français en matière coloniale. — Les possessions françaises d'outre-mer sont encore trop peu connues des masses. En dehors des grands ports et des grands centres commerciaux, bien peu de personnes savent ce que sont ces pays et les ressources qu'ils présentent. De cette ignorance résulte une indifférence regrettable, de sorte que l'aménagement de notre domaine colonial, qui ne peut se faire que par l'initiative de nos nationaux, est trop souvent ajournée. C'est à ce mal qu'il faut remédier en multipliant partout les renseignements coloniaux et en les mettant à la portée du gros public dans toute la France.

L'organisation de cet important service a été prévue en principe dans le décret du 5 mai dernier. Le ministre, M. Delcassé, en reconnaît la nécessité et l'urgence; il se préoccupe de cette création.

Pour donner ces renseignements précis, il faut les dresser d'abord, les généraliser, les détailler, les répartir par colonies et par localités. C'est à l'administration des colonies que cette tâche incombe ; le moment était venu de la réaliser.

Instructions du ministre des colonies. — Si elle n'est pas suffisamment en mesure d'y pourvoir, nous savons du moins que c'est la première préoccupation du nouveau ministre des colonies. Nous en avons la preuve en ce que l'un des premiers soins de l'habile ministre, M. Delcassé, a été d'adresser aux gouverneurs de toutes les colonies des instructions précises pour faciliter la colonisation des possessions françaises par les Français. La condition préalable est donc de faire connaître aux Français quels sont les avantages qui leur sont offerts dans les colonies françaises.

Régime nouveau. — Dans mes conférences de 1883 à 1885, et dans mon livre : *Les colonies et la question sociale* (1), je disais : « Ce qui doit assurer notre prospérité coloniale, ce sont des émigrants actifs et laborieux à déverser sur nos colonies agricoles, aussi bien que des maisons fortes et durables pour exploiter les colonies de commerce et de plantations. C'est l'esprit de prévoyance dans notre régime colonial ; c'est la stabilité de nos administrations coloniales ; c'est l'encouragement à la colonisation française ; c'est la transformation des régimes restrictifs en systèmes libéraux, sources de toute initiative ; c'est l'indication, par l'Etat, des voies et moyens de colonisation de nos territoires, et le concours de l'Etat et des communes pour l'application de ces mesures ; c'est tout un régime nouveau à inaugurer si nous voulons arriver, non seulement à la prospérité de nos colonies, mais garantir leur propre existence. »

Colonies de peuplement et d'exploitation. — Il faut d'abord distinguer, parmi les possessions de la France, les colonies d'*exploitation* et les colonies de *peuplement*.

Les premières sont celles qui sont peuplées par des indigènes ayant déjà des ressources agricoles. Ce sont celles où l'Européen ne peut travailler la terre. Elles ne sont accessibles qu'aux capitalistes, aux industriels, aux entrepreneurs, aux syndicats.

Les colonies de peuplement sont celles où l'Européen travaille la terre, et où sa race peut se propager dans de bonnes conditions de salubrité. En raison des crises financières, agricoles, industrielles, des grèves que nous avons subies trop souvent, des milliers de nos compatriotes sont désireux

---

(1) Challamel, éditeur, 5, rue Jacob.

de se faire une nouvelle situation, et de se créer en même temps une nouvelle patrie en territoire français.

Ce sont ces territoires qu'il s'agit de faire connaître à tous, et c'est à l'Etat à faire les offres de concessions agricoles, et aux particuliers à en faire la demande. L'initiative revient à l'Etat parce que lui seul dispose du domaine colonial.

Bases de renseignements à fournir. — Or, il y a lieu de préciser les renseignements préalables : 1° sur les colonies ouvertes aux colons et sur les terres disponibles ; 2° sur les conditions des concessions ; 3° sur les moyens de transport et d'émigration ; 4° sur les allocations de fonds et les dépenses à faire pour la mise en valeur des concessions.

Sur le premier point, notre administration n'a qu'à imiter ce qu'ont fait l'Amérique du Sud, l'Angleterre et surtout l'Australie.

Colonies ouvertes. — Partout, en pays français, les colons, à tort ou à raison, se plaignaient des lenteurs et des formalités administratives, mal auquel le ministre actuel des colonies a déjà remédié en partie.

1° *Lotissement des terres.* — En Australie, par exemple, d'immenses surfaces de terrain étaient cadastrées et alloties à l'avance. Ces lots sont indiqués sur des cartes teintées, avec leur destination spéciale pour l'élevage ou la culture.

Chaque lot porte un numéro d'ordre. Ces cartes se trouvent partout et à bon marché, de sorte qu'on peut choisir sa concession avant de quitter la métropole. C'est, du reste, ce que l'Algérie a fait, cette année, pour ses lots à vendre.

L'administration aura donc à lotir les terres disponibles à bref délai, ce qui n'a pu être fait encore, parce que le cadastre ne peut suffire à tout, et que les arpenteurs ou géomètres ne sont pas assez nombreux.

Les Anglais allaient plus loin : ils faisaient défricher des terres d'avance et vendaient ces terres défrichées à ceux qui avaient un petit capital. En outre, ils se faisaient rembourser en nature sur les premières récoltes, ce qui était très avantageux aux deux parties (1).

Sur le second point, la masse du public ignore à quelles conditions s'accordent les concessions agricoles dans nos colonies.

2° *Conditions des concessions.* — En Nouvelle-Calédonie, on offre aux colons des lots gratuits. On donne deux hectares aux enfants nés dans la colonie, en sorte que voilà un pays français où il suffit de *naître* pour être *propriétaire*, et où ce sont les enfants qui, en naissant, apportent un *patrimoine à leurs parents*. Il est vrai que cela se passe aux antipodes (2) et que l'effet de ces excellentes décisions est suspendu.

Il faut faire savoir partout, afficher dans les mairies, faire publier par la presse locale de tous les arrondissements de France, les conditions requises désormais pour obtenir des concessions de terres dans nos territoires ouverts à la colonisation.

Offres et renseignements au XVIIe *siècle.* — C'est ce que faisaient les ministres de Louis XIV. La Compagnie des Indes de 1684 faisait publier et afficher partout, à Paris et en *province*, les avantages offerts aux Français de toute classe qui voudraient aller coloniser *Madagascar*. Elle avançait les frais et, en outre, couvrait la *dépense* du voyage *depuis la résidence jusqu'au lieu d'embarquement*, à raison de trente livres par homme. Or, il n'y avait alors ni chemins de fer, ni paquebots, ni télégraphes. Notre siècle est vraiment trop en retard sur le grand siècle. La France démocratique de nos jours semble plus arriérée, en matière coloniale, que la France monarchique.

Les Siamois à Versailles. — Sous le grand roi, les Siamois venaient à Versailles aux hommages et avaient à notre

---

(1) Voir l'ouvrage *l'Australie comparée à la France*, par Ch. LEMIRE.
(2) Voir *la Colonisation française en Nouvelle-Calédonie*. Challamel, éditeur, 5, rue Jacob.

égard une attitude toute différente de leur arrogance et de leur fourberie actuelles.

Plan de colonisation de Vauban en 1699. — Il y eut à cette époque un illustre maréchal qui dressa dans les plus minutieux détails tout un plan de colonisation pour les Français, et surtout pour les soldats libérés de nos colonies. Ce plan admirable publié par Vauban en 1699, resté lettre morte, est encore et *a fortiori* parfaitement applicable aujourd'hui.

Les hommes d'Etat de notre époque devraient l'étudier, l'utiliser, le répandre partout et l'appliquer libéralement. Ils n'ont pas moins de souci du bien du peuple que l'ancien régime.

Nous leur devons le « réveil colonial actuel. » Nous attendons d'eux les mesures propres à donner satisfaction à ce besoin social, plus impérieux et plus facile à réaliser qu'au XVIIe siècle.

3° *Emigration. Transports.* — Sur le troisième point, c'est-à-dire les moyens de *transport*, nous savons que l'Etat accorde, bien que trop parcimonieusement, le transport gratuit par mer, mais non par terre. Ce transport comprend cependant la voie de terre jusqu'au port d'embarquement, et la voie de mer jusqu'à la colonie.

Il y aura lieu d'abord à une entente avec les compagnies de chemins de fer, et avec les compagnies de navigation.

Déjà se présente une difficulté préalable : si le futur colon se trouve à Bordeaux et que le navire parte de Brest, il devra se rendre à Brest *à ses frais*. C'est une première dépense d'une cinquantaine de francs au moins.

En outre, l'Etat lui demande de payer *à l'avance* sa ration de vivres pour la traversée, dépense s'élevant environ à 150 fr. par tête.

Si le colon emmène avec lui sa famille, une femme et deux enfants par exemple, il a d'abord à débourser 1000 fr. et le Français travailleur manuel, qui dispose de 1000 fr. ne se hâtera pas d'émigrer, car il possède le pain et la patrie, les deux éléments réclamés par Victor Hugo. Celui-là seulement partira qui doit se créer une nouvelle patrie en demandant à son sol, neuf et vaste, le pain qui lui manque.

En échange il lui donnera son intelligence et ses bras et y fera souche de Français, comme le demandait Gambetta : « Faisons des Français. »

Voilà donc l'Etat traitant ses enfants émigrants comme le Dieu d'Israël traita les siens en la personne de leur chef de colonisation : « Tu vois d'ici, dit-il à Moïse, la Terre promise et les produits de Chanaan ; mais tu n'y entreras jamais. »

Sa sollicitude, l'Etat préfère l'exercer envers les criminels qui sont pourvus des moyens d'émigration, de vivres, de de terres, d'outils, de maisons et même de compagnes par l'administration pénitentiaire, dès leur libération conditionnelle.

Le père de l'enfant prodigue tuait le veau gras au *retour* de son *fils repentant*.

Nous demandons que l'Etat l'offre avant tout à ses fils honnêtes à leur départ du toit paternel pour la France d'outremer.

Départs. — Les colons anglais à leur départ sont encouragés, aidés par l'Etat et les délégués des colonies. Un agent les guide, les conseille.

Arrivées. — En arrivant dans la colonie, ils trouvent à qui parler, où aller. Un agent est là pour les recevoir. Ils sont hébergés provisoirement, conduits à leur destination, installés. C'est ce que la sage prévoyance de l'administration coloniale et de la société de colonisation a fait, il y a peu d'années, pour quelques émigrants allant en Nouvelle-Calédonie. On leur a même octroyé un subside de 20.000 francs. On est entré dans la bonne voie. Il faut généraliser la mesure et l'étendre à toutes nos possessions vers lesquelles des colons seront dirigés, non plus par dizaines ; mais par milliers.

Corporations chinoises. — Nous pouvons bien faire pour les nôtres ce que les Chinois font pour les leurs, émigrant à

Singapour, au Siam, au Tonkin, en Annam, à la Réunion, partout. Les Célestes trouvent en arrivant l'appui de leurs corporations locales. Ils sont soutenus, aidés, guidés, patronnés jusqu'à ce qu'ils aient trouvé un emploi ou un métier. C'est un modèle de renseignements coloniaux, et la sollicitude de ces corporations s'étend jusqu'au rapatriement des cadavres de leurs nationaux.

Faisons donc de même au moins pour les vivants.

4° *Les fonds.* — Sur le quatrième point, la dépense, le fonds d'émigration, l'initiative locale doit faire plus encore que l'initiative gouvernementale.

Il existe au ministère des colonies une « caisse de l'émigration ou fonds d'introduction des travailleurs aux colonies ».

Pour une nation de trente-huit millions d'habitants et de quarante millions de sujets ou protégés exotiques, elle ne dispose que de quelques milliers de francs.

Par le temps de crise actuelle, c'est dérisoire ; mais l'Etat est si pauvre qu'il est difficile de porter cette dotation à un chiffre raisonnable.

L'assistance publique est plus riche et moins économe ; elle peut participer aux frais généraux, c'est son propre intérêt : en mettant ses clients valides à même de se suffire, elle réduit ses dépenses annuelles et amortit sa dette improductive.

Il y a pour elle, comme pour l'Etat, une réelle économie à encourager l'émigration des malheureux *valides*, à donner à leur activité un aliment, à en faire des citoyens utiles.

Il existe un moyen plus expéditif et plus pratique. Je l'ai proposé en 1885 de concert avec M. Froger, gouverneur de Diégo-Suarez.

Puisque depuis dix ans bientôt, on n'a pas trouvé mieux, c'est donc qu'on peut s'en tenir à ce projet.

Cotisations des communes et bureaux de bienfaisance. — Ce moyen consiste à demander le concours des communes et de leurs bureaux de bienfaisance. Nous leur avons adressé un *appel écrit*. Les conseils municipaux et les bureaux de bienfaisance consultés ont donné *à l'unanimité* leur adhésion à la proposition, et plusieurs ont pris des délibérations en ce sens.

Il m'a semblé que la municipalité des communes de 1.000 à 5.000 habitants pourraient, sans grand sacrifice, voter *un sou par jour*, soit dix-huit francs par an, pour cette œuvre nationale. Cette somme d'un sou pourrait être élevée au double pour les communes de 5 à 10.000 habitants et ainsi de suite de 5.000 en 5.000 habitants, on atteindrait ainsi une somme dépassant 500.000 francs qui parerait à tous les besoins de la colonisation.

Ce serait une œuvre de coopération nationale qui enlèverait aux communes ces parasites, ces bouches inutiles qui se partagent le plus gros des ressources improductives de la bienfaisance publique. Il y aurait là une sorte d'amortissement des dépenses et du nombre d'indigents, une sorte d'avance de fonds productifs et une utilisation de forces matérielles sans emploi en France et si nécessaires aux pays neufs.

Ce serait une belle fondation d'avenir dont l'honneur reviendrait au ministère des colonies et à la patriotique initiative des communes.

Subventions légales. — Déjà les mairies accordent des bons d'indemnités de voyage aux indigents sur les fonds départementaux. Les vagabonds reçoivent du ministère de l'intérieur les mêmes indemnités de route. Le ministère de la guerre délivrait naguère des avances de frais de voyage aux ouvriers colons allant en Algérie. Des secours de route sont distribués par les bureaux de bienfaisance.

Donc, notre hardiesse d'innovation n'est pas bien grande.

Donc, nous pouvons demander légalement aux conseils généraux, aux préfets, aux communes, aux bureaux de bienfaisance l'application de ces dispositions légales à la constitution d'un fonds commun, annuel, variable ou fixe, sous la rubrique « Fonds de colonisation ou d'émigration, ou d'indemnités de voyage aux colons français ».

Mouvement et contrôle des fonds. — Enfin, comme il est utile d'éviter les frais de recouvrement, l'administration des finances ne refuserait pas son concours, et ferait centraliser ces mouvements de fonds par les trésoriers payeurs et les receveurs municipaux, qui les verseraient à la Banque de France.

Un comité d'émigration, à créer, disposerait de ces fonds sous le contrôle de censeurs privés et de contrôleurs représentant l'administration.

Colons sans ressources. — Peut-être dira-t-on qu'on peuplera ainsi nos colonies de misérables. A cela l'on peut répondre que des garanties seront prises; qu'il y aura à procéder à une sélection, à évincer les incapacités, qui sont une charge inutile. L'Australie n'a pas été peuplée de la fine fleur de la population anglaise. Il s'agit de colonisation en masse, sur une large échelle.

Qu'il y ait des non-valeurs, ce n'est pas douteux. Il faudra ouvrir un chapitre de profits et pertes. Mais si l'on ne tente rien, si l'on piétine sur place, comme nous le faisons depuis plus d'un siècle, nous n'aurons pas de déboires, pas « d'affaires », mais nos colonies végèteront et resteront improductives. Les forces matérielles disponibles en France resteront oisives ou iront au crime, et grossiront la tourbe des anarchistes. « Aux colonies », disait, ces jours-ci, M. Lainé, député de la Martinique, « il n'y a pas et il ne peut y avoir d'anarchistes. Le travailleur a toujours du travail et du pain, et c'est le patron qui court après l'ouvrier pour lui donner du travail. »

Syndicats. — Quant aux industriels, aux capitalistes, aux syndicats, nous n'avons pas à nous en occuper. Ce sont des forces vives qui ont des ressources propres pour mettre en valeur nos territoires libres. Ces sociétés organiseront le travail et pourront employer une grande partie des individus qui auront été envoyés aux colonies par les soins de l'Etat ou des communes, et qui préféreront, au lieu de travailler pour eux-mêmes sur leurs concessions, s'employer dans les compagnies coloniales.

Nous croyons fermement qu'il faut sortir de l'ornière et adopter les moyens que nous préconisons, ou d'autres jugés meilleurs, pour garantir à nos colonies leur vitalité et un avenir prospère.

Participation lyonnaise à la colonisation. — C'est une bonne fortune et d'un bon augure d'exposer ces projets dans ce centre lyonnais, où l'initiative coloniale est grande. M. Aynard et M. Gailleton ont indiqué, lors de l'ouverture de l'Exposition coloniale, la grande part que prenaient les Lyonnais à la colonisation. M. Crescent nous en fait un remarquable tableau.

Exposition coloniale. — Nous avons sous les yeux l'Exposition coloniale la plus complète, la plus instructive, la plus attrayante qui ait été offerte au public français. Nous en sommes reconnaissants à la chambre de commerce, à la ville, à M. Ul. Pila, à ses collaborateurs, aux organisateurs de ces admirables sections coloniales.

Cette démonstration effective n'aura-t-elle pas de résultat pratique ?

Ici, nous voyons tous les produits de l'importation et de l'exportation.

Pour les mettre en œuvre et en faire profiter notre pays, il faut s'assurer d'abord d'une production indispensable : c'est l'homme. On nous montre l'instrument ; qu'on nous montre d'abord l'ouvrier, le metteur en œuvre, qui est le colon. Si donc le vœu de nos congrès doit être enfin écouté et réalisé, c'est à Lyon qu'il doit l'être en premier lieu, et nous réclamons dans ce sens l'appui des corps consulaires, des corps élus, des sociétés commerciales et de bienfaisance de la seconde capitale de la France.

On objectera peut-être encore que lorsque l'Etat aura mis à la disposition de ses nationaux des terres et des fonds, sa tâche sera terminée, et que c'est à ceux-ci à en tirer parti par leurs seuls moyens? On dira que c'est à ces derniers à trouver et à apporter dans la colonie les capitaux nécessaires à l'exploitation de leur domaine.

Peuplement. — A ces objections, nous repondrons ceci : Un pays, quel qu'il soit, à moins que des mines d'or n'y attirent des exploitants, ne peut se peupler tout seul. C'est pourtant là la première nécessité : il faut, pour qu'il soit utile et produise, commencer par le peupler.

Annamites. — Les Annamites, qui sont des maîtres colonisateurs, l'ont bien compris et ont peuplé de leurs nationaux les provinces enlevées aux Kiams, aux Moïs, aux Cambodgiens.

Siamois. — Les Siamois, depuis 1830, peuplent le vaste bassin du Mékong avec les populations enlevées par eux sur la rive gauche. Ils ont même continué à le faire après le traité du 3 octobre 1893. C'est ainsi que ce petit peuple de deux millions de Siamois compte maintenant quatre millions d'immigrants volontaires chinois, malais, cambodgiens et laotiens immigrés par la force.

Capital bras. — L'homme valide est un capital. S'il manque du capital argent, il possède le capital bras. C'est un instrument vivant de travail, une force, une machine intelligente, automotrice.

Ce capital, les Américains, les Anglais, les Australiens l'ont évalué en chiffres précis.

L'immigrant. — Le président de la République argentine disait en 1876 : « Se borner à utiliser les indigènes est une voie trop lente pour les pays neufs. L'agent merveilleux de la production immédiate, le créateur moderne du capital par les bras qui travaillent le sol, c'est l'immigrant. Heureux le pays qui peut l'attirer à lui. Il possédera la plus puissante des forces régénératrices.

« L'effet démontre toujours que les gouttes de sueur des travailleurs valent plus que les pépites d'or des placers. »

Aucune dépense n'est plus immédiatement productive

que celle employée à attirer l'immigrant, à l'attacher au sol par la culture. Les colonies d'immigrants européens qui ont débuté en 1870 ont quintuplé en cinq ans leur production agricole annuelle. Or, ce sont des paysans basques et gascons qui forment déjà le quart de la population de la République argentine. Pourquoi n'ont-ils pas été peupler nos propres colonies ?

Nous avons indiqué les mesures préalables à prendre pour la colonisation.

Comment n'avons-nous pas encore appliqué ces moyens : 1° à l'aménagement de nos possessions, à l'utilisation de nos territoires disponibles, au peuplement de nos possessions avec nos nationaux ? 2° Comment une nation comme la nôtre, qui possède des ressources financières, maritimes, coloniales si puissantes, n'a-t-elle pas su encore, en faisant chaque année un léger sacrifice pécuniaire, enlever la partie *valide* de sa population souffrante aux secours d'une charité forcée, à la honte de la misère, aux dangers du vice, aux convoitises, aux passions subversives, aux désespérances !

On se demande comment les gouvernements n'ont pas songé à ce remède, et ne cherchent pas, en même temps que la répression des convulsions sociales et de l'anarchie, les mesures propres à prévenir et à éviter le mal dans ses sources.

Ces esprits en fermentation, ces nerfs agacés, irrités, ces muscles menaçants, ces appétits inassouvis en face de la nature féconde, des espaces immenses, des forêts grandioses, d'un perpétuel printemps, d'un vaste horizon, d'un soleil bienfaisant, trouveront la réalisation de leurs rêves : la vie libre, nouvelle, aventureuse, facile pour le travailleur, lui assurant le pain du jour et l'aisance du lendemain. Ces hommes combattront le bon combat, le *struggle for life*, mais avec la certitude du présent et la perspective de l'avenir.

Mesures préventives. — Ce sont là les meilleures mesures

préventives de la misère, du crime, de la récidive. On a fait des lois pour la transportation des criminels, pour la relégation des 50.000 récidivistes, pour la répression des anarchistes Les législateurs, les pouvoirs publics, la presse ne doivent-ils pas s'occuper d'abord et surtout de ces hommes libres et honnêtes à l'égard desquels la transportation *volontaire* aux colonies serait une œuvre de *bienfaisance nationale* et de *préservation sociale ?*

Agitateurs et agités ; révolution pacifique. — Mais si on laisse ces hommes dans cette fermentation oisive, ne seront-ils pas accaparés par certains *agitateurs* qui en feront des *agités ;* cette masse d'agités est bien plus considérable que le groupe d'agitateurs qui exploitent cet état de choses.

Ces hommes n'ont évidemment pas le capital argent ; mais ils ont le capital muscles, le capital nerfs. On l'a dit : le nerf de la guerre ce sont les bras autant que l'argent. Donnez-leur des terres, et, au lieu d'agités, vous en ferez des travailleurs, des propriétaires fonciers. Vous accomplirez ainsi une réforme, une révolution sociale pacifique.

Si vous dirigez bien cette masse humaine frémissante comme la marée montante, elle ressemblera aux crues fertilisantes du Nil ; si vous abandonnez ce flot à lui-même, si vous ne facilitez pas sa dérivation, il deviendra un torrent irrésistible qui ravagera tout sur son passage. Mieux vaut prévenir que réprimer.

On a objecté que le Français n'aime pas à s'expatrier ; c'est là une opinion fort contestable, et, d'ailleurs, il ne s'agit ici que des hommes de bonne volonté.

Equilibre stable ou instable. — Nous n'avons pas d'excès de population, de trop plein en France ; je l'admets. Ce n'est, en effet, qu'une mauvaise répartition des forces qui nous semble un excédent de population ; telle force inutile ici serait nécessaire ailleurs, aux colonies par exemple.

Cette situation me fait l'effet d'une balance dont le bras de levier (je pourrais dire : le levier de bras) a pour point d'appui la métropole. Le long de ce bras de levier, à des distances plus ou moins grandes, sont échelonnées les colonies. Répartissez ces forces sur le bras de levier, et vous aurez l'équilibre *stable*, au lieu de l'équilibre *instable*, si dangereux pour la société. Peut-on dire d'un arbuste qui s'étiole dans un pot, sans air et sans lumière, qu'il est perdu et bon à jeter? Mais non ; mettez-le en pleine terre, il reprendra sa sève et sa vigueur, et portera des fruits.

Ce sont donc ces forces inutiles ici qu'il faut utiliser ailleurs. On a réussi à transporter la force mécanique par l'électricité ; quand réussirons-nous à transporter les forces humaines par l'émigration ?

Nous avons dû admettre qu'il fallait peupler nos territoires de nos nationaux ; que l'homme valide représentait un capital ; qu'en échange de ce capital, l'Etat devait, de son côté, faire une sorte d'avance de mise de fonds, pour la mise en valeur de ce capital-bras et de ce capital foncier, de l'outil et de la terre son élément, jusqu'ici tous deux improductifs.

Vœux des congrès. — Les renseignements relatifs aux mesures prises par l'Etat, dans ce but, doivent donc être répandus partout. Ce n'est pas seulement au congrès de Tours qu'a été demandée la vulgarisation de ces renseignements. Les congrès précédents de Bordeaux, Douai, etc., s'en étaient préoccupés ; mais jusqu'ici rien n'a été fait de décisif et de général.

Centres de renseignements. — Il est utile, évidemment, que ces renseignements puissent être centralisés dans les préfectures ; mais le Français craint l'immixtion administrative dans ses affaires, le contrôle de ses actes. Les bureaux des préfectures ne sont pas suffisamment accessibles aux masses.

D'autre part, quel est le chef de bureau qui se fera le propateur convaincu de ces renseignements délicats ?

Il sera donc nécessaire de centraliser simultanément ces mêmes renseignements dans les mairies.

Il sera surtout utile de dresser des guides sommaires, clairs et précis, avec cartes et tableaux, et d'en munir toutes les bibliothèques scolaires et populaires, en confiant aux instituteurs le soin de répandre ces notions dans leur localité, et de répondre à toute demande de cette nature, sauf à en référer aux sources officielles s'il est besoin. On fera de même pour toutes les chambres de commerce.

Sociétés de géographie. — Mais c'est aux sociétés privées, et surtout aux sociétés de géographie, qu'incombe la tâche de recevoir de l'Etat et de propager dans le public de leur région tout ce qui concerne la colonisation française. Cette tâche, elles l'ont déjà entreprise et appliquée suivant leurs moyens. Mais elles ne peuvent, en l'état actuel, remplacer l'administration, pour dénombrer les terres disponibles, pour les allotir, pour en régler la concession, pour assurer les transports, les dépenses, la mise en œuvre.

Il faut d'abord et avant tout que ces questions de principe soient réglées par l'Etat, qui fera connaître ses décisions.

Le rôle des préfectures, des mairies, des instituteurs, des sociétés, des associations privées, des chambres de commerce ne commencera que lorsqu'il s'agira de l'application des mesures proposées pour donner l'essor aux initiatives privées.

Sociétés de colonisation. — La société de colonisation française, *l'Union coloniale*, des sociétés de secours aux indigents valides, fonctionnant à Paris, ont publié des renseignements relatifs à la colonisation.

Ces renseignements sont ou négatifs ou restrictifs, parce qu'ils manquent des bases d'application, que nous avons précisées. Ce sont des efforts très louables, mais trop souvent stériles, parce qu'ils ne sont que partiels, individuels et trop limités.

L'effort à faire doit être généralisé.

Notices et expositions. — Il faut signaler aussi les services rendus par les notices publiées par le Ministère, par l'Exposition permanente des colonies de Paris, qui devrait avoir bien plus de vitalité et d'action et qui est à développer, par l'Exposition de Lyon, dont les sections coloniales sont des plus instructives, des plus complètes et des plus suggestives.

Mais toutes ces institutions, tous ces enseignements sont restés à l'état théorique. C'est instructif au point de vue de la situation économique de nos colonies. C'est insuffisant pour aider et contribuer au peuplement et à l'aménagement de nos possessions, but principal, national à poursuivre.

Résumé. — Pour l'atteindre, l'administration devra recueillir d'abord les éléments de cette vaste entreprise, indiquer exactement les territoires à peupler et les conditions de leur peuplement, les moyens d'émigration, de mise en valeur des concessions, soit par des particuliers, soit par des syndicats ou de grandes compagnies privées.

Bureau d'émigration. — Cela fait, le bureau d'émigration du Ministère, chargé de centraliser tous les renseignements, sera aussi chargé de les répartir dans toutes les communes importantes, d'alimenter tous les établissements précités, afin que ceux-ci soient les intermédiaires faciles et désintéressés entre l'administration centrale des colonies et le public qui devra trouver sur place et sans dérangement, sans voyage à Paris, sans démarche officielle, toutes les indications propres à l'éclairer, à déterminer son choix, à fixer sa décision.

C'est par ces voies et moyens que se fera la colonisation française, au profit de nos colonies à peupler et à utiliser, au profit de nos nationaux, au profit de la métropole, qui recueillera au centuple le fruit de ses avances.

Résultats. — Elle trouvera de la sorte un placement et un avenir pour ses 350.000 nationaux qui ont quitté les campagnes pour les villes et s'y trouvent sans situation; pour les 25.000 Français qui demandent à aller aux colonies; pour ses orphelins et orphelines; pour les 46.000 enfants assistés de la Seine; pour les 50.000 familles secourues dans le département de la Seine seulement, et dont la plupart sont valides et peuvent travailler et sortir de la misère; pour les déshérités du sort ; pour tout travailleur de bonne volonté.

En six ans, elle fera de ces mercenaires, de ces prolétaires, des propriétaires ; elle fera de ces malheureux des heureux. Elle verra le nombre de ses enfants qu'on dérobe à la nation s'accroître normalement. Le besoin de la conservation et de la *préservation* sociale la conduira à l'*amélioration* sociale. Elle empêchera le crime, la violence, l'anarchie de se propager dans les masses en souffrance. Aux hommes déchus elle donnera les moyens de se relever et de faire *peau neuve.*

C'est une œuvre nécessaire, urgente, c'est une tâche digne des efforts de la nation.

Nous devons donc préparer et offrir les moyens matériels d'émigration aux familles que notre sol ne peut plus entretenir et qui peupleront les espaces vides de nos possessions.

Voies et moyens. — Que les conseils généraux, les conseils municipaux, les établissements de bienfaisance, les syndicats privés, les associations commerciales et philanthropiques consacrent à cette entreprise de *sodilarité nationale* une légère somme annuelle : que l'assistance publique de la Seine y aide largement. Que le ministère de l'intérieur encourage cette émigration volontaire. Enfin, que l'Etat prête son concours le plus large. Que des concessions de terres en friche, des moyens de transport et des avances de fonds assurent le pain de chaque jour et l'aisance du lendemain aux familles honnêtes qui demandent à aller aux colonies. En 10 ans, l'Angleterre a envoyé en Australie 314.000 personnes. Les émigrants furent au nombre de deux millions deux cent trente mille pour toutes les colonies. Les Français n'ont fourni à la colonisation que quelques centaines d'émigrants, parce qu'ils ne savent où aller, comment y aller. Ils manquent des renseignements nécessaires.

Les voies et moyens de colonisation n'ont pas été préparés pour eux à l'avance. Il n'existe pas d'agences pour diriger leur esprit, leurs pas, leurs efforts ; c'est une lacune à combler.

CONCLUSION

Au milieu du mouvement qui entraîne nos sociétés modernes, en présence des *périls* qui les menacent, la répression est un palliatif insuffisant. Il faut un dérivatif et un préservatif aux appétits violents. Nul n'a le droit de demeurer immobile, indifférent, confiné dans des études solitaires, théoriques, dans une inertie trompeuse. Chacun doit faire deux parts de sa vie : l'une restera consacrée aux travaux et aux goûts personnels, l'autre doit être vouée à ces *efforts collectifs* sans lesquels une nation serait une réunion d'êtres égoïstes, sans liens mutuels, au lieu de former une sorte de société coopérative.

Tels sont à notre humble avis les moyens salutaires propres à assurer l'amélioration nécessaire de notre société démocratique, à l'empêcher de dégénérer en société démagogique, à ramener le bien-être matériel qui compte pour quelque chose et le bien-être moral qui est au-dessus de tout, parmi les masses qui se débattent entre l'impuissance ou l'inertie d'en haut et les dangereuses agitations d'en bas toujours grandissantes.

Nous aurons alors accompli, au profit de la France continentale et coloniale, un devoir social, patriotique, national.

Lyon, 6 août 1894.

Ch. Lemire.

ÉTUDES AFRICAINES ET COLONIALES

LA PENTAPOLE CYRÉNÉENNE

ET LA COLONISATION

La Cyrénaïque (1), ainsi appelée du nom illustre de la ville de Cyrène, est une partie de la Tripolitaine et correspond au pays actuel de Barka (2). Dans l'antiquité, ce nom de Cyrénaïque désignait tantôt l'ensemble du pays de Barka, du fond de la grande Syrte au golfe de Soloum (19° à 25° est Greenwich environ) et des rivages de la Méditerranée au groupe des oasis d'Audjila et de Djalo (29° à 33° de latit. environ), — tantôt, dans une acception plus restreinte, le plateau de forme ovale assez régulière qui occupe à peu près l'espace compris entre le 32° et le 33° de latitude nord. Ce plateau montueux, accidenté, d'une longueur moyenne de 180 à 190 kilomètres (de l'est à l'ouest), d'une largeur de 110 à 125 kilomètres (du nord au

---

(1) Comme il m'est impossible de traiter dans le cours de ce mémoire un grand nombre de questions qui se rapportent à la géographie comparée de la Pentapole cyrénéenne, je me permettrai de renvoyer le lecteur à ma thèse latine récemment publiée : *Quid de natura et fructibus Cyrenaicæ Pentapolis antiqua monumenta cum recentioribus collata nobis tradiderint*, in-8, 1894, 138 pp. avec carte, Paris, A. Colin, édit.

(2) En arabe le mot Barka possède plusieurs sens. Tantôt il indique un *lieu pierreux* (« hamada » du désert libyque), tantôt au contraire il a le sens de *béni, excellent* (fertilité de la Pentapole). Il signifie aussi parfois *orage* (allusion aux tempêtes du désert de Libye). — D'autre part il est probable que ce nom est un nom libyen, bien antérieur à l'arrivée des Grecs dans le pays, et qui s'est conservé sans altération jusqu'à nos jours. La ville de *Barcé* (auj. Merdj) fut la première capitale du plateau.

sud) et d'une superficie totale d'environ 21 à 22.000 kilomètres carrés, formait avec le littoral adjacent la Pentapole cyrénéenne, la région des cinq grandes villes de la Cyrénaïque : dans l'intérieur *Cyrène*, aujourd'hui Qrennah, — sur la côte *Apollonie*, aujourd'hui Marsa Sousa, *Ptolémaïs*, aujourd'hui Tolmetta, *Teucheira*, aujourd'hui Tokra, et *Bérénice*, aujourd'hui Benghazy. L'examen de cette région sera l'objet de ce travail. La Pentapole est, en effet, de toutes les parties de l'ancienne Cyrénaïque celle dont l'étude offre le plus d'intérêt à l'historien, à l'archéologue, au géographe; c'est aussi celle qui doit de préférence attirer l'attention des colons par les avantages naturels qu'elle présente, son heureuse situation, la richesse de son sol, son climat tempéré et la variété de ses produits.

*
* *

Le plateau cyrénéen s'ouvre largement par trois côtés : au nord, à l'ouest et à l'est, sur une vaste mer, la Méditerranée, un des grands chemins de la colonisation européenne. Entre les promontoires avancés de la Pentapole et les rivages méridionaux de l'île de Crète il n'y a pas 300 kilomètres de distance. De Derna à Alexandrie et de Benghazy à Malte, on compte environ 600 à 700 kilomètres; c'est moins que la distance de Marseille à Alger (750 à 800 kil.). Benghazy et Derna pourraient donc être facilement reliées aux grands ports de la Méditerranée. Aujourd'hui cette rive tripolitaine, à l'est de Tripoli, reste presque complètement négligée, et cet abandon séculaire laisserait à penser que les marins n'ont pas réussi encore à se délivrer entièrement de la terreur inquiète qu'inspiraient aux anciens les redoutables dangers des Syrtes. Cette longue côte de Tripoli à Alexandrie, blanchâtre, presque déserte, où le voyageur ne rencontre guère que des nomades avides et cruels, a toujours effrayé les gens de mer par son sol aride et ses nombreux écueils. Elle n'est pas cependant dépourvue de toute ressource. Presqu'île montagneuse et fertile, la Pentapole cyrénéenne offre aux navires l'abri de ses rades et de ses ports et aux équipages toute facilité pour renouveler leurs vivres. Sans doute la plupart de ces ports sont de peu d'étendue; plusieurs sont d'entrée difficile; beaucoup manquent de profondeur. Mais ce sont là des imperfections que l'industrie humaine peut corriger. De l'avis des explorateurs, les travaux d'art nécessaires ne seraient ni bien difficiles ni bien coûteux. A Benghazy, principal centre de commerce de la région, il faudrait construire deux digues pour abriter contre les coups de vent les navires qui doivent rester en rade à quelque distance du littoral (1). L'une de ces digues, longue d'environ 400 mètres, prolongerait la pointe de Giuliana; l'autre, moins étendue, aurait son point de départ à la citadelle (2). A peu de frais on pourrait ainsi y créer un bon port (3). — Derna, bien moins importante que Benghazy, n'a qu'une rade ouverte où les navires mouillent rarement, et seulement pendant l'été. L'hiver ils se réfugient dans le golfe de Bomba. Mais là encore il serait facile d'améliorer l'œuvre de la nature. L'anse intérieure utilisée par le cabotage pourrait être transformée en bon port; la rade elle-même, protégée par une digue de 200 mètres au moins, deviendrait sûre (4). — Marsa Sousa, l'ancienne *Apollonie*, le port de Cyrène, le port « sauveur » (Σώζουσα), aujourd'hui encombré par des éboulements, pourrait à la suite de travaux appropriés mériter de nouveau son ancienne réputation (5). — Les autres ports indiqués par Scylax, par l'auteur du *Stadiasme de la grande mer*, par les portulans, etc., ne sont

(1) L'entrée du port, — petit canal entouré d'écueils — n'est praticable qu'aux navires dont le tirant d'eau est inférieur à deux mètres.
(2) BOTTIGLIA, *Esploratore*, vol. V (1881), p. 277-280. M. MAMOLI (*Esplorazione commerciale*, II (1887), p. 138-142), propose la construction de deux digues, longues chacune d'environ 600 mètres.
(3) ROHLFS, *Von Tripolis nach Alexandrien*, vol. I, p. 126.
(4) HAIMANN, *Cirenaica*, in-8, 1882, p. 80; MAMOLI, *Esploratore*, V (1881), carte 5.
(5) Λιμὴν πάνορμος (Scylax, § 108).

que des ports de caboteurs où ne peuvent pénétrer nos grands bâtiments de commerce. Il faut faire cependant une exception pour Mersa Ras el Halal, l'ancien *Naustathmos*, port vaste et commode, protégé par des rochers, qui offre un abri très sûr, même pour les vaisseaux de fort tonnage (1). — Plus digne encore de fixer l'attention, le golfe de Bomba renferme un port vaste, sûr et très profond. En suivant un petit chenal, les navires pourraient au besoin aller à quai (2). En 1808, la flotte française de l'amiral Gantheaume y trouva un abri. Au jugement de G. Rohlfs, Bomba serait le meilleur port de guerre de toute la côte septentrionale d'Afrique (3). Ce n'est donc pas sans raison qu'il y a trente ans Ch.-Ed. Guys signalait déjà au gouvernement français l'importance de cette station sur la route du canal de Suez (4). — L'abri de Tobrouq, situé à quelque distance de là dans la direction de l'est, ne le cède en rien à celui de Bomba. C'est, de l'avis de Schweinfurth qui le visita en 1883, un excellent port, vaste et sûr, protégé par un promontoire rocheux et par le rebord du plateau de la Marmarique contre tous les vents, sauf contre les vents d'est qui sont heureusement les plus rares dans ces parages. Entre des mains énergiques le port de Tobrouq vaut le port de Malte. Ailleurs Schweinfurth le déclare aussi sûr que Bizerte (5). Ajoutons enfin que ce port, si favorisé par la nature, est en même temps un port assez profond. L'Italien Mamoli, qui put y pénétrer en 1883, trouva une profondeur de 8 mètres au point où il accosta (6). — En résumé Bomba et Tobrouq, l'un

---

(1) Archiduc Salvator, *Yacht-Reise in den Syrten*, in-4°, 1874, p. 24.
(2) Wiet, *Bull. Soc. géogr. Paris*, nov.-déc. 1870, p. 190.
(3) *Unsere Zeit*, 1880, n° vii, p. 38.
(4) *Notice sur les îles de Bomba et Plate, le golfe de Bomba et ses environs, avec la relation d'un voyage sur la côte de l'est et celle de l'ouest de la Régence tripolitaine*, 1863, in-8, 56 pp.
(5) *C. R. Soc. géogr. Paris*, 1883, p. 485; *Esploratore*, VII (1883), p. 211.
(6) *Esploratore*, VII (1883), p. 163-169. Malheureusement l'attitude menaçante des Bedouins ne permit pas à M. Mamoli de séjourner à Tobrouq.

et l'autre peu éloignés de la Pentapole cyrénéenne dont ils forment en quelque sorte le prolongement, sont d'excellents ports naturels, les meilleurs peut-être de l'Afrique du Nord, praticables en tout temps aux navires de commerce et capables même d'abriter au besoin une flotte de guerre.

Mais ce n'est pas seulement en raison de leur proximité des côtes européennes et de leur importance comme points de refuge que les ports de la Cyrénaïque doivent attirer l'attention des économistes et des géographes ; ces ports ont aussi par eux-mêmes une réelle valeur commerciale. Non pas assurément que la Cyrénaïque soit pour le moment un marché de grande importance. Dans son état actuel le pays est faiblement peuplé (1), et de plus il est pauvre. Cette pauvreté n'est pas, il est vrai, un mal sans remède. Comme la plupart des pays exclusivement agricoles et presque complètement privés de débouchés commerciaux, la Cyrénaïque est pauvre non parce qu'elle manque d'éléments de richesse, mais parce qu'elle ne peut retirer un profit suffisant de ses richesses naturelles. Quand l'année est bonne, les produits agricoles, l'unique ressource du pays, sont à trop bas prix; quand l'année est mauvaise, ils sont trop chers. Or l'établissement de relations commerciales plus importantes entre l'Europe et la Cyrénaïque améliorerait sans doute dans une certaine mesure cette situation économique si malheureuse. S'il y avait un plus grand nombre d'acheteurs, les produits agricoles se vendraient mieux dans les années d'abondance; s'il y avait un plus grand nombre de vendeurs, ils seraient à meilleur marché dans les années de disette. La concurrence commer-

(1) Sur ce point, les évaluations varient suivant les auteurs. L'absence de tout recensement officiel ne permet guère en effet de déterminer avec quelque précision le chiffre de la population d'un pays où de plus l'élément nomade joue un grand rôle. Nous admettrons à titre provisoire le chiffre donné par Rohlfs : 300.000 habitants (*Unsere Zeit*, 1880, n° vii, p. 35). M. Camperio compte 4 habitants par fusil et arrive ainsi au chiffre de 246.000 habitants. Quoi qu'il en soit, c'est une bien faible population pour une surface de 21 à 22.000 kilomètres carrés.

ciale est par le fait trop limitée. De là l'irrégularité des prix, les progrès excessifs de l'usure, et, ce qui en résulte nécessairement, le peu de sécurité que présentent aujourd'hui les opérations de commerce sur les places de Derna et de Benghazy. A tous ces maux qui sont réels et d'une gravité incontestable, il y a un remède : le développement du commerce européen dans les ports de la Cyrénaïque.

Si par elle-même la Pentapole n'est pas encore un marché de grande importance, elle ouvre du moins une route de commerce par laquelle les Européens pourraient pénétrer dans l'Afrique intérieure. L'histoire nous fournit sur ce point de bons enseignements que nous pouvons rappeler avec quelque profit. Dans l'antiquité, on le sait, les villes de la Pentapole furent célèbres par leurs richesses. A Cyrène surtout, le luxe, sous toutes ses formes, semble avoir atteint des proportions extraordinaires. Telle était la corruption produite par ce luxe effréné que Platon, le grand philosophe, refusa de donner des lois aux Cyrénéens (1). Luxe d'équipages, luxe de bijoux et de pierres précieuses, luxe de table, tout dénotait chez une bonne partie de la population grecque de cette ville une richesse considérable. Pollux, Athénée, d'autres écrivains encore, nous ont conservé plusieurs traits caractéristiques à ce sujet. C'est à ce luxe et à la mollesse qui en résultait naturellement qu'il faut attribuer le succès de la philosophie voluptueuse d'Aristippe de Cyrène. Or le commerce devait entrer sans doute pour une bonne part dans la formation de ces grosses fortunes. L'or, les pierres précieuses, l'ivoire, les plumes d'autruche, les esclaves noirs n'étaient pas des produits de la Cyrénaïque. C'est de l'Afrique intérieure, du pays des Garamantes et de régions plus éloignées encore que les Cyrénéens tiraient ces marchandises de grand prix. Cyrène détournait alors à son profit une part notable du commerce transsaharien qui, depuis, s'est déplacé dans la direction de

(1) Elien, *Hist. var.*, XII, 30.

l'ouest. Il resta néanmoins quelques traces de ce commerce passé, et la route de Benghazy au Wadaï par les oasis d'Audjila-Djalo et de Koufra n'a jamais été complètement abandonnée. De temps immémorial, les Modjabra de Djalo, les grands « caravaniers » du désert libyque, organisent des convois pour le Wadaï; parfois même ils se sont avancés à l'ouest et au sud jusqu'à Kano et Sokoto. Ces relations de commerce, interrompues quelque temps (1855-1870) à la suite de difficultés politiques, ont été reprises depuis, grâce à l'intervention toute-puissante du chef des Snoussi.

Qu'elles viennent de Tripoli ou de Benghazy, les caravanes de la côte à destination du Wadaï parcourent en général l'itinéraire suivant (1) :

De Benghazy à l'oasis d'Audjila,	7 jours.	La route est assez bonne; 4 puits fournissent de l'eau.
D'Audjila à Djalo	1 »	Bonne route.
De Djalo à Taïserbo	8 »	Traversée de « hamada »; 7 jours sans eau; 4 puits à Taïserbo.
De Taïserbo à Koufra.	4 »	Repos à Koufra.
De Koufra à Wadjanga. . . .	18 »	Traversée de hamada; 9 j. sans eau.
De Wadjanga à Aradha	16 »	Aradha est un centre de commerce fort important.
D'Aradha à Wara et Abesche. .	3 »	
	TOTAL : 57 jours,	

soit environ deux mois de voyage pour le trajet de Benghazy à la capitale du

---

(1) Les renseignements que nous donnons ici sont empruntés au rapport d'un guide de caravane publié par Camperio dans l'*Esploratore*, IV (1880), p. 313-317.

Wadaï. A Abesche, résidence du sultan, les caravanes séjournent plusieurs mois pour acheter des marchandises soudaniennes apportées par d'autres convois. En somme, le voyage complet, aller, séjour et retour, n'exige pas moins d'une année. Ces grandes caravanes comprennent plusieurs centaines de chameaux qui portent une charge moyenne de 150 kilogrammes. — Les marchandises transportées au Wadaï sont des marchandises européennes : des cotonnades aux couleurs voyantes, du thé, du sucre, des objets manufacturés, le tout en grande partie de provenance anglaise. A Aradha, les caravanes trouvent à acheter des plumes d'autruche et des esclaves qui viennent pour la plupart du Baghirmi. A Wara comme à Abesche, on ne se livre guère à d'autre commerce qu'au commerce des esclaves. Les esclaves, tel est en effet le principal objet d'échange sur les marchés de l'Afrique intérieure. Ce honteux trafic s'exerce encore, dit-on, — avec quelque mystère il est vrai — dans les ports de la Cyrénaïque (1). Que nos explorateurs et nos savants s'efforcent de découvrir dans ces vastes régions encore si peu connues quelques produits précieux dont l'industrie européenne puisse tirer profit. Là se trouve, croyons-nous, la solution pratique du redoutable problème de la suppression de la traite des noirs. Dès que la marchandise humaine ne sera plus celle qui rapportera les plus gros bénéfices, la traite sera, sinon supprimée, — il faudrait pour cela supprimer l'islam lui-même — mais du moins singulièrement restreinte (2). En ce qui concerne la Cyrénaïque, il serait facile, à ce qu'il semble, de faire disparaître entièrement de ce pays le commerce des esclaves.

*
* *

Des développements qui précèdent il résulte que, par sa

(1) HAIMANN, *Cirenaica*, p. 131-132.
(2) C'est par un procédé analogue que les Européens ont pu faire disparaître dans plusieurs archipels du Grand Océan les habitudes d'anthropophagie. En favorisant dans ces îles le développement du bétail, ils ont rendu de grands services à la cause de l'humanité.

position géographique, la Pentapole cyrénéenne pourrait être de nouveau, comme elle l'a été dans le passé, une colonie commerciale de quelque importance (1). En outre, grâce à l'élévation considérable du plateau qu'elle occupe, grâce à la qualité particulière de son sol végétal, grâce à ses heureuses conditions de climat, la Pentapole est appelée à devenir aussi une colonie agricole des plus florissantes. C'est par là surtout qu'elle présente des avantages naturels bien supérieurs à ceux du littoral tripolitain. La côte de la Tripolitaine est en effet une côte basse, de faible relief; les hauteurs qui la bordent sur une assez grande étendue sont trop peu élevées pour en modifier le climat et parvenir à compenser en quelque sorte l'influence de la latitude. Il n'est plus de même sur le territoire propre de l'ancienne Pentapole. Le plateau, qui en constitue la partie de beaucoup la plus vaste, est d'une altitude moyenne assez considérable, largement suffisante pour y déterminer un climat tempéré (2). Son point le plus élevé doit en effet atteindre près de mille mètres, car en parcourant par 909 mètres d'altitude le faîte qui sépare l'oued Feria, tributaire de la Méditerranée, et l'oued Tebiabo, tributaire du désert, G. Rohlfs (3) remarqua de chaque côté de sa route des collines et des montagnes qui dominaient de 100 à 150 mètres la position où il se trouvait. La côte de Marmarique, la côte d'Egypte sont loin de présenter un relief aussi accusé. Dans la première de ces deux régions les voyageurs ne signalent pas de colline qui atteigne 300 mètres de hauteur. Moins élevé encore, le

---

(1) En 1893, le mouvement total du port de Benghazy s'est élevé à 12 millions de francs environ, dont 5 mill. 1/2 à l'importation et 6 1/2 à l'exportation. — C'est à peine la moitié du mouvement de Tripoli : 27,4 millions en 1892, dont 13,1 à l'importation et 14,3 à l'exportation. (*Esploratore*, IX (1894), p. 204-205.)

(2) Si l'on voulait établir à ce point de vue un parallèle entre la Tripolitaine et la Berbérie occidentale, on pourrait considérer la Pentapole cyrénéenne comme formant en quelque sorte le haut du plateau du Sahel tripolitain.

(3) *Von Tripolis nach Alexandrien*, II, p. 27.

talus rocheux qui borde à quelque distance le littoral égyptien ne dépasse pas à son point culminant l'altitude de 144 mètres. Aussi avec ses sommets de 1000 m. (1) et son altitude moyenne de 4 à 500 m. (2), le plateau cyrénéen prend-il des proportions relativement grandioses aux yeux du voyageur qui s'éloigne du littoral pour en gravir les terrasses.

Ce plateau se termine de tous côtés, sauf peut-être du côté du sud (3), par des talus de pente assez marquée : à l'ouest le Djebel Dakar ou Erküb avec des hauteurs de 350^m ; au nord le Djebel Akhdar, la « montagne verdoyante », qui forme en certains endroits une muraille escarpée au-dessus du rivage ; à l'est les hauteurs du plateau d'Irasa, au pied duquel s'ouvre la dépression de l'oued Temmimeh. — A l'intérieur le plateau de la Pentapole est fort accidenté, entaillé par de nombreux oueds que séparent des collines aux formes arrondies. Cette diversité de relief n'est pas seulement un élément de beauté pittoresque dans le paysage de la Cyrénaïque, c'est aussi un avantage précieux pour la culture.

(1) Pour Haimann (ouvr. cité, p. 72, 105), le point culminant se trouverait vraisemblablement près de la zaouya de Sidi Mohammed el Homri, par 850 m. d'altitude. — A ce propos, je me permettrai de faire remarquer l'insuffisance ou l'incorrection du tracé de la Cyrénaïque sur la plupart des cartes d'Afrique. Ainsi dans sa carte au $\frac{1}{4.000.000}$ (Gotha, 1885, 10 feuilles) M. Habenicht ne signale pas de cote d'altitude supérieure à 770 mètres. Sur sa carte au $\frac{1}{2.000.000}$, M. Lannoy de Bissy n'inscrit pas de chiffre supérieur à 660 m. De même M. B. Domann sur la carte d'Afrique au $\frac{1}{10.000.000}$ publiée dans la dernière édition de l'Atlas de Stieler (1891). — Pourquoi les cartographes ne tiennent-ils pas compte des indications de Rohlfs et de Haimann ?

(2) Là encore les chiffres varient suivant les observateurs. Le chiffre que j'adopte est une moyenne calculée d'après les évaluations extrêmes : 1.000 pieds anglais, soit 304 m. (CAMPERIO, *Esploratore*, VI (1882), p. 366) ; 1.500 pieds, soit 456 m. (DELLA CELLA, *Viaggio*..., 1819, p. 99, 137) ; 1.800 pieds, soit 547 m. (BEECHEY, *Proceedings*..., 1828, p. 434).

(3) Sur la carte provisoire annexée à ma thèse latine, le rebord méridional du plateau est tracé d'après les cartes de Pacho et de Barth. Il est regrettable qu'aucun voyageur n'ait depuis cette époque traversé le plateau du nord au sud. Rohlfs et Beurmann ont passé à l'ouest du plateau, entre le rebord occidental et la Syrte.

Elle permet en effet de varier les expositions pour les plantes et pour les arbres, ce qui est d'une grande importance pour les cultures délicates, comme celles de la vigne et de la plupart des arbres fruitiers; de plus, elle rend plus régulière la répartition des pluies et atténue dans une certaine mesure les effets pernicieux des vents brûlants du sud.

L'élévation relativement considérable du plateau n'est pas l'unique cause de la richesse agricole de la Pentapole cyrénéenne. Quand on étudie les éléments de cette prospérité, on doit encore tenir compte de la nature toute particulière du sol végétal. Au-dessus de la roche calcaire, qui forme comme l'ossature de la Cyrénaïque, on remarque en beaucoup d'endroits une couche de terre de couleur rougeâtre qui a valu à la Pentapole le qualificatif de Barca, « la Rouge », *Barca el Homra*. Cette couche d'humus n'est pas répartie d'une manière égale; son épaisseur diminue en général du nord au midi. Au sud du plateau la terre rouge disparaît complètement pour faire place à l'arène blanchâtre du désert. L'oued Fareg par 30°30' environ ou le Bir Schimmach par 31°20' formerait la limite (1) entre Barca la Rouge (*Barca el Homra*) et Barca la blanche (*Barca el Beïda*).

La diffusion de cette terre rougeâtre semble être partout étroitement liée à la fertilité du sol. Ainsi, d'une manière générale, la richesse du plateau diminue du nord au sud comme l'épaisseur de cet humus d'une nature particulière (2). Dans la région de Merdj, où l'humus rougeâtre fait défaut, le sol devient stérile ou du moins s'appauvrit (3). Ces faits s'expliquent. La coloration rouge de la terre végétale est due à la présence de l'ocre, roche composée en proportions variables d'argile et d'oxyde de fer. Or, si par sa vertu propre il ne contribue en rien à l'alimentation des plantes, l'oxyde de fer

---

(1) G. Rohlfs, *Bull. Soc. géogr. Paris*, juin 1869, p. 446 ; — id., *Von Tripolis nach Alexandrien*, II, p. 37-38.
(2) Pacho, *Bull. Soc. géogr. Paris*, vol. IV, 1re série, 1825, p. 285.
(3) Camperio, *Esploratore*, V (1881), p. 303.

favorise pourtant d'une manière indirecte les progrès de la végétation. Par la teinte foncée qu'il communique au sol il développe le pouvoir absorbant d'une terre végétale et la réchauffe. Tandis que les terres blanchâtres, — les terres *froides* — marnes, craies, etc., réfléchissent la chaleur, les terres de couleur foncée, — les terres *chaudes* — colorées par l'oxyde de fer, les basaltes, les schistes houillers, etc., absorbent la plus grande partie du calorique fourni par l'atmosphère. Il n'est donc pas étonnant que la terre rouge de la Cyrénaïque soit si fertile. Il en est de même dans le *Karst* illyrien, région qui par sa nature géologique offre plus d'un point de comparaison avec le plateau de la Pentapole. On y trouve en effet des lambeaux de terre rouge qui remplissent les fissures et les cavités du calcaire. L'analyse (1) de cette « terra rossa » faite par M. Vierthaler, professeur à Trieste, a montré qu'elle se composait des éléments suivants :

Silice. . . . . 75,89 %
Carbonate de chaux 4,40
Carbonate de magnésie 1,60
Sulfate de chaux 0,40
Alumine. 5,33
Oxyde de fer. 12,30

La proportion d'oxyde de fer y est, on le voit, fort considérable. D'autres roches en renferment pourtant une quantité encore plus grande. Ainsi les terres foncées provenant de la décomposition des basaltes contiennent parfois 16 % d'oxyde de fer (2). Pour la Cyrénaïque, il n'existe pas encore, à ma connaissance, d'analyse de ce genre dont les résultats aient été publiés. Mais, quelle que soit la proportion exacte d'oxyde de fer renfermé dans la terre végétale du plateau cyrénéen, il est incontestable que cet humus est la principale

(1) Risler, *Géologie agricole*, vol. I, 1884, p. 365.
(2) Voyez les résultats d'analyses donnés par M. Risler dans le premier volume de sa *Géologie agricole*.

richesse de la Pentapole. Cette terre rouge si abondamment répandue doit être considérée comme une immense réserve pour la colonisation de l'avenir, réserve encore à peu près intacte, car la charrue de bois des indigènes, qui ne pénètre guère à plus de dix centimètres, ne fait qu'égratigner le sol sans le remuer profondément.

* * *

Si de l'examen du sol végétal nous passons à l'étude du climat, nous observons de même que la Pentapole est merveilleusement appropriée à la colonisation européenne. Tandis que le littoral tripolitain est remarquable par ses étés très chauds, la Pentapole cyrénéenne jouit, grâce au relief du plateau, d'un climat fort tempéré. C'est ce qui ressort très nettement des indications — encore peu nombreuses — que nous possédons sur ce sujet. Sur les cartes de climat des régions méditerranéennes dressées par M. Fischer (1) le plateau cyrénéen est délimité par les isothermes suivantes :

   Isotherme de janvier. . . . 12° à 14 centigr.
     — de juillet. . . . 27° à 28° —
     — de l'année. . . . 18° à 20° —

Quelques termes de comparaison rendront plus sensibles les faits indiqués par ces chiffres. L'isotherme de janvier (12° à 14°) passe également par Malaga, Malte et la côte tripolitaine. Ainsi le plateau cyrénéen n'est pas notablement plus froid pendant l'hiver que le littoral; le voisinage de la mer compense donc l'effet de l'altitude. Par contre, la moyenne de l'année (18° à 20°) est sensiblement inférieure à celle du littoral (20° à 22°) parce que la température d'été du plateau est moins élevée que celle de la côte. De ces faits nous

---

(1) *Studien über das Klima der Mittelmeerlænder*, 1879, in-4°. — En ce qui concerne la Cyrénaïque, le tracé des isothermes est encore bien incertain ; les observations sont rares et les moyennes ne peuvent être calculées avec précision. L'exploration *scientifique* de ce pays reste encore à faire.

pouvons conclure que deux causes différentes agissent dans une certaine mesure pour préserver la Pentapole des températures excessives. Ces deux causes sont : d'une part l'altitude relativement considérable du plateau, de l'autre le voisinage de la Méditerranée.

Que si nous entrons maintenant dans quelques détails sur les deux saisons extrêmes, nous verrons les mêmes faits se manifester clairement. Les *maxima* signalés par les rares voyageurs qui ont vu la Cyrénaïque pendant l'été n'ont en eux-mêmes rien d'excessif. En juin 1822, Beechey (1) observa à Cyrène 97° Fahrenheit, c'est-à-dire 36° centigr., 11. — Hamilton (2) qui séjourna également à Cyrène pendant deux mois d'été (août-sept. 1852) n'eut pas à enregistrer de température supérieure à 98° Fahrenheit, c'est-à-dire 36° centigr., 66. Ce sont, à peu de chose près, les températures d'été du Sud de la France. D'autre part, Hamilton a soin de faire remarquer que les nuits et les matinées sont fraîches. Tous les jours, dit-il, on ressent les bienfaits de la brise de mer (3); ce qui rend la chaleur peu sensible quand on est sous la tente et tout à fait supportable quand on est à cheval. — A Benghazy, ville située sur la côte, la chaleur est naturellement plus intense que sur le plateau. L'été, le thermomètre peut y marquer à l'ombre 35° et même 40° quand souffle le vent du sud, le *ghebli*, si redouté des animaux et des hommes. Il en est de même en Algérie, en Tunisie, et même en certaines régions de la Provence par les temps de siroco. D'ailleurs, ces jours de forte chaleur sont rares ; à Benghazy, on ne compte pas en moyenne plus de trente à trente-cinq jours de *ghebli* pendant toute la saison chaude. En temps normal, dans cette ville qui se trouve au débouché même de la Syrte, c'est-à-dire dans la région peut-

---

(1) *Proceedings*..., p. 518.
(2) *Wanderings in North Africa*, 1856, in-8°. p. 93. Aussi Hamilton recommande-t-il la région de Cyrène pour une villégiature d'été.
(3) Il faut tenir compte aussi de la direction des vents dominants. L'été, ce sont les vents du N.-E. qui semblent souffler le plus souvent.

être la plus chaude de la Pentapole, car la Syrte est une porte largement ouverte sur le Sahara, le thermomètre se tient d'ordinaire entre 20 et 30° (1). — Sur le littoral et sur le plateau, l'Européen n'aurait donc pas à souffrir de chaleurs excessives pendant l'été ; rien ne l'empêcherait de se livrer durant cette saison aux travaux ordinaires de la culture, comme il le fait par exemple dans les régions méridionales de la France.

De même que l'été, l'hiver est aussi une saison tempérée. Rarement la température s'abaisse au-dessous du point de congélation (2). Le chiffre le plus bas qu'on puisse relever dans les observations faites par G. Rohlfs pendant son voyage de 1869 n'indique pas un froid bien rigoureux. Le 26 mars 1869, peu de temps avant le lever du soleil, près de Djerdes, localité située au sud-est de Merdj, par 650 mètres d'altitude, le voyageur allemand a noté un froid de — 2° (3). Si l'on tient compte de toutes les circonstances de l'observation : l'heure matinale, la plus froide de toutes ; — la date, le mois de mars fréquemment signalé par des retours offensifs de l'hiver ; — enfin et surtout l'altitude considérable du lieu, 650 mètres, qui surpasse de beaucoup l'altitude moyenne du plateau, on reconnaîtra sans peine que le minimum noté par Rohlfs n'a rien d'extraordinaire. Les agents italiens qui ont résidé l'hiver à Benghazy et à Derna, MM. Bottiglia et Mamoli, ne signalent pas de froids rigoureux pendant cette saison. En tout cas, les cultures principales de la région cyrénéenne, l'olivier, la vigne, les céréales, la plupart des espèces d'arbres fruitiers ne paraissent pas avoir rien à redouter de ces températures d'hiver.

(1) Dr Pasqua, *Revue de géogr.*, VIII (1881), p. 149 ; — Bottiglia, *Esploratore*, V (1881), p. 277-280.

(2) L'hiver 1892-1893 a été particulièrement rigoureux. Il est regrettable que M. Rossoni, à qui j'emprunte cette information (*C. R. Soc. géogr. Paris*, 1893, p. 378), ne nous ait pas transmis quelques *minima*.

(3) Encore ce chiffre n'est-il pas sûr. Dans les tableaux météorologiques annexés à sa relation, Rohlfs indique + 2° ; dans le texte (II, p. 30), il écrit — 2°.

*
* *

Ce n'est pas seulement par son climat tempéré en toute saison que la Pentapole cyrénéenne se distingue des régions voisines telles que la Tripolitaine et les oasis septentrionales du Sahara; elle s'en distingue encore très nettement par l'abondance relative de ses pluies. La pluie, — très rare dans le désert libyque (1), au sud de la Pentapole, rare dans les autres parties de la Tripolitaine — est au contraire un phénomène périodique et régulier dans la Cyrénaïque. C'est là, on le comprend sans peine, un des avantages naturels les plus précieux pour la colonisation. Les Libyens qui conduisirent sur le plateau d'Irasa les Grecs de Théra l'avaient parfaitement compris. Là, disaient-ils dans leur langage pittoresque, « le ciel est percé » (2).

Ces pluies sont comme dans les autres pays méditerranéens des pluies d'hiver. Pendant l'été, la précipitation pluvieuse est presque nulle : d'après M. Fischer, elle ne dépasse pas 25 millimètres. Il en est de même dans toute la Méditerranée orientale : ainsi, par exemple, sur les côtes d'Anatolie, où l'on ne compte qu'un jour ou deux de pluie pendant la saison chaude, sur le littoral d'Egypte où la sécheresse de l'été est absolue. Les plateaux de l'Espagne, la Sicile, la Grèce, la Syrie se trouvent aussi dans des conditions à peu près semblables. Cette sécheresse d'été est loin d'être aussi préjudiciable à la culture qu'on le croirait tout d'abord; elle est compensée d'une part par l'abondance des rosées (3), de l'autre par l'irrigation artificielle. Grace à cette double ressource, grâce à l'action combinee de la nature et de l'homme, la Pentapole n'est pas un désert pendant la saison sèche. Les arbres fruitiers des régions tem-

---

(1) W. Jordan, *Physische Geographie und Meteorologie der Libyschen Wüste*, p. 134-137.

(2) Hérodote, IV, 158. — Voyez aussi Pindare, *Pyth.*, IV, 52.

(3) Pline, *Hist. nat.*, XVIII. 21, 50; — Hamilton, *Wanderings...*, p. 94. Le Sahara est au contraire presque entièrement privé de rosée. Cf. Schirmer, *Le Sahara*, p. 66.

pérées y prospèrent, et çà et là de riches vergers, comme ceux des jardins de Derna, évoquent parfois dans l'imagination du voyageur le souvenir de la merveilleuse oasis de Damas (1). L'irrigation bien entendue produit les résultats les plus satisfaisants, et il ne dépend que de l'homme de créer en Cyrénaïque de petites oasis aussi florissantes que les *huertas* de l'Espagne et les *conques* de la Sicile et de la Morée. Il suffirait pour cela de réparer et de développer les travaux d'irrigation entrepris par les anciens, ces citernes, ces réservoirs, ces aqueducs, ces barrages, dont les restes grandioses attirent encore l'attention des voyageurs.

Si les pluies d'été sont rares, les pluies d'hiver sont en retour fort abondantes. Amenées par les vents du sud-ouest qui prédominent pendant l'hiver (2), elles durent généralement pendant cinq mois, depuis les mois d'octobre et de novembre jusqu'à l'équinoxe de printemps. D'ordinaire elles ne sont pas continues, et les périodes de pluie sont séparées par des périodes de beau temps. A Benghazy on compte à peu près de cinquante-cinq à soixante jours de pluie répartis sur cinq mois de saison humide, soit en moyenne deux jours de pluie sur cinq (3). Parfois cependant les pluies persistent pendant un temps plus ou moins long et peuvent en certains cas compromettre la récolte (4). Parfois aussi elles tombent avec une telle violence qu'elles causent de grands dommages. Il arrive ainsi que les rues de Benghazy se transforment en ruisseaux et que des maisons mal bâties s'effondrent sous ces averses diluviennes. Si les villes ont à souffrir de ces intempéries, les campagnes du moins en retirent quelque avantage, car ces énormes quantités de pluie augmentent notablement la réserve des sources. Les pluies de mars surtout ont une

---

(1) Hamilton. *Wanderings...*, p. 117.
(2) De même à Tripoli. Cf. Schirmer, ouvr. cité, p 35-37.
(3) Pasqua, *Revue de géogr.* VIII (1881), p. 148-149.
(4) Ainsi en janvier et février 1893. (Rossoni, *C. R. Soc. géogr. Paris*, 1893, p. 379.)

importance capitale pour la culture, elles déterminent l'abondance de la récolte (1).

Il nous reste à évaluer d'une manière approximative la quantité annuelle de pluie répartie sur la Cyrénaïque : recherche délicate et difficile, car il n'existe pas, à notre connaissance, d'évaluations faites d'après des observations directes. M. Fischer (2) admet les chiffres suivants :

Alexandrie d'Egypte.	0^m 215 ;
Biskra	0^m 221 ;
Oasis du Sahara septentrional. . .	0^m 200 à 0^m 350 ;
Plateau de Judée (Jérusalem). . .	0^m 475 ;
Plateaux d'Algérie, Espagne, Asie-Mineure ; plateau de Barca. . .	0^m 300 à 0^m 500.

On voit d'après ce tableau que la Pentapole cyrénéenne est plus favorisée par la nature que les régions voisines. Le contraste devient encore plus frappant si l'on fait subir aux chiffres de M. Fischer les corrections rendues nécessaires par de récentes observations (3).

Cette moyenne de 0^m 350 à 0^m 500 de pluie varie évidemment suivant les lieux. Tous les points de la Pentapole ne reçoivent pas la même quantité de pluie annuelle. D'une manière générale, la pluie diminue du nord au sud et progressivement, à mesure que l'influence de la mer et celle du relief deviennent moins sensibles ; elle augmente de l'est (4) à l'ouest, à mesure que l'altitude du sol devient plus considérable. Il est à remarquer que la richesse de la flore suit la

---

(1) MAMOLI, *Esploratore*, VII (1883), p. 196. — Le proverbe provençal : « pluie d'avril remplit le grenier » pourrait donc, sauf une légère modification, s'appliquer à la Pentapole cyrénéenne.

(2) Ouvr. cité, *passim*.

(3) J. HANN, *Meteorol. Zeitschrift*, 1893, p. 467-471. Une série d'observations récentes faites pendant plusieurs années à Ayata (33°30′ nord) et à Ghardaïa (32°35) donne pour la première de ces localités une moyenne de 0^m 124, pour la seconde 0^m 114. Les évaluations de Fischer seraient donc trop élevées pour plusieurs oasis du Sahara septentrional.

(4) Des frontières de l'Egypte au plateau de Barca.

même progression. Tandis que les botanistes n'ont pas trouvé à Tobroug plus de 220 à 224 espèces, ils en ont signalé plus de 600 dans la Cyrénaïque.

En résumé, la Pentapole cyrénéenne, véritable oasis délimitée par la mer et le désert, est arrosée par d'abondantes pluies d'hiver; elle doit cet avantage inappréciable au relief de son sol et au voisinage de la Méditerranée. Tous les vents, sauf les vents du sud issus du Sahara, y arrivent chargés de vapeurs humides qui se condensent nécessairement sur les montagnes du plateau. En outre, comme ce plateau présente le plus souvent une série de terrasses étagées (1) et qu'il est à l'intérieur fort accidenté, les eaux de pluie s'y trouvent réparties un peu partout et d'une manière plus égale. Cette heureuse disposition est de nature à attirer l'attention des colons sur une terre si bien appropriée par les qualités du sol et du climat au travail de l'agriculteur.

*
* *

Du régime des pluies dépend directement le régime hydrographique (2) d'un pays. La Pentapole, région de pluies d'hiver, ne possède que des cours d'eau torrentiels. Les fleuves (ποταμός) que mentionnent les écrivains anciens ne sont que des *ouadi*, ravines desséchées pendant l'été, torrents impétueux après les pluies d'hiver. L'oued Temmimeh, le *Paliurus* des anciens, ne fait pas exception à cette règle. Dès le mois de juin, on n'y voit plus que des flaques d'eau bourbeuse. Ailleurs, on ne trouve pas une goutte d'eau à la surface; le sable recouvre le courant profond et le protège contre l'évaporation. La pente du terrain, les bouquets de lauriers-roses indiquent seuls l'humidité cachée sous le sable. — Par contre,

---

(1) Hérodote (IV, 199) avait déjà fait cette observation pour le plateau de Cyrène. Le fait est plus général, et la remarque pourrait s'appliquer à une grande partie de la Pentapole.

(2) Voyez pour de plus amples développements le chapitre v de la thèse latine déjà citée.

les sources sont abondantes comme dans la plupart des pays calcaires. Les eaux de pluie absorbées par les fentes du calcaire reparaissent à la surface au contact des couches imperméables et au pied des collines. C'est ainsi qu'au dire des indigènes la Pentapole ne possède pas moins de 360 sources (1). Le littoral, le plateau en sont richement pourvus. A Derna, deux sources puissantes fécondent les plus beaux jardins de la Cyrénaïque (2). Il serait facile d'en tirer aussi parti pour l'industrie ; les gens de Derna auraient en effet tout intérêt à travailler eux-mêmes les laines qu'ils exportent.
— Cyrène elle-même n'est pas moins riche en eaux souterraines. Trois sources principales y fournissaient aux anciens Cyrénéens une eau claire et abondante. L'une d'elles, qui nourrit une belle végétation, a reçu des indigènes le nom gracieux d'*Ain bou Ghadir* , « mère de la verdure ». Une autre, la source d'Apollon, mérite encore par sa limpidité et sa fraîcheur les éloges qu'en ont faits les anciens. Cette région de Cyrène paraît être d'ailleurs la plus riche en eaux de sources (3). Située à peu de distance de la mer et sur un des points culminants du plateau, elle reçoit sans doute une quantité de pluie considérable. Les ruines y sont nombreuses, et tout nous autorise à supposer que la population y devait être fort dense. Cette grande prospérité dans le passé est la meilleure des garanties pour l'avenir.

Mais toutes les eaux ne sont pas des eaux vives. Dans la Pentapole, comme dans la plupart des régions insuffisamment cultivées, on rencontre assez souvent de ces dépressions à fond marécageux d'où se dégagent des miasmes putrides. Telle était sans doute l'origine de ces fièvres (4) dont souffraient les Cyrénéens. C'est ce qu'indique très clairement un pas-

---

(1) Pacho, *Bull. Soc. géogr. Paris*, IV (1825), p. 285.
(2) Barth, *Wanderungen durch die Küstenlænder des Mittelmeeres*, p. 477.
(3) Camperio, *Esploratore*, V (1881), p. 10-18.
(4) Antiphane dans Athénée, *Deipnosoph.*, III, 58.

sage (1) des *Lettres* de Synésius. — De nos jours cette *malaria* sévit encore et fait des victimes. Pour remédier à ces inconvénients, il faudrait ménager partout l'écoulement des eaux, et par endroits préparer le sol avant de le cultiver. La Pentapole peut être considérée comme une terre vierge ; si l'on y rencontre tous les avantages attachés à cette situation privilégiée, on peut s'attendre aussi à y trouver quelques-uns de ces désavantages inhérents à la nature que le travail de l'homme n'a pas encore améliorée. Mais en général le climat de la Cyrénaïque est un climat sain. Située entre la mer et le désert, la Pentapole ne possède en elle-même aucun élément d'insalubrité. Sans doute la peste (?) y a exercé plus d'une fois ses ravages, sans doute aussi les ophthalmies et les maladies de peau y sont fréquentes ; mais c'est à l'oubli des lois les plus élémentaires de l'hygiène, au genre de vie des habitants, à l'homme enfin plus qu'à la nature qu'il faut attribuer ces maux. Les émanations salines du littoral, l'air pur du plateau, la sécheresse du sol pendant l'été, tout concourt à faire du climat de la Cyrénaïque un climat des plus salubres (3) pour l'Européen.

**

L'étude du sol et du climat nous amène naturellement à l'étude des produits naturels, minéraux et végétaux, qui dépendent directement, les minéraux, de la constitution du sol, les végétaux de la nature du sol et de celle du climat. Pays de formation exclusivement calcaire, privé, à ce qu'il semble, de roches éruptives, la Pentapole ne renferme pas de richesses métalliques. Par contre, la pierre s'y rencontre partout en grande abondance ; cette pierre est une roche calcaire de couleur blanchâtre, si molle et si tendre qu'elle peut être rayée par l'ongle. On comprend dès lors que les anciens aient laissé

(1) Lettre 113, édit. Petau, p. 254-255.
(2) Dr L. Arnaud, *Essai sur la peste de Benghazy*, in-8, 1886, 96 p.
(3) Théophraste, *De causs. plant.*, VI, 27 ; — Haimann, *Cirenaica*, p. 102-110.

dans ce pays de si nombreuses traces de leur passage ; nulle part la roche n'opposait au ciseau une grande résistance. Hypogées creusés dans le roc pour la sépulture des morts, routes entaillées dans la pierre, demeures souterraines, aqueducs, réservoirs, citernes, forteresses et tours de défense, temples, édifices civils, toutes ces manifestations du travail accompli dans l'antiquité montrent jusqu'à quel point les anciens colons de la Pentapole avaient su tirer parti de cette richesse naturelle. Aujourd'hui encore on voit ouvertes à peu de distance des villes ruinées les carrières exploitées par les Grecs et les Romains. Les colons de l'avenir n'auront qu'à suivre cet exemple, ils trouveront partout de la pierre pour bâtir. — La houille semble faire complètement défaut ; du moins jusqu'ici aucun voyageur ne l'a signalée (1). — Quant au sel des étangs voisins de la mer, il est régulièrement exploité. En 1886 l'exportation totale a atteint le chiffre de 14 millions de kilogrammes, valant plus d'un million de francs. Il serait facile de développer cette industrie et de tirer des salines trois fois plus de sel qu'elles n'en produisent actuellement (2). Le produit, qui est d'assez bonne qualité, est exporté en Turquie, en Syrie et en Grèce. Il ne semble pas que les marchands de Benghazy aient le moindre intérêt à le porter au Soudan. La marchandise par elle-même n'a pas assez de prix pour supporter les frais de si longs et si coûteux voyages par caravane. D'ailleurs le Sahara possède plusieurs dépôts de sel beaucoup plus rapprochés du Soudan que les salines de la côte méditerranéenne et qui suffisent largement à approvisionner les marchés de l'Afrique centrale.

A défaut de richesses minérales, la Cyrénaïque offre du

---

(1) Le seul témoignage relatif à l'existence possible de la houille en Cyrénaïque est celui d'un indigène et n'a que la valeur d'une pure supposition. Il se pourrait, écrit Hag Ahhmar (*Esploratore*, IV, 1880, p. 309) que la Cyrénaïque renfermât des mines de charbon de terre. Le fait reste encore à vérifier.

(2) Mamoli, *Esplorazione commerciale*, I (1886), p. 18-19; II (1887), p. 83.

moins une grande variété de richesses végétales. Ce fait, que j'ai démontré ailleurs (1), indique clairement que la Pentapole cyrénéenne est avant tout un pays agricole. Située sur les bords de la Méditerranée et aux portes du désert, la Cyrénaïque présente dans sa flore un dualisme bien marqué : par ses céréales, par la plupart de ses espèces d'arbres fruitiers, par ses essences forestières, par ses maquis, elle se rattache directement aux pays méditerranéens ; — par ses palmiers, par ses plantes épineuses elle touche déjà aux régions sahariennes. C'est ce qui explique le nombre considérable des espèces cataloguées par les botanistes (2).

Les céréales doivent tout d'abord attirer notre attention. Comme la Tunisie et l'Egypte, la Pentapole peut produire des récoltes abondantes. Le blé y donne des produits remarquables, bien que les procédés de culture soient encore bien imparfaits. L'usage des engrais est inconnu aux indigènes, et la charrue arabe ne fait qu'égratigner le sol, sans le remuer profondément. Néanmoins, il n'est pas rare que l'indigène obtienne en blé et en orge des rendements bien supérieurs à ceux que nous obtenons en France (3). On sait qu'à ce point de vue la Cyrénaïque partageait dans l'antiquité la réputation de la Byzacène. Toute réserve faite sur les exagérations (4) des écrivains anciens, on ne peut nier que la culture des céréales ne puisse être une source de bénéfices considérables (5) pour les futurs colons. Le blé, l'orge, le maïs et

---

(1) Voyez ch. VIII de la thèse latine citée plus haut.
(2) Le catalogue d'Ascherson, publié en 1881 à la suite de la relation du voyage de Rohlfs aux oasis de Koufra (*Kufra*, p. 507-552), renferme la nomenclature de 493 espèces. Aujourd'hui le nombre des espèces connues dépasse peut-être 700. Dans la seconde édition du livre de Haimann publiée en 1886 (*Cirenaica*, p. 209), ce nombre est déjà de 625.
(3) Ch. MAUMENÉ, *Bull. Soc. géogr. commerc.*, XII (1890), p. 118.
(4) Cf. ma thèse latine, p. 100.
(5) Quand les pluies tombent à propos, c'est-à-dire au moment de la germination, il n'est pas rare de compter de 45 à 50 épis pour un seul pied d'orge ou de blé. (PASQUA, *Revue de géogr.*, VIII, p. 147). Cette fertilité exceptionnelle s'explique par le fait que l'indigène ne sème guère que dans un sol vierge.

l'avoine donnent les meilleurs résultats. La récolte de blé est en partie destinée à l'exportation dans les ports de Malte et de l'Italie. L'orge est au contraire entièrement consommée dans le pays ; elle sert à la nourriture de l'homme et à celle des animaux. Le maïs et l'avoine n'ont qu'une importance secondaire.

La Pentapole n'est pas seulement un pays de céréales, elle est aussi un pays de pâturages. Partout où l'on rencontre de l'eau, on trouve des pâturages, le long du littoral et sur le plateau. Aussi la Cyrénaïque était-elle célèbre dans l'antiquité par ses troupeaux. Le cheval, le bœuf, la chèvre, le mouton y paissaient en grand nombre. Le cheval surtout jouissait d'une grande réputation chez les anciens (1). Les vers de Pindare l'ont immortalisé. Ces chevaux, illustrés par tant de victoires dans les jeux publics, étaient des bêtes de race, rapides à la course et d'une grande résistance à la fatigue. Un texte de Synésius (2) nous laisserait entendre que ces robustes coursiers étaient plus remarquables par la force que par la distinction des formes et qu'ils manquaient peut-être d'élégance. Ce léger défaut n'enlevait rien à leur valeur propre, et les chevaux cyrénéens pouvaient hardiment disputer le prix à leurs rivaux. Aujourd'hui il n'en est plus ainsi ; l'espèce chevaline est actuellement en pleine décadence. Sans doute le cheval de Barka n'a pas entièrement perdu certaines qualités de ses ancêtres ; il est toujours comme le cheval de Libye (3) plein de vivacité, agile, rapide, robuste à la peine, capable à l'occasion de rester trois jours sans boire, mais il est petit, maigre, d'apparence chétive. Il faudrait améliorer l'espèce par des soins intelligents, par des croisements et par les procédés habituels de l'élevage.

Comme dans l'antiquité, la Cyrénaïque produit encore des bœufs (4). Les peaux et les cuirs que les marchands génois du

(1) Cf. les textes réunis dans ma thèse, p. 84 et suiv.
(2) Lettre 40, édit. Petau, p. 180 BC.
(3) APPIEN, *Puniques*, VIII, 100 ; — STRABON, XVII, 3, 7.
(4) Cf. les textes que j'ai indiqués dans ma thèse, p. 88-89.

moyen âge venaient chercher à Benghazy sont aujourd'hui exportés en Egypte. La race est svelte et de petite taille, la viande est souvent de qualité médiocre, car les pâturages souffrent beaucoup des chaleurs de l'été (1). Le voisinage de Malte assure en tout temps aux propriétaires un large marché pour la vente de leurs troupeaux.

Le petit bétail, chèvres et moutons, est encore une des grandes ressources de la Pentapole. Là, comme partout ailleurs, l'élevage de la chèvre est l'industrie des pays pauvres. Avec le lait de chèvre mélangé au lait de brebis les nomades préparent une sorte de beurre qui se vend dans l'île de Crète (2). Le poil de l'animal est utilisé pour la fabrication des tentes. — Le mouton est d'ordinaire vendu en Egypte. La route des oasis que suivent les troupeaux entre la mer et le désert ne manque au printemps ni de pâturages ni de sources, grâce aux pluies d'hiver. Quant à la laine, elle est transportée d'abord à Benghazy, puis à Tripoli où les Anglais viennent en prendre livraison. Cette laine subit au lavage un déchet de 60 %, tant elle est mélangée de matières étrangères ; de plus, il est très difficile de la débarrasser des particules de sable fin (3) dont elle est imprégnée. Les indigènes auraient sans doute tout intérêt à traiter eux-mêmes les laines de leurs troupeaux, mais leur insouciance est si grande qu'ils préfèrent payer tribut à l'étranger plutôt que de tirer parti de leurs richesses. C'est de la Tunisie qu'ils font venir leurs manteaux de laine, et les filatures de Benghazy sont dirigées par des Tunisiens de l'île de Djerba (4).

Les nomades de l'intérieur, qui tirent parti de leurs troupeaux, négligent complètement l'exploitation des bois. Sans doute la Cyrénaïque n'est pas, à proprement parler, une

---

(1) Haimann, *Cirenaica*, p. 117.
(2) *Id., ibid.*, p. 117 ; — Mamoli, *Esploratore*, V (1881), p. 286.
(3) Les indigènes prétendent que ce sable préserve les toisons des parasites.
(4) Haimann, *Cirenaica*, p. 132.

région forestière, elle ne paraît même pas l'avoir jamais été (1); mais, néanmoins, les voyageurs modernes y signalent des bouquets d'arbres, des taillis et des essences forestières dont l'industrie européenne pourrait faire son profit. Les conifères surtout y sont assez largement représentés; le pin, le pin d'Alep, le cèdre, le cyprès (2) s'y rencontrent fréquemment surtout dans le Djebel Akhdar, sur le rebord septentrional du plateau et à une faible distance de la mer. Non moins précieux que le cyprès, le genévrier de Phénicie *(juniperus phoenicea* ou *lycia)*, également répandu dans les forêts du Djebel Akhdar, se recommande par la dureté de son bois qui le rend propre aux travaux d'ébénisterie. Les indigènes l'utilisent aussi pour la charpente. Cet arbre, qui correspond peut-être au *thyon* ou *citrus* des anciens (3), si renommé dans l'industrie de luxe, mériterait sans doute d'être largement répandu dans l'Europe méridionale.

Les arbres fruitiers ont une valeur économique encore plus grande, car la Pentapole cyrénéenne n'est pas éloignée de deux marchés largement ouverts : Malte et l'Egypte. Sans parler de la culture si lucrative des primeurs, culture que le climat de la Pentapole n'interdit en aucune manière, qu'il favorise même, nous croyons que le colon européen trouverait dans la simple exploitation de ces richesses naturelles une source abondante de profits. L'olivier, par exemple, est complètement négligé dans l'intérieur du plateau et même souvent sur la côte. Près de Derna, Haimann (4) a remarqué de nombreux bouquets d'oliviers sauvages. Bien qu'abandonnés depuis longtemps, ces arbres continuent néanmoins à porter

---

(1) Voyez thèse latine, p. 104 et suiv.

(2) Rohlfs *(Von Tripolis nach Alexandrien*, II, p. 6) parle de cyprès de 150 pieds de hauteur. Ce conifère atteint dans les régions de la Méditerranée orientale une taille extraordinaire. Tous les voyageurs admirent les cyprès des cimetières de Constantinople et des campagnes de l'Asie-Mineure.

(3) Voyez thèse latine, p. 106-107.

(4) *Cirenaica*. p. 12.

des fruits abondants que les Bédouins abandonnent à leurs troupeaux. Non seulement ils ne sont plus entretenus par l'homme, ils sont même souvent maltraités par la main du nomade comme ils le sont par la dent de la chèvre. Aujourd'hui Benghazy et Derna sont presque les seuls points de la Cyrénaïque où l'olivier soit cultivé. Partout ailleurs, à Zaouani, à l'ouest Zeitoun, à Mrsid, à Benigdem, cet arbre précieux reste à l'état sauvage (1). Quelle abondante source de richesse pour les colons de l'avenir !

La culture de la vigne serait, elle aussi, susceptible de recevoir de grands développements. A Benghazy, à Derna, le raisin est de bonne qualité, doux, agréable au goût; dans les jardins qui entourent ces deux villes, on peut cueillir des grappes dès le mois de juillet. Cette précocité du raisin pourrait être exploitée avec profit sur les marchés de l'Europe. Le vin, un des produits de l'ancienne Cyrénaïque (2), est aujourd'hui d'une consommation très restreinte. Les indigènes n'en usent guère; l'influence toute-puissante des Snoussi a ramené un grand nombre d'entre eux à l'observance rigoureuse des préceptes de l'islam. Seuls les chrétiens, qui sont en petit nombre, produisent et consomment du vin. Là encore l'activité des colons pourrait sans doute trouver à s'exercer avec succès.

L'olivier, la vigne, ne sont pas les seules espèces de la flore méditerranéenne qui soient représentées sur le sol de l'ancienne Pentapole. Les arbres fruitiers des régions tempérées de l'Europe, presque tous (3) sans exception, y donnent

---

(1) HAIMANN, ouvr. cité, p. 12, évalue à 200.000 le nombre des oliviers sauvages de la Cyrénaïque. Sans attacher grande importance aux chiffres de ce genre, nous croyons pourtant qu'il est bon de les rappeler ; ils donnent une idée sensible du fait qu'ils expriment.

(2) Voyez thèse latine, p. 110-111.

(3) Le noyer qui, au témoignage de Scylax (§ 108), se trouvait dans le jardin fameux des Hespérides, ne se rencontre plus aujourd'hui en Cyrénaïque. Pacho (*Voyage dans la Cyrénaïque..*, p. 239) l'affirme nettement, et Ascherson ne mentionne pas le noyer dans son catalogue de la flore cyrénéenne, Le noyer cependant existait encore au moyen âge dans le territoire de

également de bons produits. Figuiers, mûriers blancs, pommiers, abricotiers, poiriers, cognassiers, pêchers, amandiers, sont de nature à être améliorés encore par une culture intelligente. L'oranger, le citronnier, le grenadier sont depuis fort longtemps acclimatés en Cyrénaïque et y réussissent à merveille.

Les espèces que nous venons d'énumérer appartiennent à la flore de l'Europe méridionale ; d'autres, le palmier, le bananier, ont un caractère nettement africain. Les palmiers abondent dans les oasis du sud de la Cyrénaïque ; il y en a peut-être 200.000 dans le groupe d'Audjila et de Djalo (1). Sur le territoire propre de la Pentapole, cet arbre est au contraire d'une rareté relative ; on n'en trouve guère qu'à Benghazy et à Derna. A Benghazy les dattes sont médiocres; à Derna elles sont excellentes (2). — Dans les jardins de Derna on récolte également des bananes de bonne qualité (3) ; on n'en trouve pas ailleurs. Ces magnifiques bananiers de Derna annoncent déjà les régions chaudes de l'Afrique.

Les cultures industrielles peuvent être également essayées ou développées dans la Pentapole cyrénéenne. Ainsi nous savons par les témoignages anciens que le safran de Cyrénaïque jouissait d'une certaine réputation. Aujourd'hui encore le safran est fort répandu dans toute la Tripolitaine ; mais comme sur le marché de Tripoli il coûte plus cher que le safran d'Italie, il n'est pas pour le moment l'objet de transactions de quelque importance. — Comme par le passé les roses de Cyrène, roses rouges et roses blanches, donnent lieu à la fabrication de produits parfumés pour lesquels les Orientaux ont toujours eu un goût très prononcé. — Men-

---

Barca. El Bekri, qui vivait au xie siècle après Jésus-Christ, le cite expressément dans sa *Description de l'Afrique septentrionale* (trad. de Slane, 1859, in-8, p. 13).

(1) Hérodote, IV, 182, mentionne déjà les dattes d'Audjila (Αὔγιλα).
(2) Haimann. *Cirenaica*, p. 114. Cf. aussi thèse latine, p. 114.
(3) Thèse latine, p. 114.

tionnons encore, comme des cultures appropriées au sol et au climat de la Pentapole, celles du lin, du chanvre, de la garance, du tabac, de la canne à sucre et du coton. Ces cultures sont encore pour la plupart bien peu développées ; plusieurs sont même abandonnées. Aux économistes et aux colons il appartient de décider dans quelle mesure il serait avantageux d'en entreprendre l'exploitation.

* * *

Des développements qui précèdent il résulte que la Pentapole cyrénéenne est de toutes les régions du littoral tripolitain celle qui offre le plus d'avantages à la colonisation européenne. Sans doute, au point de vue commercial, Benghazy ne peut lutter avec Tripoli ; c'est à Tripoli que s'ouvre la route de commerce la plus courte et la plus facile sur le Bornou et le Soudan central. Mais, ne l'oublions pas, la Cyrénaïque, elle aussi, a été dans le passé un des grands marchés fréquentés par les caravanes de l'Afrique intérieure. La route de Benghazy au Wadaï par Audjila et Koufra, bien qu'elle soit beaucoup plus difficile que la route de Tripoli au lac Tchad par les oasis du Fezzan et de Kaouar, n'en a pas moins été dans l'antiquité une des voies principales du commerce transsaharien. En outre, et c'est là que la supériorité de la Pentapole cyrénéenne sur toute autre région du littoral tripolitain est le mieux marquée, le climat tempéré de la Cyrénaïque, la richesse de son sol, la variété de ses produits agricoles méritent de fixer l'attention de tous ceux que préoccupe l'expansion coloniale des races européennes. Les autres districts de la Tripolitaine ne peuvent être que des colonies de commerce ; seule, dans cette partie de l'Afrique, la Pentapole cyrénéenne peut être tout à la fois une colonie commerciale et agricole.

Ajoutons enfin que d'autres considérations doivent être invoquées en faveur de la colonisation de ce pays. La région de Barka est aujourd'hui entièrement soumise à l'influence des Snoussi qui, avec un soin jaloux, en interdisent rigoureusement l'exploration aux voyageurs européens (1). Cette action, aujourd'hui souveraine, ne date pas d'hier. Il y a plus de quarante ans, en 1852, l'Anglais Hamilton eut déjà à souffrir du fanatisme que les Snoussi savent inspirer à leurs partisans. Depuis, la domination de cette secte musulmane n'a fait que grandir rapidement. Les Snoussi d'ailleurs ont suivi une ligne de conduite des plus habiles ; ici ils ont rétabli des puits anciens, ailleurs ils en ont creusé de nouveaux ; ailleurs encore ils ont renoué des relations commerciales et rétabli la paix entre des tribus ennemies; partout enfin ils ont fait preuve d'intelligence pour gagner à leur cause les peuples de l'Afrique du Nord. Leur grand centre d'action, la résidence de leur grand-maître, Djaraboub, se trouve située près des frontières orientales de la Cyrénaïque. Il n'y a donc pas lieu de s'étonner que les Snoussi soient devenus si puissants dans le pays de Barka. Le regretté Duveyrier, qui contribua plus que tout autre géographe à signaler à l'Europe le péril snoussi, cite, dans son mémoire (2) 38 *zaouyas*, c'est-à-dire 38 foyers de propagande active. Toute la région voisine de Djaraboub à Rhat et à Ghadamès et de Djaraboub à Koufra est également inféodée au *snoussisme*. Dans la Pentapole l'influence de la secte est si puissante qu'elle a pu modifier dans une certaine mesure les mœurs des indigènes. C'est ainsi que les nomades de l'intérieur ont renoncé à certaines coutumes d'hospitalité primitive que réprouve la morale; c'est ainsi encore qu'à Derna, où il y a des vignes, le vin et le raisin sont à très bas prix, parce que la population musulmane observe plus rigoureusement qu'ailleurs les préceptes du Coran. C'est encore pour le même motif que la majeure partie de la population de Benghazy a renoncé, dit-on,

---

(1) Un Anglais, M. Weld Blundell, se trouve en ce moment en Cyrénaïque. Dans une lettre adressée à la Société de géographie de Londres (*Geogr. Journal*, février 1895, p. 168) il annonce qu'il se propose de visiter la côte et qu'il tentera peut-être de pénétrer dans l'intérieur.

(2) *Bull. Soc. géogr. Paris*, 2ᵐᵉ trim., 1884.

à l'usage du tabac (1). Qui connaît les habitudes de l'Orient reconnaîtra sans peine à ce trait que les Snoussi jouissent sur les indigènes d'un ascendant bien extraordinaire pour avoir réussi à leur imposer un si grand sacrifice.

L'influence des Snoussi est, à n'en pas douter (2), le principal obstacle qui s'oppose au développement de l'influence européenne dans la Cyrénaïque. Pour le moment, l'obstacle paraît difficilement surmontable. Mais les circonstances peuvent changer. L'Afrique, qui, suivant le proverbe des anciens, offre toujours quelque chose de nouveau, n'est pas plus que l'Europe à l'abri des révolutions. — En outre, les puissances européennes, intéressées à la décadence des Snoussi, peuvent, dans une certaine mesure, préparer elles-mêmes l'avenir. La capitale des Snoussi, Djaraboub, est située au milieu du désert, à plusieurs journées de la mer. C'est du port de Tobrouq que le mahdi snoussi reçoit en contrebande les armes, la poudre, toutes ses munitions de guerre et ses approvisionnements. Or, serait-il impossible d'exercer une surveillance rigoureuse sur ces débarquements ? Le port est inhabité ; la région voisine est trop pauvre pour permettre à des détachements snoussis d'y séjourner longtemps, pour la protection de leurs convois. Ainsi privé des arrivages de Tobrouq, le mahdi

---

(1) Dr Pasqua, *Revue de géogr.*, VIII (1881), p. 147.

(2) Un Italien, M. Mamoli, a émis, sur l'influence des Snoussi et le caractère de leur propagande, des idées que nous sommes bien loin de partager, mais que nous signalons à nos lecteurs pour les tenir au courant de la question. Duveyrier aurait, dit-il, singulièrement exagéré l'influence et le rôle de cette société. Les agents de la France à l'étranger auraient encouragé ces exagérations pour grandir leur propre rôle ! En réalité, un gouvernement fort n'aurait pas à s'inquiéter de cette confrérie, car, par son caractère, cette association est une association pacifique, nullement agressive. — Sans insister ici sur le côté paradoxal de l'opinion de M. Mamoli, nous nous bornerons à faire remarquer qu'elle ne paraît guère pouvoir se concilier avec l'histoire des événements survenus dans les dernières années. M. Mamoli n'a, d'ailleurs, croyons-nous, converti personne à ses idées. Cf. *Esplorazione commerciale*, III (1888), p. 325-6 ; IV (1889), p. 231.

serait réduit à aller s'approvisionner jusque dans le Soudan ! Car, d'un autre côté, les ports de l'Egypte et de la Tripolitaine pourraient être encore plus facilement surveillés que celui de Tobrouq.

N'insistons pas davantage sur ces considérations qui nous entraîneraient hors du domaine de la géographie, que nous n'avons pas quitté jusqu'à présent. Mais est-il nécessaire d'ajouter que la France, celle de toutes les puissances européennes qui possède aujourd'hui la part d'influence la plus grande dans l'Afrique du Nord, ne peut en aucune manière se désintéresser de ce qui se passe dans la Cyrénaïque ? Bientôt une nouvelle question coloniale va se poser ; depuis plusieurs années, surtout depuis l'établissement du protectorat français en Tunisie, les ambitions d'une nation rivale se dessinent très nettement. De l'autre côté des Alpes, la question de la Tripolitaine préoccupe toujours vivement les esprits ; nous ne pouvons donc fermer les yeux sur les événements qui peuvent se produire si près de l'Europe. Quelles que soient les destinées futures de la Cyrénaïque, il importe beaucoup, pour le maintien et l'extension de notre influence en Orient, que l'opinion publique en France songe de temps en temps à ces graves problèmes de colonisation méditerranéenne.

A. RAINAUD.

ATLANTIQUE NORD

COURANTS DE SURFACE DE LA MER

par A. Hautreux

Lieutenant de vaisseau en retraite, à Bordeaux.

Les expéditions scientifiques dirigées dans ces dernières années par les gouvernements des Etats-Unis, d'Angleterre, d'Allemagne et de France, pour l'étude physique des océans, combinées avec les travaux de sondage exécutés pour la pose des divers câbles télégraphiques, ont sillonné les mers d'un réseau d'observations assez resserré pour que les faits les plus importants n'aient pu échapper aux investigations.

Il a été constaté que l'immobilité n'existait nulle part, et que dans la masse entière des océans, jusque dans les couches les plus profondes, les ruptures d'équilibre causées par les marées, la poussée des vents, les changements dans la température et la densité produisaient des mouvements d'échange ou de mélange, qui de la surface se répercutaient jusque dans les plus grandes profondeurs.

Les eaux de la mer sont soumises à un double mouvement circulatoire : mouvement dans le sens vertical et mouvement dans le sens horizontal.

Le mouvement dans le sens vertical a été constaté par l'étude des isothermes sous-marins. Les eaux froides polaires plongent sous les eaux des régions tempérées et se rapprochent de la surface dans les régions chaudes, où se produisent les grandes évaporations.

La circulation horizontale ou de surface a été reconnue bien plus anciennement par les navigateurs qui avaient à s'en aider ou à s'en défier ; elle existe dans tous les océans, dans toutes les mers, tantôt à l'état permanent, tantôt à l'état intermittent. Ses facteurs les plus puissants sont : près des côtes, les courants de marée, et au large la poussée des vents.

La poussée des vents est le brasseur le plus énergique des eaux de la surface ; elle écrête les lames et chasse au loin leurs molécules ; elle apporte, dans les parties de mer en cul-de-sac, une surcharge qui dépasse quelquefois un mètre, et lorsque son action est continue, elle produit un exhaussement du niveau océanien qui arrête les effets de la marée.

Plus spécialement dans l'Atlantique Nord, la poussée continuelle des vents alisés du N.-E. et des vents alisés du S.-E. chasse les eaux de la région intertropicale vers l'ouest. La configuration de la côte de l'Amérique du Sud, au nord de l'embouchure de l'Amazone, force ses eaux à se diriger vers la mer des Antilles ; elles y entrent par les nombreux passages que leur offrent les interstices des îles du Vent, poursuivent leur course sans s'épancher vers le nord, à cause de la barrière que leur opposent les trois grandes îles de Porto-Rico, d'Haïti et de Cuba ; puis, resserrées entre le cap Saint-Antoine et la presqu'île du Yucatan, elles entrent dans le golfe du Mexique, s'y accumulent, en surélèvent le niveau, et ne peuvent en sortir que par l'unique issue qui leur est ouverte entre la Havane et la Floride ; là, elles viennent se heurter contre l'immense barrière coralline des Bahamas, forment un fleuve énorme à courant très rapide qui longe la côte des Etats-Unis jusqu'au cap Hatteras et prend la dénomination de Gulf-Stream ; puis, obligé de s'infléchir pour passer au sud de Terre-Neuve et du Grand-Banc, il trouve l'espace ouvert, et se répand en éventail sur la surface de l'Atlantique, en perdant beaucoup de sa vitesse et de ses caractères distinctifs.

Le nom du lieutenant Pillsbury, U. S. N., est lié à jamais aux savantes recherches entreprises par le gouvernement des Etats-Unis, pour l'étude complète de ce célèbre courant.

Lorsque les eaux du Gulf-Stream se répandent à la surface de l'Atlantique, leur direction axiale, suivant l'arc de grand cercle, passe au nord des Açores et aboutirait vers les côtes du Portugal, mais ici deux causes principales tendent à éparpiller et affaiblir le courant : pendant l'été, les vents du nord, qui sont le prolongement des alisés du N.-E. le long de cette côte, poussent les eaux vers le sud et les ramènent, sous l'influence des alisés, se fondre à nouveau dans le courant équatorial ; pendant l'hiver, les vents du sud à l'ouest, qui accompagnent les nombreuses dépressions barométriques qui traversent l'Atlantique au nord des Açores, chassent ces eaux vers les côtes de l'Irlande et de la Norvège.

En dehors de ce grand courant, il en est d'autres qui ont été reconnus comme assez permanents pour qu'on puisse leur attribuer un caractère de généralité ; tels sont le courant du Labrador, produit par la surcharge des neiges et des glaces des régions polaires, et le contre-courant équatorial, produit par les moussons de la côte occidentale d'Afrique.

Tous ces courants ont été démontrés par les observations des navigateurs et par la dérive des corps flottants : glaces, bois, bouteilles et carcasses de navires. Ces dernières observations, consignées dans les Pilot Charts mensuelles publiées par le bureau hydrographique de Washington, ont une importance considérable ; car, faites pour des marins et dans le but de les prémunir contre les dangers de la mer, elles signalent le résultat précis des causes multiples auxquelles est soumis le bâtiment naviguant. Il est évident que, lorsqu'une carcasse de navire plonge à 6 ou 8 mètres sous l'eau, et n'offre plus comme prise au vent que quelques faibles parties de ses parois ou de sa mâture, si elle est entraînée pendant plusieurs jours, pendant des mois entiers, dans une direction déterminée, la masse des eaux dans laquelle elle plongeait a dû subir les mêmes entraînements.

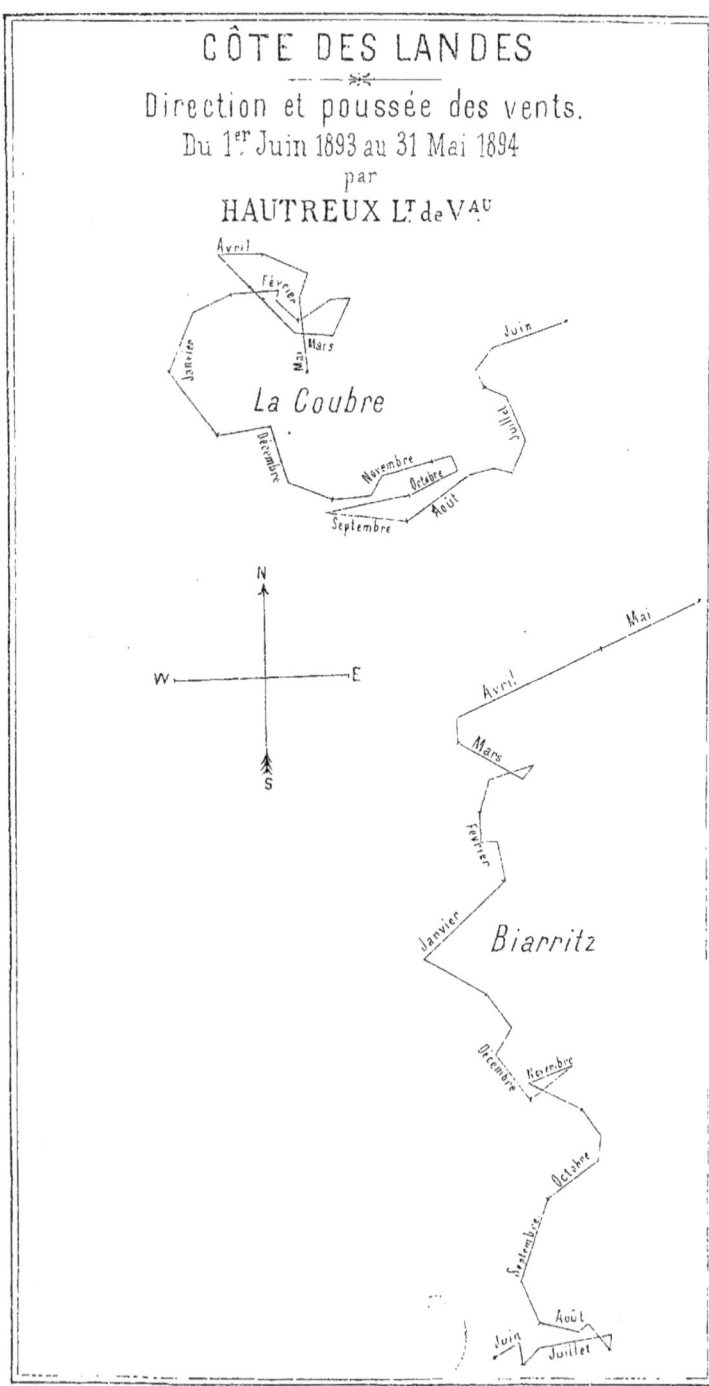

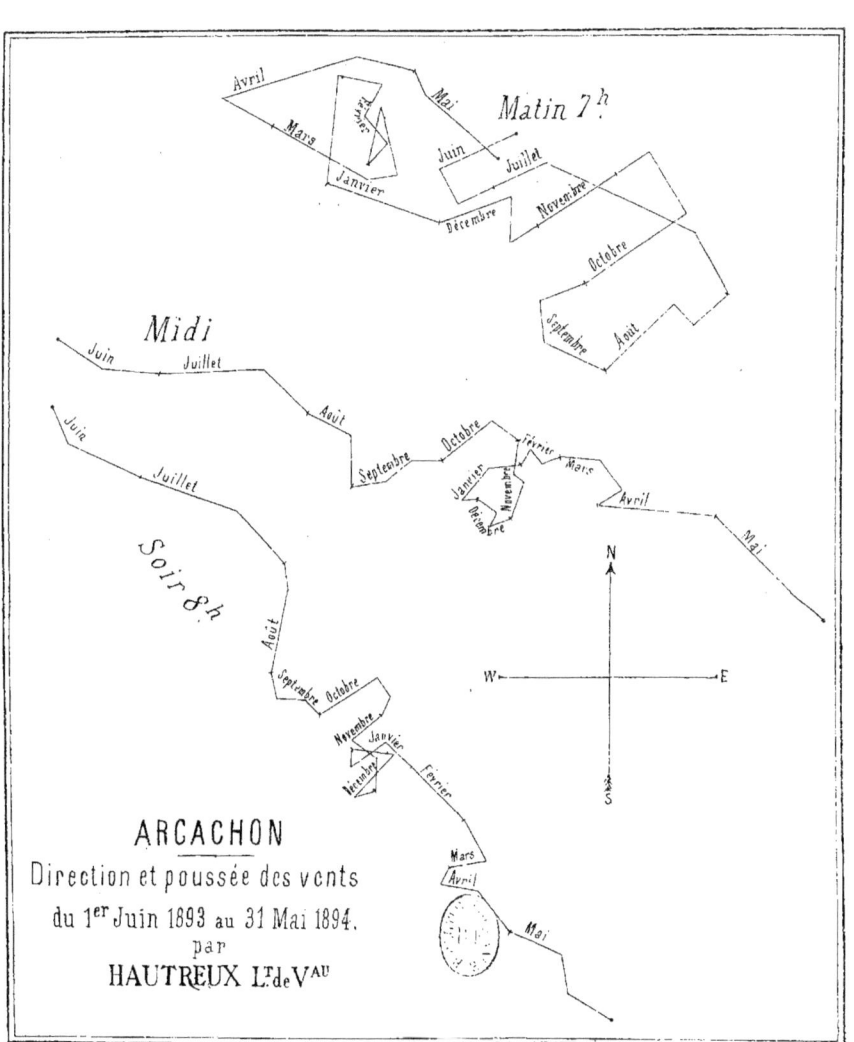

Mais il est d'autres mouvements de la surface auxquels on a attribué le caractère de permanence qui convient aux courants, et que les faits démontrent subir des variations fort importantes et imprévues. Ce sont ces variations que nous voulons étudier au moyen de la dérive des corps flottants portés sur les Pilot Charts et des expériences que nous avons faites nous-même dans le golfe de Gascogne; nous rappellerons aussi les expériences de flottage exécutées par le prince de Monaco sur son yacht *l'Hirondelle*.

Examinons : le Gulf-Stream, le courant de Norvège, le courant du golfe de Gascogne, dit de Rennell, les courants de la côte de Portugal et de la côte occidentale d'Afrique, le courant de la mer des Sargasses.

CARCASSES FLOTTANTES

Nos	NOMS	ANNÉES	DIRECTIONS SUCCESSIVES
	GULF-STREAM. — PARAGES D'AMÉRIQUE		
1	Twenty-one-friends.	1883	ENE — boucle — ESE.
2	Manantico.	1886	ENE — ESE.
3	White.	1888	NE — boucle — NE — boucle — Est.
4	Warren.	1887	ESE — Est.
5	Taulane.	1888	NE — SE — Est.
6	E. Davis.	1888	SE — boucle — NNE — Est.
7	D. Hunt.	1888	NE — ESE.
8	J. Drury.	1889	ENE — Est — Sud.
9	M. Farland.	1889	SE — ENE — Nord — ENE.
10	Protens.	1889	ENE.
11	Palatka.	1889	NE.
12	Lowell.	1889	NE.
13	Giano.	1889	NE — Sud. — SE.
14	Gypsy-Queen.	1889	NE.
15	Spotless.	1889	NE.
16	Heather.	1893	NE.
17	Ridgway.	1893	Est-Nord — SE — Est.
18	Mary-Power.	1893	Est.
19	Annia.	1893	ESE — boucle — NE.
20	Ellen-Isabelle.	1893	NE.
21	Chandler.	1893	Nord — NE — Sud — SE — Ouest.
22	Avo.	1893	NE.
23	Chass-Young.	1893	NE.
24	Gonant.	1893	NE.
25	Galatola.	1893	NE.

Nos	NOMS	ANNÉES	DIRECTIONS SUCCESSIVES
\multicolumn{4}{c}{PARAGES D'EUROPE}			
1	Twenty-one-friends.	1885	NE — boucle — SE.
3	White.	1888	Boucle — Est — NE.
26	Cupido.	1889	NE.
27	Petty.	1889	NE — ESE — SE.
28	Emilie.	1889	SE.
29	Atlas.	1889	ESE.
30	Stormy-Petrel.	1886	SE — boucle — Ouest — SE.
31	Hermann.	1889	SE — boucle.
32	King Oscar II.	1892	NE — Ouest.
33	Carrier-Dove.	1890	ESE.
34	Ryerson.	1891	ENE.
35	Comtesse-Dufferin.	1892	SSE.
36	Vestalinden.	1892	Est — SE.
37	Daphné.	1892	Est — Sud.
\multicolumn{4}{c}{MER DES SARGASSES}			
38	Bowland-Hill.	1888	ESE — Ouest — SO.
39	Telemach.	1888	Sud — Est — Sud — Ouest.
40	Fratser.	1892	Sud — Ouest.
40 bis	Wyer-Sargent.	1892	Est — Nord — Est — Sud — Ouest — Nord — boucle.
41	Fanny-Wolston.	1893	Est — Sud — Ouest — Nord — Est — Sud — Ouest — boucle.
42	May-Gibbon.	1893	Sud — Ouest.
43	Navarch.	1893	SSO.
44	Ocean.	1893	Sud — Ouest — boucle.
45	Cushing.	1893	Ouest — SO.
46	Unexpected.	1893	ESE — Sud.
\multicolumn{4}{c}{CONTRE-COURANT DES BERMUDES}			
47	Ida-Françis.	1886	Sud — boucle — SO — boucle.
48	Mary-Douglas.	1887	Sud — boucle.
49	Vincenzo-Perrota.	1888	OSO — SSE — Ouest — Nord — Ouest — SSO.
6	E. Davis.	1889	SE — boucle — NNE — Est.
50	M. Farland.	1889	SE — ENE — NO — NE.
51	Rosaline.	1889	SE.
52	Levanter.	1893	SE.
53	Rita	1893	Est. — Sud. — Boucle. — Sud. — NO.

Parmi ces épaves, il en est qui ont dérivé pendant plus de deux années, comme le *Fanny-Wolston*, qui a fait deux fois le tour de la mer des Sargasses et est encore flottant en août 1894; cette carcasse, retombée dans le courant du Gulf-Stream, à la hauteur du cap Hatteras, recommence un troisième circuit.

Quelques-unes, telles que le *White* et le *David W. Hunt*,

ont été rencontrées et signalées plus de quarante fois dans des parcours de 5.000 à 6.000 milles nautiques. On doit comprendre de quel intérêt sont des renseignements aussi précis, non seulement pour les directions réelles des courants qui les ont entraînées, mais encore pour les vitesses exactes de ces mouvements de la surface des eaux suivant les différentes saisons de l'année.

Le bureau hydrographique de Washington a publié en février 1893 un supplément aux *Pilot Charts*, une carte spéciale dite : *Wreck chart of the North Atlantic coast of America*, qui donne, entre autres renseignements, les trajets de 140 carcasses de navires flottant sur l'océan, et qui ont été rencontrées plusieurs fois. Ce réseau compliqué ne dépasse pas le 55ᵉ méridien O. de Paris, c'est-à-dire le cap Race ; il n'atteint pas les Açores ni les côtes de l'Europe.

Pour donner une idée du mouvement des eaux de la surface, nous avons dû continuer ces tracés, d'après les Pilot Charts, jusqu'aux côtes de l'Europe, et pour éviter la confusion extrême du croquis, nous borner à citer les épaves dont les trajets nous ont paru les plus caractéristiques dans chaque région.

LE GULF-STREAM. — PARAGES AMÉRICAINS

25 ÉPAVES

Le célèbre courant a été étudié dans ses détails par les observateurs américains qui ont déterminé, près de leurs côtes, ses limites, sa vitesse aux différentes époques de l'année, et l'influence qu'exercent sur lui les marées et les vents.

Au delà de la pointe méridionale du banc de Terre-Neuve, les études sur les allures du courant chaud deviennent moins précises. Le prince de Monaco a lancé un grand nombre de bouteilles entre les Açores et Terre-Neuve, pour élucider cette question, et l'on est surpris du petit nombre de corps flottants qui ont pris leur direction vers l'Irlande et la Norvège, ainsi que du temps employé pour franchir cette distance. Il en résulte, pour les trajets les plus courts, des vitesses ne dépassant pas 3 à 4 milles par vingt-quatre heures. C'est bien loin de ce que l'on supposait exister, et ne peut véritablement constituer un courant régulier au sens ordinaire du mot.

De notre côté, nous étudions depuis plusieurs années, d'après les Pilot Charts, les parcours des épaves flottantes entraînées par le Gulf-Stream, et qui, ayant été rencontrées plusieurs fois, donnent des indications précises sur les directions suivies et sur les vitesses de parcours.

Depuis 1886, environ soixante épaves ont été suivies de cette façon, et nous en avons tracé les routes dans les bulletins de la Société de géographie de Bordeaux :

N° 1 de 1889 ;
— 3 de 1890 ;
— 4 de 1894.

Un fait précis se dégage tout d'abord, c'est que, sur ces 60 épaves parties des côtes des Etats-Unis, 2 seulement ont abouti sur les côtes d'Europe ; *une* seule, le *White*, a abouti aux îles Hébrides, et l'autre, le *Twenty-One-Friends*, dans le fond du golfe de Gascogne.

En règle générale, toutes ces épaves se dirigent du cap Hatteras vers les Açores, passant quelquefois au nord de cet archipel ; mais le plus souvent elles ne l'atteignent pas, et de là se détournent vers le sud en contournant la mer des Sargasses, pour continuer leur circuit jusqu'à ce que la destruction de l'épave se produise.

D'après ces parcours d'épaves, on peut indiquer les vitesses du courant dans ces différentes sections.

Gulf-Stream, côtes d'Amérique, près du cap Hatteras.

Pendant l'été, par 24 heures, vitesse, 61 milles.

Pendant l'hiver, par 24 heures, vitesse, 25 milles.

Autour de la mer des Sargasses, par 24 heures, vitesse, 7 milles.

Toutes ces cartes montrent aussi un certain nombre de trajets en contre-courant, très près de la rive droite du Stream, entre les Bahamas et les Bermudes. Ce contre-courant atteint, en 24 heures, 5 milles.

Ces cartes montrent des fluctuations dans la direction du stream à partir du cap Hatteras ; suivant les années, son axe passe au nord, comme en 1889, ou bien au sud des Açores, en 1887 et 1893, mais la direction moyenne est vers cet archipel, et l'on ne voit pas de branche dérivée du Gulf-Stream se diriger régulièrement vers les côtes d'Europe.

Un fait très remarquable à signaler, c'est que les épaves du *Twenty-One-Friends* et du *White*, qui sont les seules qui sembleraient indiquer une déviation du Gulf-Stream vers l'Irlande et l'Ecosse, se sont brusquement arrêtées dans leur mouvement pendant plusieurs mois : la première en août et septembre ; la seconde de juin à octobre ; c'est-à-dire pendant les mois où justement le Gulf-Stream remonte le plus vers le nord, et que par suite la branche dérivée vers la Norvège devrait avoir le plus d'intensité.

Ce n'est pas une raison pour nier le transport des eaux et des objets flottants dans cette direction ; mais ces résultats, ainsi que la douceur et l'égalité du climat des côtes, s'expliquent par des causes absolument météorologiques. Quand on voit un cyclone, comme celui du 22 décembre 1892, couvrir au même instant tout l'Atlantique nord depuis Terre-Neuve jusqu'à l'Irlande, et depuis Madère jusqu'au Groënland, et que les vents qui soufflaient à l'entrée de la Manche et sur les côtes d'Irlande provenaient sans discontinuer du sud des Açores, qu'ils avaient brassé profondément les eaux de la surface sur toute cette étendue et avaient amené à Arcachon une température de 13 degrés, on comprend mieux l'influence absolue de la poussée des vents du sud à l'ouest, si fréquents pendant nos hivers, et sur les molécules de la surface des mers, et sur la température de nos côtes.

C'est justement parce que ces gros vents n'existent pas pendant l'été que les carcasses s'arrêtent et tourbillonnent sur place ; elles ne reprennent leur marche que dans la saison d'automne avec la reprise des coups de vent.

COURANTS DE NORVÈGE — PARAGES EUROPÉENS

14 ÉPAVES

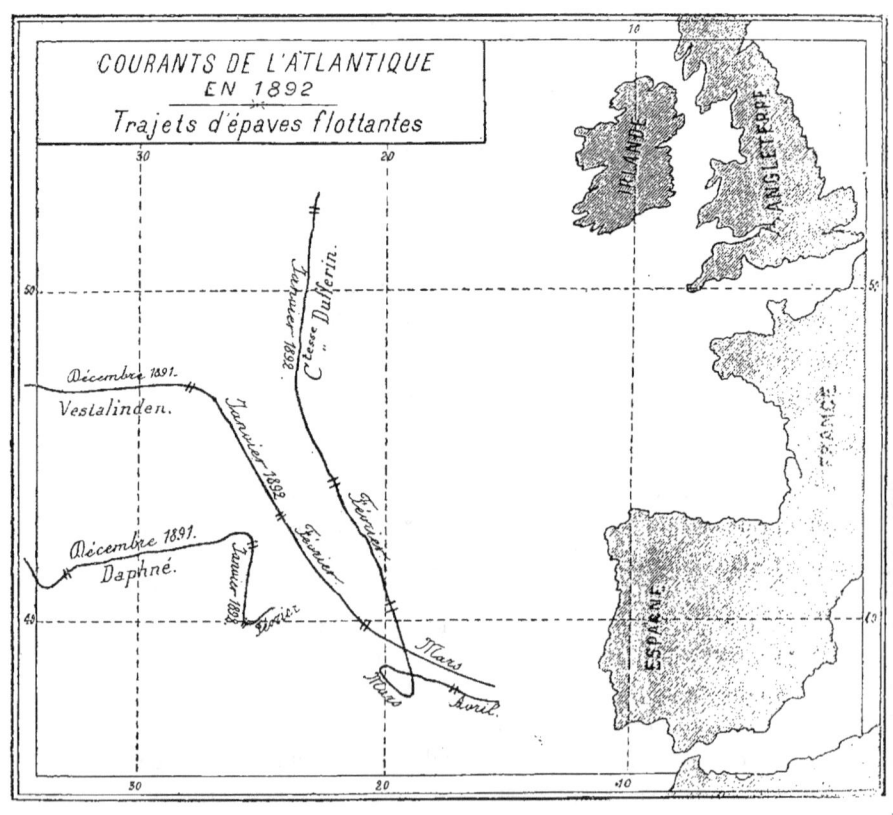

Pendant l'été, la région atlantique au nord des Açores semble ne plus recevoir l'impulsion attribuée au Gulf-Stream ;

cependant c'est l'époque de la plus grande extension vers le nord du célèbre courant.

Le fait paraît démontré par les arrêts qu'ont subis les carcasses suivantes :

Twenty-One-Friends, en juillet, août et septembre ; *E. Davis*, en août et septembre ; *Hunt* en juillet.

Pendant les autres mois de l'année où les vents soufflent généralement du S.-O. au N.-O., la poussée des eaux vers l'E. et le N.-E. est bien démontrée par les trajets de nombreuses épaves et des bouteilles flottantes de la carte spéciale (juillet 1891).

Cependant, même dans la saison d'hiver, si l'état barométrique de l'Atlantique empêche les vents d'ouest d'atteindre les côtes d'Europe, les eaux de la surface ne suivent plus le parcours habituel. Ce fait est démontré par les trajets des épaves *Comtesse Dufferin*, *Vestalinden* et *Daphné* qui, dans les premiers mois de 1892, ont été portées vers le S. et le S.-S.-E (1). Or, pendant ces mois, des anticyclones couvraient l'Atlantique nord et les dépressions signalées sur les côtes d'Europe étaient de provenance polaire ; elles ont marché du N.-O. vers le S.-E. ; c'est à cette poussée qu'ont obéi les carcasses.

L'action prépondérante du vent sur la direction suivie par les déplacements des eaux de la surface, dans cette région de l'Atlantique, nous paraît démontrée par ces faits. Pendant l'été, où les beaux temps sont plus fréquents et les vents généralement moins forts, les carcasses tourbillonnent sur place et indiquent que les eaux n'ont pas de mouvement de transport continu ; mais pendant les saisons où règnent les vents forts du sud à l'ouest, les eaux sont poussées vers le nord et l'est. Enfin, si dans ces mêmes saisons les vents forts de l'ouest manquent et qu'il existe des vents du N.-O. au N.-E., les épaves flottantes suivent cette nouvelle poussée.

D'autre part, un grand nombre des bouteilles lancées par

---

(1) V. la carte, bulletin n°s 10-11 (1893).

le prince de Monaco vers le N.-O. des Açores, ont atterri sur ces îles faisant route vers le S.-E., c'est-à-dire exactement en travers de la direction admise pour le courant de Norvège; cela prouve au moins que ce courant n'a pas la permanence et la continuité qu'on lui attribue généralement comme branche dérivée du Gulf-Stream.

Ce courant est absolument dépendant des vents qui règnent à la surface de l'Atlantique, et s'il apporte sur nos côtes les températures moites de nos hivers, c'est que les vents du sud à l'ouest de cette saison ont parcouru un espace de 40 degrés sur des eaux à température uniforme, toujours supérieure à 10° centig. et que ne viennent jamais refroidir ni les banquises ni les icebergs du banc de Terre-Neuve.

COURANT DU GOLFE DE GASCOGNE
10 ÉPAVES — 22 FLOTTEURS — 64 BOUTEILLES

Ce courant, dit de Rennell, est admis comme étant une dérivation du Gulf-Stream, dont les eaux viendraient buter sur le cap Finisterre et s'y diviseraient en deux branches; l'une longerait la côte du Portugal dans la direction du sud; l'autre, pénétrant dans le golfe de Gascogne, suivrait la côte nord de l'Espagne, puis remonterait vers le nord et le nord-ouest, longeant les côtes de France, pour aller près d'Ouessant se perdre dans les courants de marée de l'entrée de la Manche.

Les épaves flottantes nous présentent des faits qui ne concordent pas avec cette théorie. Citons les exemples suivants portés sur le croquis:

A.	Twenty-One Friends	1886
B.	Stormy-Pétrel	1886-1887
C.	Petty	1888-1889
D.	Emilie	1889
E.	Hermann	1889
F.	King Oscar II	1892-1893
G.	Bouteille	1889

H. . . . Bouteille. 1889
K. . . . Carrier-Dove. 1890
L. . . . Ryerson 1891

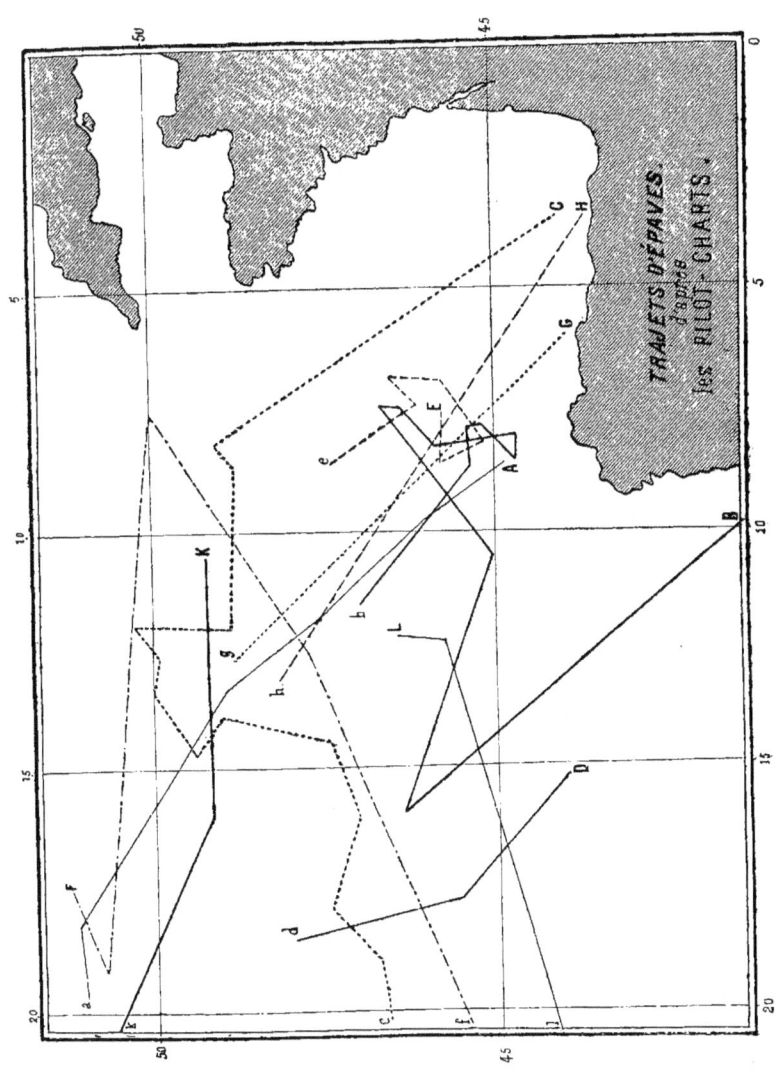

Les parcours de ces carcasses, tels que les montre le croquis, sont loin de présenter la régularité qu'on attend d'un courant régulier: la direction est tantôt vers le nord-est, tantôt vers le sud-est; une seule a pénétré dans le golfe, celle du *Petty* ; les autres ont été repoussées au large ; mais il en est deux, le *Stormy-Pétrel* et *l'Hermann*, qui doivent attirer l'attention.

Ces deux carcasses ont été rencontrées sept ou huit fois chacune dans le nord du cap Finisterre, et leurs diverses positions montrent qu'elles ont tourbillonné sur place pendant plusieurs mois, décrivant une sorte de boucle de 100 à 150 milles de diamètre, avec des vitesses de déplacement de six à sept milles par 24 heures.

On ne voit rien, dans ces trajets d'épaves, qui soit conforme à la théorie du courant de Rennell.

Le prince de Monaco, dans ses belles expériences de l'année 1886, a lancé 500 bouteilles le long du 20ᵉ méridien, à l'ouverture du golfe de Gascogne. Sur ce nombre, 24 seulement ont pénétré dans le golfe et atterri sur les côtes de France ; 11 ont été recueillies sur la côte de Portugal.

Toutes ont atterri plus au sud que leur point de lancement; le prince en conclut que le courant du golfe marche, sur les côtes de France, du nord vers le sud, en sens contraire du courant de Rennell.

De la carte du prince il ressort un fait très remarquable : presque tous les flotteurs ont atterri sur la côte des Landes de Gascogne, à l'exclusion des autres parties du golfe, côtes nord de l'Espagne, rivage de la Vendée et de la Bretagne.

Les expériences du prince de Monaco ayant été faites dans le mois d'août 1886, il était possible qu'un état météorologique spécial eût amené ces résultats. En tous cas, les opinions étaient très divergentes, et déjà le bureau hydrographique de Washington, mettant en doute le courant de Rennell, le supprimait sur ses Pilot Charts.

BOUTEILLES FLOTTANTES

NUMÉROS	JETS A LA MER				ARRIVÉES			TRAJETS			
	Navires	Dates	Latitudes	Longit. (Paris)	Dates	Latitudes	Longit. (Paris)	Directions	Distances en milles	Jours	Vitesses en 24 h.
											milles
1	Pétrel.	2 juin 93	44°12	3°54	7 juin 93	44°10	3°40	S. 80° E.	11	5	2,2
2	Pétrel.	2 juin 93	44 11	4 06	11 juin 93	44 10	3 40	S. 86° E.	20	9	2,2
3	Pétrel.	2 juin 93	44 12	3 54	15 juin 93	43 53	3 44	S. 25° E.	29	13	2,2
4	Cormoran.	28 mai 93	44 40	3 50	16 juin 93	44 04	3 41	S. 12° E.	42	19	2,2
5	Cormoran.	28 mai 93	44 40	3 50	16 juin 93	43 50	3 44	S. 5° E.	56	19	2,9
6	Pétrel.	30 mai 93	44 30	3 38	16 juin 93	43 46	3 44	S. 12° E.	48	17	2,8
7	Pétrel.	31 mai 93	44 24	3 54	17 juin 93	44 02	3 48	S. 28° E.	30	17	1,7
8	Courlis.	8 juin 93	44 07	3 56	17 juin 93	44 06	3 41	S. 82° E.	13	9	1,4
9	Pétrel.	31 mai 93	44 36	3 57	16 juin 93	43 26	3 53	S. 3° E.	68	16	4,2
10	Pétrel.	1er juin 93	44 30	4 02	16 juin 93	44 03	3 48	S. 32° E.	38	15	2,5
11	Courlis.	7 juin 93	44 13	3 58	16 juin 93	44 03	3 48	S. 52° E.	22	9	2,4
12	Cormoran.	26 mai 93	44 30	4 06	14 juin 93	43 22	4 14	S. 4° W.	72	19	3,8
13	Orénoque.	21 juin 93	45 32	4 18	3 juillet 93	45 13	3 32	S. 70° E.	36	13	2,8
14	Orénoque.	21 juin 93	45 11	5 27	14 juillet 93	44 10	3 40	S. 53° E.	102	24	4,3
15	Orénoque.	21 juin 93	45 11	5 27	15 juillet 93	44 18	3 38	S. 57° E.	96	24	4,0
16	Orénoque.	21 juin 93	45 12	5 44	15 juillet 93	44 06	3 40	S. 52° E.	112	24	4,6
17	Orénoque.	21 juin 93	45 08	5 54	15 juillet 93	44 06	3 40	S. 62° E.	120	24	5,0
18	Médoc.	29 juin 93	45 26	4 47	14 juillet 93	44 46	3 30	S. 50° E.	72	16	4,5
19	Médoc.	29 juin 93	45 13	5 35	16 juillet 93	44 04	3 48	S. 50° E.	116	17	6,8
20	Médoc.	29 juin 93	45 13	5 35	18 juillet 93	45 10	3 40	S. 53° E.	108	19	3,0
21	Pingouin.	16 juin 93	45 00	4 13	22 juillet 93	44 49	3 38	S. 66° E.	30	36	0,8
22	Cormoran.	21 juillet 93	45 02	3 54	14 août 93	45 30	3 40	N. 35° W.	60	24	2,5
23	Pétrel.	6 sept. 93	44 32	3 58	9 sept. 93	44 22	3 48	S. 27° E.	32	3	10,0
24	Héron.	13 sept. 93	44 41	3 49	19 sept. 93	44 42	3 36	N. 80° E.	10	6	1,7
25	Héron.	14 sept. 93	44 36	3 45	19 sept. 93	44 44	3 40	N. 40° E.	8	5	1,6
26	Pétrel.	1er sept. 93	44 30	4 00	27 sept. 93	44 12	3 48	S. 35° E.	36	26	1,4
27	Héron.	13 sept. 93	44 38	3 54	28 sept. 93	44 46	3 36	N. 67° E.	16	13	1,2
28	Congo.	22 juillet 93	44 22	8 20	6 sept. 93	43 50	10 00	S. 65° W.	84	45	1,9
29	Pingouin.	23 sept. 93	44 18	3 55	4 oct. 93	44 06	3 40	S. 40° E.	17	11	1,5
30	Congo.	21 juillet 93	45 10	3 43	2 oct. 93	44 46	3 35	S. 40° E.	60	73	0,8
31	Pétrel.	28 juillet 93	45 10	3 43	7 oct. 93	44 56	3 35	S. 20° E.	20	71	0,3
32	Pétrel.	6 oct. 93	45 06	4 12	18 oct. 93	46 15	4 00	N. 12° E.	64	12	5,3
33	Pétrel.	15 nov. 93	44 41	3 52	18 nov. 93	44 46	3 36	N. 70° E.	13	3	4,0
34	Courlis.	24 nov. 93	44 25	3 56	27 nov. 93	44 14	3 40	S. 45° E.	17	3	6,5
35	Pétrel.	8 déc. 93	44 48	4 00	15 déc. 93	45 28	3 32	N. 28° E.	44	7	6,3
36	Pétrel.	17 déc. 93	44 42	3 54	22 déc. 93	44 44	3 36	N. 85° E.	16	5	3,2
37	Pétrel	19 déc. 93	44 36	3 58	25 déc. 93	44 39	3 38	N. 85° E.	16	6	2,7
38	La Plata.	5 déc. 93	45 27	4 50	20 janv. 94	46 55	4 20	N. 10° E.	93	46	2,0
39	Pétrel.	17 déc. 93	44 34	3 52	28 janv. 94	45 55	3 35	N. 15° E.	82	42	1,9
40	Pétrel.	24 janv. 94	44 53	4 02	31 janv. 94	44 30	3 36	S. 80° E.	23	7	3,3
41	Orénoque.	21 sept. 93	45 02	6 11	15 déc. 93	45 28	3 32	N. 80° E.	120	132	0,9
42	Orénoque.	22 déc. 93	44 37	6 20	4 fév. 94	45 28	3 34	N. 80° E.	120	44	2,7
43	Pétrel.	8 oct. 93	44 30	4 07	2 fév. 94	45 26	3 30	N. 30° E.	40	117	0,3
44	Pilote n° 6.	16 août 93	44 44	5 33	5 fév. 94	45 28	3 32	S. 80° E.	90	173	0,5
45	Pétrel.	9 fév. 94	44 43	3 52	17 fév. 94	44 54	3 34	N. 50° E.	14	8	1,7
46	Pingouin.	8 août 93	44 18	3 56	17 fév. 94	47 28	4 50	N. 15° W.	190	194	1,0
47	Pétrel.	3 mars 94	44 18	3 52	8 mars 94	44 02	3 40	S. 25° E.	19	5	3,6
48	Pétrel.	23 fév. 94	44 47	4 10	13 mars 94	44 02	3 40	N. 47° E.	34	18	1,9
49	Pétrel.	1er mars 94	44 13	3 58	15 mars 94	44 04	3 42	S. 60° E.	19	14	1,3
50	Pétrel.	8 mars 94	44 00	4 00	16 mars 94	44 01	3 42	N. 85° E.	14	8	1,7
51	Pétrel.	10 mars 94	44 16	3 58	15 mars 94	44 07	3 40	S. 45° E.	13	5	2,6
52	Pétrel.	2 mars 94	44 10	3 56	14 mars 94	44 22	3 38	N. 45° E.	17	12	1,4
53	Pétrel.	3 mars 94	44 04	4 00	13 mars 94	44 10	3 40	N. 63° E.	17	10	1,7
54	Pétrel.	8 mars 94	44 13	3 55	13 mars 94	44 14	3 40	N. 85° E.	12	5	2,4
55	Orange-Nassau.	25 oct. 93	47 54	8 50	15 mars 94	44 18	3 38	S. 43° E.	330	202	1,6
56	Gussmor.	19 avril 93	47 15	28 20	15 mars 94	44 19	3 38	S. 83° E.	1060	320	3,3
57	Olinda.	28 janv. 94	En Manche		17 mars 94	44 18	3 38	S. 35° E.	300(?)	48	6,0
58	Pétrel	9 mars 94	44°23	3 52	13 mars 94	44 18	3 38	S. 70° E.	12	4	3,0
59	Pétrel.	1er mars 94	43 58	3 58	25 mars 94	44 27	3 38	N. 45° E.	16	24	0,7
60	Brésil.	7 oct. 93	44 31	8 12	19 avril 94	44 38	3 36	Est	203	194	1,1
61	Orénoque.	20 déc. 93	44 13	9 40	21 avril 94	44 16	3 40	N. 85° E.	260	122	2,1
62	Pétrel.	22 mars 94	44 21	3 57	7 mai 94	44 14	3 37	S. 75° E.	16	46	0,3
63	Pétrel.	9 mai 94	44 37	3 48	12 mai 94	44 28	3 38	S. 40° E.	13	3	4,3
64	Pétrel.	10 mai 94	44 28	3 53	13 mai 94	44 24	3 38	S. 67° E.	13	3	4,3

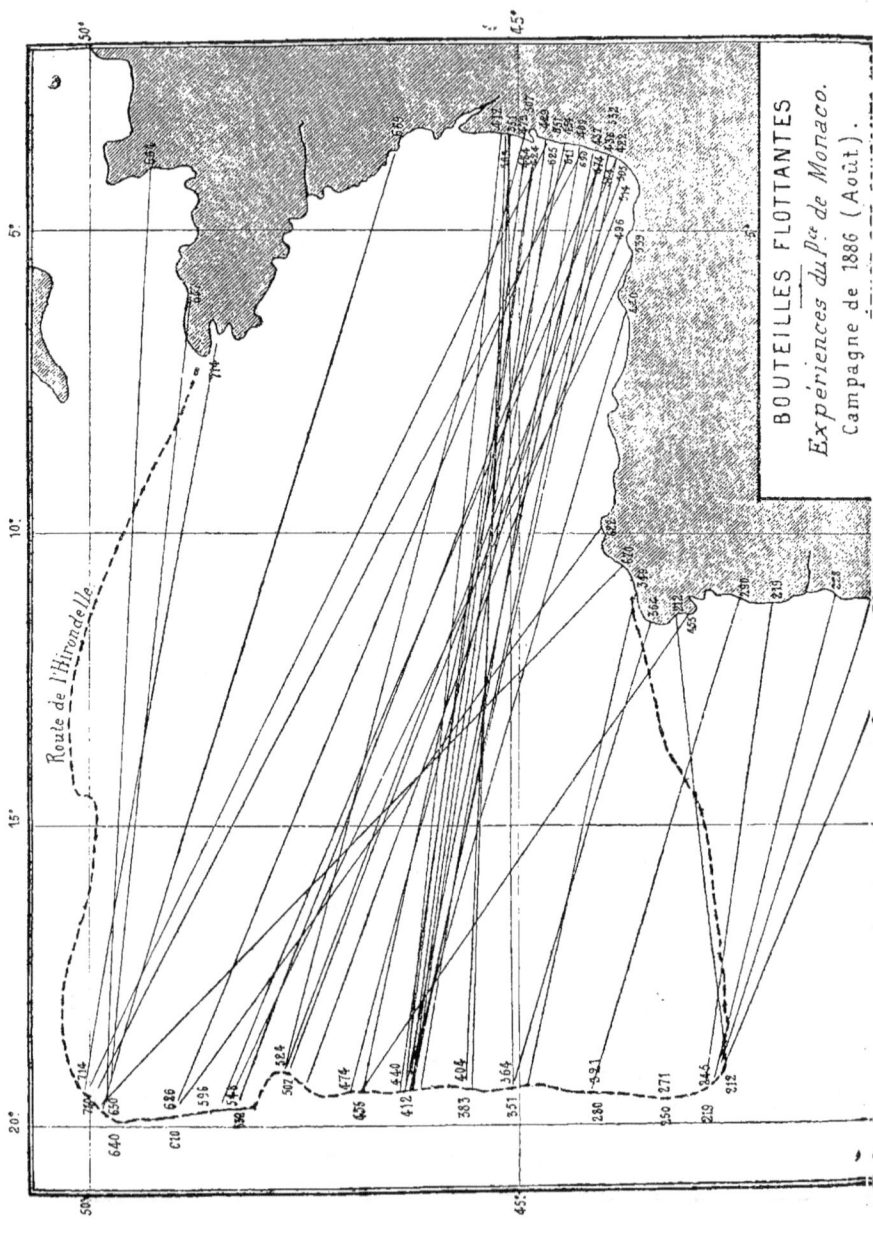

C'est dans le but d'éclaircir cette question que nous avons entrepris de nouvelles expériences devant durer au moins pendant une année entière.

Le procédé employé a été celui des bouteilles flottantes accouplées. Deux bouteilles sont attachées par le goulot au moyen d'une cordelette de 3 mètres à 3 m. 50 de longueur ; l'une d'elles est aux trois quarts remplie d'eau afin de couler, de servir de lest sans entraîner au fond la bouteille supérieure, laquelle contient le bulletin de lancement, donnant : date, lieu du jet à la mer, nom du navire ; et en note : Prière de faire parvenir ce bulletin à la Société de géographie de Bordeaux.

Lorsque ces bouteilles sont recueillies, on indique la date et le point de la côte où elles ont abouti. Ces expériences, commencées le 25 mai 1893, se continuent encore actuellement.

Les premières bouteilles ont atterri le 2 juin 1894 après cinq jours d'immersion. Une année entière étant accomplie le 31 mai 1894, ce sont ces résultats que nous allons analyser brièvement. La plupart des bouteilles furent lancées par le capitaine au long cours Durand, des pêcheries de l'Océan d'Arcachon, le long de la côte, à dix ou trente milles de distance du rivage des Landes. D'autres furent jetées par des paquebots des Messageries maritimes, dans leur trajet de l'embouchure de la Gironde au cap Ortégal, ces derniers lancements en nombre beaucoup moindre ; les arrivages ont eu lieu presque tous sur la côte des Landes et aux époques suivantes :

	BOUTEILLES FLOTTANTES												
	1893							1894					
	MAI	JUIN	JUILLET	AOUT	SEPTEMBRE	OCTOBRE	NOVEMBRE	DÉCEMBRE	JANVIER	FÉVRIER	MARS	AVRIL	MAI	TOTAUX
Lancements.	7	19	9	18	28	15	8	14	3	8	17	2	11	155
Arrivées....	»	12	9	9	6	4	2	3	4	5	13	2	3	64

Parmi les 64 arrivées, 19 bouteilles provenaient des lancements au large, et 45 des lancements des pêcheries. Pour ces dernières, c'est une proportion de 30 %.

Les atterrissages ont été les plus nombreux et par séries, en juin, juillet et mars. Il régnait alors des vents du N.-O. au S.-O., forte brise.

Partant du point de départ au point d'arrivée, les directions générales ont été :

   Vers le sud et l'est pour   41 bouteilles
   — l'est   —   10   —
   — le nord et l'est   —   13   —

Les trajets vers le nord ont eu lieu pendant la période hivernale.

Par conséquent, pendant l'été, les bouteilles ont été poussées dans le sens indiqué par le prince de Monaco, et pendant l'hiver dans le sens du courant de Rennell. Mais l'influence du vent paraissant bien marquée par le tableau des arrivées, nous avons analysé la poussée des vents aux trois points suivants, qui limitent le champ de nos observations : la Coubre, Arcachon et Biarritz.

Nous avons pris sur les bulletins météorologiques la direction et le chiffre de la force du vent pour chaque jour. On les porte sur un plan, comme on le ferait pour la route estimée d'un navire, et l'on obtient une suite de lignes formant une figure semblable à celle que donneraient réellement les mouvements d'une molécule d'air, au lieu indiqué et pour l'heure choisie.

L'ensemble d'une année, pour chacun de ces tracés, donne une impression très nette. On voit que pour 7 h. du matin, à Biarritz, le mouvement général marche vers le nord ; à la Coubre il se dirige vers l'ouest, c'est-à-dire, dans l'un et l'autre cas, vers le large, comme le font les brises de terre matinales des pays chauds.

A Arcachon, le mouvement de 7 h. du matin est tourbillonnant et sans direction particulière ; mais celui de midi et de

8 h. du soir donne nettement la notion des brises du large poussant vers l'E.-S.-E. à midi et vers le S.-E. dans la soirée.

Ces graphiques nous montrent clairement le système météorologique local de la région landaise.

Dans la matinée les brises de terre alimentées par les hauts sommets des Pyrénées espagnoles vers Biarritz, et par les collines du Poitou et les monts d'Auvergne pour la Coubre, chassent les eaux vers le nord et vers l'ouest ; dans l'après-midi, les brises du large, bien franchement établies aux environs d'Arcachon, sont alimentées par l'appel de la surchauffe des vastes plaines des Landes de Gascogne.

Ces mouvements de l'atmosphère sont absolument concordants avec les trajets des bouteilles flottantes, ils les expliquent en toute saison ; car si pendant l'hiver nous avons enregistré des trajets vers le nord, les graphiques du vent nous montrent, à la même époque, l'interruption du système étésien des vents de l'après-midi. Et si la côte des Landes est un lieu privilégié pour l'atterrissage des corps flottants, cela tient à ce que c'est le point du golfe où les vents du large acquièrent le plus de régularité et de vigueur, tandis que sur la côte d'Espagne, par exemple, ce sont les vents de terre qui dominent. De ces développements nous pouvons conclure que dans le golfe de Gascogne il n'y a pas de courant régulier provenant de l'extérieur, et que les mouvements de la surface des eaux y sont la résultante des mouvements de l'atmosphère.

COURANT DU PORTUGAL
ET DE LA CÔTE OCCIDENTALE D'AFRIQUE.

Dans cette région nous n'avons plus de trajets de carcasses de navires pour nous guider ; c'est seulement au moyen des journaux des navires des Messageries maritimes que nous pouvons estimer les courants de cette partie de l'Atlantique, où les vents alisés ne règnent que pendant une portion de l'année.

La limite nord des vents alisés remonte, pendant l'été, jusqu'auprès du cap Finistère; aussi les paquebots nous montrent que les eaux sont chassées :

ÉTÉ

Le long de la côte du Portugal vers le Sud et le S. S.-E.
De Madère aux Canaries   — S. S.-O.
Des Canaries à Dakar   — S. S.-O.
Contre-courant équatorial   — Est.

Pendant l'hiver, où les alisés sont remplacés au nord des Canaries par les vents variables du sud à l'ouest, les courants portent :

HIVER

Le long de la côte de Portugal vers le   N. N.-O.
De Madère aux Canaries   — N. N.-E.
Des Canaries à Dakar   — O. S.-O.
Contre-courant équatorial   — S.-E.

La vitesse des courants varie naturellement avec la force et la durée des vents, elle peut être estimée à 10 ou 15 milles par 24 heures dans la région des alisés; elle dépasse 20 milles dans la région équatoriale.

COURANT DE LA MER DES SARGASSES

9 ÉPAVES.

Dans le S.-O. des Açores, les eaux de l'Océan forment un large circuit, analogue et correspondant aux mouvements généraux des vents de la surface. Les carcasses de navires y décrivent des boucles à grand diamètre qui, mieux que partout ailleurs, démontrent nettement que ces mouvements sont la conséquence directe de la poussée des vents; ainsi, les trajets vers le sud et vers l'ouest ont eu lieu de juillet à novembre, pendant la période de grande étendue des alisés du N.-E; tandis que les trajets vers le nord et vers l'est ont eu lieu pendant les mois d'hiver et de printemps, alors que dans cette région prédominent les vents du sud et de l'ouest.

Le diamètre de la boucle décrite est variable d'une année à l'autre.

En 1888, le *Telemach* trace un circuit de 500 milles de diamètre.

En 1891, le *Wyer G. Sargent* et le *Fanny-Wolston* décrivent des courbes de 300 milles. En 1892, le *Fanny-Wolston* allonge sa course et la développe sur plus de 1.000 milles.

Les vitesses de déplacement sont assez constantes et peuvent être estimées à 6 ou 7 milles par 24 heures.

CONTRE-COURANT DES BERMUDES

11 ÉPAVES

Entre les Bermudes et les Antilles, toutes les cartes portent l'indication d'une extension vers le nord du courant équatorial; cependant les exemples sont nombreux de carcasses qui, loin de marcher vers le nord, ont été portées vers le sud pendant plusieurs mois de suite, et cela à toute époque de l'année.

Les trajets de l'*Ida-Francis* en 1886
— du *Vincenzo-Perrota* 1889
— du *Rita* 1893
et actuellement celui du *Fanny-Wolston* 1894

démontrent que dans cette région, au nord des Bahamas et sur la rive droite du Gulf-Stream, très souvent le courant équatorial dérivé manque, et fait place à un contre-courant dont la vitesse est faible et d'environ 4 à 5 milles par 24 h.

CONCLUSIONS

De tous ces faits on peut conclure que les vents de la surface sont les grands générateurs de la plupart des courants marins, à l'exception des courants de marées et du courant glaciaire. Le Gulf-Stream lui-même n'est que la résultante de la poussée imprimée aux eaux équatoriales par les vents alisés du N.-E. et du S.-E; sa vitesse et son extension sont étroitement liées avec les modifications saisonnières de ces vents.

Pour tous ces courants, les coups de vents et les séries prolongées du même état météorologique produisent des perturbations notables sur la direction et la vitesse du mouvement des eaux.

C'est la prédominance des vents du sud à l'ouest sur les côtes d'Europe qui pousse vers nos côtes les débris flottants et produit les températures moites de nos hivers.

HAUTREUX.

CONFÉRENCES

FAITES PENDANT LE CONGRÈS

au Grand Amphithéâtre du Palais des Arts.

---

3 août. — *Le Siam et les Siamois*, par M. Gaston Routier.

4 — — *L'Art et les cultes anciens et modernes en Annam*, par M. Ch. Lemire.

6 — — *Madagascar*, par M. Martineau.

DONS OFFERTS AU CONGRÈS

Ministère du Commerce et de l'Industrie. — Résultats statistiques du dénombrement de 1891.
Dénombrement des étrangers en France en 1891.

Ministère des Colonies. — Notices coloniales à l'occasion de l'exposition internationale et coloniale de Lyon en 1894, par M. Ferdinand BLUM.

Société de Géographie commerciale de Paris. — Le Centre de l'Afrique, autour du Tchad, par M. P. BRUNACHE.

Société languedocienne de Géographie. — Géographie générale du département de l'Hérault, 4 fascicules.

Société de Géographie de Lille. — Bulletin de l'année 1893, 12 fascicules.

Société de Géographie de Toulouse. — Les projets du canal maritime de l'Océan à la Méditerranée, par M. DARQUIER.

Société des études coloniales et maritimes. — Bulletin, 3 fascicules.

Union coloniale française. — Statuts et rapports divers.

Congrès des sociétés savantes. — Discours d'ouverture de la session de 1894, par MM. LEVASSEUR et SPULLER.

M. Arthur de Claparède, président de la société de Genève. — Au Japon, notes et souvenirs. A travers le monde, de ci de là.

M. J.-V. Barbier, secrétaire général de la société de l'Est. — De l'emploi des projections coniques dans un atlas systématique, uniprojectionnel. — Lexique géographique du monde entier.

M. Merchier, professeur au lycée de Lille. — La bataille de Tourcoing, du 13 mai 1794.

M. de Rey-Pailhade. — Le temps décimal.

M. Imbert. — Projet de création d'un bureau colonial.

M. Ch. Lemire. — Les colonies et la question sociale en France.

M. Ch. Cerisier. — Impressions coloniales. — Etudes comparatives de colonisation.

M. Pariset. — Le commerce de Bordeaux antérieur au xvie siècle.

M. A. Breittmayer. — Les premiers bateaux à vapeur en France.

M. Castonnet des Fosses. — L'Europe en 1788.

M. de Saint-Arroman. — Notes sur les missions scientifiques et littéraires.

Librairie Armand Colin. — Atlas général historique de géographie, par M. VIDAL DE LA BLACHE. Annales de géographie, année 1893-94, 5 fascicules, croquis muraux muets.

Album géographique par Marcel DUBOIS et Camille GUY. Cours de géographie par MM. VIDAL DE LA BLACHE et D'ALBEIDA : 1° la Terre, l'Amérique ; 2° l'Asie, l'Afrique et l'Océanie.

Librairie Hachette. — A travers la Russie boréale, par Charles RABOT. Voyage aux trois Guyanes et aux Antilles, par G. VERSCHUUR.

TABLE DES MATIÈRES

PREMIÈRE PARTIE

	Pages
Questionnaire du Congrès et ordre du jour des séances.	5
Règlement des Congrès nationaux.	10
Composition du Congrès.	14

PROCÈS-VERBAUX DES SÉANCES

1re journée. — Jeudi 2 août.

SÉANCE DU MATIN

Ouverture du Congrès. — Allocution de M. J. Cambefort, président de la Société de géographie de Lyon, et discours de M. le Dr Hamy, président du Congrès. 20

SÉANCE DE L'APRÈS-MIDI

Visite à l'exposition coloniale. 30

2e journée. — Vendredi 3 août.

SÉANCE DU MATIN

Rapports des délégués des sociétés de géographie. 39
De l'utilité de la création d'un atlas géographique de la France, d'une échelle uniforme, par M. J.-V. Barbier, secrétaire général de la Société de géographie de l'Est. 96

SÉANCE DE L'APRÈS-MIDI

Etude sur les courants de migration intérieure en France, par M. V. Turquan, chef du bureau de statistique générale au ministère du commerce, délégué du ministre 100
La Guyane française, par M. de Saumery, Société de géographie du Havre. 107
Projet de création d'une voie navigable de Nantes à Orléans, par M. Doby, de la Société de géographie de Nantes. 115

3ᵉ journée. — Samedi 4 août.

SÉANCE DU MATIN

Rapport sur le projet de la carte de la terre à 1/1.000.000, par M. J.-V. BARBIER, Société de géographie de l'Est. 118

SÉANCE DE L'APRÈS-MIDI

Sur la décimalisation des mesures angulaires, par M. GUÉNOT, de la Société de Géographie de Toulouse. 169
Étude sur les courants de surface de l'Océan, par M. HAUTREUX, lieutenant de vaisseau en retraite, Société de géographie de Bordeaux. 177
La Pentapole cyrénéenne, par M. A. RAINAUD. 178
Les Nouvelles-Hébrides, par M. GAUTHIOT, secrétaire général de la Société de géographie commerciale de Paris. 179

4ᵉ journée. — Dimanche 5 août.

Excursion à Vienne et à Ampuis par le Rhône. 181

5ᵉ journée. — Lundi 6 août.

SÉANCE DU MATIN

Rapport de M. Froidevaux sur les travaux exécutés à l'Institut géographique de la Sorbonne, par M. Marcel DUBOIS. 184
Suite de la question des Nouvelles-Hébrides. 187
Création de communications rapides entre Lyon et Bordeaux, par M. CANU, de la Société de géographie de Bordeaux. 193
Les renseignements coloniaux, par M. IMBERT, de la Société de géographie de Bordeaux 207

SÉANCE DE L'APRÈS-MIDI

Lecture du mémoire sur l'utilité de remédier aux irrégularités orthographiques des noms de lieux, par M. J. V. BARBIER . . 204
La colonisation française en Tunisie, par M. J. SAURIN 211

6ᵉ journée. — Mardi 7 août.

SÉANCE DU MATIN

Lettre de la Société des Études coloniales et maritimes. — Lettre de M. L. Drapeyron. — Du rôle de la femme en géographie, par M. J.-V. BARBIER. 217

SÉANCE DE L'APRÈS-MIDI

Mémoire sur le déboisement des montagnes, par M. GUÉNOT, de la Société de géographie de Toulouse. — Les îles Loyalty, par M. HAUTREUX, de la Société de géographie de Bordeaux 219
Communication des vœux admis par le comité des délégués 220
Clôture du Congrès, allocution de M. J. CAMBEFORT. 225

TABLE DES MATIÈRES 471

DEUXIÈME PARTIE

Mémoires lus aux séances ou envoyés au Congrès.

Pages

Le temps décimal, par M. J. de Rey-Pailhade, ingénieur civil des mines, de la Société de géographie de Toulouse. 223
Des effets du déboisement des montagnes, par M. Guénot, de la Société de géographie de Toulouse. 231
Rôle des voyageuses françaises dans la géographie, par M. J. V. Barbier, Société de géographie de l'Est 256
Irrégularités orthographiques des noms de lieux, par M. J.-V. Barbier. 284
La colonisation française en Tunisie, par M. Jules Saurin 290
Les courants de migration intérieure en France, par M. V. Turquan, chef du bureau de statistique générale au ministère du commerce. 305
Création de bureaux de renseignements relatifs à l'émigration dans les colonies françaises, par M. Tiétard, de la Société de géographie de Tours 357
Les communications postales, télégraphiques et téléphoniques en France, par M. Max Mabyre, vice-président de section de la Société de géographie commerciale de Paris. 364
L'institut d'éducation coloniale : lettre de la Société des études coloniales et maritimes, par M. C. Cerisier, secrétaire général. . 367
La carte de Cassini de Thury : Lettre de M. Drapeyron, directeur de la Revue de géographie, secrétaire général de la Société de topographie de France. 372
Notes pittoresques sur les îles Loyalty, par M. Benet, de la Société de géographie de Valenciennes 378
Du rôle de la femme dans la colonisation, par M. Ch. Lemire, lauréat de la Société de géographie commerciale de Paris 389
Les renseignements commerciaux, voies et moyens de colonisation, par M. Ch. Lemire 394
La Pentapole cyrénéenne et la colonisation, par M. A Rainaud . . 412
Courants de surface de la mer dans l'Atlantique nord, par M. Hautreux, lieutenant de vaisseau en retraite, de la Société de géographie de Bordeaux 444
Conférences faites pendant le Congrès au grand amphithéâtre du Palais des Arts 465
Dons offerts au Congrès 466

Lyon. — Imp. Emmanuel Vitte, rue de la Quarantaine, 18.

Imp. EMMANUEL VITTE, rue de la Quarantaine, 18.

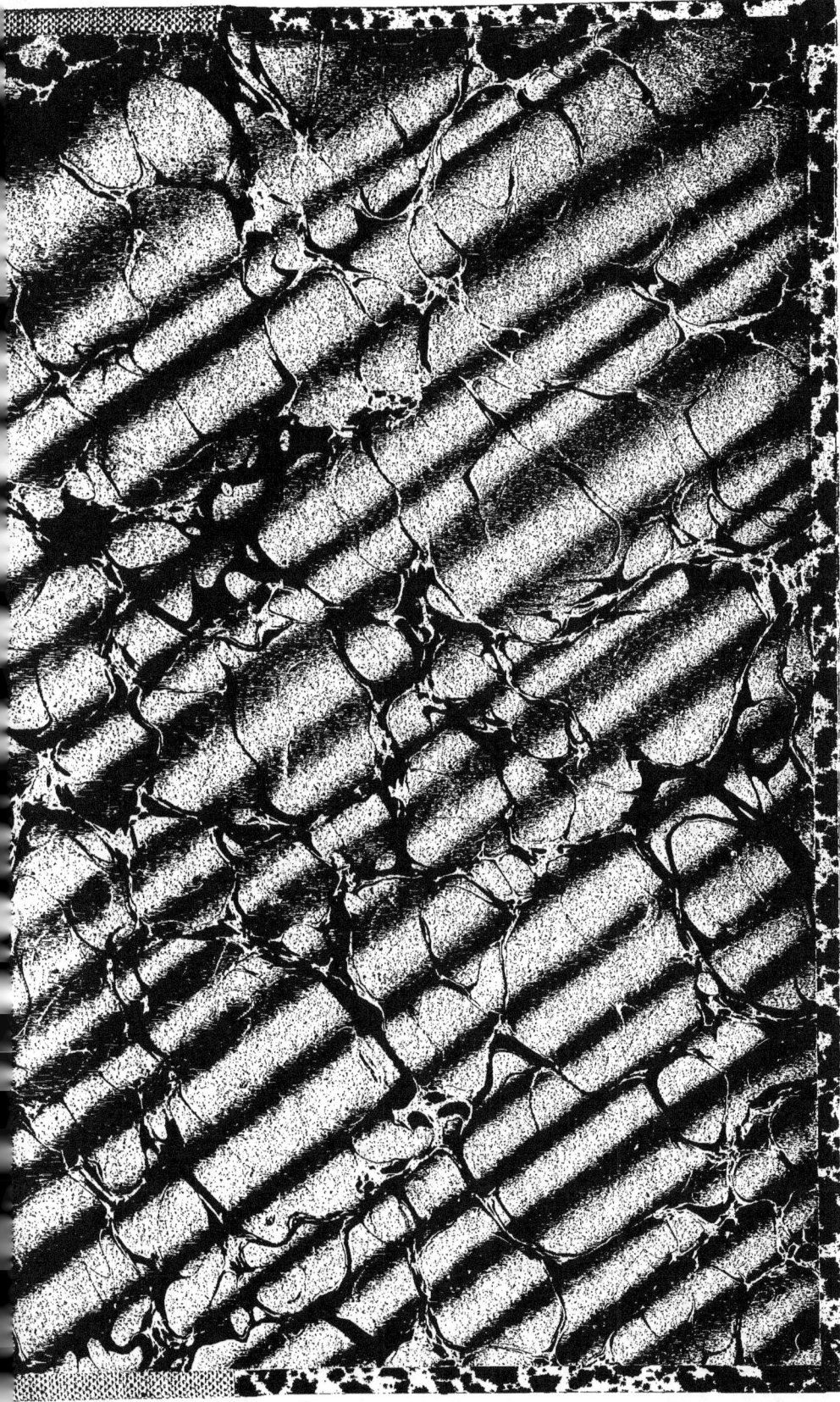

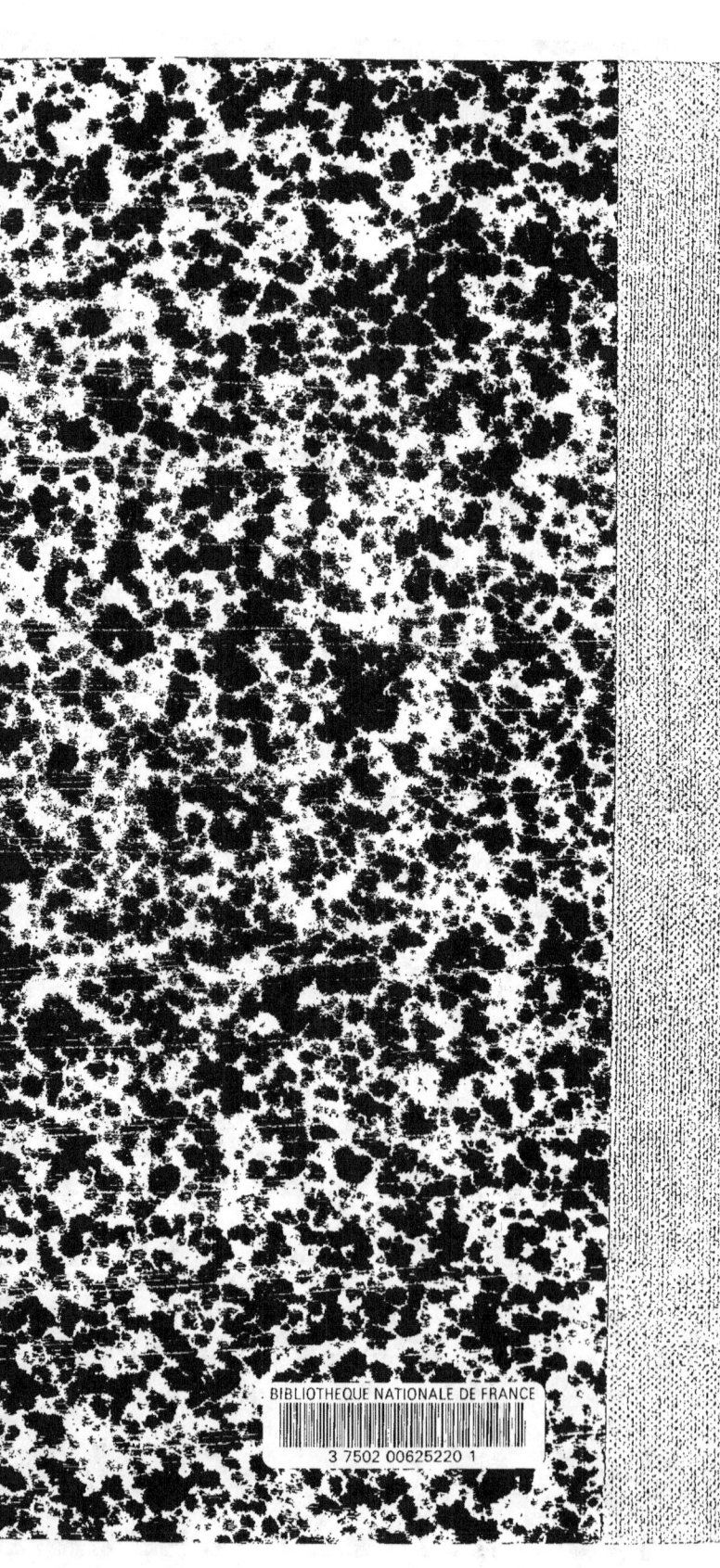

www.ingramcontent.com/pod-product-compliance
Lightning Source LLC
Chambersburg PA
CBHW060238230426
43664CB00011B/1688